财经系列经典教材
智能会计系列

J. Christopher Westland

U0791034

审计分析
会计专业的数据科学

Audit Analytics
Data Science for the Accounting Profession

[美] J. 克里斯托弗·韦斯特兰　著
赵国宇 况玉书　等译

东北财经大学出版社 | 大连
Dongbei University of Finance & Economics Press

辽宁省版权局著作权合同登记号：图字06-2022-40号

J.Christopher Westland：Audit Analytics：Data Science for the Accounting Profession

© Springer Nature Switzerland AG 2020

This work is subject to copyright.All rights are reserved by the Publisher，whether the whole or part of the material is concerned，specifically the rights of translation，reprinting，reuse of illustrations，recitation，broadcasting，reproduction on microfilms or in any other physical way，and transmission or information storage and retrieval，electronic adaptation，computer software，or by similar or dissimilar methodology now known or hereafter developed.

本书中文简体版专有翻译出版权由Springer授予东北财经大学出版社。未经许可，不得以任何手段和形式复制或抄袭本书内容。

版权所有，侵权必究。

图书在版编目（CIP）数据

审计分析：会计专业的数据科学 /（美）J.克里斯托弗·韦斯特兰（J. Christopher Westland）著；赵国宇，况玉书等译. —大连：东北财经大学出版社，2023.9
（财经系列经典教材）
ISBN 978-7-5654-4840-9

Ⅰ.审…　Ⅱ.①J…②赵…　Ⅲ.审计学-教材　Ⅳ.F239.0

中国国家版本馆CIP数据核字（2023）第092219号

东北财经大学出版社出版发行
大连市黑石礁尖山街217号　邮政编码　116025
网　　址：http：//www.dufep.cn
读者信箱：dufep @ dufe.edu.cn
大连图腾彩色印刷有限公司印刷

幅面尺寸：200mm×270mm　字数：506千字　印张：23
2023年9月第1版　2023年9月第1次印刷
责任编辑：刘东威　责任校对：刘慧美
封面设计：原　皓　版式设计：原　皓
定价：79.00元

教学支持　售后服务　联系电话：（0411）84710309
版权所有　侵权必究　举报电话：（0411）84710523
如有印装质量问题，请联系营销部：（0411）84710711

《审计分析》参与翻译的人员

按翻译章节顺序排列

徐汇丰　赵国宇　宾　瑜　况玉书　韦　琴

译者前言

党的二十大报告指出，高质量发展是全面建设社会主义现代化国家的首要任务。会计人才是经济社会发展的重要基础资源，全面提高会计人才质量，是推动经济高质量发展的内在要求，而审计分析作为监督企业经营活动的有效手段，可审查和评价其内部的经营管理情况，对存在的风险进行有效的管理，促进企业发展，帮助企业实现目标。这是一本关于数字化审计的专业著作，创新性地应用最新的机器学习模型来识别审计证据中可能逃避传统审计方法的微妙模式。韦斯特兰曾是塔齐罗斯会计师事务所（现为德勤会计师事务所）的专业审计师，现为麻省理工学院数字经济倡议的负责人，是信息技术、统计学、数据科学和财务会计领域的多产研究员，韦斯特兰与我们分享了他在数字化审计方面的最新研究成果——《审计分析》。

目前，数字化正在给审计模式、审计内容带来巨大变革，为适应变革、充分发挥审计职能，客观需要提升审计对信息技术安全性、可靠性、经济性的关注，加快构建审计数字化能力体系，推动数字化审计标准及人才队伍建设。该书汇集了数据科学、统计信息技术和审计实践方面的最新创新成果，为我们数字化审计教学与实践应用提供了可靠的基础。

本书内容丰富，专业性很强，从初稿到终稿，翻译组经过一年的辛勤和努力，终于完成本书的翻译工作。本书的翻译是在集体成员共同努力下完成的，由赵国宇对本书翻译全文进行组织和统稿，具体分工如下：徐汇丰负责翻译第1章、第2章和第3章，赵国宇负责翻译第4章、第5章和第6章，宾瑜负责翻译第7章和第8章，况玉书负责翻译第9章、第10章和第11章，韦琴负责翻译第12章和第13章，最后由陈建林对书稿进行审校。感谢翻译组全体成员，每一位译者都花费了大量时间精推细敲，反复斟酌原文和译文，几经修订才使本书得以呈现在读者面前。

感谢东北财经大学出版社编辑们的精心编校，没有大家高效紧密的团队合作与共同努力，本书的中文版本不可能如此顺利地与读者见面。

在数字技术迅猛变化的时代，审计技术也日新月异，我们衷心地祝福本书的引进能够顺利推动数字化审计教学与实践应用的发展。

序　言

我和同事韦斯特兰相识将近25年，在此期间，他在与我的研究相关的领域贡献了丰富的创新成果。因此，我很高兴为他的新书《审计分析》撰写序言，该书为会计行业的自动化发展做出了重大贡献。作为麻省理工学院数字经济倡议的负责人，《审计分析》解决了一些在我自己的研究中至关重要的问题。我一直在研究信息技术对生产力的贡献以及组织资本和无形资产的关键作用等问题，同时希望我如此依赖的会计数据更加完整、翔实和可靠。韦斯特兰在书中提出了许多工具和概念，这些工具和概念将使会计为未来的经济学家提供更相关、更完整和更可靠的数据。

韦斯特兰有能力撰写这本书。他是一名注册会计师，曾在塔齐罗斯会计师事务所（现为德勤会计师事务所）担任专业审计师。他是信息技术、统计学、数据科学和财务会计领域的多产研究员。他撰写了七本广受好评的书，并且是我们电子商务领域顶级期刊的主编。我想不出有谁比他更适合撰写这样一本开创性的书了，这本书汇集了数据科学、统计信息技术和审计实践方面的最新创新成果。

这本书的出版既及时又必要。计算机硬件、软件和网络的改进带来的技术进步如此之快，令人惊讶，以至于会计和审计以及许多其他行业都跟不上其发展。现在会计既已全球化，又以技术为中心，但会计规则和法规变化缓慢。任何变化都会产生赢家和输家——在收入不平等加剧的时代，前景莫测。技术对成本效益审计自动化的承诺伴随着剧烈的变化：工作和技能组合发生变化，即使生产力和利润飙升，工资也会出现差异。会计行业也不能幸免于这种转变。

由于审计分析面向当今的执业审计师，因此其结构与审计相似。它包括几个我以前在会计相关文献中从未见过的主题——分析会计交易的复杂统计分布，并借助统计时间序列和机器学习模型使用会计报告预测未来不良事件的方法，以及之前帕乔利复式记账法的有趣历史。韦斯特兰对区块链技术的介绍以及用于实现区块链的R代码，缓解了区块链给供应商带来的焦虑。这本书不仅仅是理论——韦斯特兰提供了大量软件代码用于机器学习模型、区块链、“测试平台”，用于审计管理的交互式脚本，还适用于实现审计中几乎所有重要任务和决策的软件。这本书提供了一个坚实而简洁的审计理论基础，并使用R代码实际执行审计任务和决策。

审计分析在将审计视为自然实验的基础上，运用科学的观点来支持会计和审计师的意见。这种观点为审计师的假设、证据收集和决策整合奠定了统计基础。审计分析应用最新的机器学习模型来识别审计证据中可能逃避传统审计方法的不易察觉的模式。韦斯特兰没有对审计进行直观的评估，这些评估可能因审计师和审计之间的差异很大且不一致，而是在数据科学中应用现代方法，使审计成为一种更合理、可复制和可靠的做法。

从这个概念的最佳意义上讲，韦斯特兰学会了审计如何更好地与机器赛跑，将计算机作为盟友而不是对手，专注于加速组织创新和增强人力资本的方法。

数字经济的增长带来了许多后果，其中包括对新的和扩展的会计系统的需求。收入不平等和世界上最高收入者的收入增加是我们转向有争议的数字经济的后果。如果没有完整可靠的会计数据，政府、税收政策、公司和社会机构将永远无法有效解决这些问题。然而，我们还没有。

我在与安迪·迈克菲合著的书《与机器赛跑和第二次机器时代》以及与汤姆·米切尔合著的文章中指出政策制定者和管理者在没有良好数据的情况下“盲目”的危险性。当知识和技能鸿沟导致工资差距和生活方式不断变化时，就会产生这样的后果。当代经济学家面临的挑战——无形资产、网络效应、工资和技能不平等——正是因为可靠数据太少，出现了重大的研究问题。

多年来，我自己的研究议程一直面临着缺乏关于技术和信息资产价值的可靠经济证据的挑战。我需要构建替代的非会计指标，从独立的调查和调查组织采购数据集，并就潜在的经济机制进行推测，以填补公司会计报告中财务信息漏报造成的空白。然而，任何经济学和金融领域的科学研究都将受益于可靠的会计数据。审计师是这种可靠性的关键仲裁者和保证者——他们验证会计系统是否正常运行，并且对交易的捕获可靠地映照了现实。

我相信我们的未来是光明的，但前提是它具有包容性、科学性和知识性。否则，我们将根据虚构、捏造的谎言和被揭穿的想法选择不切实际的未来。危险在于，我们将管理自己，以应对更大的工资和技能差距、浪费的“投资”和适得其反的政策。可靠的会计和审计是实现这一未来的第一步。

韦斯特兰的书不会成为这一探索的最终定论，但它通过解决我们审计系统中的缺陷、差距和弱点迈出了第一步。这些反过来又确保会计数据为更大范围的金融和经济分析提供可靠的数据，确保提供准确、可靠、可信的预测和政策建议。有了准确、可靠和完整的会计报告，经济学就可以做它最擅长的事情——提供宏观的战略见解，为所有人创造一个更丰富、更具包容性和更有意义的世界。

半个多世纪前，彼得·德鲁克在《有效的执行者》中评论道：“做正确的事情是让知识发挥作用的原因。这是任何体力劳动的尺度都无法衡量的。”审计分析提供了大量的衡量标准，实施技术使审计师可以访问它们——这些数据的保证者为我们的大部分知识工作提供了动力。韦斯特兰的文风很有趣，书中的故事和见解让您乐于阅读。软件实施可能具有挑战性，但对于像我这样经常面对大型的、分散的、格式错误的业务数据集的审计人员和研究人员而言，本书所带来的进步保证了未来报告的完整性和会计数据的可靠性，这本来是不可想象的。

审计分析是审计未来的缩影。我们再也无法通过起源于19世纪的审计方法电算化来铺平老路。相反，必须根据数据科学和信息技术的进步重新审视会计和审计的基本原则，以满足现代投资者和利益相关者的需求。在结构和内容上，《审计分析》在定义会计新原则和实施软件解决方案方面做得非常出色。阅读该书，运行代码，并将这些想法应用到您自己的工作中！

斯坦福数字经济实验室主任 埃里克·布林约尔松（Erik Brynjolfsson）
斯坦福经济政策研究所（SIEPR）
美国国家经济研究局（NBER）研究员
斯坦福商学院
斯坦福经济系
加利福尼亚州斯坦福大学
2020年1月

前　言

我的职业生涯始于1973年，在塔齐罗斯会计师事务所（德勤会计师事务所的前身）芝加哥办事处担任职业会计师。在那些日子里，计算机对会计行业来说还很陌生。IBM在1964年推出了System 360（S/360指的是架构的广泛性：360度覆盖整个可能的用途圈）。到1973年，这些已成为大公司会计系统中的固定装置。在入职塔齐罗斯之前，我已经赚了大部分读大学的费用，以有助于使用Compustat磁带（当时它们实际上是物理的9轨磁带，也是一组80列霍列瑞斯（Hollerith）打孔卡）。塔齐罗斯认为我非常适合讲授和开发他们定制的审计软件STRATA（塔齐罗斯的审计技术支持系统）的应用程序，这也是我在塔齐罗斯的剩余任期内所做的主要工作。

我的Compustat工作为我在统计计算方面奠定了一个有先见之明的基础，后来我将其应用于我的审计工作。在那个年代，人们仍然称计算机为“电子大脑”，让人想起今天使用“人工智能”来指代机器学习。统计计算在会计中的应用教学很差，并且没有关于该主题的阅读材料。

Compustat的故事本身就值得重述，因为它在我的教育中发挥了重要作用，并且与芝加哥有着密切的联系。Compustat是阿尔弗里德·考尔斯（Alfred Cowles ）三世的心血结晶，他来自一个久负盛名的出版世家。他的父亲和叔叔分别创立了《芝加哥论坛报》和《克利夫兰领袖》(Cleveland Leader)。在第一次世界大战后的很短时间内，考尔斯成功经营了一家芝加哥投资公司，收购并重组了一家小型铁路公司。他的公司还出版了一份《股票市场通讯》，提供有关铁路股票发行和其他投资的基本分析和建议。这在证券交易委员会成立很久前就存在了，更不用说要求年度审计和可靠的财务报告了。例如，当时的福特汽车公司只编制了资产负债表（未经审计），但没有编制利润表，尽管它是美国最大的公司之一。在那个年代，做金融分析师是很困难的。

考尔斯在20世纪20年代后期被诊断出患有肺结核，他追加了投资（就在1929年崩盘之前）并搬到了科罗拉多斯普林斯，以改善他的健康状况。在那里，他花时间开发线性回归模型，同时将24份《股票市场通讯》的预测与实际股票表现进行比较。考尔斯很快得出结论，而预报员却在猜测。他们提供的有用投资信息很少，而且错误多于正确（他还运用他的回归技巧来调查科罗拉多斯普林斯等良好的气候条件是否减轻了结核病的症状，结果更加乐观）。当时他使用的回归公式所需的人工计算量，很快就超出了他作为一个单独的研究人员的能力范围。在这一点上，他决定将自己的部分财产投资于创建考尔斯委员会，这是一个致力于将经济理论与数学和统计学联系起来的机构。为此，它的任务是开发一个特定的概率框架，用于估计联立回归方程以模拟美国经济。考尔斯委员会于1939年从科罗拉多斯普林斯搬到芝加哥大学，经济学家Tjalling Koopmans在那里开发了考尔斯最初寻求的回归工具系统。这一时期考尔斯的个人履历进一步丰富，他最终建立了 Compustat 和 CRSP 数据库的内容，并创建了后来成为标准普尔 500 指数的市场指数。考尔斯委员会的研究人员开发了许多新的统计方法，如间接最小二乘法、工具变量法、全信息最大似然法和有限信息最大似然法。考尔斯的11位同事最终获得了诺贝尔经济学奖。

定制审计软件的时代已经过去。平台、系统和标准种类繁多，变化太快，以至于这个小市场对开发人员吸引力不大。好消息是，现在现成的开源软件比以往任何时候都具有更多的功能、灵活性和易用性，并且可以支持审计任务。在 2020 年，Python、Java 和 R 统计包是广泛使用的数据分析开源平台，TensorFlow 和 PyTorch 是用于机器学习的开源包；LibreOffice 等开源软件包提供电子表格功能。目前还没有关于它们在审计中应用的全读本，这是本书写作的动机。这本书及其方法源于我在伊利诺伊大学芝加哥分校和之前在中国香港科技大学教授的审计分析课程。这些年来，我已经多次切换软件平台，但最终选择了R语言，它已成为我选择的数据分析软件包（我将在本书后面讨论我选择它的动机）。

我很荣幸能够在 Gentleman、Hornik 和 Parmigiani 的著作《使用R语言！》（*Use R !*）中贡献我的想法和工作！ 20世纪90年代中期，Robert Gentleman 和 Ross Ihaka 在奥克兰大学开发了R编程语言。Hadley Wickham 在奥克兰大学、莱斯大学和斯坦福大学担任兼职教授，在开发 tidyverse 软件包方面发挥了重要作用，我在本书中一直都在使用该软件包，而 Allaire 的 RStudio 已将数据分析工具植入几乎每个人都可以轻松使用的地方。像我这样的研究人员经常面对大型的、分散的、格式不正确的业务数据集，必须感谢他们的付出，因为他们不仅让我们的生活变得无比轻松，而且让我们的一些研究变成可能。

“使用R语言！”系列旨在使从业者可以随时使用统计计算工具和相关算法。由于这些书是用 LaTeX 和 R 的 Bookdown 编写的，因此可以轻松地将图形和表格的代码放在网站上进行共享。在写这本书时，我假设读者具有统计学的基本背景（例如，在 Dalgaard 的 *Introductory Statistics with R* 一书中提供）并了解数据分析（例如，在 Grolemund 和 Wickham 的 *R for Data Science* 一书中提供的数据科学）和会计的基本原则（例如，在 Walther 的 *Principals of Accounting* 一书中提供）。在大多数情况下，我专注于审计师在公共会计领域中面临的任务，尽量提供了一些解决审计中其他重要主题的材料。

如何使用本书

R语言不是具有单一核心开发人员和指南的典型语言。相反，它是一个共享平台，用于广泛的最先进的数据分析功能——这些功能是有用的、动态的，有时甚至是混乱的。为掌握R生态系统而付出的努力终将获得数倍的回报，因为它可以访问行业中任何地方都存在的最新、最复杂的算法。

本书假定读者具有R语言的基本知识，熟悉界面、在线包支持和文档站点，并与 Stack Overflow 和 R-blogger 等互联网资源中的一些 R 专家有联系。这些将是必不可少的资源，因为读者可以根据自己的特殊需求定制本书中提供的代码示例。本书中的大部分代码，尤其是分析评论一章中介绍的代码，都依赖于一组不断变化的数据库、流和标准。在某些情况下，需要从 GitHub 而不是官方的综合 R 存档网络（CRAN）存储库加载包，读者参考这些资源以及 CRAN 是很重要的。

在撰写这本书时，我希望为读者提供一个基本算法的清单，这些算法可以很容易地扩展和定制，以帮助审计师应对具体的挑战。本书涵盖了这些附加方法的可访问和全面的工具，以及利用这些方法为审计提供的额外解释力的研究方法。软件、方法和拟合统计的覆盖范围为审计的实施提供了简明的参考，有助于确保审计意见和决策是可辩护的、公平的和准确的。

本书文件和章节代码可在 https：//github.com/westland/auditanalytics 中获得，也可以作为 R 软件包安装。

J.克里斯托弗·韦斯特兰

于美国伊利诺伊州芝加哥

2020年1月

目 录 CONTENTS

第1章

审计财务报告的基础

1.1 审计

审计是对一个组织记录进行的独立检查，以确定财务报表以及非财务披露在多大程度上真实、公允地反映了该问题。它还要保证记录系统符合法律法规的要求，保存良好且准确。审计已成为企业和公共部门普遍存在的事实，因此，学术界开始设立“审计协会”（Power，1997）。

现存最早记录关于负责审计政府支出的公职人员是1314年英国财政部的审计师（Matthews，2006）。1559年，在伊丽莎白一世女王的领导下设立了定额备用金审计师，正式负责审计财政付款。“审计”的现代概念源于16世纪英国庄园会计的实践。中世纪用拉丁语表达这一术语为“auditus compoti”。该表达来源于拉丁语“auditus”（听证会）。由于当时文字表达水平有限，官方的账目检查经由口头呈报。

审计最初主要用于政府会计，重点关注记录保存而不是会计程序（Matthews，2006）。直到18世纪的工业革命，审计才开始涉及反欺诈和财务问责的领域。

20世纪初，“审计师”测试方法和报告实践实现标准化，并且银行和股东对上市公司的作用越来越大。审计师们开发了一套系统来测试公司交易的代表性样本，而不是详细测试每笔交易，从而可以在更短的时间内以更低的成本完成审计。那时，审计结果作为标准的定期“独立审计师报告”，与公司的财务报表一起提交。

对于交易内容的统计抽样是当前执行审计的行业标准，因此，基于对统计样本和意见进行处理的计算机工具是现代审计的一个不可或缺的组成部分。只有当发现严重错误或欺诈活动时，才进行全面审计。随着业务复杂性的增加，这种“基于风险”的审计的发展使得审计更加高效和经济。基于风险的审计首先根据对财务报表中信息的审查来评估是否需要进行审计。如果审查发现不利趋势或违规行为，可以相应扩大审计范围。

在美国，上市公司的审计受上市公司会计监督委员会（PCAOB）制定的规则约束，委员会根据2002年《萨班斯-奥克斯利法案》（Sarbanes-Oxley Act of 2002）第404条设立。这种审计称为综合审计，根据PCAOB审计标准第5号，审计师除了对财务报表发表意见外，还必须对公司财务报告内部控制的有效性发表意见。

1.2 审计中的计算机和审计分析的诞生

当我1971年获得统计学本科学位时，市场上提供的统计学就业机会很少。当时，大型计算机刚刚出现，数据被保存在80列霍列瑞斯卡上。所有数据分析都是在使用加法机的纸质分类账上完成的，微型计算机、云计算和远程存储技术都尚未出现。50年间，科技突飞猛进，当前，对于越来越多的人来说，数据分析是他们工作的核心部分。数据可用性的提高、更强大的计算能力以及对分析驱动业务决策的强调，在数据科学领域创造了大量工作岗位。在美国随时有大约250万个数据分析职位空缺，并且这一数目还在增加。

很大一部分员工使用Microsoft Excel或其他电子表格程序（如Google表格）分析数据。另一部分人则使用专有的统计软件，如SAS、Stata或SPSS，他们通常是在学校里第一次学习这些软件。虽然Excel和SAS是被广泛使用的工具，但它们具有极大的局限性。Excel将元数据（metadata，标题和描述）与公式和数据混为一谈，它们在Excel中都称为“单元格”。此外，Excel速度非常慢，无法处理超过特定大小的数据集，并且无法轻松重现先前对新数据集进行的分析。SAS等程序的主要弱点在于，它们是为20世纪70年代和80年代的大型机时代某些特定的用途而开发的，并且没有跟上分析领域的许多最新发展。它们也缺乏庞大的贡献者来不断添加新工具。对于那些使用Excel、SAS及其同类产品达到极限的人，还有下一步的选择：学习R语言或Python语言。R和Python是数据分析师和数据科学家使用的两种最流行的编程语言。对于任何对机器学习、处理大型数据集或创建复杂数据可视化感兴趣的人来说，两者都已成为标准分析工具。

企业计算提供了更多需要Python的数据分析工作。相比之下，在学术、咨询和金融领域，R提供了一组扩展的数据清理和分析工具，可用于一次性数据分析。学习两者都需要投入大量的时间——特别是如果您以前从未学习过编程语言。Python更适合数据操作和重复任务，而R适合临时分析和探索数据集。

由计算机科学家运营并拥有代码库的公司往往需要Python，部分原因是一旦了解了其他语言，就易于掌握Python。Python最适用于相对常规的、可预测的过程。从提取数据到反复运行自动分析功能，再到根据结果生成地图和图表等可视化内容，Python是更好的选择。

在每份报告都是临时报告的咨询领域，R往往很受欢迎。从纯粹的操作角度来看，这两种语言都不是特别有效的语言。为此，您可能会转向C++。在过去的5年中，在提供交互式开发环境（IDEs）以推动这两种语言的使用方面存在着激烈的竞争。RIDE又称为R-Studio，由J.J.Allaire管理（他最初来自印第安纳州南本德，多年前开发了Cold-Fusion Web软件）。通过插件在NetBeans和Eclipse IDE上支持Python；但是进入Python的环境是Anaconda，它有自己的Python版本，并且支持R以及其他程序。

R适用于大量统计的项目和数据集的一次性分析。R的难度也更大，因为它的许多设定都假设您有扎实的统计学背景。Python在概念上使用与其他语言相同的控制结构和数据类型，这就是计算机科学家更喜欢Python的原因。他们认为R更像是一种统计工具，而它也恰好是一种语言，但却不是一种精心设计的语言（就像Python一样）。R具有允许任何用Python编写的程序在R中使用的网状结构；它还具有Rcpp（由芝加哥的

Dirk Eddelbuettel编写和维护），允许在R中使用C++程序。尽管功能强大，但R作为一种编程语言对于使用更通用语言的开发人员来说可能看起来非常陌生和奇怪。

不管您的分析多么精彩，如果您不能把信息传递出去，就毫无价值。撰写报告，在网络、GitHub和其他渠道上发表报告都成为数据分析师的重要工作内容。为了支持这一点，R有一个名为knitr的报告编写工具。Python有其对应的Jupyter笔记本（现在可以与R一起使用），尽管它们在概念上相似，但预期用途却大不相同。虽然不是特别适合探索性分析，但knitr是一个强大的动态数据报告生成工具，因此它是任何程序员的工具箱中一个有价值的补充。

例如，假设您有一个包含一些条目的CSV文件，您希望以某种图形方式定期向自己或者别人展示这些条目。您可以在Excel中打开它，添加数据透视表和图表。但是假设您需要将这些数据与一个或多个XML文件以及数据库中的更多数据组合起来——这就变成了一项脚本任务。Excel仍然有用，但会很费力。Python也可以实现这一点，但在开始之前，您需要学习相当多的数据存储知识。knitr和R Markdown可以轻松生成包含R中所有图形和数据处理工具的PDF报告。此外，R将统计与机器学习结合起来，这很重要，因为机器学习和人工智能的概念源自统计。许多基于Python的机器学习文献完全忽略了基本的统计概念，因此在开发机器学习算法方面不如R有效。它由非常了解Python科学堆栈的计算机科学家编写，他们将以死记硬背的方式演示如何实现某个目标的步骤，但无法深入了解幕后发生的事情。

您阅读的许多流行媒体关于“人工智能”的新闻可能都是黑客的作品，他们可能了解“如何”编程，但在过程中似乎错过了“为什么?”和“是什么?”。相比之下，基于统计课程来教授机器学习、巧妙地阐明深层理论基础的书籍似乎都完全假定读者已具备R的基础知识。如果您打算从事机器学习，R是比Python更值得投资的项目。

以上纯属个人观点。我认为R是更好的语言。但需要注意的是“您的计划可能会有所不同”，您应该选择自己的道路。不过，我坚信，如果您打算从事数据分析工作，那么学习R的额外付出将得到十倍的回报。

1.3 现代财务会计和审计的根源

会计和审计都有悠久的历史，许多现代实践植根于数千年前的传统。本节详细介绍会计的演变过程，并解释历史发展如何在当今会计和审计特质中继续存在。

现存人类对数字的最早记录是Lebombo骨头（迄今为止已发现了几十块），其碳年代可追溯到公元前35 000年前后。这些可以说是已知最古老的会计计算机。它们是在狒狒腓骨上刻有计数槽口的计数棒，发现于位于南非和斯威士兰之间的莱邦博山脉。

在公元前9世纪中期，社区开始围绕市场建立起来，最终成为古代城市。在古代中东，会计是通过小计数器进行的——用黏土塑造成不同形状的令牌，每一个都象征着一种特定的商品。它们的形状有球体、平面和透镜状圆盘、圆锥体、四面体和圆柱体。这些形式似乎是完全随意的，并且是根据最少的生产工作量的要求来决定的。它们易于识别、复制并代表日常生活用品。

有了程式化的标志，所有的信息都可以直接记录在泥板上，泥板比令牌更便宜，更便于携带。最早的抄写员在早期城市担任律师和会计师。他们将贸易交易、债务和预付款一式两份地记录在由交易各方保留的黏土板上。最早的文本是手写在板子上的象形文字，会计专用的书写系统逐渐演变成描述政治、宗教和新闻的更具表现力的系统。

许多商品（如银器、谷物等）在早期的易货社区基于标准化的重量进行交换，因此为任何特定物品确定绝对价值是复杂的并且不准确的。在吕底亚（现代土耳其）国王克洛伊索斯（Croesus）的统治下，试金石（从当地河床开采）被用来标定合金的含量，使得任何物品的价格具有了单一面额。最早的硬币是国库发行的标准重量的无图案金属液滴。后来硬币被打上了戳，以便于记账。在吕底亚，未婚女子的习俗是用自己的美德换取钱币，以积攒足够的嫁妆。在这方面，会计可以称得上是“最古老的职业”。

吕底亚王国是短暂的，但其标准化货币理念一直沿用至今——首先出现在雅典的德拉克马银币中，后来出现在罗马的索利杜斯币中，它为地中海贸易提供了前所未有的质量和价值保证，标准化货币可以与所有其他商品进行交易。发行标准化硬币对政府来说是一项有利可图的业务。政府基本上是用铸造的钱获得无息贷款。反过来，这催生了货币兑换、接受存款和利息贷款等有利可图的行业。罗马为运输和贸易、影响深远的税收系统和庞大的官僚网络开发了复杂的金融和契约系统。

与此同时，亚洲的发展见证了中国的标准货币从公元前5世纪作为标准货币的贝壳演变为秦朝时期（公元前3世纪）的铜币。秦币很实用——圆形中间有一个方孔（用于串在一起），直到20世纪，这仍然是大多数中国铜币的常见设计。当唐朝引入纸币时，又兴起了另一种政策。

大约在3世纪之后，罗马帝国陷入了中世纪的混乱。6世纪的包伊夏斯（Boethius）和卡西奥多罗斯（Cassiodorus）预言了文明的崩溃，将当时的数学（包括会计）研究收入四分仪中，其包括算术、几何、音乐和天文学四门学科。这些将在修道院学校传授给罗马贵族，在努西亚的圣本笃①之前，这些修道院或多或少是罗马精英后代的安全乡村庄园。直到15世纪，欧洲会计都是静态的，与罗马的做法没有区别。与此同时在中东，首先是倭马亚王朝（Umayyad Caliphate），然后是巴格达的阿拔斯王朝（Abbasid Caliphate），通过采用来自印度的现代阿拉伯数字系统，迅速获得了在中亚的权力，这是对罗马人烦琐符号的重大改进。它使得加法和减法运算更加容易，也使得会计本身扩展到乘法（用于价格和成本分配）和除法（用于费率）。巴格达成为世界会计创新的中心。

1.3.1 复式记账的阿尔·花拉子密代数

在伊斯兰国家，“account”这个词具有宗教意义，关乎一个人在与人类努力有关的所有问题上向上帝交账的义务。根据古兰经，教徒必须记录他们的债务。因此，伊斯兰教为交易的记录和报告提供了一般的批准和指导。在伊斯兰国家继承制度准确定义了个

① 又译为圣本尼迪克特，是意大利天主教教士、圣徒，本笃会的创建者——编辑注。

人死后遗产的计算方式。遗嘱处分权基本上限于净遗产（即支付丧葬费和债务后剩余的资产）的1/3，固定份额不仅分配给妻子和孩子，也包括父亲和母亲。显然，这些远远超出罗马数字和算盘范围的比率、乘法和除法等操作。

在伊斯兰国家，继承法的复杂性推动了中世纪伊斯兰数学家对代数的发展。阿尔·花拉子密（Al-Khwarizmı）所著的《移项和集项的计算》专门用一章讲述了使用线性方程解决继承法的问题。在12世纪，花拉子密的《印度计算加减法书》关于印度数字之使用的拉丁文译本，将十进制数字系统引入了西方世界。10世纪末教皇西尔维斯特二世（Pope Sylvester II）和12世纪斐波那契（Fibonacci）将印度-阿拉伯数字和代数引入欧洲。

花拉子密（拉丁语为Algorithmi，从中衍生出“算法”一词）将代数（来自阿拉伯语al-jabr，意为“恢复”）引入会计，创立了三大会计基础公式——代数概念：

（1）借方=贷方：用于误差控制的“簿记方程”，它相当于在等式的左边和右边进行代数运算。

（2）资产 = 负债 + 所有者权益：用于追踪财富的“真实”账户，以及“基本会计等式”。这个等式以一种复杂形式出现在资产负债表中，该表列出了所有的资产、负债和权益以及总额，以确保两端平衡。

（3）用于跟踪活动的“名义”账户与所有者权益结算的结账过程：在年底结清这些账户会产生净收入（所有者的财富增量）——可以说是会计过程中产生的最重要的单一统计数据。

代数围绕等号处理公式，唯一的约束是等号右侧的公式必须与左侧的公式具有相同的值。

复式簿记围绕等号操纵借方和贷方余额，唯一的限制是借方必须与贷方具有相同的价值。因此，会计是应用代数。

虽然在这方面没有具体说明，但花拉子密的书暗示了后来成为会计标准的东西：误差控制（通过复式记账）、名义账户（出现在利润表上）和真实账户（出现在资产负债表上）。名义账户是在每个会计期间结束时余额为零的收入或费用账户。它们从新会计期间开始时的零余额开始，在该期间累计余额，并在年末通过结账分录归零。名义账户是利润表账户，也称为“临时账户”，与称为“永久账户”或“真实账户”的资产负债表（资产、负债和所有者权益）账户不同。真实账户是出现在资产负债表上的资产、负债、准备金和资本账户。真实账户的余额不会在会计期末冲销，而是结转到下一期。

花拉子密的方法立即受到欢迎，并在整个受过教育的世界中广泛传播。中国在唐朝时就有阿拉伯学者来访，并采用了阿拔斯人在货币和会计方面的创新。唐朝在贸易繁荣时重新开辟丝绸之路，并将其贸易领域扩展到波斯湾和红海、波斯、美索不达米亚（沿现代的伊拉克的幼发拉底河上游航行）、阿拉伯、埃及、埃塞俄比亚和非洲之角的索马里，建立了广泛的税收制度。每个公民都被征收铁和盐的使用税，每年有20天的徭役。国家实行“均地制”，大部分土地为国有，分给农民个体。钞票最早于公元7世纪在中国发展起来，纸币开始发行。其根源在于商人和批发商希望在大型商业交易中避免使用大量的铜币，以此作为存款收据。唐朝用一种叫作“飞钱”（因为它容易被吹走）的钞票付给当地商人。这些带有不同金额的证书可以在首都按需转换为硬现金。由于它们是可转让的，几乎像货币一样在商人之间进行交换。

巴格达的阿拔斯王朝为数学的进步提供了肥沃的土壤，当时欧洲正陷入四艺（quadrivium）困境。罗马和希腊的许多古代图书馆已转移到巴格达，那里的学者将印度教的数字符号整合到几何、线性方程和二次方程的代数中。这些著作在整个阿拔斯王朝传播，包括由摩尔人传入西班牙，使这些知识体系在12世纪初格拉纳达、科尔多瓦和塞维利亚的大学中为欧洲人所用。意大利数学家斐波那契在埃及、叙利亚、希腊和西西里岛旅行时接触到了这种知识。他最终回到意大利出版了他的《算盘书》，促进了阿拉伯数字在计算中的使用。这本书是在1202年用拉丁文写成的，影响深远且被广泛阅读。

将复式记账引入欧洲本身就是一件有趣的事情。阿拉伯数字在欧洲广为人知，但它们的使用被认为是有罪的。例如，1299年的Arte del Cambio法令禁止佛罗伦萨的银行家使用阿拉伯数字（尽管为了便于计算，他们自10世纪以来一直将它们写入文件）。在世纪之交统治了3年的教皇西尔维斯特二世（Pope Sylvester II）赞同并促进了阿拉伯算术、数学和天文学的研究，将算盘重新引入欧洲。正是这个原因，他在死后被广泛谴责为与魔鬼结盟的巫师。

正是在这种充满政治和宗教色彩的氛围中，斐波那契《算盘书》中的创新从商人和银行家开始，合成了笨重的罗马数字算盘和日记簿。斐波那契本人既是商人又是数学家。在1200年之前，他以商人的身份广泛游历了地中海沿岸国家。他不仅鼓励在商业会计中采用印度-阿拉伯数字，而且实际上给出了一个罗马数字与阿拉伯数字的全面对比说明。

重要的是，印度-阿拉伯系统数学还涵盖方程组，这些方程组是由摩尔人传入西班牙的。从会计的角度来看，借方和贷方的概念在会计系统（财务报表）层面提供了一种概括，在交易（日记账分录）层面提供了细节。根据定义，方程需要等式两侧相等，一侧为因变量，另一侧为自变量。在交换交易中，有一种自然的二分法：自变量（资产）和因变量（债权）。这些体现在拉丁语单词debere（欠）和credere（委托）中，它们是我们现代词debit和credit的基础。

印度-阿拉伯方程系统侧重于平衡——在任何日期的资产负债表中，要保持交换交易的平衡。平衡式的使用起初可能是形式上的，但是很容易看出从临时单式记账法到平衡记账法的变化，进而顺其自然地产生一个完整的复式记账系统（特别是考虑到欧洲银行家早期喜欢将阿拉伯数字插入他们的财务记录，尽管事实上他们可能被谴责与魔鬼结盟）。一旦数字开始排列在单独的列中，而不是分散在整个页面上——只是在算盘上或脑海中的账簿上排列整齐，具有明显分开、方便计算的两列的优点便很快凸显出来（De Roover，1956，1955，1938）。

1.3.2 复兴

两个世纪以来，在热那亚、佛罗伦萨和威尼斯等意大利银行中心兴起期间，意大利银行业记录交易、发放贷款，并进行了许多我们今天社会认可的其他金融活动。最初，他们使用单项记录（包括日期和账户），但随着交易量的增加，这种方法被证明容易出错。斐波那契的《算盘书》被广泛阅读，影响深远。乔瓦尼·迪比奇德在14世纪为美第奇银行引入了复式记账法。到15世纪末，威尼斯的商业企业广泛使用这种系统。

15世纪还见证了德国印刷机的发明，以及威尼斯玻璃制造商提供的价格合理、广泛可用的老花镜。利奥十世任教皇时的梵蒂冈是印刷机的重要市场，那里的印刷机被用来大量生产赎罪券。随后，意大利成为印刷、书籍出版和文学的中心。1494年，列奥纳多·达芬奇的密友、威尼斯人卢卡·帕乔利出版了最早的数学著作之一——《算术、几何、比及比例概要》，书中正式描述了广泛使用但对于更广泛的受众而言仍然存在争议的复式记账系统。其中一章标题为"会计和记录的详细信息"，普及了威尼斯会计方法，将簿记的组成部分描述为：备忘录簿、日记账和分类账，日记账和分类账与现代的类似。结账时使用试算表。损益计入资本账户以平衡资产负债表。得益于古腾堡的印刷机，该书在整个欧洲发行。

帕乔利的著作被翻译成欧洲最常阅读的白话文，不仅在投资和商业企业方面具有影响力，而且在欧洲大庄园的会计方面也具有影响力。在接下来的400年里，它成为欧洲所有商业领域会计的标准，只是形式略有修改。在工业革命之前，中国和印度是世界上最富有的经济体，印度年收入是法国的20倍。

1.3.3 工业革命

在18世纪后期工业革命开始时，欧洲只是世界上的一个次要的经济参与者。在英格兰，特别是查理二世统治时期，开始改变这种状况。1658年，他在奥利弗·克伦威尔死后复辟，首要任务之一就是建立机构推动英格兰的数学和科学向前发展。伦敦皇家自然知识学会，简称皇家学会，成立于1660年11月。皇家学会的成员最初几乎均从议员和君主主义者中选出（导致一些人认为皇家学会可能是共济会）。英国是第一个将科学和数学置于国家政策中心的欧洲国家。这不仅仅是一个抽象的目标。作为有着广泛殖民地和工业野心越来越大的国家，英国需要更好的导航工具（时钟、六分仪）、商业工具（会计、专利、方法）和政府管理（统计）工具。

现代企业起源于当时的家庭手工业。家庭缝纫作坊发展成为纺织厂，矿山规模变得更大，效率更高。金匠的保险箱被用来存放商人和其他人的货币存款，使用金币作为收据。这些收据演变成钞票，这些新兴的银行家借钱并执行其他银行业务。亚当·斯密描述了专业化的优点。随着该技术可用于更大的规模，企业有存货却允许业务不受限制地增长。英格兰银行作为一家股份公司成立，成为英国的中央银行。

英国的大部分财富都依赖于纺织品，尤其是羊毛贸易。英国羊的羊毛价格很高，科茨沃尔德等地区的羊主变得富有。国内的纺织制造系统并没有将所有羊毛出售给大陆商人，而是发展了起来。小农场主在他们的家中进行纺纱、清洗和编织。大约一半的布料被出口，富裕的商人阶层发展了起来。

此时，世界各地的制造业生产力水平相似，并且随着时间的推移变化不大。但工业革命使英国的生产率平均每年增长约2%，使其在19世纪末成为世界上最大的经济体。

工厂系统是为纺织业发明的。动力驱动的机器需要一大批工人，他们在不安全的条件下长时间从事单调的工作，工资很低。1800 年，大部分棉花生产都在工厂完成。到 19 世纪，棉花占了英国出口商品的大约一半。1850 年，棉花行业有 1 900 多家工厂，拥有 330 000 名工人，其中约 85% 的工厂使用蒸汽动力，15% 使用水力。工人伤亡惨重，1 800 年工厂工人的平均死亡年龄为 17 岁。

陶艺家乔赛亚·韦奇伍德对他那个时代的科学进步非常感兴趣。正是这种兴趣支持他不断采用新方法和新工艺来彻底改变他的陶器质量。他独特的釉料开始将他的商品与市场上的任何其他商品区分开来。他可能是有史以来最著名的陶艺家。他建立了一家成功的企业，但 1770 年至 1772 年的萧条时期给韦奇伍德带来了经济困难——需求下降，库存增加，价格不得不降低。他还发现，他的文员贪污资金，而无视偿还债务和其他文书工作。

韦奇伍德将他的创造性天分用于详细检查他公司的交易。他想开发一个系统，可以让他快速发现低效率的操作并识别开销来源。在这个过程中，他发现了自己店长长期贪污的历史。这导致了新文员的更换和每周的会计审查。最终，韦奇伍德能够计算出每种产品每个制造步骤所用材料和人工的详细成本。间接成本被分析出来并分配给特定产品。韦奇伍德早期的成本会计工作影响了人们对产业经济学的理解，因为商人发现生产某些产品的成本远高于其他产品，这对盈利能力产生了深远影响。经济学家提出了规模经济和沉没成本的概念。韦奇伍德自己的工厂开始区分市场。根据他的成本核算，需求成为影响生产和定价的主要因素。市场可以划分为以高价格、高品质和高成本产品开发的高端陶器市场和以低成本、低价格开发的大众陶器市场，技术和机械化在经济规模化中发挥了作用。韦奇伍德的成本会计创新使他能够在竞争对手无能为力的经济衰退中幸存下来。

1.3.4 现代审计的诞生

19 世纪初，11 位伦敦人将他们的职业列为古老的“伴奏者”。随着工业、大众运输和资本市场的扩大，对会计师的需求也在扩大。商业监管增多，工业企业经常被征收重税，促进了对专业人士的需求。1831 年的《破产法》允许会计师被任命为“官方受托人”，这是政府对这一新职业的首次认可，其主要作用变成了准备上市公司的账目和资产负债表。破产公司尤其有可能使用他们的服务，这些服务越来越多地发挥审计职能。

1844 年英国《公司法》出台，明确了成立企业的正式注册程序。它要求每年任命审计师来检查所有上市公司的账目和资产负债表。1862 年的《公司法》要求对银行进行审计，并确立了仅从利润中支付有限现金股息的做法。到 1900 年，审计成为会计师的实际核心工作。最早的六大会计师事务所成立于 19 世纪中叶的伦敦。威廉·德勤于 1845年在伦敦开设了一家公司，塞缪尔·普莱斯和埃德温·沃特豪斯（Edwin Waterhouse）于 1849 年建立了合伙关系，威廉·库珀于 1854 年创办了自己的公司，1861 年他的兄弟们也加入了公司。威廉·皮特的公司于1867年创立。这些人在 19世纪 70 年代积极参与建立会计学院，并于 1880 年被授予皇家特许状。随着学会和成为特许会计师的专业要求被建立，会计师这个职业已经牢固确立。

许多当前的成本会计方法是在 1880 年之后发展起来的。批量生产的科学管理分析是一个主要因素。工程师使用工作分析以及时间和运动研究确定了生产每单位产出所需材料和劳动力的“科学”标准。复杂的机器需要复杂的工程和有效调用工人来执行专门和重复的任务。标准成本成为一项重要的效率衡量标准。泰勒分析了调用劳动力和机器的最佳方式，并确定了标准以最大限度地减少浪费。重点是削减成本而不是降低产品质量。可以将实际成本与标准成本进行比较以衡量绩效，并分析实际成本与标准成本之间的差异以确定潜在的纠正措施。衡量和分配间接费用也是科学管理的主要关注点。

20世纪50年代之前，管理层主要将成本会计信息用于规划目的，经营控制通常是基于非会计信息。例如，杜邦使用ROI进行规划，但控制则基于诸如交付给客户的及时性和产品质量等因素。多部门的商业组织变得更加明显，企业的各个环节开始脱钩——不同的生产过程发生在不同的地点，也许在数千英里之外。

1.3.5 公共会计

一直到19世纪，公司规模还是较小，通过合伙、短期银行贷款或利润筹集资金。19世纪初的新兴产业，包括运河、铁路和公用事业，需要大量来自私人的资金。英美两国组织了交流，为所需的现金提供了渠道。英国议会通过《公司法》规范商业和资本市场。美国的法规以州法律为基础，并不是特别有效，但到20世纪之交，美国超过英国成为世界领先的工业强国。金融家提供资金来建立大型公司和联合体，并且正如摩根大通所证明的那样，它们保持着对行业的巨大影响力。内部人士从价格操纵、股票操纵和各种合法性可疑的计划中受益。会计师通常会帮助经理和投机者。合并、残酷的竞争、铁路公司回扣和贿赂是企业使用的一些手段。从标准石油公司开始，信托基金被用于跨州收购企业。到1890年，300个信托基金控制了5 000家公司。到1900年，最大的十几家信托基金的资本超过10亿美元。投资银行家成为董事（摩根大通参与了78家公司）。

政府监管是由公众要求的，通常仅针对垄断定价和各种掠夺性做法。联邦法规始于1887年的《州际商业委员会法案》，用于监管铁路。联邦反垄断始于1890年的《谢尔曼法案》。继1907年的恐慌之后，美国经历了十年的立法改革。1913年的《克莱顿法案》禁止出现连锁董事。美联储和联邦贸易委员会于次年成立。

当时，财务信息的披露是自愿的。在19世纪和20世纪初，资产负债表至关重要。利润表被忽视，因为它容易被滥用（不存在会计准则规定），盈利能力的概念出现在第一次世界大战后。在世纪之交，证券交易所由铁路行业主导（例如，1900年该行业的交易量占纽约证券交易所（NYSE）的60%）。它们被认为是安全的投资，因为它们支付的股息相当一致——如果忽略了这个行业确实发生的破产。工业公司在20世纪20年代确实流行起来（1920年在纽约证券交易所占44%），随着工业公司倾向于根据收益支付股息，利润表变得更加重要。不幸的是，激昂的20年代也是投机猖獗的时期，证券以信贷方式购买，几乎没有考虑潜在的盈利能力。直到1910年，纽约证券交易所才有一个“非上市部门”，专门负责不披露财务信息的公司。尽管到1926年纽约证券交易所90%的公司都进行了某种形式的审计，但直到1933年才被要求提供经审计的财务报表——当时股价处于

1929年高点的10%，而且乱象丛生：内幕交易很普遍，但是并不违法；新证券在发行前作为“首选清单”以折扣价出售；由银团组成的股票池操纵股票价格。

自20世纪20年代初以来，依赖农业的美国经济陷入了困境。一波又一波迁移而来的农民耕种越来越贫瘠的土地，不仅造成尘土飞扬，并使借钱给他们的当地银行陷入困境。但由于没有国家记录，关于这个问题的认知很少。当股市崩盘时，监管者惊慌失措。美联储削减了货币供应量，将经济衰退和股市恐慌转为严重萧条。从1929年到1932年，11 000家银行倒闭，国民生产总值每年下降约10%，钢铁产量下降到产能的12%，失业率达到25%。《霍利-斯穆特关税法案》大幅提高了关税，其效果是限制了世界贸易——这实际上使全球经济陷入萧条。1932年，富兰克林·罗斯福是胡佛总统的竞选对手，承诺实施新政。他以压倒性优势获胜并顺利任职。在他任期最初的100天里，通过了大量的法案（其中一些是胡佛政府的遗留项目）。《格拉斯-斯蒂格尔法案》将商业银行业务与投资银行业务分开，并创建了联邦存款保险公司来为银行存款提供保险；《社会保障法》建立了由工资税资助的退休和残疾抚恤金。

新政立法导致联邦政府有责任根据1933年的《证券法》保护投资者免受投资市场中不当行为的影响。该法案以州法规、英国公司法和早期的国会立法为蓝本，1934年创建了证券交易委员会。《证券法》要求公司在新公开发行股票、债券和其他证券时提交注册声明，以“全面、公允”地披露财务信息。与“审慎投资者”相关的信息将在注册声明中被披露。反欺诈和责任规定增加了会计师的法律责任，他们对公众和被审计公司的管理负责。现代财务报告和公认会计原则（GAAP）的发展始于这项联邦立法。证券交易委员会有权监管会计。这项权力被委托给私营部门和美国会计师协会（后来的美国注册会计师协会）。它赋予了会计程序委员会于1938年发布会计准则的责任。会计师协会的标准被称为会计研究公告，从1938年到1959年，会计师协会总共发布了51个会计研究公告。会计研究公告目前很少依然有效，但财务会计的基本结构与这些初始标准相比没有太大变化。会计程序委员会被会计专业和金融界广泛认可，并于1959年被会计准则委员会取代。这是另一个美国注册会计师协会委员会，两者有许多相同的问题，直到1973年被取代，会计准则委员会发布了31条意见。

1.4 新兴技术和无形资产

信息技术在当今的财务控制和审计中发挥着举足轻重的作用。大多数（如果不是全部）财务数据现在都是以数字化方式记录的，并分散在服务器、云和计算机网络中，而被审计公司对这些数据没有控制权。此外，公司数据，尤其是金融、IT、保险和医药领域的数据，现在构成了公司的大部分审计价值。财务审计是确保信息系统完整性和组织财务报告的关键机制。它们有助于避免导致通过《反海外腐败法》和《萨班斯-奥克斯利法案》等法案的滥用行为。它们有助于确保国际会计准则始终适用于计算公司价值，同时控制资产市场泡沫。在过去10年中，日益严峻的审计挑战推动了审计市场的增长。在过去的40年，会计专业本科生和研究生招生人数均处于最高水平，会计专业学生占商学院招生人数的40%（见图1-1）。

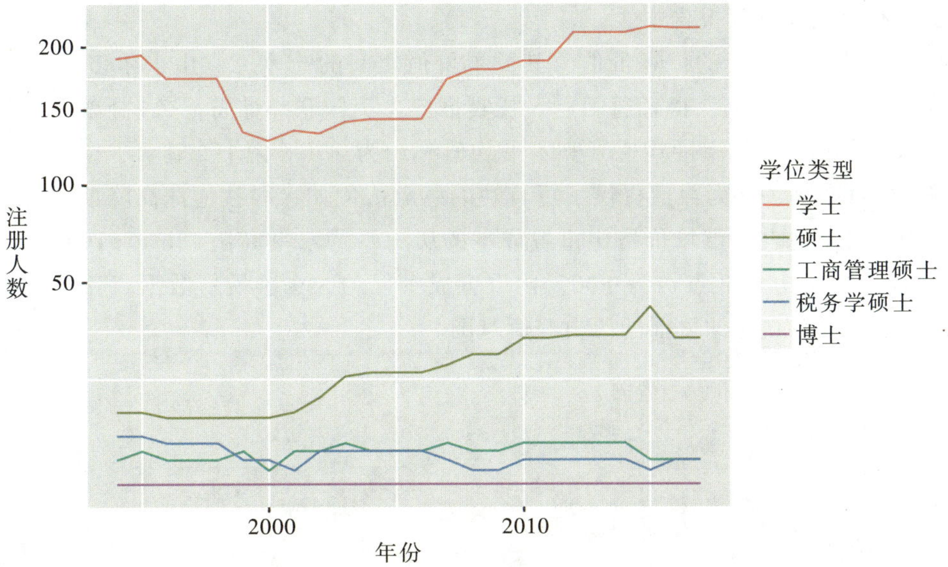

图1-1　美国注册审计学位课程

研究生学位对这个行业越来越重要，公共会计师事务所聘用的会计毕业生中约有40%拥有研究生学位。受雇于公共会计的第二大群体则拥有信息技术和计算机科学学位。最负盛名的会计师事务所、最大的会计师事务所、“四大”会计师事务所，已经大幅增加了聘用的人数（见表1-1）。

表1-1　“四大”会计师事务所（2018年年末）

会计师事务所	营业收入	员工数	人均营业收入	总部
德勤	432亿美元	286 200	150 943 美元	英国
普华永道	413亿美元	250 930	164 588美元	英国
安永	348亿美元	260 000	133 846美元	英国
毕马威	290亿美元	207 050	139 870美元	荷兰

世界经济的金融信息部门是就业增长和财富的主要贡献者。2018年，它约占美国经济的15%（约2万亿美元）和全球经济的10%（约7万亿美元）。除了会计师事务所，大型银行、评级机构、基金、私人投资和许多其他领域都需要会计专业知识才能在当前市场中具有竞争力。这也意味着信息技术方面的专业知识越来越被需要。

几十年来，审计师一直在设法回应将审计范围扩大到公司业绩财务预测、品牌估值、无形资产估值、社会责任等非传统衡量标准的呼声。但在大多数情况下，因为担心客观性和提供足够可靠的意见的能力，他们拒绝任何扩大审计的努力（Aboody 和 Lev，1998；Lev，2001，2004）。

在过去的30年里，《财富》500强公司（包括石油和汽车等许多传统行业）的股票市场估值越来越高于会计师账面估值。这反映在无形资产的增长上，无形资产可以被粗略地定义为公司拥有的有价值的东西，如专利、技能等，这些东西没有在审计中明确评估，也没有出现在财务报告中。

托宾Q是实物资产的市场价值与其重置价值之间的比率。它由卡尔多于1966年首次提出，并由诺贝尔奖获得者詹姆斯·托宾推广。美国联邦储备局Z.1金融账户每季度公布一次其数值，Q比率的均值（算术平均值）约为0.70。图1-2显示了相对于其算术平均值1的Q比率，这为数值提供了更直观的感觉。例如，科技泡沫高峰期的历史最高Q比率为1.61，这表明市场价格比重置成本的历史平均水平高出136%。1921年、1932年和1982年的历史最低点约为0.30，比重置成本低约55%。最新数据点比平均值高出55%，目前接近科技泡沫之前的历史峰值范围。

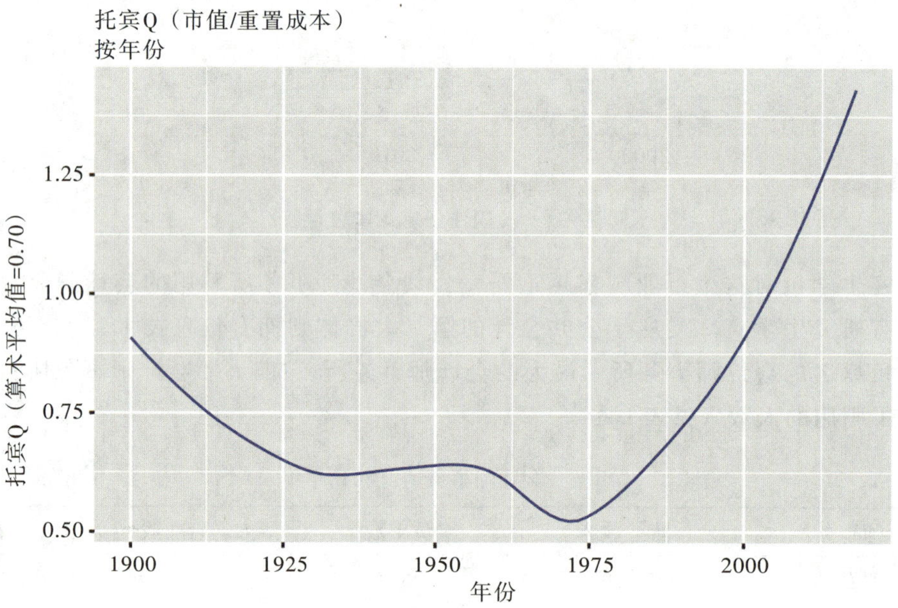

图1-2 托宾Q（市值/置换成本）

自20世纪80年代以来，会计已经演变为较少关注有形事物，而更多地关注无形资产和信息。信息越来越成为公司的价值资产，而IT提供了管理、处理和交付信息产品及服务的工具。1980年，大部分公司价值由财务报表中的实物商品组成。到2018年，40%~80%的公司价值来自未经计量的无形资产。这种无形价值的大部分存在于数据库、知识产权、专有工艺和个人专业知识中。

从历史上看，直到20世纪70年代，账面价值在评估公司价值时都保持相对准确。20世纪70年代“金融工程”被引入，如LTV和德事隆（Textron）等公司发起了企业集团风潮。从投资和会计的角度来看，公司估值变得更难。20世纪70年代也是美国国债利率接近15%的时期，公司感受到来自亚洲的新的竞争。这使许多公司陷入负资产状况，而这只能通过20世纪80年代的宽松货币政策来补救。从那以后，股票市场估值的增长稳步超过账面价值，至少部分反映了对投资者有价值但在会计系统中跟踪不佳的无形“知识”资产的增长。

信息技术在目前的财务控制和审计中发挥着关键作用：大多数（如果不是全部的

话）财务数据现在都以数字方式记录，并分散在服务器、云和计算机网络中，而被审计公司对这些数据没有控制权。知识产权、会计、财务、IT和风险数据现在构成了公司的大部分价值。在过去的30年里，经济中信息密集的行业一直比需要大量投资机械和其他固定资产的行业更有利可图。结论是投资回报率与无形资产投资密切相关。

美国所有数据的价值在1.5万亿到2万亿美元之间，约占美国私人实物资本存量的5%。几十年来，世界数据量呈指数级增长。2003年测序的第一个人类基因组有3 GB的数据，几乎可以填满一张DVD；到2020年，超过2 500万人的基因组已被测序。最新的自动驾驶汽车每行驶8小时可产生高达30 TB的数据。IDC估计，到2020年，全球每年将产生超过90 ZB（1 ZB = 1万亿字节）的数据，超过自计算机出现以来产生的所有数据量（见图1-3和图1-4）。

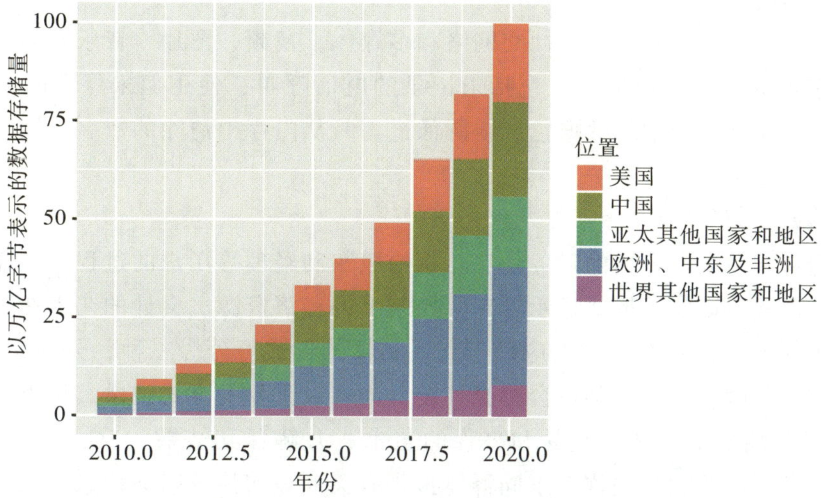

图 1-3　全球数据资产存量

资料来源：IDC.

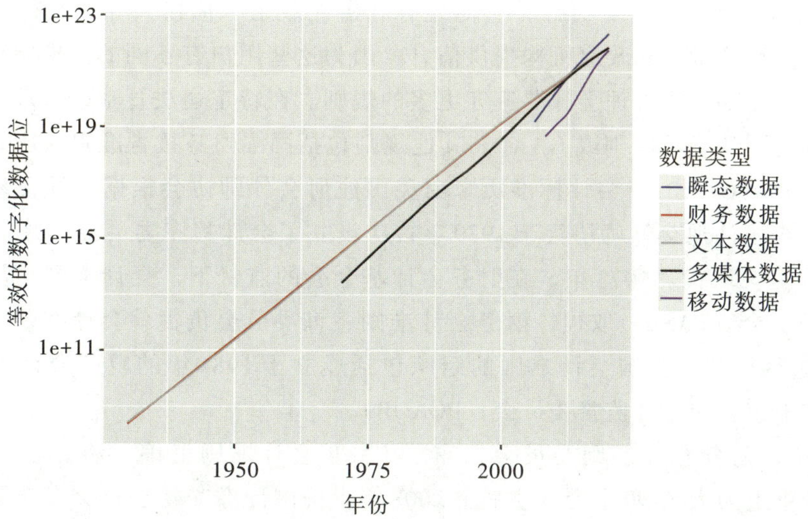

图 1-4　数据增长

资料来源：EMC 数字宇宙项目（digital universe project）.

到2020年，数据大约每两年翻一番，地球上每个人的数据量约为20万亿字节。可被视为大数据“基础设施”的IT硬件、软件、服务、电信和相关员工的支出在美国和中国以每年40%左右的速度增长，接近世界其他地区的发展。数据从企业服务器、大型机、个人计算机和便携式设备等本地技术孤岛迅速迁移到存储管理、安全和云计算等目标领域的数据投资。数据管理通常围绕“边缘”计算机和“云”服务器之间的数据驻留分区进行。

在过去的一个世纪里，数据的呈现方式发生了巨大的变化。直到20世纪80年代，大多数数字化数据都是柱状电子表格格式。带宽的增加以及存储和处理能力的提高使得更丰富的格式在过去20年中占据主导地位。有效审计所需的大部分信息现在都封装在这些更复杂的模式中。

数据的大部分增长是由通过社交网络和多媒体（视频、图片、音乐）创建的用户驱动的。瞬态数据也在快速增长，包括未记录的电话呼叫、使用但未保存的数字电视图像、临时存储在路由器中的数据包、新图像进入时从内存中清除的数字监控图像等。

1.5 财务会计

会计是将有关商业实体的财务信息传达给股东和经理等用户的过程。沟通通常采用财务报表的形式，以货币形式显示管理层控制下的经济资源。会计的艺术在于选择与用户相关且可靠的信息。会计原则应用于商业实体的形式可分为三种，分别命名为会计、簿记和审计。美国注册会计师协会将会计定义为“以重要的方式记录、分类和总结至少部分具有财务性质的金钱、交易和事件的艺术，并解释其结果”。今天，会计被称为“商业的语言”，因为它是向许多不同群体报告有关商业实体的财务信息的工具。专注于向业务实体内部人员报告的会计称为管理会计，用于向员工、经理、所有者经理和审计师提供信息。管理会计主要涉及为做出管理或经营决策提供基础。向业务实体以外的人员提供信息的会计称为财务会计，它向现有和潜在股东、债权人（如银行或供应商）、金融分析师、经济学家和政府机构提供信息。因为这些用户有不同的需求，财务账户呈现高度结构化，并且比管理会计要遵守更多的规则。在特定司法管辖区管理财务会计的规则主体称为公认会计原则或GAAP。其他规则包括国际财务报告准则（IFRS）或美国公认会计原则（GAAP）。会计标准历来由美国注册会计师协会根据证券交易委员会的规定制定。美国注册会计师协会于1939年首次设立了会计程序委员会，并于1951年被会计准则委员会取代。1973年，在财务会计基金会的监督下，会计准则委员会被财务会计准则委员会（FASB）取代，财务会计准则咨询委员会负责就会计准则提供建议和意见。其他参与制定美国会计准则的组织包括成立于1984年的政府会计准则委员会（GASB）和上市公司会计监督委员会（PCAOB）。

2008年，财务会计准则委员会发布了FASB会计准则汇编，将数以千计的美国GAAP公告重组为大约90个会计主题。2008年，美国证券交易委员会发布了初步“路线图”，可能导致美国未来放弃公认会计原则，加入使用国际财务报告准则（IFRS）的行列，目前全球有100多个国家正在使用国际财务报告准则，总部位于伦敦。截至2010

年，FASB与IASB（国际会计准则委员会）的例行会议正在进行融合项目。SEC表示其目标是到2014年在美国全面采用国际财务报告准则。随着美国GAAP与IFRS会计制度的趋同，作为国际财务报告准则的最高权威，国际会计准则委员会在美国的地位越来越重要。

1.5.1　会计的产品：财务报表

会计主要有四种财务报表。它们是资产负债表、利润表、现金流量表、所有者权益变动表。

资产负债表显示公司在固定时间点拥有什么资源以及负债。利润表显示了公司在一段时间内赚了多少钱和花了多少钱。现金流量表显示公司与外部环境在一段时间内的货币交换。所有者权益变动表显示了公司股东权益随时间发生的变化。

1.资产负债表

资产负债表提供有关公司资产、负债和股东权益的详细信息。资产是公司拥有的有价值的资源。这通常意味着它们可以被公司出售或用于制造产品或提供可以出售的服务。资产包括有形财产，如工厂、卡车、设备和存货。它还包括无法触及但仍然存在并具有价值的东西，如商标和专利。而现金本身就是一种资产，公司的投资也是资产。负债是公司欠他人的金额，这可能包括各种义务，如从银行借来推出新产品的钱、使用建筑物的租金、欠供应商的材料钱、公司欠员工的工资、环境清理费用或欠政府的税款。负债还包括未来向客户提供商品或服务的义务。股东权益有时被称为资本或净值。如果一家公司出售其所有资产并清偿其所有负债，则剩下的这笔钱就是股东权益，这笔剩余资金属于公司的股东或所有者。公司资产负债表的设置类似于上面显示的基本会计等式，在资产负债表的左侧，列出了公司资产；在右侧，列出了其负债和股东权益。有时资产负债表在顶部显示资产，其次是负债，在底部显示股东权益。资产通常根据它们转换为现金的速度来列出。流动资产是公司希望在一年内转换为现金的资源。

一个很好的例子是存货。大多数公司希望在1年内出售其存货获取现金。非流动资产是指公司不希望在1年内转换为现金或需要超过1年才能出售的资产。非流动资产包括固定资产。固定资产是用于经营业务但不可出售的资产，如卡车、办公家具等财产。负债通常根据到期日列出，负债称为流动负债或长期负债。流动负债是公司预期在1年内还清的义务。长期负债是超过1年到期的义务。

股东权益是所有者投资于公司股票的金额加上或减去公司自成立以来的收益或亏损。有时，公司会分配收益，而不是留存收益，这些分配的收益称为股息。资产负债表显示了报告期末时公司资产、负债和股东权益的快照。但它没有显示该期间进出账户的流量。

2.利润表

利润表是一份报告，显示公司在特定时间段内（通常为1年或1年的某段时间）赚取了多少收入，利润表还显示与赚取该收入相关的成本和费用。报表最下面一行通常显示公司的净收益或亏损，告诉您公司在此期间赚了或亏了多少。利润表还报告每股收益。该计算告诉您如果公司决定分配该期间的所有净收益，股东将获得多少资金。

3. 现金流量表

现金流量表报告公司的现金流入和流出。这很重要，因为公司需要手头有足够的现金来支付费用和购买资产。利润表可以告诉您公司是否盈利，而现金流量表可以告诉您公司是否产生现金。现金流量表显示的是现金随时间的变化，而不是某个时间点的绝对金额，它使用公司资产负债表和利润表中的信息并对其进行重新排序。现金流量表可以概括为营运资本表，用更一般的流动资产和流动负债代替计算中的现金，两者都预计在运营周期（通常为1年）内到期，因此被称为“准现金”。现金流量表的最下面一行显示了当期现金的净增减额。现金流量表分为三个主要部分。每个部分体现来自以下三种活动之一的现金流量：经营活动、投资活动和融资活动。

1.5.2 会计方法论

财务会计是公司记录和报告影响其财富的重要经济交易的工具。这是一个准公理系统，其中基本“原则”被松散地应用于记录影响公司财富的经济事件（交易）。这些详细的交易被分类汇总到所谓的会计科目表的公司特定账户中，根据公认会计原则进一步组织和汇总账目以进行报告。

当今实践中的会计观点源自8世纪花拉子密提出的代数平衡和算术运算系统。该系统本质上是线性的——假设价格和成本是可加的，一般认为在交易中是固定的。但在实践中，许多经济过程是非线性的，数据可能不完整和不准确。因此，现代会计报告是经济近似值，旨在促进会计系统的易处理性和可扩展性。现代审计师采用的观点反映了会计报告中所做的权衡，许多标准审计程序适应了财务会计固有的不确定性。

1. 公认会计原则（GAAP）

公认会计原则（GAAP）是指在任何特定司法管辖区使用的财务会计准则的标准框架，通常称为会计准则。GAAP包括会计师在记录和总结以及编制财务报表时遵循的标准、惯例和规则。财务会计是必须客观地收集和报告信息。作为必须依赖此类信息的第三方，无论是否有意，有权要求数据没有偏见和不一致。原则源自传统，如匹配的概念。在任何财务报表报告（审计、汇编、审查等）中，编制者/审计师必须向读者表明报表中包含的信息是否符合GAAP。

2. 理论

基本的会计等式是资产=负债+股东权益，如资产负债表所示。资产负债表的基础始于利润表，即收入-费用=净收入或净亏损。另一种形式是留存收益表，即期初留存收益+净收入-股息=期末留存收益或期初留存收益-净亏损-股息=期末留存收益。

3. 假设

（1）会计主体：假设该业务与其所有者或其他业务分开。收入和支出应与个人支出分开。

（2）持续经营：假设企业将无限期地运营。这涉及了资产资本化、折旧和摊销的方法。只有当清算确定时，这种假设才不适用。

（3）货币单位原则：假设稳定货币将成为记录单位。FASB 接受美元的名义价值作为未针对通货膨胀进行调整的记录货币单位。

（4）时间段原则：意味着可以对企业的经济活动时间段进行人为划分。

4. 原则

（1）历史成本原则。要求公司根据收购成本而非公平市场价值对大多数资产和负债进行核算和报告。该原则提供了可靠的信息（消除了提供主观和可能有偏见的市场价值的机会），但不是很有效。目前有使用公允价值的趋势，因为大多数债务和证券现在都按市场价值报告。

（2）收入确认原则。要求公司在收入实现或可实现和赚取时进行记录，而不是在收到现金时进行记录。这种会计方式称为权责发生制会计。

（3）配比原则。只要合理，费用就必须与收入相匹配。费用不是在工作完成或产品生产时确认，而是在工作或产品实际对收入做出贡献时确认。只有在与收入不存在联系的情况下，才可以将成本计入当期费用（如办公室工资和其他管理费用）。该原则允许对实际盈利能力和绩效进行更准确的评估（显示花费了多少来赚取收入）。折旧和销售成本是应用这一原则的很好的例子。

（4）完全披露原则。信息披露的数量和种类应通过权衡分析来决定，因为信息量越大，准备和使用的成本就越高。根据披露的信息应足以做出判断，同时保持成本合理。信息在财务报表主体、附注或补充信息中列报。

5. 约束

（1）客观性原则：会计师提供的公司财务报表应以客观证据为基础。

（2）重要性原则：报告时应考虑项目的重要性。当一个项目会影响个人做出一个合理的决定时，它被认为是重要的。

（3）一致性原则：意味着公司每年使用相同的会计原则和方法。

（4）保守原则：在两种解决方案之间进行选择时，应选择最不可能夸大资产和收入的那一种。

1.5.3　会计流程和主要文件

1. 会计分录和文档文件

花拉子密平衡会计分录的代数方法发展成为错误控制、名义账户和真实账户的标准，在会计中普及开来。到12世纪，斐波那契已经将这些用拉丁文编纂和传播。15世纪，另一位意大利人帕乔利将这项工作首次呈现在书上并作为广泛分发的商业数学文本之一，而使其广为流传。这就是我们今天使用的复式记账方法，它是根据借方和贷方来构思的。帕乔利最重要的贡献是：

（1）在决定借记哪个账户和贷记哪个账户时，平衡和完成的过程遵循会计等式：权益 =资产–负债。

（2）会计等式被用作检测错误的工具。如果在任何时候，所有账户的借方总和不等于所有账户的相应贷方总和，则表明有错误。

（3）在复式会计系统中，每个会计分录记录资产、负债、收入、费用或资本账户的相关财务交易对。

(4) 记录导致公司财富增加或减少的经济事件的文档文件被称为日记账，而交易则被记录在日记账分录中。

(5) 帕乔利对日记账的定义是"daybook"——这个术语一直使用到20世纪的会计领域。帕乔利推广的系统已成为全球会计入门课程的标准。出于会计等式方法的目的，所有账户都分为以下五种类型：资产、负债、收入、费用或资本收益/损失。如果一个账户增加或减少，则另一账户将等量减少或增加。

2.账簿（books of accounts）

每笔财务交易都记录在财务会计系统内至少两个不同的实际分类账账户中，以便总分类账中总借方总额等于总贷方总额，即账户余额。该交易在一个账户中被记录为"借方条目"(Dr.)，在第二个账户中被记录为"贷方条目"(Cr.)。借方分录将记录在总账的借方（左侧），贷方分录将记录在总账科目的贷方（右侧）。如果一个账户借方的总额大于同一真实账户贷方的总额，则称该账户有借方余额。

复式记账只用于真实账本，不用于日记账，因为日记账通常不构成真实分类账系统的一部分。日记账中的信息将用于总分类账（general ledge），真正的分类账将确保根据日记账创建的最终财务信息的完整性（前提是日记账中记录的信息是正确的）。对于非常频繁的交易，如销售，通常会保留一个特殊用途的"销售日记账"，并将总额定期（如每天）过到总账。

企业中的真实账户是在特定时刻的资产、负债或所有者权益金额的记录。名义账户汇总了企业在一段时间内（例如一年）的收入和支出。簿记员的记账过程基本相同：采用会计科目表，使用借方和贷方作原始分录以保持账簿平衡，调整分录以获得正确的期间利润，并在年末关闭账簿。企业保留以上两种类型的账户。

(1) 真实账户是资产负债表中报告的账户，资产负债表是企业资产、负债和所有者权益的汇总。"真实"标签是指此类账户的连续、永久性质。真实账户从营业的第一天到最后一天都是活跃的（真实账户可能有临时零余额，在这种情况下不会在资产负债表中报告）。真实账户包含特定时间点的资产、负债和所有者权益的余额，例如在一年的最后一天营业结束时。真实账户的余额是账户增加额减去减少额后的净额。

(2) 名义（收入和费用）账户在年底结清。在这些账户完成了本年度的销售额和费用的累计工作后，它们的余额将被结清。它们的余额被重置为零以开始新的一年。名义账户被清空，为下一年的累计销售收入和费用让路。

"试算平衡表"列出了所有分类账账户的余额。该列表分为两列，一列中的借方余额放置在左侧栏中，贷方余额放置在右侧栏中。另一列将包含分类账账户的名称——这些"会计科目表"中的账户由公司确定。借方栏的总和必须等于贷方栏的总和，这就是为什么它们被称为"余额"。

当总收入等于总支出时，会计等式必须成立：资产=负债+权益，即"名义"账户的相等意味着"真实"账户的相等。记录借方和贷方的系统旨在保持"名义"账户和"真实"账户同步。

"资本"的现代术语是"所有者权益"，包括股权加上公司的留存收益，减去支付的股息。不同时期资本的变化是"收入"或"损失"，这部分资本被称为留存收益（其余来自股权）。

为了使账户保持平衡，一个账户的变化必须与另一个账户的变化相匹配。这些更改是在应用于会计科目表的借记和贷记记录系统中进行的。日记账分录中记录的每笔交易都有借方和贷方，它们的影响具体取决于会计科目表中账户的特定分类。

虽然对这种"错误检查"系统的需求已经被计算机淘汰，但它仍然是会计传统的一部分，我们可以预期它会持续一段时间。这些结构中的每一部分：借方、贷方、日记账、分类账等都反映在现代计算系统的进程和文件系统中。

1.5.4 审计分析的代码和数据存储库

审计分析文本中许多地方的代码块都包含对外部.CSV格式文件的引用。这些文件托管在GitHub上的westland/auditanalytics存储库中。在编写本书中的代码时，我们有意识地将文件保存为.CSV格式。会计师在实践中遇到的许多数据源都以Excel或其他电子表格格式保存；否则，就像数据库表一样，它们可能会被重新格式化并作为电子表格呈现给审计师。在这方面，最后一章创建了.CSV格式的会计交易模拟"测试平台"。.CSV格式有自己的独特用途，属于会计和财务数据的"原生"格式。以.CSV格式表示Audit Analytics数据允许我们展示在实践中遇到的加载/解析原始数据的样例。

这不是在R中通常存储和格式化文件的方式。尽管如此，出于教学目的，我们决定为从本书的存储库下载的文件保留.CSV格式。否则，本书的GitHub的westland/auditanalytics存储库将遵循R和RStudio采用的存储库标准，最终我们打算将这些存储库作为CRAN存储库发布。

通过从GitHub安装westland/auditanalytics包并使用system.file（）来引用特定文件，Audit Analytics文本中使用的原始（.CSV）数据文件可用于R工作区。文件的路径由system.file（）返回，然后可以简单地将其插入到需要此路径的任何其他命令中。以下代码块提供了一个简单示例。

```
devtools::install_github("westland/auditanalytics")
library(auditanalytics)

fyear_end_ar_ledger <- read.csv(
  system.file("extdata",  "fyear_end_ar_ledger.csv", package = "auditanalytics", mustWork = TRUE))

head(fyear_end_ar_ledger)

##   X customer_no invoice_no amount shipper_no shipper_date
## 1 1      c00005     i00147    462     s00136   2020-03-01
## 2 2      c00007     i00302    504     s00313   2020-05-02
## 3 3      c00004     i00334   1122     s00318   2020-05-03
## 4 4      c00010     i00348   1292     s00345   2020-05-13
## 5 5      c00005     i00437    756     s00437   2020-06-15
## 6 6      c00005     i00461   1470     s00481   2020-07-01
```

1.6 本书所需的R程序包

本书章节中的代码需要在library（"package_name"）命令中指定R程序包，包括tidyverse、ggplot2、lubridate和keras之类的软件包。keras是Tensorflow机器学习语言的API（Application Programming Interface，应用程序接口），需要使用install_keras单独安装keras。下面提供了有关Tensorflow安装的一般说明。Tensorflow本身是在Python包装器中用多种语言编写的算法集合，需要安装Python环境。更多信息可以在https：//www.tensorflow.org/上找到。

程序包安装：使用程序包有两个步骤，首先必须安装程序包，即将其复制到计算机上R可以访问的位置，然后必须将它加载到R程序包的工作内存中。例如，要安装tidyverse包，键入install.packages（“tidyverse”），然后按Enter/Return键。要加载以前安装的程序包，需键入library（tidyverse）。在执行这些命令之后，tidyverse包则可供您的程序代码使用。

Tensorflow安装：Tensorflow是本书使用的机器学习包。使用Keras API调用Tensorflow的命令。在使用tensorflow R包之前，您需要使用R install_tensorflow（）函数在系统上安装一个TensorFlow版本，该函数为安装TensorFlow所需的各个步骤提供了一个易于使用的包装器。您也可以选择手动安装TensorFlow（https：//www.tensorflow.org/install/）。

用于R程序包的TensorFlow在以下64位系统上经过测试和支持：

（1）Ubuntu 16.04或更高版本

（2）Windows 7或更高版本

（3）macOS 10.12.6（Sierra）或更高版本（不支持GPU）

首先从GitHub或CRAN存储库（搜索找到站点）安装tensorflow R包，然后使用install_tensorflow（）函数安装TensorFlow。请注意，在Windows上，您需要安装Anaconda。install_tensorflow（）是reticulate：：py_install的包装器。

```
install.packages("tensorflow")
library(tensorflow)
install_tensorflow()
```

您可以通过以下方式确认安装成功：

```
library(tensorflow)
tf$constant("Hello Tensorflow")
## tf.Tensor(b'Hellow Tensorflow', shape=(), dtype=string)
```

这将为您提供适用于tensorflow R包的默认TensorFlow安装。Tensorflow还有更多内容，感兴趣的读者应该查看https：//tensorflow.rstudio.com/和https：//www.tensorflow.org/上的材料。

关于代码“复制和粘贴”的警告。虽然本书的代码可以在程序包存储库中找到，但在某些情况下，读者可能会想直接从书中“复制和粘贴”代码。不幸的是，许多内置的机器编辑器试图将引号转换为不同的开始和结束形式，这将导致生成的代码抛出错误。请注意，“复制和粘贴”代码可能需要作一些额外的编辑。

1.7 参考文献

Aboody，David，and Baruch Lev. 1998. The Value Relevance of Intangibles：The

Case of Software Capitalization. *Journal of Accounting Research* 36: 161–91.

Bryson, Bill. 2010. *At Home: A Short History of Private Life*. New York: Doubleday.

De Roover, Raymond. 1938. Characteristics of Bookkeeping Before Paciolo. *The Accounting Review* 13 (2): 144–449.

________. 1955. New Perspectives on the History of Accounting. *The Accounting Review* 30 (3): 405–420.

________. 1956. The Development of Accounting Prior to Luca Pacioli According to the Account-Books of Medieval Merchants. In *Studies in the History of Accounting*, 114–174. London: Sweet & Maxwell.

Kaldor, Nicholas. 1966. Marginal Productivity and the Macro-Economic Theories of Distribution: Comment on Samuelson and Modigliani. *The Review of Economic Studies* 33 (4): 309–119.

Lev, Baruch. 2001. Intangibles: *Management, Measurement and Reporting*. Washington: Brookings Institution Press.

________. 2004. Sharpening the Intangibles Edge. *Harvard Business Review* 6: 109–118.

Matthews, Derek. 2006. *A History of Auditing: The Changing Audit Process in Britain from the Nineteenth Century to the Present Day*. London: Routledge.

Power, Michael. 1997. *The Audit Society: Rituals of Verification*. Oxford: Oxford University Press.

第2章

审计分析的基础

2.1 商业和数据分析

现代数据分析科学从早期项目发展而来，并在两个领域提高了科学严谨性：机会博弈和治理（Stigler，1986）。现代数据分析科学在治理方面的应用侧重于国家人口统计，并将其称为“statistics”。该领域稳步发展，包括探索性分析，使用计算机来改进图形和总结，还包括称为机器学习的计算密集型方法。

统计学的数学基础从17世纪发展到19世纪，其理论基于贝叶斯、拉普拉斯和高斯的工作。得益于弗朗西斯·高尔顿、卡尔·皮尔逊（Pearson）和费舍尔（Fisher）引入了实验设计和最大似然估计（Stigler，1986），统计学作为一门严谨的科学在世纪之交加速发展。

探索性数据分析（EDA）源于科克伦（Cochran）等人（1954）和图基（Tukey，1980）提出的数据汇总方面的开创性工作。EDA建立在新出现的计算能力和软件可用性之上。EDA现在是数据分析的重要组成部分，对于确定数据集中包含的信息量和类型非常重要。相比之下，皮尔逊和费舍尔的统计数据往往侧重于模型的检验和预测。EDA通过评估为测试获得的数据是否实际上适合提出的问题来补充此类测试。用机器学习的术语来说，EDA帮助我们提取数据中包含的特征。在我们当前拥有大量信息丰富的数据集的时代，我们通常无法控制，并且关于如何获取数据的信息有限，因此EDA已成为模型测试和预测的重要先驱。

对公司进行分析审查的第一步典型做法可能是审查行业统计数据，以找出客户财务账户的哪些部分（如果有）是该行业的异常值。不寻常的账户值或关系可能表明在更广泛的审计范围内存在审计风险。探索性统计易于实施，非常适合快速突出显示异常账户值。我们将首先加载从沃顿研究数据服务存储库下载的行业统计数据集，并对数据进行简单汇总。R程序包中的plotluck包自动选择适合数据的图形，是快速可视化数据的理想工具。那么，其包含哪些变量以及它们如何分布？通常，R程序包让点符号代表“数据集中的所有变量”，“.~1”根据截距对变量进行回归，从而给出分布（本质上是一个平滑的直方图，见图2-1）。

```
library(tidyverse)
library(plotluck)
library(broom)

devtools::install_github("westland/auditanalytics")
library(auditanalytics)

industry_stats <- read.csv
(system.file("extdata",  "ch_2_dataset.csv", package = "auditanalytics", mustWork = TRUE"))

summary(industry_stats)
```

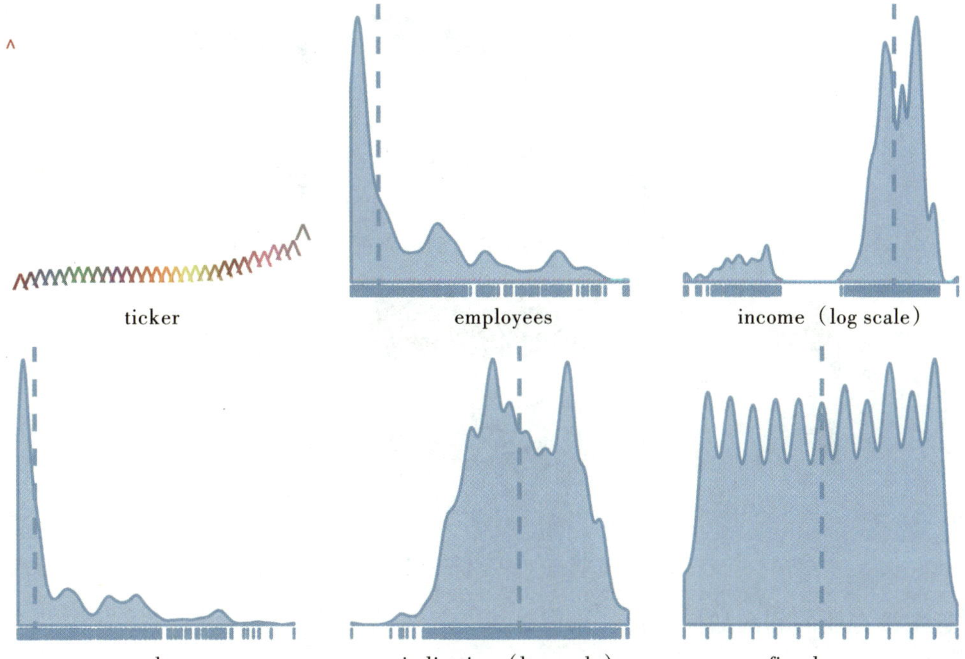

图 2-1　使用R程序包中的plotluck包之探索性数据分析（EDA）

```
##       ticker        employees              income              sales
##  HD       : 84    Min.    :  1.00     Min.    :-38732.0    Min.    :   336.4
##  HRB      : 60    1st Qu.: 12.00      1st Qu.:   165.2     1st Qu.:  4260.4
##  BA       : 55    Median : 44.00      Median :   592.2     Median : 12928.3
##  HNT      : 54    Mean   : 95.56      Mean   :  2139.2     Mean   : 34185.2
##  CVS      : 44    3rd Qu.:152.00      3rd Qu.:  2803.5     3rd Qu.: 51411.2
##  EFX      : 44    Max.   :434.00      Max.   :104821.0     Max.   :207349.0
##  (Other):939      NA's   :2
##  capitalization    fiscal_year
##  Min.   :     49   Min.   :2004
##  1st Qu.:   3815   1st Qu.:2007
##  Median : 11389    Median :2010
##  Mean   : 33641    Mean   :2010
##  3rd Qu.: 47400    3rd Qu.:2013
##  Max.   :382421    Max.   :2016
##
```

```
plotluck(industry_stats, .~1)
```

有四个连续变量（employees（员工）， income（收入）， sales（销售额）， capitalization（资本化））和一个分类变量（fiscal_year，财年）。我们将忽略股票代码。如果变量中有很大范围的值，plotluck会自动在对数刻度（log scale）上显示x轴。让我们探讨收入和其他变量的影响。输出设置为“详细”，以估计用于排序图的条件熵（值越低表示信息价值越高）。收入与资本化之间存在明显的相关性，我们可以通过应用频率权重来评估（见图2-2）。

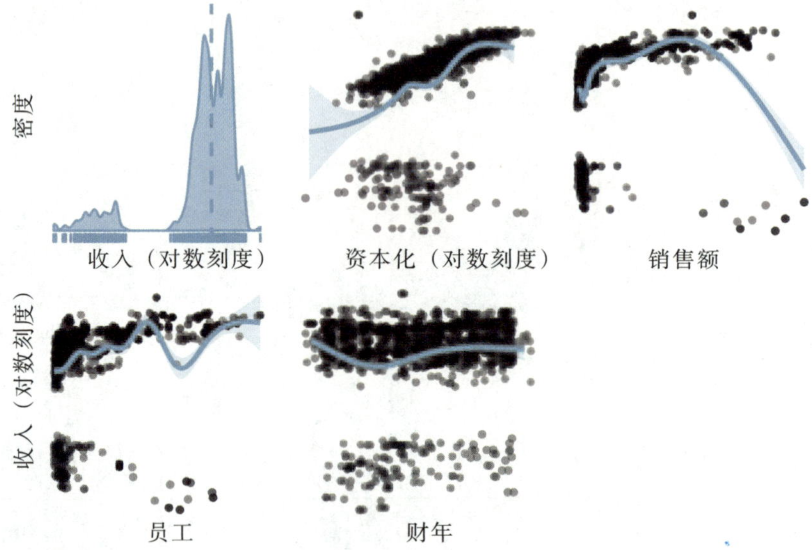

图2-2 收入与其他变量的EDA

近来该行业的利润如何变化？见图2-3。

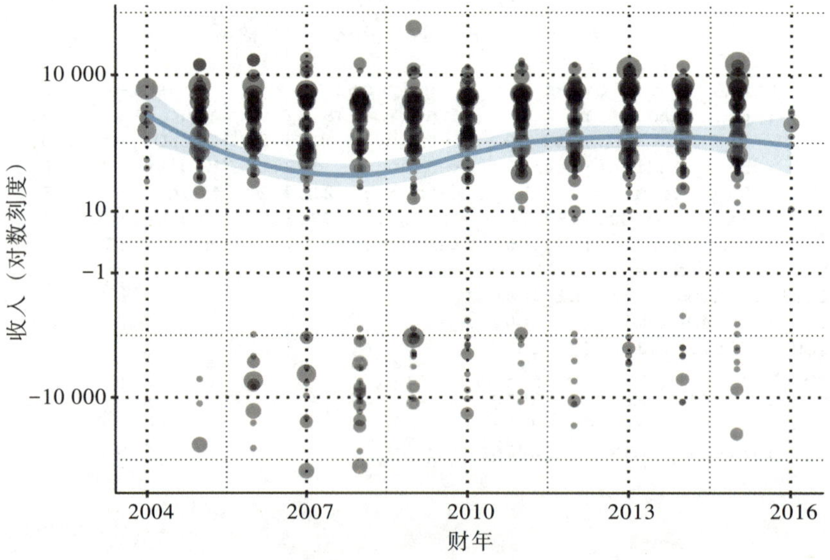

图2-3 收入随时间的分布

销售额和员工人数如何影响收入？此图表是三维图，图中的灰度为评估相关性提供了第三个维度。在分析审查期间，审计师可以使用此类分析来确定客户的账目是否与行业平均水平不同，见图2-4。收入、员工、销售额的具体情形见图2-5。

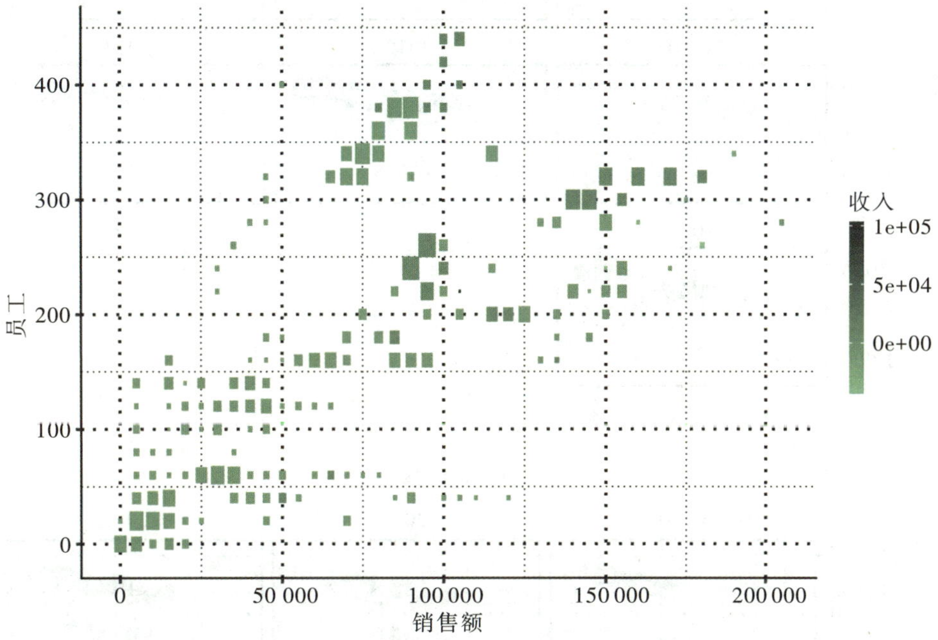

图2-4　收入、员工、销售额的三维图

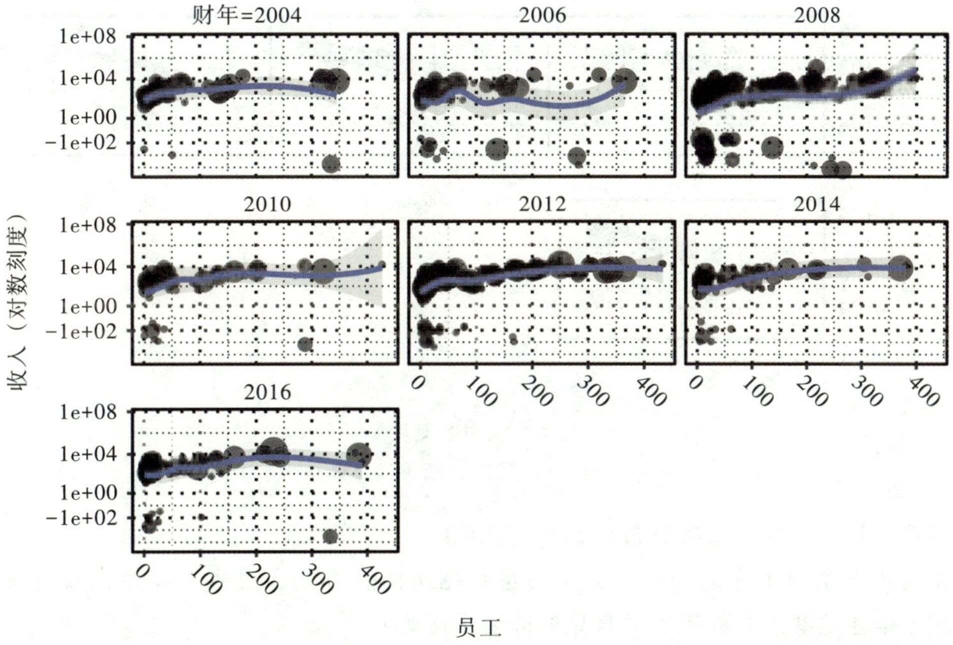

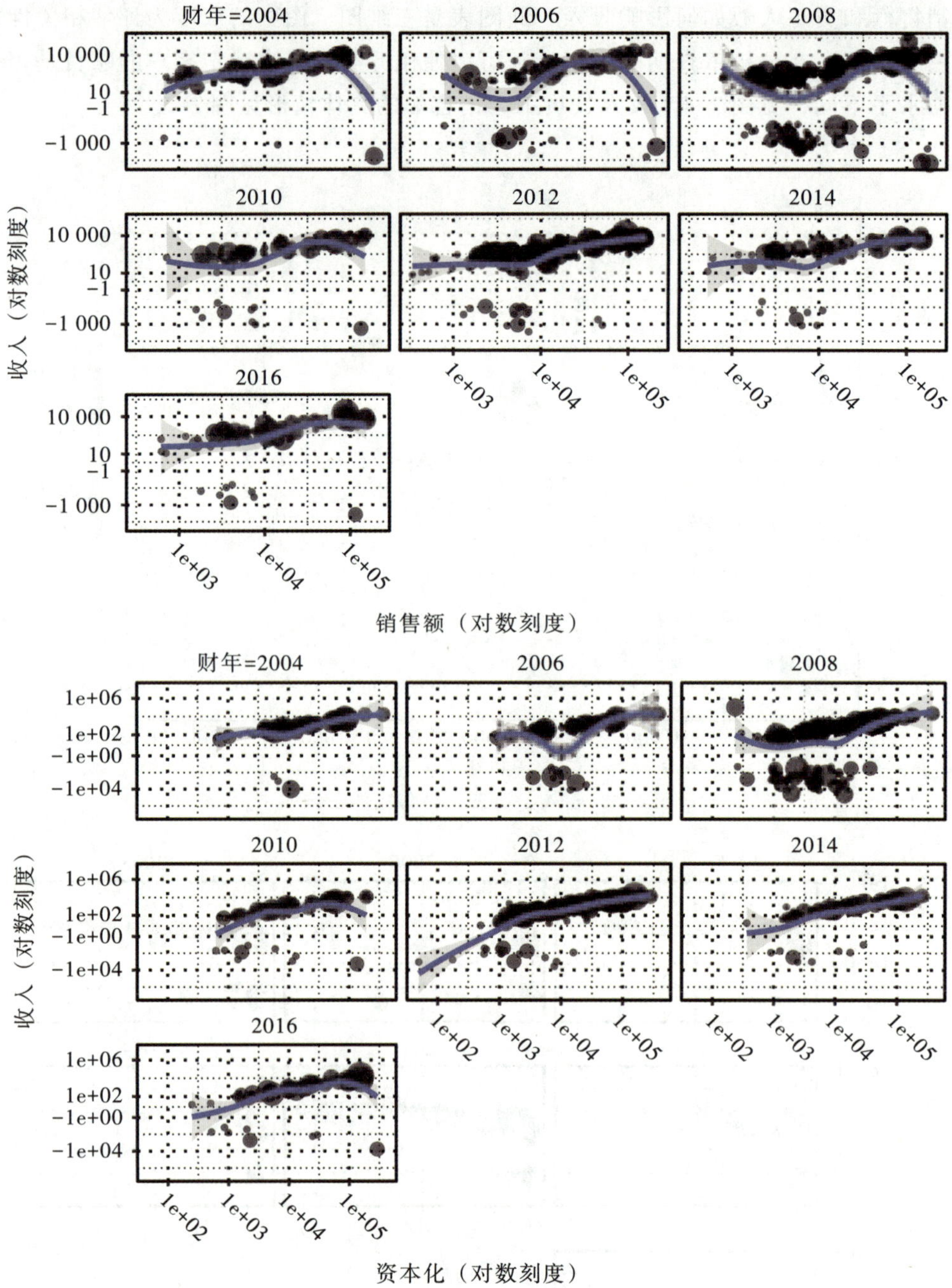

图2-5 收入、员工、销售额具体情形

随着时间的推移，这种分布是如何变化的？

作为机器学习革命的产物，分析海量数据集的新方法在过去十年中出现并不断发展。用于描述这些工具的三个最常见的嵌套术语是：

- 人工智能 = “任何模仿人类学习/智能的尝试”
- 机器学习 = “从数据中学习的计算方法”

• 深度学习 =“模仿人类神经网络（感知器）的机器学习方法”

对“学习”的强调指导我们注意这些技术与更传统的统计方法之间的差异。“Learn”是一个及物动词（即接受一个对象）并且涉及：

• asubject 主体（做出决定的人）

• learns（通过审查数据）了解

• construct 构造（参数值、分类等）

学习的基本组成部分是：决策、学习方法、正在学习的结构以及质量评估（学习的程度）。人工智能领域受到范内瓦·布什（Vannevar Bush）和布什（Bush，1945）的文章“诚如所思（As we may think）”的启发，启动了基于规则和符号程序的项目。例如，早期的国际象棋程序，这些程序涉及程序员制定的硬编码规则。尽管获得了大量但零星的资金，但该领域直到2010年网站Kaggle举办机器学习竞赛才开始蓬勃发展。随机森林（random forests）很快成为平台上的宠儿，但到了2014年，梯度提升（gradient boosting）机器的性能超过了它们。到2016年，感知器模型（perceptron models），特别是基于谷歌公司的成功，开始主导该领域。

机器学习重新构想了几种基本的统计方法。计算密集型随机梯度的提升取代了用于统计搜索解决方案的微积分一阶条件，更加易于计算。参数统计的平方误差损失函数让位于更多解决方案概念的筛选。机器学习不局限于通常用1、2或3个参数拟合定义概率分布的统计描述，而是可以通过改变机器学习网络连续层的权重来构建高度可定制的分布。

对于分类问题，交叉熵度量提供了比可比对数或概率模型更好的拟合。一个特殊的挑战是ImageNet，这在2012年是出了名的困难，包括对140万张图像进行训练后将高分辨率彩色图像分类为1 000个不同的类别。2011年，基于经典计算机视觉方法获胜模型的前5名准确率仅为74.3%。2012年，深度学习方法的准确率能够达到83.6%。到2015年，获胜者达到了96.4%的准确率，ImageNet的分类任务难题被认为完全解决了。

商业分析对机器学习的热情受到了无数成功案例的激发，如接近人类水平的图像分类、语言翻译、语音识别、手写转录、文本到语音转换、自动驾驶以及优于人类的围棋和国际象棋游戏。机器学习在以下方面优于20世纪的统计数据：

• 大型数据集：这些往往会过度拟合简单的统计模型，并且可能成为p-hacking的基础。

• 大型复杂构造空间：模型估计许多参数（例如图像处理中的参数）时，参数1、2或3概率分布不够丰富。

• 特征提取：数据挖掘分析的主要贡献是从数据中提取特征，这可以用来决定一个数据集在哪里适合进行模型测试。

但是统计模型仍然优于机器学习模型（尽管它正在稳步发展），原因在于以下几点：

• 对分析结果的清晰解释

- 一致性
- 可复制性
- “信息”的正式定义
- 明确的数据角色
- 对构造的明确要求
- 关于“学习”含义的清晰（尽管有争议）哲学
- 形式逻辑和符号

本章的其余部分致力于对数据类型进行分类，说明了我们对实体及其衡量方式的看重。在此过程中，我将分享R语言提供的一些出色的图形工具，它们可以帮助审计师更好地理解会计数据。

2.2 会计数据类型

McCarthy（1979，1982）提出了将Chen（1976）的框架应用于会计系统设计理论。其中，会计交易是对涉及实体与关联方的合同活动的经济事件的测量。这些测量涉及记录数字、时间、分类和描述性信息。分类由公司的会计科目表决定，该表描述了公司的经济活动类型。测量以货币单位进行，因此需要某种评估经济事件的方法。信息资产的普遍性使估值成为现代会计师面临的最困难的挑战之一。日期戳式的时间记录形式确保经济事件记录在正确的会计期间。描述性信息最初是在日记账分录的注释中输入的。但是社交网络和新闻媒体为审计人员提供了大量文本形式的相关信息。如果没有解决这一问题的方法，审计失败的风险将大大增加。

信息技术对每一类信息的处理和解释是不同的。信息技术、统计方法和软件规定了数据类型，以区分数据的处理和存储。

R语言擅长管理数据。事实上，这种特殊的优势使R语言作为一种审计语言优于任何其他软件语言。这意味着在使用R语言时，审计师永远不必担心客户数据的某些部分将无法访问。任何商业上重要的数据结构和格式都存在程序包，无论是实时流、基于Web、基于云还是在客户的定制系统中，都可以使用R语言代码进行分析。

本章的下一节将讨论最重要的数据和文件类型，并举例说明它们在R语言中的表示方式。此处的示例使用了多个数据库，包括行业公司随时间推移的财务报告、Sarbanes-Oxley报告和控制违规行为。在此过程中，我们突出了各类信息的管理。例如，股票信息是分类的，费用信息是连续的，违规和SOX审计决策数据是二进制的等。

2.3 数值与分类

结构化数据有两种基本类型：数值和分类。数值型数据有两种形式：连续型（如风速或持续时间）、离散型（如事件发生的次数）。分类数据仅采用一组固定值，如电视屏幕类型（等离子、LCD、LED等）或州名（亚拉巴马州、阿拉斯加州等）。二进制数据是分类数据的一个重要特例，它仅采用两个值之一，例如0/1、是/否或真/假。另一种有用的分类数据类型是有序数据，其中的类别是有序的，一个例子是用数字评级（1、2、3、4或5）。

为什么我们要为数据类型分类而烦恼？事实证明，对于数据分析和预测建模而言，数据类型对于帮助确定可视化显示、数据分析或统计模型的类型很重要。事实上，R和Python等数据科学软件使用这些数据类型来提高计算性能。更重要的是，变量的数据类型决定了软件将如何处理该变量的计算。

```
library(tidyverse)
library(plotluck)
library(broom)

devtools::install_github("westland/auditanalytics")
library(auditanalytics)

sox_stats <-
  read.csv
    (system.file("extdata",  "ch_2_data_types.csv", package = "auditanalytics",
    mustWork = TRUE))

summary(sox_stats)
```

```
##      ticker          date          card           disc             hack
## UNH     :  46   Min.   :2005       :   1   Min.   :0.0000   Min.   :0.0000
## C       :  45   1st Qu.:2007   0   :1460   1st Qu.:0.0000   1st Qu.:0.0000
## T       :  40   Median :2010   1   :  52   Median :0.0000   Median :0.0000
## AAPL    :  35   Mean   :2010   card:   1   Mean   :0.1739   Mean   :0.2467
## HD      :  35   3rd Qu.:2013               3rd Qu.:0.0000   3rd Qu.:0.0000
## HNT     :  30   Max.   :2016               Max.   :1.0000   Max.   :1.0000
## (Other):1283    NA's   :2                  NA's   :2        NA's   :2
##       insd             phys             port             stat
## Min.   :0.0000   Min.   :0.0000   Min.   :0.0000   Min.   :0.00000
## 1st Qu.:0.0000   1st Qu.:0.0000   1st Qu.:0.0000   1st Qu.:0.00000
## Median :0.0000   Median :0.0000   Median :0.0000   Median :0.00000
## Mean   :0.1382   Mean   :0.0463   Mean   :0.2837   Mean   :0.03704
## 3rd Qu.:0.0000   3rd Qu.:0.0000   3rd Qu.:1.0000   3rd Qu.:0.00000
## Max.   :1.0000   Max.   :1.0000   Max.   :1.0000   Max.   :1.00000
## NA's   :2        NA's   :2        NA's   :2        NA's   :2
##       unkn           effective_303      mat_weak_303       sig_def_303
## Min.   :0.00000   Min.   :0.0000   Min.   :0.00000   Min.   :0.0000
## 1st Qu.:0.00000   1st Qu.:1.0000   1st Qu.:0.00000   1st Qu.:0.0000
## Median :0.00000   Median :1.0000   Median :0.00000   Median :0.0000
## Mean   :0.03968   Mean   :0.9616   Mean   :0.03241   Mean   :0.1157
## 3rd Qu.:0.00000   3rd Qu.:1.0000   3rd Qu.:0.00000   3rd Qu.:0.0000
## Max.   :1.00000   Max.   :1.0000   Max.   :1.00000   Max.   :1.0000
## NA's   :2          NA's   :2         NA's   :2          NA's   :2
##      auto_1        auditor_agrees_303 effective_404      audit_fee
## Min.   :0.0000   Min.   :0.00000   Min.   :0.0000   Min.   :  100000
## 1st Qu.:0.0000   1st Qu.:0.00000   1st Qu.:0.0000   1st Qu.:  3785984
## Median :0.0000   Median :0.00000   Median :0.0000   Median :  7956000
## Mean   :0.2037   Mean   :0.08003   Mean   :0.3935   Mean   : 15321536
## 3rd Qu.:0.0000   3rd Qu.:0.00000   3rd Qu.:1.0000   3rd Qu.: 17800000
## Max.   :1.0000   Max.   :1.00000   Max.   :1.0000   Max.   :112200000
## NA's   :2        NA's   :2         NA's   :2        NA's   :2
## non_audit_fee         tax_fees
## Min.   :       0   Min.   :       0
## 1st Qu.:  477686   1st Qu.:   93140
## Median : 1068000   Median :  370000
## Mean   : 3679039   Mean   : 1451705
## 3rd Qu.: 3400000   3rd Qu.: 1311000
## Max.   :41100000   Max.   :20800000
## NA's   :2          NA's   :2
```

连续（间隔、浮点、数字）数据

我们的许多关键财务指标都是连续衡量指标。从概念上讲，我们可以无休止地细分连续数据，可以使用plotluck包查看连续数据的密度函数。

离散（整数、计数）数据

在实践中，我们账户的最低分辨率水平是1美元（或单一货币单位）。这个分辨率限制实际上是审计程序的基础，如以美元为单位。我们不仅限于美元级别的分辨率，年度报告可能会使用数千或数百万美元作为其决策级别。在这个例子中，我们使用ggplot来生成离散值的直方图。分辨率级别决定了直方条（bin）的数量，在本例中为20。人类的认知往往被大量的直方图所淹没，这就是为什么我们经常看到财务统计数据的统计分距超过1美元。

```
library(ggplot2)

devtools::install_github("westland/auditanalytics")
library(auditanalytics)

sox_stats <-
  read.csv
    (system.file("extdata",  "ch_2_data_types.csv", package = "auditanalytics",
    mustWork = TRUE))
sox_stats[,c("audit_fee","non_audit_fee","tax_fees")] %>%
ggplot(aes(x=audit_fee)) + geom_histogram(bins=20)
```

2.4 分类（枚举、因子、名义、多分类）数据

分类数据只能采用代表一组可能类别的特定值集。公司的会计报表对基于会计系统日记账分录的经济事件施加了一种分类数据方案。在我们的萨班斯-奥克斯利数据中，可能会对审计费用随时间的变化感兴趣，这些费用是根据收取费用的公司分类的。

```
sox_stats <-
  sox_stats[,c("ticker","audit_fee","non_audit_fee","tax_fees")]
sox_stats[which(as.character(sox_stats$ticker)<'AI'), ] %>%
  ggplot(aes(x=ticker, y= audit_fee)) +
  geom_violin()  +
    scale_y_continuous(trans = "log10")
```

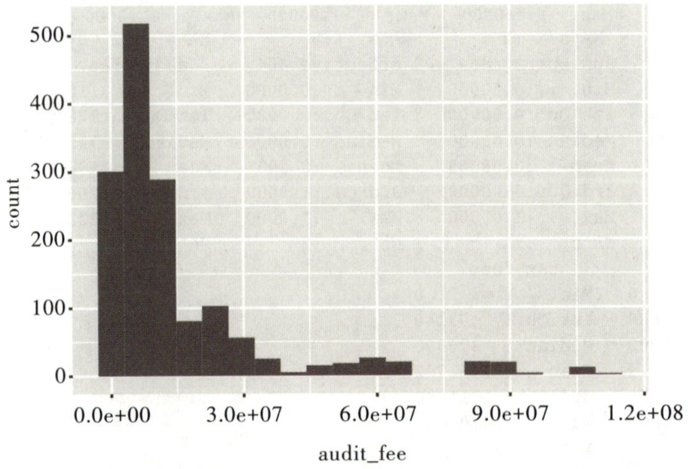

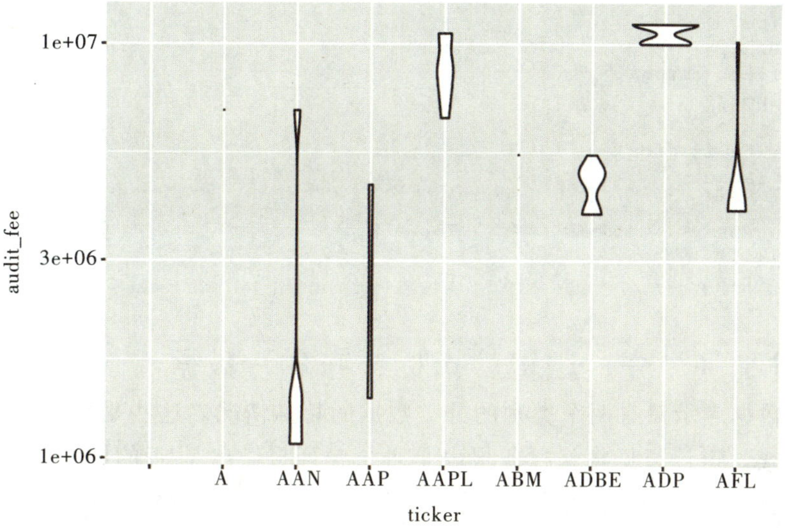

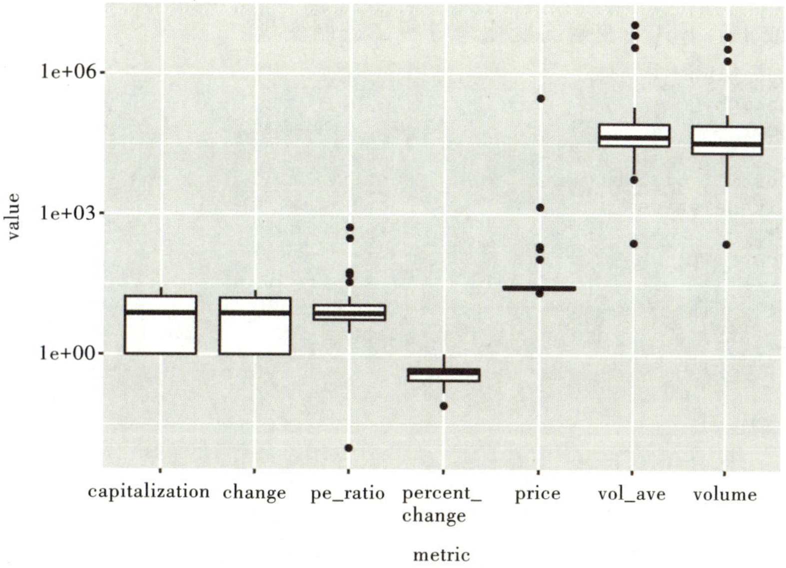


```
library(tidyverse)
library(plotluck)
library(broom)

devtools::install_github("westland/auditanalytics")
library(auditanalytics)

bank_fin <-
  read.csv(system.file("extdata",  "ch_2_yahoo_fin.csv", package =
  "auditanalytics", mustWork = TRUE))
bank_fin$change <-
  as.numeric(bank_fin$change)
bank_fin$capitalization <-
  as.numeric(bank_fin$capitalization )
bank_fin <-

  gather(bank_fin,
         key="metric",
         value = value,
```

```
        price,
        change,
        percent_change,
        volume,
        vol_ave,
        capitalization,
        pe_ratio)

bank_fin %>% ggplot(aes(x=metric, y=value)) +
  geom_boxplot() +
  scale_y_continuous(trans = "log10")
```

2.5 二进制（二分、逻辑、指标、布尔）数据

二进制数据表示只有两个类别的分类数据的特殊情况。这些是数据提供是/否或真/假答案的方式。审计意见将就财务报表是否公允列报做出是/否的回答。通常我们不仅对答案感兴趣，而且对为什么特定情况、处理或参数设置会导致这个答案感兴趣。在下图中，我们感兴趣的是信用卡欺诈是否受支付给审计师费用的影响。我们通过查看二进制变量的 0 或 1 值下其他变量的变化来分析二进制变量。

```
library(tidyverse)
library(plotluck)
library(broom)

devtools::install_github("westland/auditanalytics")
library(auditanalytics)
sox_stats <-
  read.csv(
    "/home/westland/audit_analytics_book/aaa_chapters/tables/ch_2_data_types.csv")

ggplot(sox_stats, aes(x=non_audit_fee, y=audit_fee, col=card)) +
  geom_violin() +
  labs(col = "Fraud = 1 (green)")
```

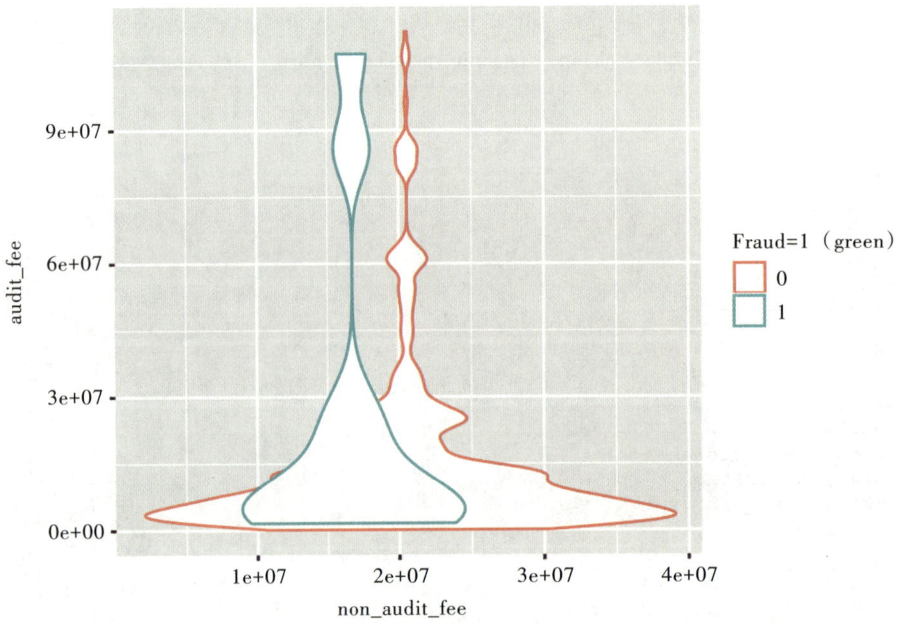

我们可以类似地检查审计费用对 SOX 数据集中 所有二元变量的影响。

```
library(tidyverse)
library(plotluck)
library(broom)

devtools::install_github("westland/auditanalytics")
library(auditanalytics)

sox_stats <-
  read.csv(
    (system.file("extdata",  "ch_2_data_types.csv", package = "auditanalytics",
    mustWork = TRUE))

sox_stats$card <-
  as.integer(sox_stats$card)

sox_stats1 <-
  gather(sox_stats,
         key="metric",
         value = value,
         effective_303,
         mat_weak_303,
         sig_def_303,
         effective_404,
         auditor_agrees_303)

ggplot(sox_stats1, aes(x=non_audit_fee, y=audit_fee, col=metric)) +
  geom_violin() +
  scale_x_continuous(trans = "log2") +
  scale_y_continuous(trans = "log2")
```

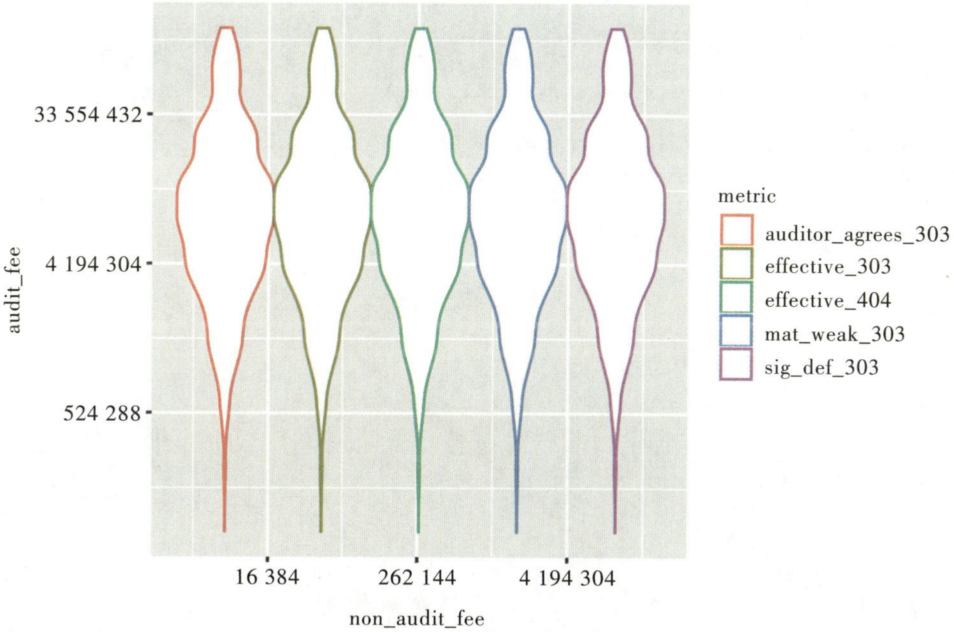

2.6 序数（有序因子）数据

序数数据是具有明确排序的分类数据。序数数据提供了对会计系统中原始条目文档的重要控制。任何种类的日记账分录生成时，都必须是唯一可识别的，一般按时间顺序分配识别号的顺序。在纸质交易处理时代，会计师希望公司以预先编号的表格发起交易，通常通过使用（凌乱的）复写纸同时制作大量副本。现代系统在内部分配这些数字，但审计师仍然认为输入文档的顺序编号是系统中更重要的内部控制之一。

```
library(tidyverse)
library(lubridate)
library(kableExtra)


## create a function to generate a random date in the current year

rdate <- function(x,
                  min = paste0(format(Sys.Date(), '%Y'), '-01-01'),
                  max = paste0(format(Sys.Date(), '%Y'), '-12-31'),
                  sort = TRUE) {
  dates <- sample(seq(as.Date(min), as.Date(max), by = "day"), x, replace = TRUE)
  if (sort == TRUE) {
    sort(dates)
  } else {
    dates
  }
}

## generate 1000 invoices with dates

invoice_no <- date <- 1:1000  ## placeholder
journal_ent_no <- cbind.data.frame(invoice_no,date)
date <- rdate(1000)
journal_ent_no$date <- date[order(date)]
journal_ent_no$invoice_no <- seq(1,1000) + rbinom(1000,1,.1) # add some errors

duplicates <- duplicated(journal_ent_no$invoice_no)
raw <- seq(1,1000)
journal_dups <- cbind.data.frame(raw,duplicates)

ggplot(journal_dups, aes(x=invoice_no, y=raw, col=duplicates)) +
  geom_point()
```

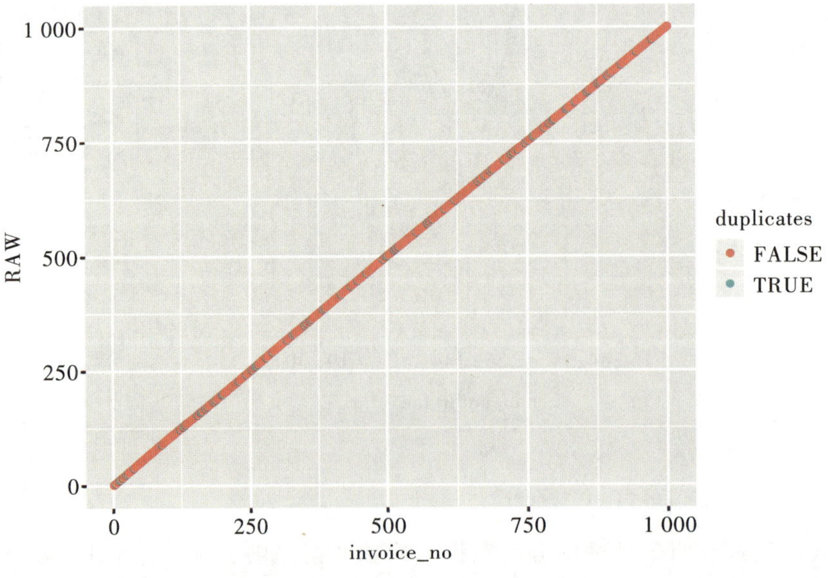

表格始终可以作为查漏（omissions）和复制的一种选择。

```
library(tidyverse)
library(kableExtra)
library(reshape2)


journal_ent_no[journal_dups$duplicates==TRUE,] %>%
  kable(longtable=T, caption = "Duplicated Invoices") %>%
  kable_styling(bootstrap_options = c("striped", "hover", "condensed"),
                full_width = F, font_size=10,) %>%
  column_spec(1, width = "3em") %>%
  column_spec(2, width = "4em")
```

但是，通过查看图表中的异常数量，图表提供了对问题程度的直接展示。如果异常以对比色呈现，如以下图表中使用的绿色，则最明显。通常这就是审计师对内部控制发表意见所需要的全部内容，因为纠正这些问题是客户的责任。

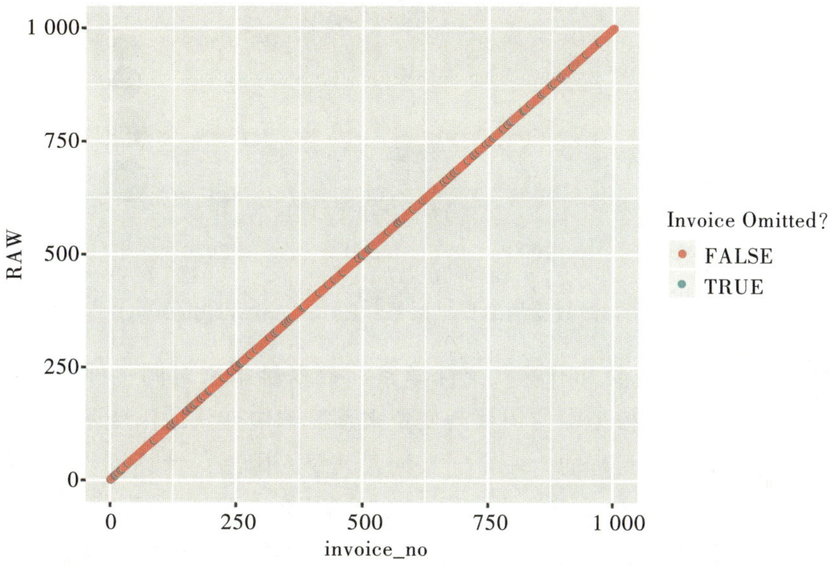


```
journal_dups$omit <- 0
journal_dups$invoice <- journal_ent_no$invoice_no
journal_dups[journal_dups$raw[!journal_dups$raw %in% journal_ent_no$invoice],
"omit"] <- 1
journal_dups$omit <- as.logical(journal_dups$omit)

ggplot(journal_dups, aes(x=invoice_no, y=raw, col=omit)) +
  geom_point()+
  labs(col = "Invoice Omitted?")
```

2.7 数据存储和检索

一千多年来，人类活动产生的记录数据量可能呈指数级增长。今天的大多数数据都已数字化，既用于存档存储，也用于显示。这对环境有益，仅20世纪70年代的新闻纸张就占美国垃圾的17%。而且数字化也意味着这些数据有可能由计算机处理。目前数字化数据量约为20万亿GB。自20世纪90年代互联网商业化以来出现的、用于存储和检索数据的新结构（视频、文本和大量监控数据）推动了这种增长。

但情况并非向来如此。在19世纪，向量、矩阵和行列式是工程和数学的核心工具。随着会计在这一时期发展出专业标准，它们自然而然地倾向于类似矩阵的表示形式：会计科目×财务报告的价值，以及交易×日记账和分类账的价值。在20世纪，电子表格工具和矩形数据表将矩阵引入了计算机领域（见图2-6）。

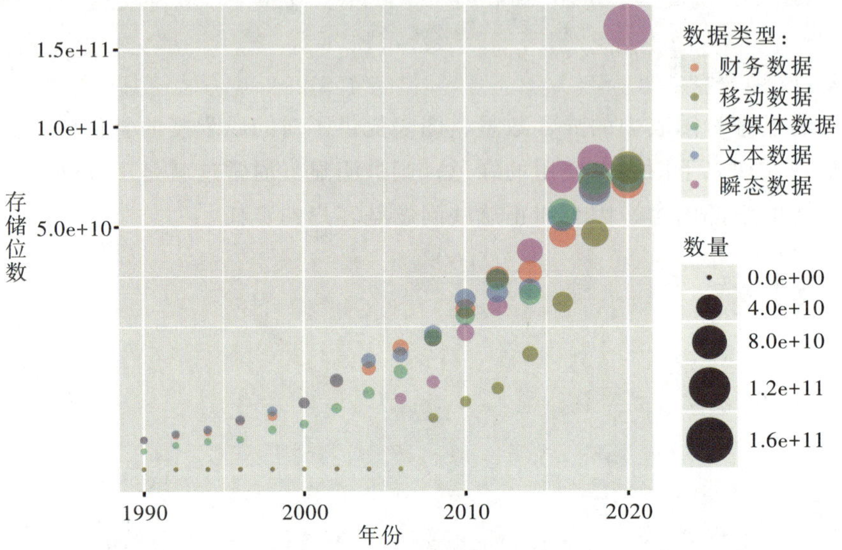

图2-6　存储数据的增长（来源：EMC Digital Universe）

矩阵数据的术语可能令人困惑。统计学家和数据科学家对同一件事使用不同的术语。对于统计学家而言，模型中使用预测变量来预测响应变量或因变量。对于数据科学家来说，特征是用来预测目标的。一个同义词尤其令人困惑：计算机科学家将术语样本（sample）用于单行，而统计学家认为，样本意味着行的集合。

在过去10年中，20世纪的数据存储和检索概念已经让位于更丰富的模式。文本存储借鉴了图书馆学这一老学科，但是音乐和视频数据需要全新的方法。

机器学习能够承担新任务的一个原因是它们能够分析基于矩阵的统计方法无法达到目的的数据。统计学在20世纪初期发展起来，建立在当时占主导地位的大部分科学领域的矩阵代数之上。爱因斯坦对“张量”（tensors）的研究引发了一场物理学革命。物理“张量”与计算机科学的“张量”并不完全相同。计算机科学的张量可能更准确地称为数组（矩阵的多维扩展）。在R语言中，张量被称为数组，这可能是数学中更容易接受的术语。直到最近，张量方法还不能用于数据分析。数据的张量表示现在是机器学习模型中的标准。例如：

- 矢量数据——形状的二维张量（样本、特征）
- 时间序列数据或序列数据——形状的三维张量（样本、时间步长、特征）
- 图像——形状的四维张量（样本、高度、宽度、通道，或样本、通道、高度、宽度）
- 视频——形状的五维张量（样本、帧、高度、宽度、通道，或样本、帧、通道、

高度、宽度）

张量数据有许多来源：传感器测量、事件、文本、图像和视频。社交网络、无人机、监控摄像头和其他物联网设备正在生成大量数据，从传统统计的角度来看，这些数据被认为是非结构化的。这些数据流需要对机器学习提供的统计数据进行扩展。

R语言使用七种主要的数据存储格式：向量（vectors）、矩阵（matrices）、数组（arrays）、数据框（data frames）、小标题（tibbles，tidyverse）、列表（lists）和因子（factors）。

向量

```
a <- c(1,2,5.3,6,-2,4) # numeric vector
b <- c("one","two","three") # character vector
c <- c(TRUE,TRUE,TRUE,FALSE,TRUE,FALSE) #logical vector

## Refer to elements of a vector using subscripts.

a[c(2,4)] # 2nd and 4th elements of vector
```

```
## [1] 2 6
```

矩阵

矩阵中的所有列必须具有相同的模式（数字、字符等）和相同的长度。

```
vector <- seq(1, 25)
r <- 5
c <- 5

char_vector_rownames <- as.character(seq(1, 5))
char_vector_colnames <- as.character(seq(1, 5))

mat <- matrix(vector, nrow=r, ncol=c, byrow=FALSE,
  dimnames=list(char_vector_rownames, char_vector_colnames))

mat
```

```
##    1  2  3  4  5
## 1  1  6 11 16 21
## 2  2  7 12 17 22
## 3  3  8 13 18 23
## 4  4  9 14 19 24
## 5  5 10 15 20 25
```

```
mat <- matrix(vector, nrow=r, ncol=c, byrow=TRUE,
  dimnames=list(char_vector_rownames, char_vector_colnames))

mat
```

```
##     1  2  3  4  5
## 1   1  2  3  4  5
## 2   6  7  8  9 10
## 3  11 12 13 14 15
## 4  16 17 18 19 20
```

5 21 22 23 24 25

```
# byrow=TRUE indicates that the matrix should be filled by rows.
# byrow=FALSE indicates that the matrix should be filled by columns (the default).
# dimnames provides optional labels for the columns and rows.
# generate 5 x 4 numeric matrix
y <- matrix(1:20, nrow=5,ncol=4)

# another example
cells <- c(1,26,24,68)
rnames <- c("R1", "R2")
cnames <- c("C1", "C2")
mymatrix <- matrix(cells, nrow=2, ncol=2, byrow=TRUE,
  dimnames=list(rnames, cnames))

# Identify rows, columns or elements using subscripts.

mat[, 4] # 4th column of matrix
```

```
## 1  2   3   4   5
## 4  9  14  19  24
```

```
mat[3,] # 3rd row of matrix
```

```
##  1   2   3   4   5
## 11  12  13  14  15
```

```
mat[2:4,1:3] # rows 2,3,4 of columns 1,2,3
```

```
##     1   2   3
## 2   6   7   8
## 3  11  12  13
## 4  16  17  18
```

数组

数组类似于矩阵，但可以有两个以上的维度。

```
# Create two vectors of different lengths.
vector1 <- c(5,9,3)
vector2 <- c(10,11,12,13,14,15)
column.names <- c("COL1","COL2","COL3")
row.names <- c("ROW1","ROW2","ROW3")
matrix.names <- c("Matrix1","Matrix2")

# Take these vectors as input to the array.
result <- array(c(vector1,vector2),dim = c(3,3,2),dimnames =
list(row.names,column.names,
   matrix.names))
print(result)
```

```
## , , Matrix1
##
##        COL1  COL2  COL3
## ROW1     5    10    13
## ROW2     9    11    14
```

ROW3　3　12　15

##

,　, Matrix2

##

##　　COL1 COL2 COL3

ROW1　5　10　13

ROW2　9　11　14

ROW3　3　12　15

数据框、数据表和小标题

数据框比矩阵更通用，因为与SAS和SPSS数据集类似，不同的列可以具有不同的模式（数字、字符、因子等）。数据框代表了R语言中最广泛使用的数据存储和检索格式。

```
d <- c(1,2,3,4)
e <- c("red", "white", "red", NA)
f <- c(TRUE,TRUE,TRUE,FALSE)
mydata <- data.frame(d,e,f)
names(mydata) <- c("ID","Color","Passed") # variable names

# There are a variety of ways to identify the elements of a data frame .

mydata[1:2] # columns 1 and 2 of data frame
```

ID Color

##1 1 red

2 2 white

3 3 red

4 4 <NA>

```
mydata[c("ID","Color")] # columns ID and Age from data frame
```

ID Color

1 1red

2 2white

3 3red

4 4<NA>

```
mydata$X1 # variable x1 in the data frame
```

NULL

Tibbles是tidyverse对数据框的改进，旨在更早地解决数据分析中的问题。否则，它们将完全用作数据框。

在R语言中，基本的矩形数据结构是data.frame（）。data.frame（）还具有基于行顺序的隐式整数索引。虽然可以通过row.names（）属性创建自定义键，但本机R data.frame（）不支持用户指定或多级索引。为了克服这个缺陷，两个新的包得到了广泛的使用：data.table和dplyr。两者都支持多级索引并在使用data.frame时提供显著的加速。

列表

对象（组件）的有序集合。列表允许您以一个名称收集各种（可能不相关的）对象。

```
a <- b <- "seven"
z <- y <- 0

# example of a list with 4 components -
# a string, a numeric vector, a matrix, and a scaler
w <- list(name="Fred", mynumbers=a, mymatrix=y, age=5.3)

# example of a list containing two lists
list1 <- list(name="Fred", mynumbers=a, mymatrix=y, age=5.3)
list2 <- list(name="Joe", mynumbers=b, mymatrix=z, age=10,11)
v <- c(list1,list2)

## Identify elements of a list using the [[]] convention.

w[[1]] # 1st component of the list
```

[1] "Fred"

```
v[["mynumbers"]] # component named mynumbers in list
```

[1] "seven"

因素

告诉R语言一个变量是名义的，让它成为因子。该因子将标称值存储为一个范围[1…K]（其中K是标称变量中唯一值的数量），并映射到这些整数的字符串（原始值）的内部向量。

```
# variable gender with 20 "male" entries and
# 30 "female" entries
gender <- c(rep("male",20), rep("female", 30))
gender <- factor(gender)
# stores gender as 20 1s and 30 2s and associates
# 1=female, 2=male internally (alphabetically)
# R now treats gender as a nominal variable

summary(gender)
```

female male

30 20

```
# An ordered factor is used to represent an ordinal variable.

# variable rating coded as "large", "medium", "small'

rating <- c( "medium","large", "small")
rating <- ordered(rating)
rating
```

[1] medium large small

Levels: large < medium < small

```
# recodes rating to 1,2,3 and associates
# 1=large, 2=medium, 3=small internally
# R now treats rating as ordinal
```

R语言将因子视为名义（即标签或命名）变量，将有序因子视为统计程序和图形分析中的有序变量。您可以使用 factor（）和 ordered（）函数中的选项来控制整数到字符串的映射（覆盖字母顺序）。您还可以使用因子来创建值标签。

用于数据集检查和操作的有用函数

```
library(kableExtra)

devtools::install_github("westland/auditanalytics")
library(auditanalytics)

arry <- read.csv(system.file("extdata", "morph_array.csv", package = "auditanalytics",
mustWork = TRUE))

arry %>%
  kable(longtable=T) %>%
  kable_styling(
    bootstrap_options = c("striped", "hover", "condensed"),
    full_width = F,
    font_size=10)

length(arry) # number of elements or components
str(arry)    # structure of an object
class(arry)  # class or type of an object
names(arry)  # names

list1 <- list("a","b","c")

c(list1, list1)       # combine objects into a vector
cbind(list1, list1) # combine objects as columns
rbind(list1, list1) # combine objects as rows

list1     # prints the object
newobject <- edit(list1) # edit copy and save as newobject
fix(list1)               # edit in place

ls()      # list current objects
rm(list1) # delete an object
```

其他数据类型

R语言支持几乎所有可以想到的数据结构类型。需要考虑的一些其他结构是：

• 时间序列数据记录同一变量的连续测量值。它是统计预测方法的原材料，也是监测数据的关键组成部分。

• 用于地图和位置分析的空间数据结构比矩形数据结构更加复杂和多样。在对象表示（object representation）中，数据的焦点是对象（如房屋）及其空间坐标。相比之下，场视图（field view）侧重于空间的小单位和相关指标的值（如像素、亮度）。

• 图（或网络）数据结构用于表示物理的、社会的和抽象的关系。

2.8 进一步研究

本章应被视为一项调查，调查对分析、算法审计方法感兴趣的审计师可能采取的措施。我试图描述我们应该熟悉的数据分析的一些内容。此外，维基百科（Wikipedia）是一个很好的统计资源；几年前，有许多不同的网站公开了大量有用的信息，其中大部分内容已转移到维基百科。R 包中的 vignettes 和 writeups 包是经验统计方法的极好来源，这些方法可能受到会计和审计特有的数据结构的启发。Journal of Statistical Software 由

Jan de Leeuw于1996年创立，即综合R档案网络（CRAN）首次制作R语言并在Internet上广泛提供R包的前一年。几年之内，R语言越来越多地主导了对JSS的贡献，JSS通常是R包背后信息的权威来源。大量R语言专家不断创建许多非常有用的解决方案、文章和教程，这些专家为stackoverflow和R-bloggers等互联网资源做出了贡献。互联网搜索还将发现越来越多的“数据营”（data camp）类型的资源，这些资源是大型教育计划的一部分。无论您面临何种挑战，您都应该能够通过这些资源中的一种或多种获得帮助。

2.9 本章所需的R安装包

本章代码需要安装以下软件包：tidyverse、kableExtra、plotluck、broom、ggplot2、lubridate和reshape2。

注意：使用安装包有两个步骤。首先必须安装它，即复制到计算机上R包可以访问的位置。然后它必须被加载到R包的工作内存中。例如，安装tidyverse包，需要键入install.packages（“tidyverse”），然后按Enter/Return键。加载之前安装的程序包类型库（tidyverse）。tidyverse包现在可供您的程序代码使用。

2.10 参考文献

Bush，Vannevar，and Vannevar Bush. 1945. As We May Think. *Resonance* 5（11）.

Chen，Peter Pin-Shan. 1976. The Entity-Relationship Model—Toward a Unified View of Data. *ACM Transactions on Database Systems*（*TODS*）1（1）：9-36.

Cochran，William G.，Frederick Mosteller，and John W. Tukey. 1954. Principles of Sampling. *Journal of the American Statistical Association* 49（265）：13-35.

McCarthy，William E. 1979. An Entity-Relationship View of Accounting Models. *Accounting Review* LIV（4）：667-686.

________. 1982. The REA Accounting Model：A Generalized Framework for Accounting Systems in a Shared Data Environment. *Accounting Review* LVII（3）：554-578.

Stigler，Stephen M. 1986. *The History of Statistics：The Measurement of Uncertainty Before* 1900. Cambridge：Harvard University Press.

Tukey，John W. 1980. We Need Both Exploratory and Confirmatory. *The American Statistician* 34（1）：23-25.

第3章

会计交易分析

3.1 审计程序和会计循环

审计程序是围绕会计循环设计的。这既有实际原因，也有理论原因。会计循环定义全部相关交易的特定处理，而中期测试则全力关注特定交易及其处理。同一经济事件将反映在多个交易中，围绕这一事实设计审计程序是有经济效益的。在实质性的年终测试中，利润表账户是以交易为基础的，其准确估计取决于对会计循环的了解。

PCAOB 的 AS 2100 至 2600 指南（可在上市公司会计监督委员会的网站 pcaobus.org 上获取）可用于构建审计中的抽样和分析决策：

（1）规划和风险评估阶段：使用审计风险评估矩阵，确定哪些交易流的预测错误率大于可容忍率，或预测错误大于可容忍错报量。它们的功能是为确定初始审计范围、审计预算和预计合同成本以及选择将执行的特定审计测试提供基础。这项工作通常很少使用或不使用来自客户的交易数据，而是依赖于前几年的审计结论和测试、来自客户行业类似事务所的基准以及可用的审计资源。

（2）中期合规性测试（交易测试、年中测试）：每个重要的交易处理步骤都可能进行测试，但审计程序通常将中期测试的范围限制在审计的计划和风险评估阶段发现“存在风险”的部分。当风险评估矩阵预测超过可容忍率或数量时，使用属性抽样（以发现实际的错误率）。对于其他测试，使用发现抽样来检测错误率达到无法容忍程度的概率。此阶段的产物是内部控制报告（参见 AU section 319 和 PCAOB AS No.5），也可能是管理层签署的萨班斯-奥克斯利信函中声明的基础。

（3）实质性测试：实质性测试评估披露给股东的各种财务报告中汇总的账目出现重大错误的可能性。基于中期合规测试中发现的错误率（在内部控制备忘录中报告），并扩大试算表上货币余额的最低测试范围。

如今，企业会计系统普遍在计算机系统上实施——无论是内部系统，还是越来越多地通过软件即服务（SaaS），即服务基础设施实施。审计从根本上说是通过对个别会计交易（即记录这些账户余额数据的经济事件）的详细调查，对财务报表余额（只是一种特定的汇总统计数据）得出结论。由于现在的余额和交易都记录在计算机数据库中（不是在纸上），审计抽样只能通过计算机程序来完成。此外，公司保留的会计数据比以往任何时候都多，部分原因是来自《萨班斯-奥克斯利法案》，部分原因是投资者重视的信息越来越多，而企业则努力提供这些信息。虽然这会为审计师带来一些前期成本，但它也使交易样本的选择、审计和分析更加高效。下文提供了正确进行审计所需的基本统计数据——交易测试（年中、内部控制）或实质性（年末、余额）测试。

3.2 会计交易的起源

会计业务开始于涉及公司的真实世界事件——比如在价值、时间和空间上本地化的销售流程。这些事件绝大多数与会计师无关，对公司的财富没有影响。一个事件是否有资格成为会计交易是由商法决定的——无论该事件会产生收入、财务义务还是财务分配，都有可能成为会计交易。

从事件到会计交易的路径涉及三个组成部分：

（1）公司边界的定义。一个事件可能是子公司财务报表上的会计交易，但不并入合并报表。

（2）适用于事件交易的相关商法。这通常与资产的“所有权”或承诺、保证或合同的“义务”的定义有关。如果所有权和义务无法确定，公司可能需要在附注中报告“或有”（contingent）负债或资产。在19世纪之前，法律主要与产品交易有关，但20世纪见证了法律条款错综复杂的爆炸式颁布，使得这一关系变得更加复杂。

（3）用于记录业务的捕获系统。在过去的20年里，审计师对交易记录的责任显著扩大，特别是在2002年的《萨班斯-奥克斯利法案》之后。公司应该拥有捕获系统，以确保任何存在的合法所有权或责任均会出现在会计报告中。

一旦事件成功地从现实世界过渡到捕获和记录的会计交易，它就需要一个名称和一个标志。这是“会计科目表”（chart of accounts）的职责。会计科目表是由公司的控制人或财务主管建立的人为分类系统。它因公司而异，反映了公司特定业务的特质。

构建任何会计科目表都有一般准则，以公认会计原则（GAAP）为指导，需要确保投资者可以轻松地将一家公司的投资与另一家公司进行比较。销售和工资单等大批量交易将有自己的日记账——今天，这些通常是专用于处理单一类型交易的计算机系统。不太常见的业务可能会受到较少的关注，因此可能更容易出错。

此外，GAAP可能有特定的特质，会改变这四个过滤器中任何一个的应用和解释。

因此，当审计师谈到“交易流”时，他们从根本上指的是一些位于时间、空间和价值上的真实世界事件，但这些事件已经通过一组过滤器进行了处理：

（1）捕获。

（2）合法所有权和估价。

（3）企业的边界。

（4）分类。

（5）公认会计原则。

这种复杂性是会计过程的基础，也是确保利益相关者拥有信息丰富且可比较的财务报表所必需的。会计流程的其余部分是对通过这些过滤器处理的交易进行程式化总结的问题。总结本质上是线性可加的，有一些非线性例外应用于基于时间或输出的分配。遗憾的是，会计中最重要的部分——这五个阶段的过滤过程——也是审计中很少受到正式关注的部分。

3.3　作为学习模型的审计测试

审计测试可被视为一系列证据的收集和分析，可帮助审计师充分了解信息以发表意见。从概念上讲，审计测试涉及一系列推理：

（1）审计计划将设置审计任务的范围和样本量值，这些任务通常是“寻求发现”（发现抽样），无论业务处理是否处于控制之中。这通常是对错误率的评估，而不是美元的误差大小。

（2）如果在特定交易流程中发现错误，则必须收集足够的额外证据来评估交易流程中的错误发生率（即属性抽样）。

（3）错误率高到足以被视为“失控”（从审计的角度来看，不可容忍）的交易流将在中期合规审计结束时生成的内部控制备忘录（internal control memo）上列出。

（4）当财务报表账户余额受到任何交易流的影响，其错误率高到足以被视为“失控”时，将在年终实质性测试审计方案中调整其样本数量，以确保准确评估已审计财务报表中是否存在重大错误。

为了在整个审计过程中逐渐积累账户知识，已经提出了各种特别和正式的模型。我个人喜欢基于贝叶斯共轭先验的审计任务证据积累建模系统。其中最普遍的是伽马（Gamma）分布，但我们将使用更简单的单参数泊松（Poisson）分布来简化一些步骤。两种分布都采用正象限上的值，因此比正态分布更适合于对会计分布进行建模。

3.4　日期的处理

时间是审计的重要组成部分。利润表账户代表在严格规定的期间内的交易总和，而资产负债表账户则在特定的时间内对其进行说明。审计人员经常测试交易的时间，看是否存在截止错误和舞弊行为，比如开空头支票，让舞弊者通过在另一家银行开空头支票来积累一家银行的存款。或者窃取客户的付款，并使用该客户的任何额外付款来掩盖偷窃行为。交易总是带有时间戳的，而且客户系统的内部控制、处理和审计严重依赖于交易的时间。

不幸的是，在计算机环境中，日期时间数据可能令人沮丧、容易出错且难以使用，即使它们是所有会计系统的基本要素。幸运的是，R 包 lubridate 以其他软件无法比拟的方式简化了日期-时间操作和计算。

lubridate 包可使 R 包更轻松地完成与日期有关的事情，并且可以做 Base-R 做不到的事情。

```
library("lubridate")
```

```
##
## Attaching package:' lubridate'
## The following object is masked from ' package: base':
```


date

```
## parsing of date-times: ymd(), ymd_hms, dmy(), dmy_hms, mdy(), e.g.,
ymd(20101215)
```

[1] "2010-12-15"

```
mdy("4/1/17")
```

[1] "2017-04-01"

```
## simple functions to get and set components of a date-time, such as year(),
month(), mday(), hour(), minute() and second():

bday <- dmy("14/10/1979")
month(bday)
```

[1] 10

```
wday(bday, label = TRUE)
```

[1] Sun

Levels: Sun < Mon < Tue < Wed < Thu < Fri < Sat

```
year(bday) <- 2016
wday(bday, label = TRUE)
```

[1] Fri

Levels: Sun < Mon < Tue < Wed < Thu < Fri < Sat

```
## lubridate has helper functions for handling time zones: with_tz(), force_tz()
time <- ymd_hms("2010-12-13 15:30:30")
time
```

[1] "2010-12-13 15：30：30 UTC"

```
with_tz(time, "America/Chicago")
```

[1] "2010-12-13 09：30：30 CST"

```
force_tz(time, "America/Chicago")
```

[1] "2010-12-13 15：30：30 CST"

Lubridate还扩展了可以对日期-时间对象执行的数学运算类型，并定义了三个在审计中发挥作用的时间跨度类型：

- 持续时间，测量两点之间的准确时长。
- 周期，尽管有闰年、闰秒和夏令时，但仍可准确跟踪时钟时间。
- 间隔，对两点之间时间信息的千变万化的总结。

3.5 会计业务

会计业务是会计系统中的“原始数据”。它们代表了对跨越公司边界的经济事件的测量，如销售或采购。交易在日记账分录（原始分录文件）上“计量”和“记录”。日记账分录最初只是记录在日记簿中的提醒和描述性注释。但是随着会计学中更正式的数学发展，它们演变成目前的原始分录文件形式。对于大量交易，通常会有专门的日记账，例如销售日记账（Sales Journal）或采购日记账（Purchase Journal），这些类型的交易记录会合并到会计系统中。

在20世纪之前，会计主要关注计算公司的资产价值，并关注使公司变得更富有或更贫穷的经济事件。20世纪见证了会计向更全面视角的转变，会计记录除了用于体现财富、管理绩效和利益相关者的利益之外，还用于追踪。

在实践中，交易和账户的最低分辨率水平是1美元（单一货币单位）。这个分辨率限制实际上是审计程序的基础，例如美元单位抽样。我们不只限于美元级别的分辨率。年度报告可能会使用数千或数百万美元作为其分辨率。此外，会计和复式簿记是生成交易汇总的方法，通常采用价值×数量的统计形式。

在下面由真实交易日志构建的直方图中，我们使用qplot（ggplot的缩写形式）以一美元的分辨率生成离散交易值的直方图。分辨率级别决定了直方条的数量，在本例中为30。人类的认知往往被大量的直方图淹没，这就是为什么我们经常看到金融统计分距大于1美元（见图3-1）。

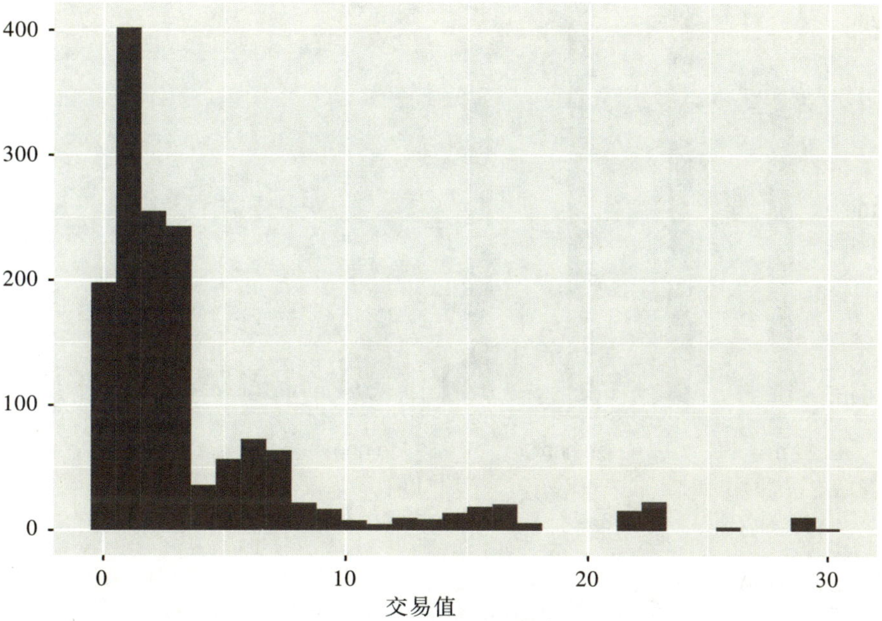

图3-1　一美元单位分辨率下交易值的典型分布

此直方图显示了实际交易概率分布中常见的几个特征：

（1）分布左边界为零。

（2）分布可能是零膨胀的，即它可能有大量的零测量值。

（3）分布是多峰的，一连串的价值集群向右倾斜。

第一个特点是通过设计内置于会计系统中的，会计分录不应包含负值。相反，当交易减少账户余额时，如当有销售退货而减少销售额时，该减少额应记录在“相反”账户中，即销售退货和折扣中。这个约定可以追溯到会计的诞生。在9世纪的巴格达，阿尔·花拉子密使用源自发明负数的印度数学家婆罗摩笈多（Brahmagupta）的代数方法求解线性和二次方程。然而，阿尔·花拉子密认为负面结果毫无意义。在他关于继承法的论文（复式记账系统首次发表的论文）中，阿尔·花拉子密指示他的读者将负数额表示为债务——抵销账户。

第二个特征反映了“便利”交易的存在，这些交易记录了对公司财富没有影响的经济事件。

最后一个特征是最有趣的。我们在交易流中看到这一点的原因似乎有多个。交易可能由几个独立的过程产生，可能代表不同的位置、产品价值或其他因素。另一种解释来自许多交易金额的数学计算——单价乘以交易中的商品数量。即使值和数量是单峰分布的，它们的乘积也可以是多峰的，见图3-2。

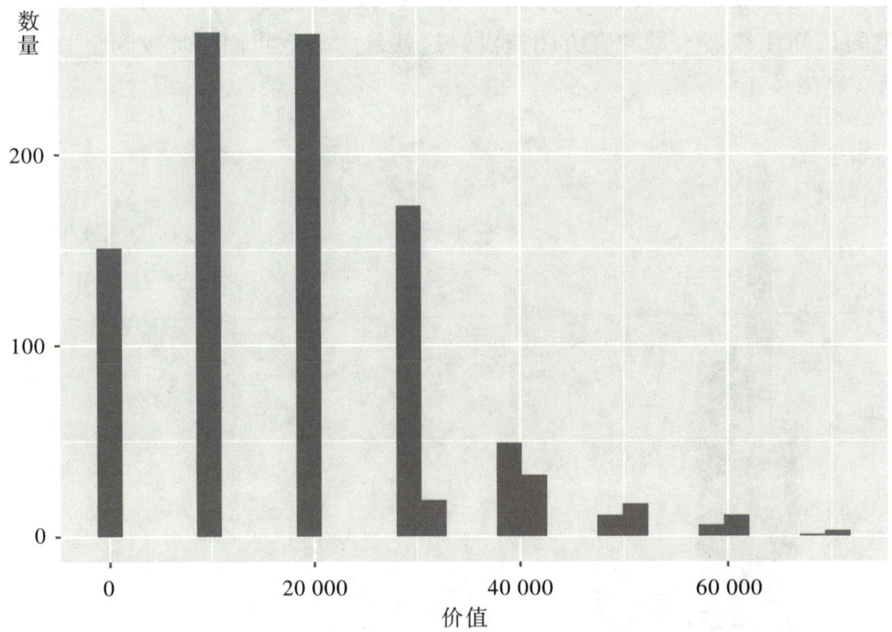

图3-2 人工生成的交易，价值×数量

```
library(tidyverse)
library(ggplot2)


price <-  rpois(1000, 2)
quantity <-   rpois(1000, 10000)
value <- price*quantity
qplot(value, geom="histogram")
qplot(value, geom="density")
```

由于会计系统使用线性运算符，并且求和是大多数会计计算的核心，基于中心极限定理（CLT），在抽样、汇总或估计错误时很自然地假设错误是正态分布的。CLT 提供了有用的近似值，适用于许多情况。尽管如此，审计师在寻找财务报表中的重大错误时不应盲目援引 CLT 收敛来证明正态性假设的合理性（见图3-3）。

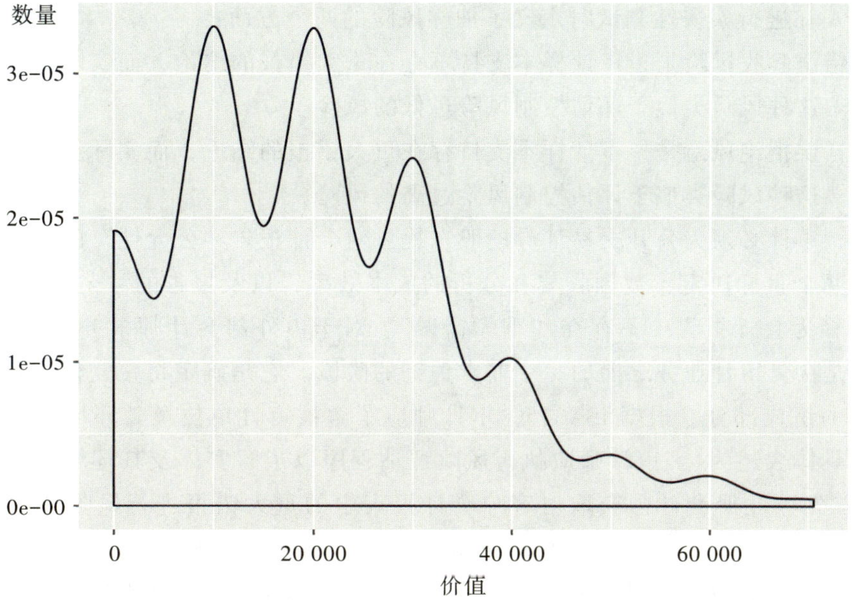

图3-3 人工生成交易，价值×数量

在搜索重大错误时，重要的可能不是整个交易或账户分配，而只是上尾（upper tail）。审计决策倾向于关注是否存在重大错报，这将它们限制在上尾。对于范围广泛的分布，渐近上尾分布可以从 Fisher-Tippett-Gnedenko（FTG）定理中推断出来，该定理是 CLT 的极值对应项。FTG 定理证明极值只能收敛到 Gumbel、Fréchet 或 Weibull 分布，或者它们根本不收敛。FTG 收敛仅适用于分布的右尾，在保险风险模型中被广泛引用。这在实践中非常有用，因为金融中的经验分布可能很复杂，有多种模式可能会随着时间的推移而不稳定。如果能够更准确地描述重要的会计分布，审计师就有可能减少样本量，从而降低审计成本。

3.6 用统计术语表达机构语言

通常，审计假设账户和交易价值属于基础高斯分布。Loebbecke 和 Steinbart（1987）的证据表明，账户和交易价值的经验分布是峰态的，并且可以是多峰的。高斯假设是为了方便起见，迄今为止还没有明确的证据表明这种假设是不合理的。审计师关注审计决策中可能由于对审计资产和交易分布进行错误分类而产生的潜在错误。如果这些错误数量很大，那么审计师要么收集比需要更多的证据（增加审计成本），要么不必要地承担做出不正确审计意见的额外风险（从而导致潜在的诉讼）。AICPA 在执行控制测试时定义了抽样风险的两个方面：

（1）控制风险评估过低的风险是指审计样本支持内部控制的设计和运行有效而实际上无效的结论的风险。

（2）控制风险评估过高的风险是指审计样本支持内部控制的设计和运行无效而实际上有效的结论的风险。

AICPA 在进行实质性测试时定义了抽样风险的两个方面：

（1）错误验收风险是指审计样本支持不存在重大错报的结论，而实际上存在重大错报的风险。这种风险类似于评估控制风险过低的风险。

（2）错误拒绝风险是指审计样本支持存在重大错报的结论，而实际上不存在重大错报的风险。这种风险类似于评估控制风险过高的风险。

最终，审计必须为公开交易证券的股东提供对会计报告"公允性"的独立验证。审计程序由两个目标决定：数据收集和分析的成本效率，以及报告的"公允性"。公允性通常被解释为会计报告中不存在"重大错误"。对于由外部会计师事务所进行的审计，风险评估是接受审计业务之前的一个非常关键的阶段。它是确定将在复核计划中执行的复核任务的组成部分。根据 ISA315，审计师应了解被审计单位及其环境并评估重大错报风险，具体表述为："审计师应执行风险评估程序以了解实体及其环境，包括其内部控制。"首先，注册会计师获取对客户会计报表中的重大错报进行风险评估有关的证据。然后，注册会计师获取有关客户交易类别和客户内部控制运行有效性的初步证据。在审计中，审计风险包括固有风险（IR）、控制风险（CR）和检查风险（DR）。

审计风险模型表达了审计师对商业实体的会计报表提供不适当意见的风险，计算公式为：$AR = IR \times CR \times DR$。在这个公式中，IR 是指业务或交易中涉及的风险。例如，涉及现金交换的交易可能比涉及支票结算的交易具有更高的 IR，CR 是指错报可能发生但可能无法被主体的内部控制机制发现、纠正或预防的风险，DR 是审计程序可能无法检测到存在重大错误或欺诈的概率。CR 取决于内部控制的强弱，DR 要么是由于抽样错误，要么是由于人为因素造成的。

由于分析程序考虑的定性和定量材料的广度，审计风险模型通常被解释为抽象的启发式方法，为审计师判断提供框架，而不是明确处理外部数据的方法。但事实并非如此，因为有供投资者使用的外部数据评估财务报告的正式统计模型。其中最具影响力的是有效市场假说（EMH），该假说指出这些市场反映的资产价格全面揭示了所有可用信息，并为依赖资产市场进行决策提供了强大的动力。美国资产市场的异常收益分布提供了关于公司业绩的完整且无偏见的信息。从审计师的角度来看，在实际赴现场工作之前和期间获取可信的财务和非财务证据（能够充分反映有关公司及其运营所在行业的所有可用信息的廉价证据）应该极具吸引力。包含丰富信息的资产市场统计数据的分析程序有可能取代增加的审计范围或风险，而无须进行额外的现场工作。市场效率测试通常与资本资产定价模型（CAPM）联合进行。实践中的市场效率和审计模型都支持交易时间序列是高斯分布的假设。决策者明白这只是现实的近似值，但其通常被认为"足够好"，并以 CLT 作为证明。但如前所述，CLT 收敛最适合尝试为账户生成无偏估计，而不是评估极端值情况，如财务报表中的重大错误。

3.7 交易样本和数量

审计在很大程度上依赖于抽样来控制审计成本。统计样本是总体的一个子集。总体是与特定审计或程序相关的所有交易。例如，在确认应收账款（A/R）时，总体是当年所有赊购客户的应收账款总额（假设进行年度审计）。审计样本通常比总体小几个数量级。例如，审计师可能从 100 万个应收账款或总体 0.01% 的项目中抽取 100 个单位（交易或美元）样本。

抽样基数或度量是用于抽取样本的单位。货币单位抽样（1 美元是一个样本项目）在年底进行实质性测试——确定财务报表账户余额是否包含重大错误。交易或记录抽样（一项会计交易是一个样本项目）在年底之前要进行内部控制测试——确定每个会计循环中交易处理是否存在错误风险的固有水平。

AICPA 提供了多个标准的抽样指南：

- 风险评估标准（SAS Nos.104-111）。
- 定义专业要求标准（SAS No.102）。
- 审计文件指南（SAS 103）。
- 传达内部控制相关事项（SAS 112 和 SAS 115）。
- 审计风险警报，如在审计中传达内部控制相关事项——了解 SAS No.115。

这些讨论了审计抽样过程的几种方法。

- 控制测试和细节实质性测试中的统计审计抽样。
- 控制测试和细节实质性测试中的非统计审计抽样。
- 货币单位抽样。
- 属性抽样。
- 多地点抽样注意事项。

此外，AICPA 审计和会计手册解决了中小型注册会计师实践中的问题。它解释了从计划到执行程序再到发布报告的参与步骤：

- 内部控制指南。
- 审计文档指南。
- 说明性确认函。
- 说明性的约定和陈述信函。
- 说明性审计报告。

美国注册会计师协会在从审计证据中得出结论时讨论了以下类型的抽样，稍后将在“审计计划的设计”一章中进行深入讨论：

（1）判断抽样：根据个人预感和便利性对项目进行审计，涉及对测试项目的主观选择和对结果的主观评价。

（2）随机抽样：应用随机数生成器来确保每个总体单位或项目被选为样本的概率相等。

（3）固定间隔采样：指定一个间隔和一个必须大于零且小于或等于选择间隔的随机起点。

（4）单元格或随机间隔抽样：指定一个间隔和一个随机种子，这是一系列伪随机数的基础。

（5）条件抽样：应用条件，仅选择总体的一部分。

（6）分层抽样：将总体划分为子组的过程，每个子组是一组具有相似特征的抽样单元。分层抽样可以被认为是条件抽样的一种特殊形式——以项目大小（以美元为单位）为条件。

（7）交易或记录采样：同等对待每个记录中的交易。

（8）货币单位抽样：同等对待每个记录中的美元。

（9）估计抽样：以估计错误比例为目标的抽样，以确定它是否低于某个可接受的水平。

（10）验收抽样：在一定条件下以拒绝或接受总体为目标的抽样。

（11）发现抽样：抽样的目的是确定总体是否没有错误。

3.8 会计循环

一个会计循环开始于会计人员源单据（source document）交易的创建，结束于财务报告的完成和临时账户的关闭、新的循环准备。五个会计循环（主要功能）是：

（1）收入循环。

① 销售订单

② 现金收入

（2）支出循环。这个周期侧重于两个独立的资源；库存和人力资源，通常被认为是两个独立的周期；采购和工资/人力资源。

① 库存/采购

② 应付账款

③ 工资单

④ 现金支付

（3）生产循环（production cycle）

① 生产

② 成本会计

（4）融资循环（资本收购和偿还）

① 借款/还款

② 发行股票

③ 股息

④ 现金管理

（5）固定资产循环

3.9 实质性测试

实质性程序的目的是就会计记录或财务报表所含信息的完整性、准确性和有效性提供审计证据。实质性测试涉及详细检查账户余额的货币价值，以确定其准确性并得出有关账户错误金额重要性的结论。实质性测试的范围和性质取决于对内部控制系统有效性做出的决定。在实质性测试中，统计抽样用于获得特定账户中总误差量的货币价值估计或总误差量的置信限。目标是获得可靠的置信限。

3.10 指标和估计

统计学家进行估计，业务分析师进行衡量。统计学家经常使用术语“统计”和“估计”来表示根据数据计算出的值，以区分数据的解释和“真实”的事态。数据科学家和业务分析师更有可能将这些值称为指标。这种差异反映了统计学与数据科学的方法：对不确定性的解释是统计学学科的核心。业务或组织目标是数据科学的重点。

过去，审计师面对新数据库时的第一步是“测量”数据集（即计算总数）并“同意”该总数与客户的记录（查看客户的记录是否与计算的总数一致）。这是通过 R 中的“sum”命令完成的。

```
disburse <- read.csv(system.file("extdata",  "ch_3_AP_disbursements_journal.csv",
   package = "auditanalytics", mustWork = TRUE))

devtools::install_github("westland/auditanalytics")
library(auditanalytics)

summary(disburse)

cat('\n\n Footed total of disbursements journal = ', sum(disburse$amount_paid))
```

R有许多包可以从数据中生成基本统计信息，而不是内置的 summary 命令。以下是三个最有用的，适用于我们的银行业数据集。

```
devtools::install_github("westland/auditanalytics")
library(auditanalytics)

library(Hmisc)

bank_fin <- read.csv(system.file("extdata",  "ch_2_yahoo_fin.csv",
   package = "auditanalytics", mustWork = TRUE))

Hmisc::describe(bank_fin)
```

psych 包的 describe 和 describeBy 函数提供了丰富的汇总统计报告，尽管其中大部分在审计中可能是多余的。

```
library(psych)
## The psych packages allows specific summary-by-group variation, describeBy

psych::describe(bank_fin)
psych::describeBy(bank_fin, bank_fin$name)
```

如果审计师希望使用汇总统计数据进行进一步处理，可以使用 broom 中的 tidy 函数将其格式化为数据帧；或者，数据框可用于打印格式化表格，这些表格可能包含在审计文件中。

```
library(kableExtra)
library(broom)
library(pastecs)


## Tidy these up and write them as a formatted table, using kableExtra

pastecs::stat.desc(bank_fin) %>%
  broom::tidy()  %>%
  kable(longtable=T, caption = "Summary Statistics") %>%
  kable_styling(full_width = F)
```

无论审计师如何选择汇总数据集，都会生成某些常见的统计数据。

（1）Count：数据集包含多少笔业务（或行）。

（2）信息（在数据集中）：数据可以告诉您的最大数量可能随着特定构造的不同而具有可变性。信息是基于上下文特定背景的（您不能使用天气数据库来预测扑克结果），并且没有绝对的衡量标准。在会计交易中，数据的计数往往不是衡量信息内容的好方法。会计数据是高度多重共线的——相同的经济事件（例如，销售）被重复记录在数据中（例如，作为相同金额的应收账款，作为相关金额的库存减少，作为收款等）。

（3）均值：位置的基本估计。算术平均值（或只是平均值）是所有值的总和除以这些值的数量。

（4）修剪平均值：一种算术平均值，它在计算平均值之前去除一小部分指定百分比的最大值和最小值。删除指定的异常值后，使用标准算术平均公式求出修剪平均值。

（5）异常值：异常值是与数据集中其他值相距很远的任何值。异常值的确切定义有些主观。异常值是应进一步调查的例外情况。作为异常值本身不会使数据值无效或错误。尽管如此，异常值通常是数据错误的结果。当异常值是错误数据时，平均值将导致对位置的错误估计，而中位数仍然有效。异常值有时是有用的，有时是令人讨厌的。在异常检测中，感兴趣的点是异常值，而大量数据主要用于定义测量异常的“正常”标准。

（6）中位数：中位数是数据排序列表中的中间数。它提供了一个可靠的位置估计，因为它不受可能扭曲结果的异常值（极端情况）的影响。异常值是与数据集中其他值相距很远的任何值。尽管在各种数据摘要和图表中使用了某些约定，但异常值的确切定义有些主观。作为异常值本身不会使数据值无效或错误。尽管如此，异常值通常是数据错误的结果，例如混合不同单位（公里与米）的数据或来自传感器的错误读数。当异常值是错误数据时，均值将导致对位置的错误估计，而中位数仍然有效。在任何情况下，都应该识别异常值，并且通常应作进一步调查。

（7）方差：主要的变异性统计量（尽管比标准差更不常用）。它是均值方差的平方和除以n-1，其中n是数据集中数据的数量。位置只是总结特征的一个维度。第二个维度，即可变性，也称为离散度，衡量数据值是紧密聚集还是分散。统计学的核心是可变性：测量可变性、减少可变性、区分随机与真实可变性、识别真实可变性的各种来源，并在存在可变性的情况下做出决策。

（8）偏差（误差、残差）：观测值与位置估计值之间的差异。

（9）标准偏差（l2-norm，Euclidean norm）：方差的平方根。标准差（sd）比方差更常用，因为它的值很容易与线性估计量（例如均值）进行比较。可变性的度量是从力学领域借用的，其中力矩是涉及距离和另一个物理量的乘积的表达式。

（10）自由度（df）：另一个借用力学的概念。当一个机构由几个部分组成时，它是机构各部分之间可能的独立相对运动的数量。在统计学中，自由度数是统计量的最终计算中可以自由变化的值的数量。这是用一种粗略的方法来确定数据集是否足够大，以根据特定假设或统计数据做出决策。在计算样本统计数据时，考虑自由度很重要，因为需要进行调整以确保统计数据没有偏差。

（11）平均绝对偏差（mad，l1-norm，Manhattan norm）：偏离均值的绝对值的均值。

（12）范围：数据集中最大（max）和最小（min）值之间的差异。

（13）偏度和峰度：在统计学中，分布的第一个矩是均值，第二个矩是方差，第三和第四个矩是偏度和峰度。高阶矩不是特别稳健，因此往往不用。通常会报告中心矩，这意味着距离是根据交易分布的平均值计算的，而不是从零开始。

（14）定序统计：基于数据值从小到大排序的指标。

（15）百分位数（分位数）：使 p% 的值等于或小于此值且（100 - p）% 大于此值的值。第 75 个百分位数和第 25 个百分位数之间的差值称为四分位距（IQR）。

（16）相关系数：一种衡量数值变量相互关联程度的指标（范围从-1 到 +1）。

（17）散点图：一种图，其中 x 轴是一个变量的值，y 轴是另一个变量的值。

3.11 概率和统计中的重要概念

概率分布是描述数据的可变性或从数据中提取数据的基础总体的模型。可能有 50 或 60 种不同的分布用于表征人口统计数据，但常用的只有6种。很多时候，当提到参数统计时，我们对数据做出正态（高斯）分布的假设。我们稍后会看到，这种假设可能不适用于会计和金融交易。

（1）正态（高斯）分布：钟形正态分布在传统统计中是标志性的。相关术语是：

- 标准化：减去平均值并除以标准偏差。
- z-score：标准化单个数据点的结果。
- 标准正态：均值 = 0 且标准差 = 1 的正态分布。
- Q-QPlot：按分位数（正态分布）绘制（样本的）分位数图，用于显示样本分布与正态分布的接近程度。对于支出数据，Q-Q 图示见图 3-4。

```
disburse <- read.csv(system.file("extdata",  "ch_2_AP_disbursements_journal.csv",
   package = "auditanalytics", mustWork = TRUE))


d <- as.numeric(as.character(disburse[,"amount_paid"]))

qqnorm(d, main = "Normal Q-Q Plot",
       xlab = "Theoretical Quantiles", ylab = "Sample Quantiles",
       plot.it = TRUE)
```

（2）二项分布：参数为 n 和 p 的二项分布是 n 个独立实验序列中成功次数的离散概率分布，每个实验都问一个是-否的问题，每个实验都有自己的布尔值结果：success（成功）/yes/true/one（概率为 p）或 failure（失败）/no/false/0（概率 q = 1-p）。单个成功/失败实验也称为伯努利试验或伯努利实验，一系列结果称为伯努利过程。对于单个试验，即 n = 1，二项式分布是伯努利分布。二项式分布是流行的统计显著性二项式检验的基础。

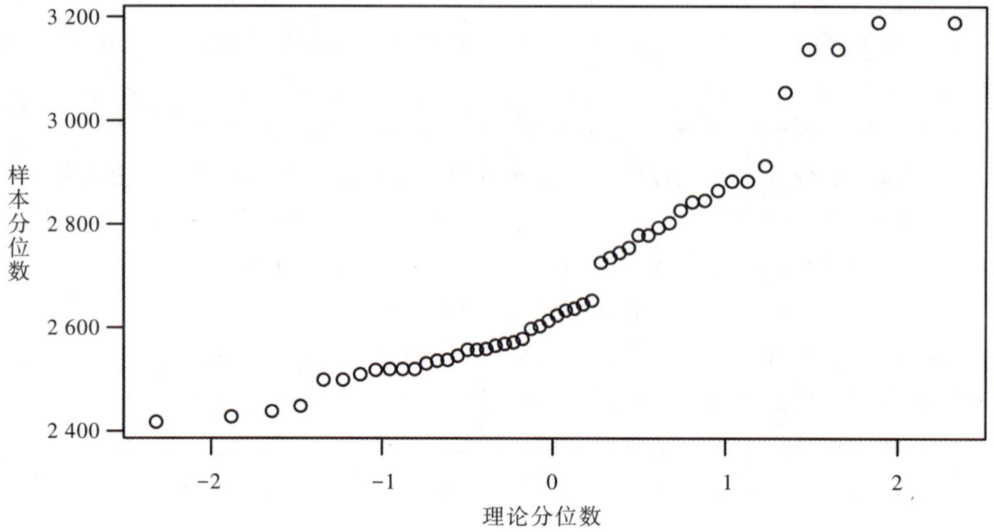

图3-4　正态Q-Q图

（3）伯努利分布：伯努利分布是随机变量的离散概率分布，其取值为 1 的概率为 p，取值为 0 的概率为 q = 1 - p。换句话说，它是任何提出是-否问题的单个实验的概率分布。这个问题产生一个布尔值的结果，即当一个比特的值是成功/yes/true/ 1时，概率是p；是失败/no/false/ 0时，概率是q。

（4）泊松分布：泊松分布是一种离散概率分布，它表示如果事件以已知的恒定速率发生并且与自上次事件以来的时间无关，则给定数量的事件在固定的时间或空间间隔内发生的概率。泊松事件之间的等待时间遵循指数分布。

（5）密度和累积分布：概率具有描述给定结果的概率的密度（在连续分布中，例如正态分布）或质量函数（在离散分布的情况下，例如泊松分布）。累积分布函数描述达到给定值的概率。汇总统计的扩展计算数据的密度和累积分布函数的估计值，如以下使用我们的支出数据的示例所示，见图3-5、图3-6。

```
devtools::install_github("westland/auditanalytics")
library(auditanalytics)

disburse <- read.csv((system.file("extdata",  "ch_2_AP_disbursements_journal.csv",
  package = "auditanalytics", mustWork = TRUE)))


d <- density(disburse[,"amount_paid"])
plot(d, main = "Density of Amount Paid")
polygon(d, col="red", border="blue")
~plot(ecdf(disburse[,"amount_paid"]), main = "Cumulative Density of Amount Paid")
```

（6）随机抽样和样本偏差：样本是来自更大数据集的数据子集。统计学家将这个更大的数据集称为总体——一个庞大的、被定义的但有时是理论或想象的数据集。

（7）中心极限定理：证明随着样本量趋于无穷大，自变量的总和逐渐接近正态分布。

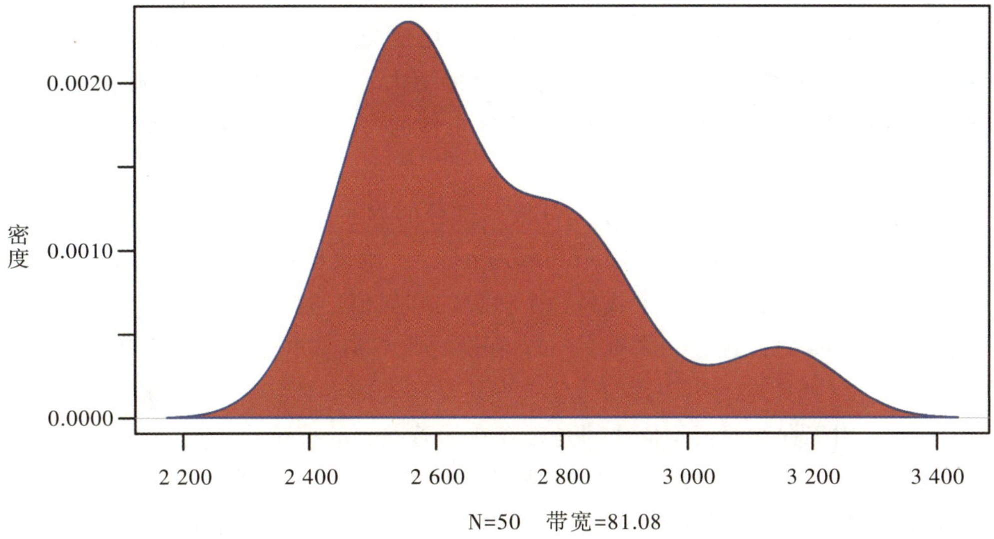

图3-5 支付金额密度分布函数

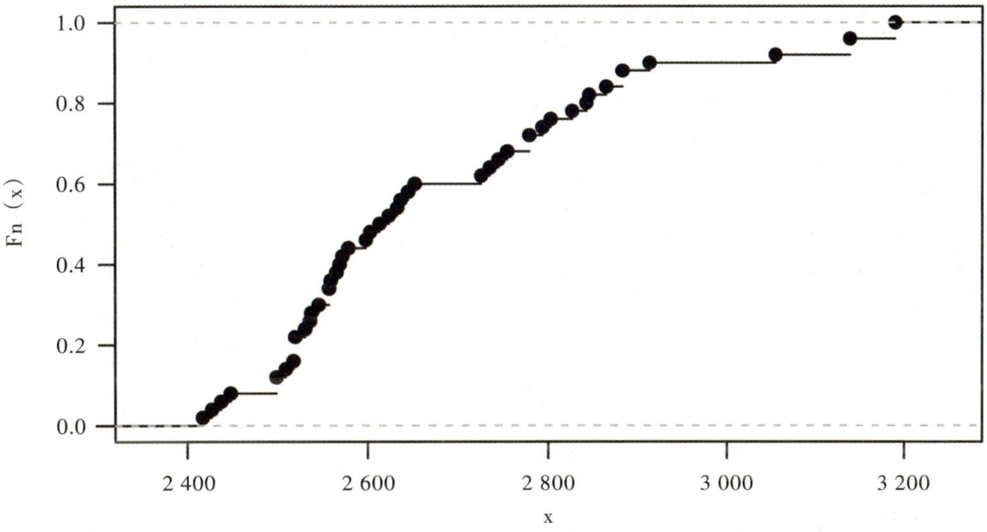

图3-6 支付金额的累积密度分布函数

（8）标准误差：这大致是样本数据的标准偏差。标准偏差（衡量单个数据点的可变性）不同于标准误差（衡量样本指标的可变性）。

（9）引导程序和重采样：从观察到的数据集中取一个引导程序样本并替换。重采样是从观察到的数据中重复采样；包括引导程序和置换（改组）程序。

（10）假设检验（显著性检验）：假设是将复杂问题转化为是/否问题的方法。它们是定义 A/B 测试的另一种方式。在 Neyman 和 Pearson（1933）提供了有效的假设检验之后，该方法变得司空见惯。大多数审计程序都可以表述为假设检验。以下是假设检验中的一些关键概念：

• p 值：在统计假设检验中，p 值或概率值是，对于给定的假设检验，当原假设为真时，统计汇总（例如两组之间的样本均值差）的概率将等于或比实际观察到的结果更极端的概率。在统计假设检验中使用和误用 p 值已成为一个有争议的话题。

• 置信区间：抽样导致不确定的结果，通过更大、更高质量的样本降低不确定性。置信区间是描述基于样本的估计或预测的不确定性的一种方式。置信区间是旧的基准统计推断中唯一剩下的工具。

• 零假设和备择假设：将决策空间分成两部分的方法。

• 单向和双向检验（one-way and two-way tests）：假设检验考虑分布的单尾或双尾。

• 显著性（alpha）：选择一个或另一个假设的临界值。这是您犯第一类错误的概率。

• power（1-beta）：选择一个或另一个假设的临界值。这是您不会犯第二类错误的概率。

• t 检验：用于评估两组均值之间是否存在显著差异的推论统计量。

（11）过度拟合：大多数测量和所有样本在某种程度上都歪曲了总体。总是存在将这些错误陈述拟合到模型中的危险，从而产生错误的决策。这受到更好的样本量和质量以及重新采样以确保估计的稳健性的控制。

（12）线性回归：拟合标量响应（或因变量）与一个或多个解释变量（或自变量）之间关系的模型。以下示例使用萨班斯-奥克斯利数据构建了一个线性回归模型，以通过第 404 节有关审计费用和审计师的审计规定来测试内部人员违规行为的发生。

```
devtools::install_github("westland/auditanalytics")
library(auditanalytics)

lr <-

  read.csv(system.file("extdata",  "ch_2_data_types.csv", package = "auditanalytics",
mustWork = TRUE) %>%
  lm(formula=insd~audit_fee+effective_404)
summary(lr)
```

```
##
## Call:
## lm(formula = insd ~ audit_fee + effective_404, data = .)
##
## Residuals:
##     Min      1Q  Median      3Q     Max
## -0.1590 -0.1475 -0.1411 -0.1229  0.9292
##
## Coefficients:
##                 Estimate Std. Error t value Pr(>|t|)
## (Intercept)    1.486e-01  1.325e-02  11.217   <2e-16 ***
## audit_fee     -9.521e-10  4.449e-10  -2.140   0.0325 *
## effective_404  1.066e-02  1.816e-02   0.587   0.5574
## ---
## Signif. codes:  0 '***' 0.001 '**' 0.01 '*' 0.05 '.' 0.1 ' ' 1
##
## Residual standard error: 0.3449 on 1509 degrees of freedom
##   (2 observations deleted due to missingness)
## Multiple R-squared:  0.003242,   Adjusted R-squared:  0.001921
## F-statistic: 2.454 on 2 and 1509 DF,  p-value: 0.08627
```

由于因变量是二分的（二进制），因此可以通过使用 logit 模型（来自内置的 glm 函数）来改进结果。以下示例还展示了 R 对残差（因变量值之间的差异以及右侧的估计模型）的分析。杠杆和距离提供了特定交易如何影响估计的度量，并且对于识别异常值很重要。分析结果见图3-7至图3-10。

```
lgt <-

devtools::install_github("westland/auditanalytics")
library(auditanalytics)

   read.csv(system.file("extdata", "ch_2_data_types.csv", package = "auditanalytics",
mustWork = TRUE) %>%
   glm(formula=insd~audit_fee+effective_404, family = "binomial")
summary(lgt)
```

```
##
## Call:
## glm(formula = insd ~ audit_fee + effective_404, family = "binomial",
##     data = .)
##
## Deviance Residuals:
##     Min       1Q   Median       3Q      Max
## -0.5941  -0.5675  -0.5510  -0.5059   2.2754
##
## Coefficients:
##                Estimate Std. Error z value Pr(>|z|)
## (Intercept)   -1.732e+00  1.128e-01 -15.354   <2e-16 ***
## audit_fee     -9.530e-09  4.496e-09  -2.120    0.034 *
## effective_404  8.928e-02  1.518e-01   0.588    0.557
## ---
## Signif. codes:  0 '***' 0.001 '**' 0.01 '*' 0.05 '.' 0.1 ' ' 1
##
## (Dispersion parameter for binomial family taken to be 1)
##
##     Null deviance: 1214.8  on 1511  degrees of freedom
## Residual deviance: 1209.4  on 1509  degrees of freedom
##   (2 observations deleted due to missingness)
## AIC: 1215.4
##
## Number of Fisher Scoring iterations: 4
```

```
plot(lgt)
```

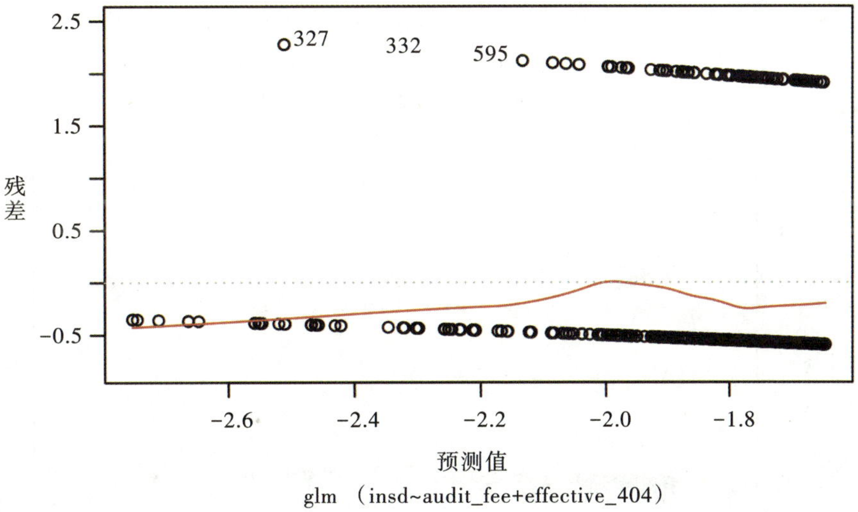

图3-7 残差与拟合

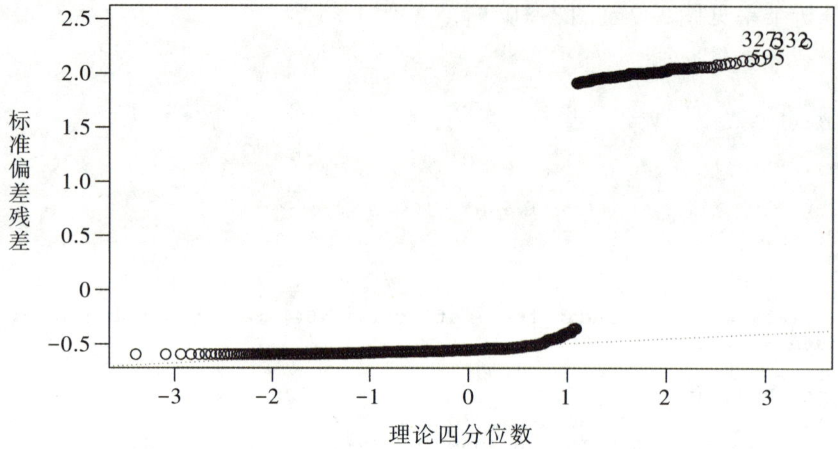

glm （insd~audit_fee+effective_404）

图3-8 正常Q-Q图

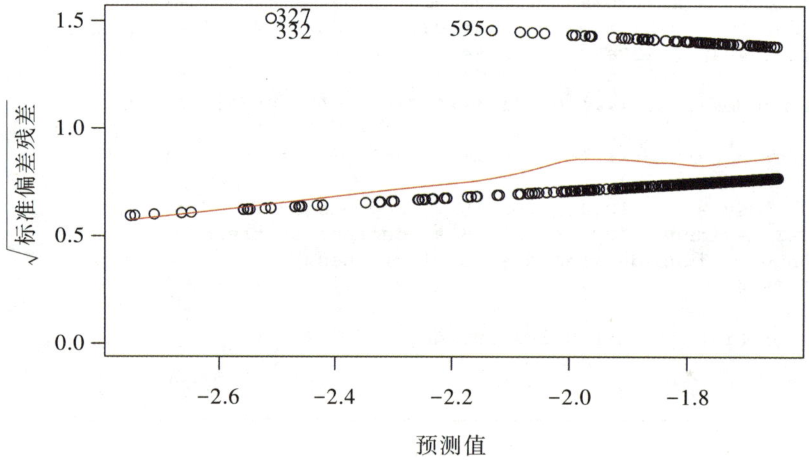

glm（insd~audit_fee+effective_404）

图3-9 规模-位置

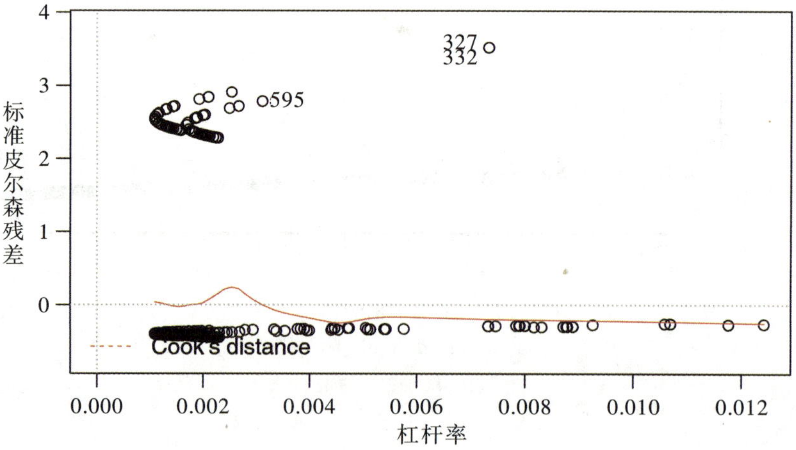

glm（insd~audit_fee+effective_404）

图3-10 残差与杠杆率

3.12 机器学习方法

在过去十年中，机器学习尤其是深度学习的进步为20世纪的统计模型提供了非常有用的扩展。深度学习是计算密集型人工智能的一个分支，但对于根据数据进行推理具有高度的灵活性。推理是基于数据 $x \in X$ 的决策 δ（估计、预测），其中希望包含有关特定构造集的信息。推断可能是关于：

（1）分类——例如，识别面孔、威胁。

（2）估计——例如，向量 $\theta = \{\theta_1, \cdots, \theta_n\}$。

（3）其他可能会或可能不会实时执行的决定——例如，开车。

机器学习的隐含目标是构建最小化风险的决策策略。风险是一个从赌博继承而来的非正式概念，粗略地暗示了使用给定决策 δ 的预期损失。频率论和贝叶斯统计学家都将他们的决策策略建立在现实世界的数据上，但在决策风险的实际实施和解释上分歧很大。

在实践中，风险给深度学习（以及一般的人工智能）带来了最大的挑战。例如，自动驾驶汽车在基于许多其他汽车中提取的大量数据集上进行训练；如何驾驶的知识被嵌入网络模型的权重中，该模型牢固地连接到汽车的计算机单元中。在该计算机单元中是否设置接受过拯救行人、拯救财产或拯救司机的培训很重要——每一项都意味着不同的决策风险。

传统上，统计在估计的情况下使用平方误差损失函数 $l(\theta, \delta(X)) = E_\delta[(\delta(X) - \theta)^2]$，其中 $\delta(X) \equiv \hat{\theta}$。这很容易用铅笔和纸计算，特别是当优化依赖于微积分的一阶条件时。但是大多数现实世界的决策并不是用平方误差损失函数做出的最佳决策。尽管平方误差损失仍然被广泛使用，但机器学习从业者也会使用更复杂的、有时是不对称的损失函数，这些函数更接近现实世界的问题。特别是对于图像识别等分类问题，平方误差损失函数几乎没有意义，从业者将倾向于使用来自信息论的交叉熵，其中卡夫-麦克米兰定理为其应用建立了基本原理。商业环境更喜欢不对称损失，惩罚成本并奖励收入。

传统统计在很大程度上依赖于微积分的一阶条件，而深度学习使用计算密集型搜索算法来探索风险函数的响应界面。以下示例展示了机器学习的“Hello World”：识别美国国家标准协会数据集上的手写数字。

```
# The following example assumes that you have already installed Tensorflow have
been installed (see https://www.tensorflow.org/install/)

library(keras)
install_keras()
```

```
## Creating virtualenv for TensorFlow at  ~/.virtualenvs/r-tensorflow
## Installing TensorFlow ...
##
## Installation complete.
```

```
mnist <- dataset_mnist()
train_images <- mnist$train$x
train_labels <- mnist$train$y
```

```
test_images <- mnist$test$x
test_labels <- mnist$test$y

network <- keras_model_sequential() %>%
  layer_dense(units = 512, activation = "relu", input_shape = c(28 * 28)) %>%
  layer_dense(units = 10, activation = "softmax")


network %>% compile(
  optimizer = "rmsprop",
  loss = "categorical_crossentropy",
  metrics = c("accuracy")
)


train_images <- array_reshape(train_images, c(60000, 28 * 28))
train_images <- train_images / 255

test_images <- array_reshape(test_images, c(10000, 28 * 28))
test_images <- test_images / 255


train_labels <- to_categorical(train_labels)
test_labels <- to_categorical(test_labels)


history <- network %>% fit(train_images, train_labels, epochs = 10, batch_size = 128)
plot(history)
```

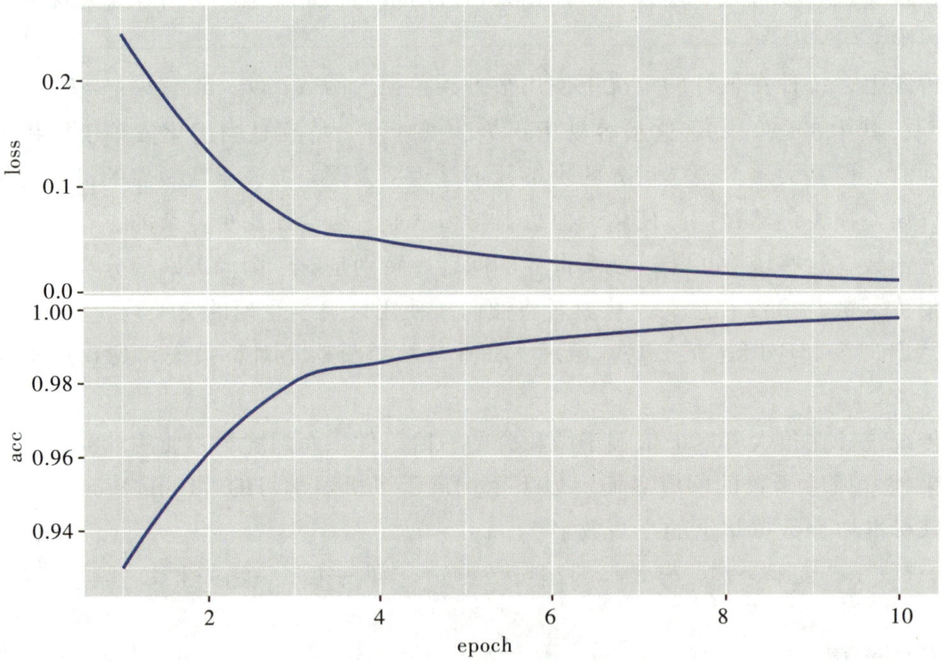


```
metrics <- network %>% evaluate(test_images, test_labels, verbose = 0)
metrics
```

```
## $loss
## [1] 0.07689612
##
## $acc
## [1] 0.9803
```

这个特殊的Keras模型过度拟合了MNIST数据，最终使用的准确率为98%，损失7%。

机器学习是一个广阔且快速发展的领域。它越来越多地用于分析社交网络和审计的分析审查部分（和其他部分）所需的其他基于文本的信息。未来，随着审计和会计领域不断开发合适的模型，预计其在审计中的作用会扩大。

3.13 审计证据及其信息内容的统计视角

3.13.1 证据的支持和可加性：对数似然值

正如术语“支持”所暗示的那样，对数似然具有直观的解释。给定独立事件，总对数似然值是单个事件的对数似然值之和，就像总对数概率是单个事件的对数概率之和一样。将数据视为证据，这被解释为“来自独立证据的支持”，对数似然值是“证据权重”。将负对数概率解释为信息内容或意外，给定事件的模型的支持（对数似然值）是事件意外的负值，基于给定模型，然后在一定的事件下拓展，这不令人意外。

正如在没有事件的情况下似然值为1，没有事件的对数似然值为0，这对应于空值：没有任何数据，不支持任何模型。

对数似然值对于最大似然估计特别方便。因为对数是严格递增的函数，最大化似然值等于最大化对数似然值。

由于凹度（concavity）在最大化中起着关键作用，并且由于大多数常见的概率分布（特别是指数族）只是对数凹的，因此使用似然函数的对数转换通常更方便，其被称为对数似然函数。

3.13.2 “分数”

在统计学中，分数（或信息量）是对数似然函数相对于参数向量的梯度。在特定点进行评估，分数表明对数似然函数的陡峭程度，从而表明对参数值的无穷小变化的敏感性。如果对数似然函数在参数空间上是连续的，则分数将在局部最大值或最小值处消失。这个事实用于最大似然估计以找到最大化似然函数的参数值。

由于分数是受抽样误差影响的观测值的函数，因此它适用于称为分数检验的检验统计量，其中参数保持在特定值。此外，在两个不同参数值处评估的两个似然函数的比率可以理解为分数函数的定积分。

3.13.3 费舍尔信息

在数理统计中，费舍尔信息（有时简称为信息）是一种测量可观察随机变量X所携带的关于对X建模的分布的未知参数θ的信息量的方法。形式上，它是得分的方差，或者说是观察到的信息的期望值。在贝叶斯统计中，后验模式的渐近分布取决于费舍尔信息而不是先验信息（根据伯恩斯坦·冯·米塞斯定理，拉普拉斯预测指数族）。统计学家罗纳德·费舍尔（Ronald Fisher）强调了费舍尔信息在最大似然估计渐近理论中的作用。费舍尔信息也用于贝叶斯统计中使用的杰弗里斯先验。

费舍尔信息矩阵用于计算与最大似然估计相关的协方差矩阵。它还可以用于检验统计量的制定，如 Wald 检验。

科学性质的统计系统（物理、生物等），其似然函数服从平移不变性，已被证明服从最大费舍尔信息。最大值的水平取决于系统约束的性质。

费舍尔信息是一种测量可观察随机变量 X 携带的关于未知参数 θ 的信息量的方法，X 的概率取决于该参数 θ。令 f（X；θ）是 X 的概率密度函数（或概率质量函数），条件是 θ 的值。它描述了在给定 θ 值的情况下，我们观察到 X 的给定结果的概率。如果 f 相对于 θ 的变化出现尖峰，则很容易从数据中指出 θ 的“正确”值，或者等效地，数据 X 提供了大量关于参数 θ 的信息。如果似然值 f 是平坦且分散的，则需要像 X 这样的许多样本来估计 θ 的“真实”值，该值将从被采样的总体中获得。

3.14 参考文献

Neyman, Jerzy, and Egon Sharpe Pearson. 1933. IX. On the Problem of the Most Efficient Tests of Statistical Hypotheses. *Philosophical Transactions of the Royal Society of London. Series A, Containing Papers of a Mathematical or Physical Character* 231 (694-706): 289-337.

Loebbecke, James K., and Paul J. Steinbart. (1987). An Investigation of the Use of Preliminary Analytical Review to Provide Substantive Audit Evidence. *Auditing-a Journal of Practice & Theory* 6 (2): 74-89.

第4章

风险评估和审计计划

4.1 审计

财务账目审计是验证现实世界中的经济事项是否在法人实体提供的财务报表中被准确汇总的过程。作为审计产品，审计意见提供如下内容：

（1）合理保证。

（2）由独立的第三方提供。

（3）财务报表在所有重大方面均公允列报。

（4）根据某些财务报告框架进行审计，如普遍接受的会计原则。

（5）持续应用，以便能够进行年度趋势分析和比较。

在美国，审计框架由公认会计原则（GAAP）和公认会计准则（GAAS）规定。国际审计和鉴证标准委员会（IAASB）发布的国际审计准则（ISA）被视为审计程序的基准。根据美国公认会计原则（GAAP），审计师必须对整体财务报表发表以下三种意见中的一种：

（1）无保留意见，该审计意见认为财务报表是公允的。

（2）保留意见，该审计意见认为除以下两种情形外，财务报表在所有重大方面均按照公认会计原则公允列报：

① 存在对财务报表影响重大的错报，但不具有广泛性；

② 审计过程中审计范围受到一定的限制。

（3）否定意见，当财务报表因偏离美国公认会计原则而没有公允列报时将发表的审计意见。

此外，审计师可以发布免责声明，该免责声明被视为一种保留意见，因为审计师没有获取足够和适当的证据形成审计意见或缺乏审计独立性。在免责声明中，审计师解释了拒绝发表意见的原因，并明确表示未发表任何意见。审计报告的措辞通常按如下方式进行表达：

（1）无保留意见（清洁意见）：我们认为这些财务报表是按照一贯适用的公认会计原则公允列报的。

（2）保留意见：我们认为这些财务报表按照一贯适用的公认会计原则公允列报，除了某些例外情况。

（3）否定意见：我们不认为这些财务报表按照一贯适用的公认会计原则公允列报；审计师不同意一系列例外情况。

4.2 审计计划中的风险评估

审计中的风险评估是确定与出具审计意见相关的特定会计业务的风险定量值，即在一贯采用公认会计原则的情况下，账户是否存在重大错误。定量风险评估需要计算风险的两个组成部分——潜在损失的大小和损失发生的概率。

会计循环中的经济事件称为会计事项，传统上记录在日记账中。会计循环始于会计人员根据交易源文件创建的，终于结账和财务报告，并为下一个循环做准备。五个会计循环包括：

（1）收入循环。

（2）支出循环（该循环侧重于两种不同的资源：存货和人力资源；通常考虑两种分开的循环：采购和工资）。

（3）转换循环（生产循环）。

（4）融资（资本获取和偿还）。

（5）固定资产。

在这些循环中，任何交易的产生和问题都是风险评估矩阵（RAM）考虑“损失”的来源。风险评估包括对风险的主观和客观评估，其中包括提出假设和考虑不确定性。风险管理的困难在于，对潜在损失和发生概率的测量具有主观性，且容易出错。

具有较大潜在损失和较低发生概率的风险通常与具有较小潜在损失和较高发生概率的风险不同。从理论上讲，两者的优先级几乎相等，但在实践中，当面临进行风险管理所需的资源（尤其是时间）短缺时，处理起来可能非常困难。这是审计固有的不利特征带来的难题。

风险评估矩阵是用于风险评估的电子表格程序，用于定义、估计、论证和支持决策中涉及的特定风险。在审计中，风险评估矩阵的目标是构建一套审计任务（审计计划），以经济高效的方式确保审计决策在特定的置信水平下的正确性。

不同的统计原理决定了风险评估矩阵中应用的特定数学方法。我们将在这里简要回顾这些备选方案，目的是描述一种简单、客观的方法，适用于审计计划的初始阶段。

数学家认识到用于决策制定的风险计算有三种广泛使用的方法：（1）内曼-皮尔逊假设检验框架；（2）极小极大博弈论框架；（3）贝叶斯风险。本章提出了一种简化的贝叶斯风险，最适合于审计计划阶段。

内曼-皮尔逊引理允许使用似然比检验对两个简单假设进行检验，并提供了一种根据证据进行统计推断的方法。在统计学中，如果根据预先确定的阈值概率（显著性水平），预测结果不太可能仅仅是偶然发生的，则该结果被称为具有统计显著性。“显著性检验”一词由统计学家罗纳德·费舍尔首创，在账户余额和重大错误的实质性检验中发挥了重要作用。统计假设检验有时被称为验证性数据分析，与探索性数据分析相反，探索性数据分析可能没有预先指定的假设。统计假设检验就是事先对总体的参数或总体分布形式做出一个假设，然后利用样本信息来判断这个假设是否合理。应该注意，做出错误决策的概率不是零假设为真的概率，也不是任何特定备择假设是否为真的概率。这与决策理论的其他可能技术形成了对比，在决策理论中，无效假设和备择假设在更平等的基础上被使用。

极小极大规则是约翰·冯·诺依曼（John von Neumann）于1928年发布的一条决策规则，即利用决策论、博弈论、统计学和哲学，估计最小化最坏情况情景下的可能损失。零和博弈理论最初是为两人博弈而制定的，涵盖了两人交替移动和同时移动的情况，它也被扩展到更复杂的博弈和不确定情况下的一般决策中。

贝叶斯风险是损失函数的期望值。当贝叶斯估计决策规则被设计为最小化后验期望损失时，它通常是优化的。用于贝叶斯估计的最常见的风险函数是均方误差或平方误差风险。

发生事件的概率乘以由此产生的成本或收益（如果发生），通常称为期望值，在后续审计计划设计中期望值一般用于比较风险水平、确定审计范围和审计样本。

对于由外部审计公司进行的审计，风险评估是接受审计业务之前的一个非常关键的阶段。它是确定将在审计计划中执行审计任务的一个组成部分。根据ISA315，“审计师应执行风险评估程序，以了解实体及其环境，包括被审单位的内部控制”。审计师获得有关客户交易类别和客户内部控制操作有效性的初步证据。在审计准则中，审计风险包括固有风险（IR）、控制风险（CR）和检查风险（DR）。

审计风险模型表示审计师对实体企业的财务报表发表不当意见的风险，计算如下：

$$AR = IR \times CR \times DR$$

在这个公式中，IR指业务或交易性质所涉及的风险。例如，涉及现金交换的交易可能比涉及支票结算的交易具有更高的风险。CR是指被审计单位可能发生错报，但其内部控制无法发现、纠正或预防的风险。DR是指审计程序未能检测出的重大错误或欺诈的可能性。虽然CR取决于内部控制程序的强弱，但DR要么是由于抽样错误，要么是由于人为因素造成的。

该公式是对现实世界中损失发生情况的极端简化，仅适用于计划审计的早期探索阶段。由于审计证据是在年中和年底收集的，因此需要更新审计任务，并改变审计范围，以满足中期审计结果。简化公式存在几个问题：

（1）分辨率差。典型的风险矩阵只能正确、明确地比较随机选择的危险对象的一小部分（通常小于10%）。有时对数量上非常不同的风险分配相同的评级（“范围压缩”）。

（2）错误。风险矩阵可能会错误地把较低风险评级为较高的定性风险。对于频率和严重程度负相关的风险，它们可能“比没用还糟糕”，导致比随机决策更糟糕的决策。

（3）次优的资源分配。不能基于风险矩阵提供的类别分配资源，而应采取有效分配资源减少风险的对策。

（4）输入和输出不明确。对于不确定的后果，不能客观地对严重性进行分类。风险矩阵的输入（例如，频率和严重性分类）和结果输出（例如，风险评级）需要主观解释，不同的用户面对相同数量的风险可能会获得相反的评级结果。

4.3　访问美国证券交易委员会EDGAR财务信息数据库

审计计划的第一步是审查本年度和上一年度向SEC提交的文件。这些文件包括年度和季度财务报表、重述、委托书、诉讼和其他文件，获取并纳入工作文件是审计计划的基本前提。幸运的是，美国证券交易委员会网站sec.gov上提供了完整的信息。美国证券交易委员会以XBRL格式（如.XML文件）保存了许多与审计相关的文件，这些文件可以从互联网下载。XBRL是一种可扩展的业务报告语言，是一种免费提供的用于交换业务信息的全局标记语言。XBRL允许表达语义含义，这有助于明确定义账户和其他财务信息。与其他格式的语言相比，XBRL财务报告的表述更可靠，更少受到误解。XBRL还允许自动解析信息，这可以大大提高审计比率和统计分析的效率。

以下代码块用来访问美国证券交易委员会的XBRL数据库，以获取任何上市公司当前和上一年度的文件，并将其读取为可由R语言操作的数据集。在本例中，我们从sec.gov上的EDGAR数据库中提取通用汽车公司2016年和2017年的财务数据。我使用finstr包访问EDGAR文件。

```
library(devtools)
install_github("bergant/finstr")
library(finstr)
library(XBRL)

# Locate the XBRL format 10-K reports for years 2016 and 2017
# Search sec.gov for General Motors, choose the 10-K for the year
# Note that .xml is the XBRL file indicator)

xbrl_url2016 <-
"https://www.sec.gov/Archives/edgar/data/1467858/000146785817000028/gm-20161231.xml"

xbrl_url2017 <-
"https://www.sec.gov/Archives/edgar/data/1467858/000146785818000022/gm-20171231.xml"

# Get EDGAR data in XBRL format from the sec.gov site
# parse XBRL (GM 10-K reports)
old_o <- options(stringsAsFactors = FALSE)
xbrl_data_2016 <- xbrlDoAll(xbrl_url2016)
xbrl_data_2017 <- xbrlDoAll(xbrl_url2017)
options(old_o)

## With xbrl_get_statements convert sec.gov's XBRL data to a list of lists

st2017 <- xbrl_get_statements(xbrl_data_2017)
st2016 <- xbrl_get_statements(xbrl_data_2016)

st2017
```

```
## Financial statements repository
##                                                   From         To Rows Columns
## ConsolidatedBalanceSheets                   2016-12-31 2017-12-31    2      44
## ConsolidatedIncomeStatements                2015-12-31 2017-12-31    3      29
## ConsolidatedStatementsOfCashFlows           2015-12-31 2017-12-31    3      42
## ConsolidatedStatementsOfComprehensiveIncome 2015-12-31 2017-12-31    3      11
```

10-K XBRL文件包含四个报表：资产负债表、利润表、现金流量表和综合收益表。报表的内容和名称因公司而异，也因特定的文件或声明而异。因此，在进行任何后续分析之前，检查检索到的文件以确定每个XBRL文件的正确变量名、数据格式和结构非常重要。一旦财务报表加载到R会话中，finstr包中所包含的命令将会检查报告的一致性，并以适合审计的格式显示数据。下面的代码块提供了finstr包中一些最有用的命令的示例（见表4-1）。

表4-1　　资产负债表

Element	2017-12-31	2016-12-31
Assets =	212,482	221,690
+ AssetsCurrent =	68,744	76,203
+ CashAndCashEquivalentsAtCarryingValue	15,512	12,574
+ MarketableSecuritiesCurrent	8313	11,841
+ AccountsNotesAndLoansReceivableNetCurrent	8164	8700
+ InventoryNet	10,663	11,040
+ gm_AssetsSubjecttoorAvailableforOperatingLeaseNetCurrent	1106	1110
+ OtherAssetsCurrent	4465	3633
+ AssetsOfDisposalGroupIncludingDiscontinuedOperationCurrent	0	11,178
+ NotesAndLoansReceivableNetCurrent	0	0
+ AssetsNoncurrent =	143,738	145,487
+ EquityMethodInvestments	9073	8996
+ PropertyPlantAndEquipmentNet	36,253	32,603
+ IntangibleAssetsNetIncludingGoodwill	5849	6149
+ DeferredIncomeTaxAssetsNet	23,544	33,172
+ OtherAssetsNoncurrent	4929	3849
+ DisposalGroupIncludingDiscontinuedOperat...	0	9375
+ NotesAndLoansReceivableNetNoncurrent	0	0
+ PropertySubjectToOrAvailableForOperatingLeaseNet	42,882	34,342
LiabilitiesAndStockholdersEquity =	212,482	221,690
+ Liabilities =	176,282	177,615
+ LiabilitiesCurrent =	76,890	85,181
+ AccountsPayableCurrent	23,929	23,333
+ AccruedLiabilitiesCurrent	25,996	25,893
+ LiabilitiesOfDisposalGroupIncludingDisco...	0	12,158
+ DebtCurrent	0	0
+ LiabilitiesNoncurrent =	99,392	92,434
+ OtherPostretirementDefinedBenefitPlanLiabilitiesNoncurrent	5998	5803
+ DefinedBenefitPensionPlanLiabilitiesNoncurrent	13,746	15,264
+ OtherLiabilitiesNoncurrent	12,394	12,415
+ LiabilitiesOfDisposalGroupIncludingDisco...	0	7626
+ LongTermDebtAndCapitalLeaseObligations	0	0
+ CommitmentsAndContingencies	0	0
+ StockholdersEquityIncludingPortionAttrib... =	36,200	44,075
+ StockholdersEquity =	35,001	43,836
+ CommonStockValue	14	15
+ AdditionalPaidInCapital	25,371	26,983
+ RetainedEarningsAccumulatedDeficit	17,627	26,168
+ AccumulatedOtherComprehensiveIncomeLossNetOfTax	-8011	-9330
+ MinorityInterest	1199	239

```
library(tidyverse)
library(kableExtra)

## To get a single statement, assign one of the four lists, e.g.

balance_sheet2017 <- st2017$ConsolidatedBalanceSheets
balance_sheet2016 <- st2016$ConsolidatedBalanceSheets
income2017 <- st2017$ConsolidatedIncomeStatements
income2016 <- st2016$ConsolidatedIncomeStatements

## Print the balance sheet;
## capture the output to a NULL file, and
## reformat with the kableExtra package

capture.output(
  bs_table <-
    print(
      balance_sheet2017,
      html = FALSE,
      big.mark = ",",
      dateFormat = "%Y"),
  file='NUL')

bs_table %>%
  kable(longtable=T,
        caption="Balance Sheet",
        "latex",
        booktabs = T) %>%
  kable_styling(bootstrap_options = c("striped", "hover", "condensed"), full_width =
 F, font_size=10)
```

计划审查寻找前几年的变化或在本年度审计中可能很重要的趋势。命令merge（）将不同的.XML文件中的信息合并到单个文件中（见表4-2）。

```
library(tidyverse)
library(kableExtra)

## Use merge function to create single financial statement data from two statements.

balance_sheet <- merge(balance_sheet2017, balance_sheet2016)

## Print the balance sheet;
## capture the output to a NULL file, and
## reformat with the kableExtra package

capture.output(bs_table <-
                 print(balance_sheet2017,
                       html = FALSE,
                       big.mark = ",",
                       dateFormat = "%Y"),
               file='NUL')

bs_table %>%
  kable(longtable=T,
        caption="Merged Balance Sheet",
        "latex",
        booktabs = T) %>%
  kable_styling(bootstrap_options = c("striped", "hover", "condensed"), full_width =
 F, font_size=10)
```

表4-2　　　　合并资产负债表

Element	2017-12-31	2016-12-31
Assets =	212,482	221,690
+ AssetsCurrent =	68,744	76,203
+ CashAndCashEquivalentsAtCarryingValue	15,512	12,574
+ MarketableSecuritiesCurrent	8313	11,841
+ AccountsNotesAndLoansReceivableNetCurrent	8164	8700
+ InventoryNet	10,663	11,040
+ gm_AssetsSubjecttoorAvailableforOperatingLeaseNetCurrent	1106	1110
+ OtherAssetsCurrent	4465	3633
+ AssetsOfDisposalGroupIncludingDiscontinuedOperationCurrent	0	11,178
+ NotesAndLoansReceivableNetCurrent	0	0
+ AssetsNoncurrent =	143,738	145,487
+ EquityMethodInvestments	9073	8996
+ PropertyPlantAndEquipmentNet	36,253	32,603
+ IntangibleAssetsNetIncludingGoodwill	5849	6149
+ DeferredIncomeTaxAssetsNet	23,544	33,172
+ OtherAssetsNoncurrent	4929	3849
+ DisposalGroupIncludingDiscontinuedOperat...	0	9375
+ NotesAndLoansReceivableNetNoncurrent	0	0
+ PropertySubjectToOrAvailableForOperatingLeaseNet	42,882	34,342
LiabilitiesAndStockholdersEquity =	212,482	221,690
+ Liabilities =	176,282	177,615
+ LiabilitiesCurrent =	76,890	85,181
+ AccountsPayableCurrent	23,929	23,333
+ AccruedLiabilitiesCurrent	25,996	25,893
+ LiabilitiesOfDisposalGroupIncludingDisco...	0	12,158
+ DebtCurrent	0	0
+ LiabilitiesNoncurrent =	99,392	92,434
+ OtherPostretirementDefinedBenefitPlanLiabilitiesNoncurrent	5998	5803
+ DefinedBenefitPensionPlanLiabilitiesNoncurrent	13,746	15,264
+ OtherLiabilitiesNoncurrent	12,394	12,415
+ LiabilitiesOfDisposalGroupIncludingDisco...	0	7626
+ LongTermDebtAndCapitalLeaseObligations	0	0
+ CommitmentsAndContingencies	0	0
+ StockholdersEquityIncludingPortionAttrib... =	36,200	44,075
+ StockholdersEquity =	35,001	43,836
+ CommonStockValue	14	15
+ AdditionalPaidInCapital	25,371	26,983
+ RetainedEarningsAccumulatedDeficit	17,627	26,168
+ AccumulatedOtherComprehensiveIncomeLossNetOfTax	-8011	-9330
+ MinorityInterest	1199	239

Finstr包中的check_statement（）命令将自动验证EDGAR文件中交易行和汇总行的内部一致性。

```
library(tidyverse)

##  Recalculate higher order concepts from basic values and check for errors.

check <- check_statement(balance_sheet2017)
check
```

```
## Number of errors:  8
## Number of elements in errors:  4
##
## Element: AssetsCurrent  =  + CashAndCashEquivalentsAtCarryingValue +
   MarketableSecuritiesCurrent + AccountsNotesAndLoansReceivableNetCurrent +
   InventoryNet + gm_AssetsSubjecttoorAvailableforOperatingLeaseNetCurrent +
   OtherAssetsCurrent + AssetsOfDisposalGroupIncludingDiscontinuedOperation
   Current + NotesAndLoansReceivableNetCurrent
##         date   original calculated      error
## 3 2016-12-31 7.6203e+10 6.0076e+10 1.6127e+10
## 4 2017-12-31 6.8744e+10 4.8223e+10 2.0521e+10
##
## Element: AssetsNoncurrent  =  + EquityMethodInvestments + PropertyPlantAnd
   EquipmentNet + IntangibleAssetsNetIncludingGoodwill + DeferredIncomeTax
   AssetsNet + OtherAssetsNoncurrent + DisposalGroupIncludingDiscontinued
   OperationAssetsNoncurrent + NotesAndLoansReceivableNetNoncurrent + Property
   SubjectToOrAvailableForOperatingLeaseNet
##         date    original  calculated      error
## 5 2016-12-31 1.45487e+11 1.28486e+11 1.7001e+10
## 6 2017-12-31 1.43738e+11 1.22530e+11 2.1208e+10
##
## Element: LiabilitiesCurrent  =  + AccountsPayableCurrent + AccruedLiabilities
   Current + LiabilitiesOfDisposalGroupIncludingDiscontinuedOperationCurrent +
   DebtCurrent
##          date   original calculated      error
## 11 2016-12-31 8.5181e+10 6.1384e+10 2.3797e+10
## 12 2017-12-31 7.6890e+10 4.9925e+10 2.6965e+10
##
## Element: LiabilitiesNoncurrent  =  + OtherPostretirementDefinedBenefit
   PlanLiabilitiesNoncurrent + DefinedBenefitPensionPlanLiabilitiesNoncurrent +
   OtherLiabilitiesNoncurrent + LiabilitiesOfDisposalGroupIncludingDiscontinued
   OperationNoncurrent + LongTermDebtAndCapitalLeaseObligations
##          date   original calculated      error
## 13 2016-12-31 9.2434e+10 4.1108e+10 5.1326e+10
## 14 2017-12-31 9.9392e+10 3.2138e+10 6.7254e+10
```

```
## In case of error the numbers with errors will be presented along with elements:

check_statement(
  within(balance_sheet2017, InventoryNet <- InventoryNet * 2)
)
```

```
## Number of errors:  8
## Number of elements in errors:  4
##
## Element: AssetsCurrent  =  + CashAndCashEquivalentsAtCarryingValue +
   MarketableSecuritiesCurrent + AccountsNotesAndLoansReceivableNetCurrent +
   InventoryNet + gm_AssetsSubjecttoorAvailableforOperatingLeaseNetCurrent +
   OtherAssetsCurrent + AssetsOfDisposalGroupIncludingDiscontinuedOperation
   Current + NotesAndLoan ReceivableNetCurrent
##         date   original calculated      error
## 3 2016-12-31 7.6203e+10 7.1116e+10 5.087e+09
## 4 2017-12-31 6.8744e+10 5.8886e+10 9.858e+09
```

```
##
## Element: AssetsNoncurrent  =  + EquityMethodInvestments + PropertyPlantAnd
   EquipmentNet + IntangibleAssetsNetIncludingGoodwill + DeferredIncomeTax
   AssetsNet + OtherAssetsNoncurrent + DisposalGroupIncludingDiscontinued
   OperationAssetsNoncurrent + NotesAndLoansReceivableNetNoncurrent +
   PropertySubjectToOrAvailableForOperatingLeaseNet
##          date    original  calculated      error
## 5 2016-12-31 1.45487e+11 1.28486e+11 1.7001e+10
## 6 2017-12-31 1.43738e+11 1.22530e+11 2.1208e+10
##
## Element: LiabilitiesCurrent  =  + AccountsPayableCurrent + AccruedLiabilities
   Current + LiabilitiesOfDisposalGroupIncludingDiscontinuedOperationCurrent +
   DebtCurrent
##           date    original calculated      error
## 11 2016-12-31 8.5181e+10 6.1384e+10 2.3797e+10
## 12 2017-12-31 7.6890e+10 4.9925e+10 2.6965e+10
##
## Element: LiabilitiesNoncurrent  =  + OtherPostretirementDefinedBenefitPlan
   LiabilitiesNoncurrent + DefinedBenefitPensionPlanLiabilitiesNoncurrent + Other
   LiabilitiesNoncurrent + LiabilitiesOfDisposalGroupIncludingDiscontinuedOperation
   Noncurrent + LongTermDebtAndCapitalLeaseObligations
##           date    original calculated      error
## 13 2016-12-31 9.2434e+10 4.1108e+10 5.1326e+10
## 14 2017-12-31 9.9392e+10 3.2138e+10 6.7254e+10
```

```
## validation returns all calculation results in a readable data frame.
## e.g., operating income from income statement:

check <- check_statement(income2017, element_id = "OperatingIncomeLoss")
check
```

```
## Number of errors:  0
## Number of elements in errors:  0
```

```
check$expression[1]
```

```
## [1] "+ Revenues - CostsAndExpenses"
```

```
check$calculated / 10^6
```

```
## [1]  5538  9962 10016
```

在实际计算之前，重新排列语句通常是一个有用的步骤。在特殊分析（如分析性审查）中，重新安排具有几个优势：

（1）可以避免多变量公式中的错误。

（2）会计分类确实发生了变化，在原始报表上运用公式比使用自定义层次结构作为分析起点更难得到支持。

（3）共享分析时，只需打印更少的值。

要将语句重新排列为简单的两级层次结构，可以使用expose函数。

```
expose( balance_sheet,

  # Assets
  `Current Assets` = "AssetsCurrent",
  `Noncurrent Assets` = other("Assets"),

  # Liabilites and equity
  `Current Liabilities` = "LiabilitiesCurrent",
  `Noncurrent Liabilities` = other(c("Liabilities", "CommitmentsAndContingencies")),
  `Stockholders Equity` = "StockholdersEquity"
)
```

```
## Financial statement: 3 observations from 2015-12-31 to 2017-12-31
##  Element                                      2017-12-31 2016-12-31 2015-12-31
##  Assets =                                     212482     221690     194338
##  + Current.Assets                              48223      54138      51357
##  + Noncurrent.Assets                          122530      90237      86258
##  LiabilitiesAndStockholdersEquity =           212482     221690     194338
##  + Current.Liabilities                         49925      56153      51655
##  + Noncurrent.Liabilities                      32138      36834      39249
##  + Stockholders.Equity                         35001      43836      39871
##  + OtherLiabilitiesAndStockholdersEquity_       1199        239        452
```

这里，资产负债表按资产、负债和权益划分。对于第二个层次，将流动资产与非流动资产以及类似的负债进行比较，这里选择分离股权。

函数expose需要一个包含元素名的向量列表。函数other帮助我们识别元素，而无须枚举每个元素。使用other可以减少潜在的错误，因为函数知道哪些元素没有指定，并保持资产负债表的完整性。

有时，定义补码比定义元素列表更容易。在这种情况下，我们可以使用%运算而不必使用%运算符。例如，让我们先披露有形资产，然后披露无形资产（见表4-3）。

```
library(tidyverse)
library(kableExtra)

expose( balance_sheet,

  # Assets
  `Tangible Assets` =
    "Assets" %without% c("AssetsOfDisposalGroupIncludingDiscontinuedOperationCurrent"
, "NotesAndLoansReceivableNetCurrent","gm_AssetsSubjecttoorAvailableforOperating
LeaseNetCurrent"),
  `Intangible Assets` = other("Assets"),

  # Liabilites and equity
  `Liabilities` = c("Liabilities", "CommitmentsAndContingencies"),
  `Stockholders Equity` = "StockholdersEquity"
)
```

```
## Financial statement: 3 observations from 2015-12-31 to 2017-12-31
##  Element                                      2017-12-31 2016-12-31 2015-12-31
##  Assets =                                     212482     221690     194338
##  + Tangible.Assets                            169647     142479     134832
##  + Intangible.Assets                            1106       1896       2783
##  LiabilitiesAndStockholdersEquity =           212482     221690     194338
##  + Liabilities                                 82063      92987      90904
##  + Stockholders.Equity                         35001      43836      39871
##  + OtherLiabilitiesAndStockholdersEquity_       1199        239        452
```

```
## To calculate lagged difference for entire statement use diff function.
## The result is statement of changes between successive years

diff_bs <- diff(balance_sheet)

## Print the lagged differences; capture the output to a NULL file, and reformat
with the kableExtra package

capture.output(bs_table <- print(diff_bs, html = FALSE, big.mark = ",", dateFormat =
"%Y"), file='NUL')

bs_table %>%
  kable(longtable=T,
        caption="Lagged Differences in Balance Sheets",
        "latex",
        booktabs = T) %>%
  kable_styling(bootstrap_options = c("striped", "hover", "condensed"), full_width =
 F, font_size=10)
```

表4-3　资产负债表中的滞后差异

Element	2017-12-31	2016-12-31
Assets =	-9208	27,352
+ AssetsCurrent =	-7459	6795
+ CashAndCashEquivalentsAtCarryingValue	2552	-2278
+ MarketableSecuritiesCurrent	-3528	3678
+ AccountsNotesAndLoansReceivableNetCurrent	-1474	1301
+ InventoryNet	-3125	24
+ gm_AssetsSubjecttoorAvailableforOperatingLeaseNetCurrent	-790	-887
+ OtherAssetsCurrent	450	943
+ AssetsOfDisposalGroupIncludingDiscontinuedOperationCurrent	0	0
+ NotesAndLoansReceivableNetCurrent	0	0
+ AssetsNoncurrent =	-1749	20,557
+ EquityMethodInvestments	77	-205
+ PropertyPlantAndEquipmentNet	433	4591
+ IntangibleAssetsNetIncludingGoodwill	-410	312
+ DeferredIncomeTaxAssetsNet	-11,548	-1768
+ OtherAssetsNoncurrent	859	1049
+ DisposalGroupIncludingDiscontinuedOperat...	0	0
+ NotesAndLoansReceivableNetNoncurrent	0	0
+ PropertySubjectToOrAvailableForOperatingLeaseNet	42,882	0
LiabilitiesAndStockholdersEquity =	-9208	27,352
+ Liabilities =	-1333	23,600
+ LiabilitiesCurrent =	-8291	13,964
+ AccountsPayableCurrent	-3032	2899
+ AccruedLiabilitiesCurrent	-3196	1599
+ LiabilitiesOfDisposalGroupIncludingDisco...	0	0
+ DebtCurrent	0	0
+ LiabilitiesNoncurrent =	6958	9636
+ OtherPostretirementDefinedBenefitPlanLiabilitiesNoncurrent	195	118
+ DefinedBenefitPensionPlanLiabilitiesNoncurrent	-4205	-2960
+ OtherLiabilitiesNoncurrent	-686	427
+ LiabilitiesOfDisposalGroupIncludingDisco...	0	0
+ LongTermDebtAndCapitalLeaseObligations	0	0
+ CommitmentsAndContingencies	0	0
+ StockholdersEquityIncludingPortionAttrib... =	-7875	3752
+ StockholdersEquity =	-8835	3965
+ CommonStockValue	-1	0
+ AdditionalPaidInCapital	-1612	-624
+ RetainedEarningsAccumulatedDeficit	-8541	5883
+ AccumulatedOtherComprehensiveIncomeLossNetOfTax	1319	-1294
+ MinorityInterest	960	-213

这些是访问sec.gov上信息所需的基本工具。注意在EDGAR上有许多报告，finstr包能够访问EDGAR数据库中XBRL格式的任何财务报表，并将其格式化。几乎所有的EDGAR信息都是以HTML格式维护的，我们将在本章后面提供代码来访问和解析EDGAR中的HTML文件。

4.4 使用R语言访问EDGAR信息的注意事项

R语言及其软件包为审计师和会计师提供的最有用的功能之一是能够使用非常简单的R语言代码快速、直接地访问美国证券交易委员会的数据文件。需要注意的是，EDGAR的数据库的格式和命名约定并不总是稳定的，甚至可以在没有提示的情况下更改。此外，支持访问SEC数据库的R语言包并不总是能够可靠地加以维护，美国证券交易委员会的更改可能不会反映在代码中。当您在使用本章中与EDGAR相关的代码块遇到问题时，建议访问网站https：//www.sec.gov/edgar/，查看SEC存储库中的文件，并查看它们是否符合R软件包的要求。R语言中的EDGAR函数要求审计师既灵活又愿意调试错误的例程。

以下是使用这些软件包时发现的一些问题和解决方法。例如，美国证券交易委员会似乎已经改变了命名惯例的时候，审计师可能会在以XML格式访问特斯拉的数据时遇到问题。而对2018年之前的特斯拉数据的访问工作正常，如以下代码块所示。

```
library(finreportr)
# The following commands will directly load
# EDGAR information into the R workspace for analysis
tesla_co <- CompanyInfo("TSLA")
tesla_ann <- AnnualReports("TSLA")
tesla_inc <- GetIncome("TSLA", 2018)
tesla_bs <- GetBalanceSheet("TSLA", 2018)
tesla_cf <- GetCashFlow("TSLA", 2018)
head(tesla_inc)

##                                              Metric          Units     Amount
## 1                             Sales Revenue Goods Net U_iso4217USD 3431587000
## 2                             Sales Revenue Goods Net U_iso4217USD 5589007000
## 3                             Sales Revenue Goods Net U_iso4217USD 8534752000
## 4 Operating Leases Income Statement Lease Revenue U_iso4217USD  309386000
## 5 Operating Leases Income Statement Lease Revenue U_iso4217USD  761759000
## 6 Operating Leases Income Statement Lease Revenue U_iso4217USD 1106548000
##    startDate    endDate
## 1 2015-01-01 2015-12-31
## 2 2016-01-01 2016-12-31
## 3 2017-01-01 2017-12-31
## 4 2015-01-01 2015-12-31
## 5 2016-01-01 2016-12-31
## 6 2017-01-01 2017-12-31
```

但该代码将无法访问特斯拉公司2019年的报告，因为它抛出了一个错误：

```
Error in fileFromCache(file.inst) :
Error in download.file(file, cached.file, quiet = !verbose) :
cannot open URL
'https://www.sec.gov/Archives/edgar/data/1318605/000156459020004475/tsla-20191231.xml'
```

这里发生了什么错误？软件包不应该要求调阅“tsla-20191231.xml”，而应该要求调阅“tsla-10k_20191231_htm.xml”。EDGAR要么在索引文件中出错，要么更改了命名约定。可以通过访问其网站进一步了解这一点。

还可以使用xml2包读取正确文件中的内容，完全绕过finreportr（或者等待存储库更新正确的代码）。我们考虑使用这个解决方案来访问2019年的数据。

```
library(xml2)
library(curl)
u1 <-
  'https://www.sec.gov/Archives/edgar/data/1318605/000156459020004475/
  tsla-10k_20191231_htm.xml'
url_file <- curl_download(u1, destfile="~/Downloads/u1.xml") # to download and save
list_url_1 <- as_list(read_xml(u1)) # to read into R
```

如果您希望完全避免使用XML带来的挑战，那么还有另一种解决方法。EDGAR软件包允许您在计算机上以计算机可读的形式下载10-K文本或HTML。

```
library(edgar)
library(kableExtra)
cik.no = 0001318605 # Tesla
form.type = '10-K'
filing.year = 2019
quarter = c(1,2,3,4)

# getFilings function saves to directory
# '~/Edgar filings_full text' to store all downloaded filings.

getFilings(
cik.no,
form.type,
filing.year,
quarter,
downl.permit="y")
## Downloading fillings. Please wait...
##
   |
   |                                                                      |   0%
   |
   |======================================================================| 100%
##       cik company.name form.type date.filed quarter filing.year
## 1 1318605   Tesla  Inc       10-K 2019-02-19       1        2019
##       accession.number            status
## 1 0001564590-19-003165 Download success

# getFilingsHTML function saves the filing content in
# '~/Edgar filings_HTML viewŠ directory in HTML format.

getFilingsHTML(
cik.no = cik.no,
form.type = form.type,
filing.year = filing.year,
quarter = quarter
)
## Downloading fillings. Please wait...
##
   |
   |                                                                      |   0%
   |
   |======================================================================| 100%
## Scrapping full EDGAR and converting to HTML...
##
   |
   |                                                                      |   0%
   |
   |======================================================================| 100%
## HTML filings are stored in 'Edgar filings_HTML view' directory.
##       cik company.name form.type date.filed     accession.number
## 1 1318605   Tesla  Inc       10-K 2019-02-19 0001564590-19-003165

## HTML filings are stored in 'Edgar filings_HTML view' directory.
```

```
## cik company.name form.type date.filed accession.number
## 1 1318605 Tesla Inc 10-K 2019-02-19 0001564590-19-003165
```

此外，您可能希望查看股票价格，这在tseries软件包中很容易做到。

```
library(tseries)
tesla_stock <- get.hist.quote("TSLA")
## time series starts 2010-06-29
## time series ends   2020-09-16

## time series starts 2010-06-29
## time series ends 2020-03-26

plot(tesla_stock)
```

4.5 审计人员配置和预算

审计计划在年中和年终测试之前制定了收集证据和分析证据的程序，目的是报告正确的审计意见，同时将成本控制在合同的审计预算范围内。本节提供了风险评估后可能创建的审计计划示例。除了对从特定计算机文件中提取的样本执行审计步骤外，该示例还演示了审计将产生的结果类型，并介绍了审计结果附带的纠正步骤或报告。

审计预算主要由审计人员的配置决定，但往往是临时性的。前几年的预算和任务会影响人员配置；知识渊博的员工的可用性也是如此。人力资源问题，特别是在专业化、知识密集型行业，如审计，永远不会是一门精确的科学。尽管如此，管理层仍应努力在人员配置决策中贯彻合理的成本效益原则。

在计划阶段，审计业务经理将确定每个审计测试的范围。从统计角度来看，这可以被估计为与测试所决定抽取的样本量成比例的成本。从人员配置的角度来看，审计测试范围与被分配审计任务的审计师人数成正比。同样，从可以检测到的金额差错的角度来看，从该支出中获得的收益是可以感知的，通常为账户或交易价值的一个百分比。

审计程序是审计测试的集合，用于测试客户会计系统中不同的关键交易和系统处理功能。假设对每个单独审计测试所需的审计计划设置一个范围，则在该范围内给定的审计成本下从总体上最大限度地降低审计风险。

人员配置是“块状”的，因为您通常会将所有的审计师分配到一个审计项目中。分配给审计项目的审计师的数量将与其发现货币错误的可能性以及从审计测试中获得的收益相称。我们希望看到执行一系列审计任务的潜在收益与被派到特定审计项目的审计人员的人-月数（以及成本）之间存在以下关系（见图4-1）。

```
library(ggplot2)

benefit <- seq(10, 10000, 10)
staff_allocated <- data.frame(benefit, floor(10*(log(benefit^.06))))

ggplot(staff_allocated,
       aes(staff_allocated[,1],staff_allocated[,2])  ) +
  geom_line() +
  labs(x ="Audit Risk Reduction",
       y ="Staff Auditor Person-Months")
```

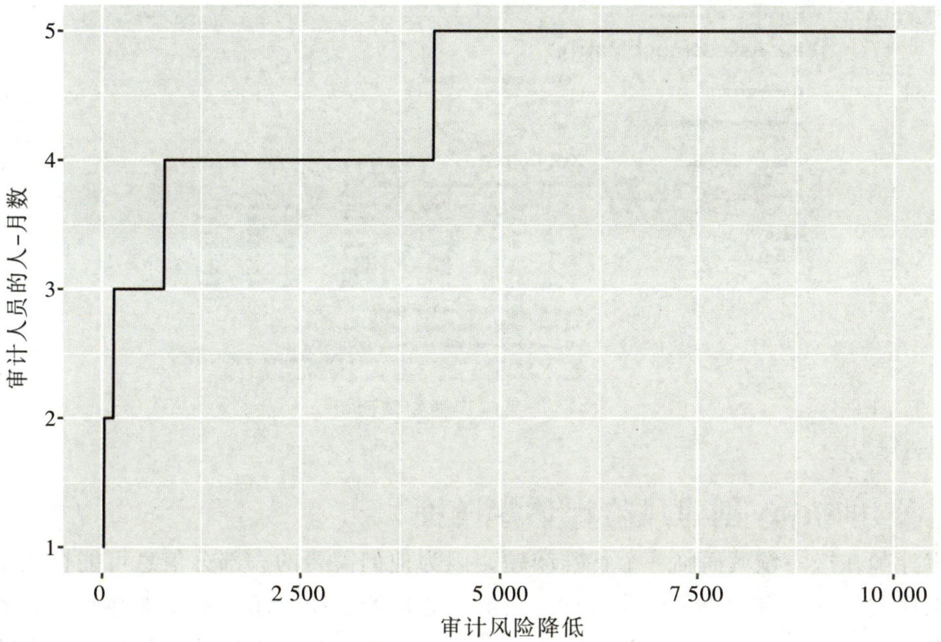

图4-1　审计预算和风险降低

4.6　风险评估矩阵

审计师将在审计计划阶段和审查期间构建风险评估矩阵（见图4-2）。在此阶段，审计师将扫描媒体和互联网来源的任何商业情报，这些情报与客户审计过程中遇到的潜在风险有关。审计师还要仔细阅读往年的工作文件，以查明实际情况、客户存在的特定风险，并应用“3s规则”调整本年度审计期间的任何预期风险。

会计师事务所倾向于在审计中执行程序。“四大”审计公司（几乎审计了美国证券交易所的所有上市公司）在提供不利证明方面分别表现出独特的偏好：安永会计师事务所专注于应收账款、收入确认、税收和固定资产；普华永道专注于应收账款、收入确认、税收和应付账款；毕马威专注于应收账款、收入确认、税收和存货；德勤专注于收入确认、税收、负债、存货和高管薪酬（Cheffers，2012）。这些偏差可能反映了审计方法、内部表格和检查表，以及个别公司特有的审计历史。因此，这些公司将把审计预算的较大一部分分配给某些账户，而牺牲其他账户的利益。此外，审计师通常倾向于假定复式记账更能确保贷方账户的准确性，分配更多时间审查借方余额账户。审计选择的具体账户取决于公司政策、程序和经理合伙人。

在本节中，我们将展示如何在客户机-服务器面板上构建风险评估矩阵。面板非常适合审计——它们可满足现场审计师（及其笔记本电脑）的信息需求，同时确保防火墙后客户和审计记录的安全性、真实性、完整性并保护客户隐私。风险评估矩阵假设将在“审计服务组织的模拟交易”一章中介绍（见图4-2）。

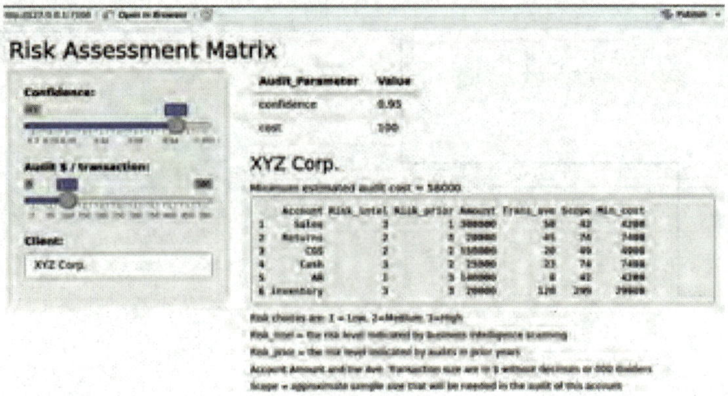

图4-2　风险评估矩阵面板

4.7　使用Shiny创建风险评估矩阵面板

审计师在这一领域面临一个特殊问题，因为他们需要的大部分信息可能存在于前几年的工作文件、专有客户文件、审计公司的中心位置、防火墙后面功能强大的服务器或云平台上。为了保护客户记录并解决隐私问题，重要的是在现场使用的笔记本电脑等移动平台上只保留必要的信息。

这些问题的标准解决方案必须到客户机-服务器系统中去寻找，这些系统将高性能、安全的系统放置在一个集中的服务器上，并为现场审计师提供运行在笔记本电脑上、通过互联网与服务器通信的轻型客户机软件。Shiny是R语言的客户机-服务器扩展，与R语言的其余部分一样，它特别适合审计特殊性质的处理要求，其中每项审计通常代表一组全新的分析。

Shiny是一种用于快速原型化的数字面板工具，它提供了大量可供使用的HTML-Widgets，非常适合构建通用web应用程序。Shiny特别适合于快速原型设计，对于非程序员来说操作简单。面板显示一些数据（如数据库或文件中的数据），以交互方式提供各种衡量指标。

反应式编程从响应用户输入值而变化的值开始（例如定位置信度和成本滑块），并在其上构建访问反应式值并执行其他反应式表达式。风险评估矩阵面板基于反应性的代码如下所示。其包括两部分：（1）用户界面“ui”，可以在现场审计师的笔记本电脑上操作；（2）服务器端“server”操作，可以在防火墙后面的审计公司总部进行，并可以访问公司和客户文件。首先，我们看一下用户界面。

```
# Define the User Interface (UI)
ui <- fluidPage(


  titlePanel("Risk Assessment Matrix"),

  sidebarLayout(

    sidebarPanel(

      # Input: statistical confidence level of the audit tests
```

```
    sliderInput("confidence", "Confidence:",
                min = .7, max = .999,
                value = .95),

    # Input: cost of auditing per transaction sampled
    sliderInput("cost", "Audit $ / transaction:",
                min = 0, max = 500,
                value = 100),


    # Input: Text for providing a caption for the RAM
    textInput(inputId = "caption",
              label = "Client:",
              value = "XYZ Corp.")

  ),


  # Main panel for displaying outputs
  mainPanel(

    # Output: slider values entered
    tableOutput("values"),

      # Output: Formatted text for caption
      h3(textOutput("caption", container = span)),

      # Output: total cost of the audit
      textOutput("view"),

     # Output: RAM summary with sample sizes (scope) and cost
      verbatimTextOutput("summary"),



    h6("Risk choices are:  1 = Low,  2=Medium, 3=High"),
    h6("Risk_intel = the risk level indicated by business intelligence scanning"),
    h6("Risk_prior = the risk level indicated by audits in prior years"),
    h6("Account Amount and the Ave. Transaction size are in
        $ without decimals or 000 dividers"),
    h6("Scope = estimated discovery sample size that will be needed in the
        audit of this account"),
    h6("Audit cost = audit labor dollars per sampled transaction"),
    h6("Confidence = statistical confidence")


    )
  )
)
```

审计范围评估的数学运算在服务器上进行。我们使用了一个非常简单的受“发现采样”启发的模型（参见“审计程序设计”一章）来计算审计范围，我将其解释为各笔业务流的样本量，计算如下：

$$n \approx \frac{\log(1-confidence)}{\log\left(1-\frac{10-risk_{intelligence}\times risk_{prior}}{100}\right)}$$

根据审计师确定的置信水平和交易的审计成本的变化，动态地（用Shiny的行话）更新这些信息，计算现场测试的总审计成本，并将其纳入审计总预算。

在实践中，风险评估矩阵的服务器端将可以访问前几年的工作文件（假设它们是数字化的）和客户会计文件，以及专有的审计公司数据和技术。

```
# Define Server-size calculations
server <- function(input, output) {

devtools::install_github("westland/auditanalytics")
library(auditanalytics)
  # auditors risk assessment matrix generated from prior years' workpapers, etc.
  ram <- read.csv(system.file("extdata",  "risk_asst_matrix.csv", package =
   "auditanalytics", mustWork = TRUE)


  # Reactive expression to create data frame of slider input values
  sliderValues <- reactive({

    data.frame(
      Audit_Parameter = c("confidence",
                "cost"),
      Value = as.character(c(input$confidence,
                             input$cost)),
      stringsAsFactors = FALSE)
      })


  # Show the values in an HTML table ----
  output$values <- renderTable({
    sliderValues()
  })


  output$caption <- renderText({
    input$caption
  })


  # Recompute scope and cost whenever input$confidence or input$cost change

  output$summary <- renderPrint({
    ram <- ram
    conf <- input$confidence
    cost <- input$cost
    risk <- (10 - (as.numeric(ram[,2]) * as.numeric(ram[,3])) )/100
    Scope <-  ceiling( log(1-conf) / log( 1- risk))
    ram <- cbind(ram[,1:5], Scope)
    Min_cost <- Scope * cost
    ram <- cbind(ram[,1:6], Min_cost)
    ram
  })

 # Recompute minimum audit cost whenever input$confidence or input$cost change

  output$view <- renderText({
    ram <- ram
    conf <- input$confidence
    cost <- input$cost
    risk <- (10 - (as.numeric(ram[,2]) * as.numeric(ram[,3])) )/100
    Scope <-  ceiling( log(1-conf) / log( 1- risk))
    ram <- cbind(ram[,1:5], Scope)
    Min_cost <- Scope * cost
    minimum_audit_cost <- sum(Min_cost)
    c("Minimum estimated audit cost = ",minimum_audit_cost)
  })
  }
```

R Studio为您提供了各种组装Shiny应用程序的选项，包括服务器端代码驻留在R Studio或定制服务器上的应用程序，以及可以使用以下代码构建的独立客户端应用程序。

```
#
#  See http://shiny.rstudio.com/ for documentation
#

library(shiny)

# Define UI for application
 ** Insert UI Code Here **

# Define server logic required to draw a histogram
 ** Insert Server Code Here **

# Run the application
shinyApp(ui = ui, server = server)
```

4.8 根据风险评估矩阵生成审计预算

风险评估矩阵（RAM）将生成风险的定性指标以及最小（发现）样本量的初始估计。这通常不足以准确地预测审计成本，因为高风险账户将要求审计范围超出仅仅“发现”错误的范围。此外，审计计划需要估算与以下相关的成本：

（1）根据所有特定类型的控制缺陷估计错误率（在中期测试中）。

（2）评估试算表账户（在实质性测试中）错误的存在和数量。

（3）在财务信息合并和列报中一般评估的结构和质量问题。

第3项超出了简单技术指标的范围，需要业务经理的经验和判断。最好通过审查前几年的预算和假设本年度审计的类似成本来估算。不过，前两个项目可以通过一个相对简单的线性模型进行预算，该模型包含反映特定审计公司成本结构的假设。尽管每个RAM都是针对审计师和特定客户的，但之前的交互式RAM软件可以很容易地进行编程，从而纳入这样一个线性模型。这就可以利用交互式RAM软件自动编写审计计划和预算（上述第1项和第2项）。后面提供的代码块、模型和算法包括有助于自动生成的构建块。

4.8.1 审计方案的技术抽样结构

控制测试（中期测试）和账户余额测试（实质性测试）包括调查交易样本中以交易为中心的项目的审计工作。审计工作的单位是交易样本，每种类型的交易都会因各种控制弱点而受到会计差错的影响。

考虑一个销售交易。销售记录的金额可能有错误，销售的物品可能记录错误，销售的货物可能错发给别的客户，或者记录的时间可能发生错误。这其中每个问题都反映了特定的审计风险、控制弱点和审计程序。在中期测试和实质性测试中，审计师对此类错误的关注有所不同。在中期测试中，审计师负责估计每种错误发生的频率。如果这一比率表明控制缺陷非常严重，审计师需要对受控制缺陷影响的账户余额扩大实质性审计的范围。

将这些考虑因素放在更正式的数学公式中，设 $T_{i,j}$ 表示交易类型 i 中的特定控制弱点 j。设 $S_{i,j}$ 为 RAM 建议的临时测试样本量，用于测试交易类型 i 中的控制弱点 j。设 $C_{i,j}$ 为在单笔交易 i 中测试控制弱点 j 的审计成本。那么简单的线性成本模型是：

$$\text{技术性中期测试的总成本} = \sum_{i,j} T_{i,j} S_{i,j} C_{i,j}$$

采用矩阵形式在编写 R 语言代码时通常更有用，因为交易、成本和样本值是矩阵因子，可以直接使用 R 语言中针对线性代数的 BLAS/LAPACK 快速实现，而不是用缓慢、混乱、嵌套的 for 语句进行编码。矩阵形式为：

$$\text{技术性中期测试的总成本} = 1_{(i)}^{T} \cdot (T \cdot S^{T} \cdot C) \cdot 1_{(j)}$$

其中，$1_{(i)}^{T}$ 是整体为 1 中的行向量 i，$1_{(j)}$ 是整体为 1 中的列向量 j，$T = \{T_{i,j}\}$，$S = \{S_{i,j}\}$，$C = \{C_{i,j}\}$。

4.8.2 预算编制的样本量

中期测试中有两种类型的取样：

（1）用于发现失控交易的发现采样

（2）用于估计交易错误率的属性抽样

发现采样设置样本量时，如果实际交易错误率超过最小可接受错误率（或者称为失控错误率），则认为可能在样本中发现至少一个错误。发现测试有助于审计师确定处理特定交易流的系统是否处于受控状态。中期测试中的预算样本量将取决于 RAM 表明控制风险是低还是高。如果该值较低，则以发现样本量加上发现错误情况下的“安全”因素估计审计范围。

```
confidence <- seq(.99,.7,-.01)
n <- (log(1-confidence))/log(1-.05)
plot(confidence,n, type="l")
```

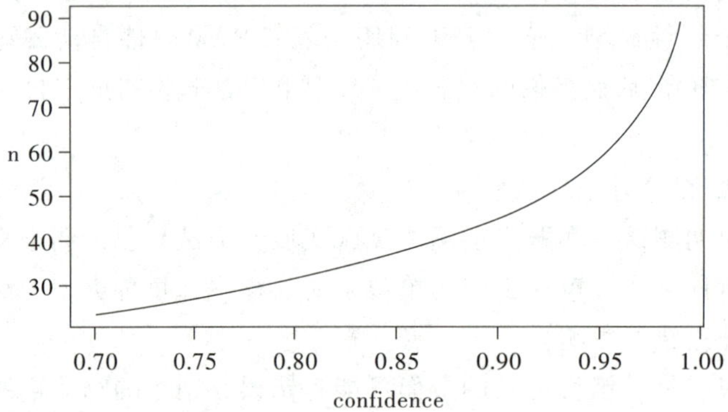

因此，对于 95% 置信度下 5% 的不可容忍错误率，我们有：

```
confidence <- .95
n <- (log(1-confidence))/log(1-.05)
cat("\n Discovery sample size = ", ceiling(n))
```

```
##
##  Discovery sample size =  59
```

如果RAM评估控制风险更高，审计师可以假设范围将扩大到属性抽样。属性抽样估计整个交易总体中的错误率，并具有一定的置信度（例如95%），即估计值在该交易流的失控错误率截止值内。如果发现某个特定的交易流失控，那么属性估计将帮助我们确定处理该交易流的实际系统错误率。属性抽样的误差估计可能是比率或金额，也可能是两者。

如果发现抽样表明某个特定交易流失控，那么属性估计将帮助我们确定处理该交易流的系统的实际错误率。属性采样大小使用Cohen’s的功率分析（Cohen 1992）确定，该分析在R的pwr包中实现。我们在下面的代码块中对这两者进行计算：

```
library(readr)
library(pwr)

## Attribute sample for estimating 'rate' of errors

size <- 1000                                    ## number of transactions
Delta <- .05*size                               ## detect 5% occurence error
sigma <- .3*size                                ## variability (guess ~1/3 rd)
effect <- Delta/sigma


sample <- pwr.t.test(
  d=effect,
  sig.level = 0.05,
  power = .8,
  type="one.sample",
  alternative="greater")                       ## look for overstatement of earnings

cat("\n Attribute sample size for occurrence of error = ", ceiling(sample$n))
```

```
##
##  Attribute sample size for occurrence of error =  224
```

```
## Attribute sample for estimating 'amount' of errors


size <- 100000                                  ## total amount of transactions
mu <- 50                                        ## average value of transaction
Delta <- .05*mu                                 ## detect 5% amount intolerrable error
sigma <- 30                                     ## variability
effect <- Delta/sigma


sample <- pwr.t.test(
  d=effect,
  sig.level = 0.05,
  power = .8,
  type="one.sample",
  alternative="greater")   ## look for sales value too large

cat("\n Attribute sample size for amount of error = ", ceiling(sample$n))
```

```
##
##  Attribute sample size for amount of error =  892
```

审计师在实质性测试中面临不同的决定。特定类型的账户决定了中期测试中发现的控制缺陷的影响。例如，在中期测试中发现的100万美元销售账户中有5%的错误率，意味着试算表中的年销售额有50 000美元的错误。相反，假设应收账款每年周转10次，那么5%的错误率意味着应收账款中只有5 000美元的错报。销售或应收账款是否“公允呈报”取决于审计师设定的重要性水平——10 000美元的重要性水平意味着销售未公允呈报，而应收账款则公允呈报。

年终时，将有一整套本年度可用的交易，且实质性样本通常集中于验收抽样，以确定账户余额的“公允呈报”（不包含不可容忍或重大错误）。该方法与量的属性抽样相同，本质上比临时控制测试更直接。实质性测试对账户余额中的错误率进行估计，并有一定的置信度（例如95%），即该估计值在该账户余额的“重要性”或“不可容忍的错误”的截止值内。

例如，考虑从应收账款账龄报告中抽取销售发票，并将它们与支持文件进行比较，以查看它们是否记录了正确的金额、正确的客户和正确的日期。此外，审计师可能会从发票跟踪到发货日志，并将发票日期与发货日志中这些项目的发货日期比对，以查看销售是否记录在正确的会计期间。这可以包括对被审计期间后开具的发票进行检查，看看它们是否应该包括在前一期间。验收抽样规模通过科恩的功效分析（Cohen，1992）确定，该分析在R的pwr包中实施。如果发现抽样表明某个特定交易流失控，那么属性估计将帮助我们确定处理该交易流的系统实际错误率。属性样本的误差估计可能是错误交易率，或者从货币单位抽样的角度来看，可能是交易流中的金额错误率。我们在下面的代码块中计算这两者。

```
library(readr)
library(pwr)


## Acceptance sample for estimating 'amount' of error in an account balance


size <- 100000                                        ## Account balance
mu <- 50                                              ## average value of account transaction
Delta <- .05*mu                                       ## detect 5% amount
sigma <- 30                                           ## variability
effect <- Delta/sigma


sample <- pwr.t.test(
  d=effect,
  sig.level = 0.05,
  power = .8,
  type="one.sample",
  alternative="greater")    ## look for value too large

cat("\n Attribute sample size for amount of error = ", ceiling(sample$n))
```

```
##
##  Attribute sample size for amount of error =  892
```

4.9 值得注意的审计失败及其发生的原因

自20世纪80年代早期里根政府改革以来，几乎每7年就发生一系列丑闻，这对审计和会计实务产生了重大影响。医疗、法律和会计行业向自由市场开放，这三个行业都被允许直接进行消费者营销和品牌建设。有关人才定价和竞争的规定也有所放宽。在美国《注册会计师审计道德规则》第501节关于广告的规定废除后，由于从其他公司招聘人才和其他自由市场创新，将这三个行业从其颇受推崇的俱乐部文化转变为以利润为导向的业务。到20世纪90年代末，审计公司IT收入的每7美元中有1美元是审计收入。

2001年发生了一系列财务舞弊事件，涉及安然公司的会计师事务所安达信（Arthur Andersen）、世界通信公司（WorldCom）、Qwest和阳光（Sunbeam）等知名公司。这些问题都强调审查会计准则、审计条例和公司治理原则的有效性。在某些情况下，管理层操纵财务报告中列报的数字，以显示更好的经营业绩。在其他国家，税收和监管措施鼓励企业过度杠杆化，并鼓励决策层承担不寻常和不合理的风险。

安然丑闻深刻影响了旨在提高财务报告可靠性的新法规的制定，并提高了公众对制定反映公司财务状况以及审计公司客观性和独立性的会计准则重要性的认识。

除了是美国历史上最大的破产重组外，安然丑闻无疑是最大的审计失败。这起丑闻导致当时世界五大会计师事务所之一的安达信会计师事务所解散。

这些事件的一个后果是2002年《萨班斯-奥克斯利法案》的通过。该法案大大提高了对在联邦调查或任何欺诈股东的计划或企图中销毁、更改或伪造记录的证券欺诈的刑事处罚力度。

4.10 审计：一个坏问题

理论上，独立审计增加了财务报表的价值和可信度，降低了投资者风险，降低了被审计公司的资本成本。根据证券法以及投资者和债权人的要求，独立审计通常是必需的。但随着时间的推移，随着财务报表的定义和用法的演变，这种说法的争议越来越大。学者们越来越意识到，审计的许多困难反映了它作为一个坏问题（wicked problem）的地位。

由于不完整、相互矛盾且不断变化的需求往往难以识别，因此出现了难以或不可能解决棘手的问题。“wicked”这个词并不是指邪恶（evil），而是指它对决定的抵制。此外，由于复杂的相互依赖性，解决棘手问题的一个方面可能会暴露或产生其他问题。这与数学、国际象棋或解谜中相对温和的可解问题形成对比（Coyne，2005；Ludwig，2001；Rittel和Webber，1973）。

审计是典型的“坏问题”，具有以下特点（Rittel和Webber，1973）：

（1）审计没有明确的表述。

（2）审计没有停止规则。

（3）审计结果不知对错，只是意见。

（4）对审计结论没有直接和最终的检验。

（5）每次审计都是一次性操作。

（6）审计没有可列举或可详尽描述的潜在解决方案集，也没有可纳入审计计划的一套描述良好的操作。

（7）每次审计本质上都是独一无二的。

（8）每一个审计程序都可以被认为是对其他发现的回应。

（9）审计差异的存在可以用多种方式解释。解释的选择决定了问题解决方案和审计意见的性质。

（10）审计师无权犯错，并对审计意见的后果承担最终责任。

（11）解决方案取决于问题的框架，反之亦然，即问题的定义取决于解决方案。

（12）利益相关者有着截然不同的世界观和理解问题的不同框架。

（13）问题所受到的限制以及解决问题所需的资源会随着时间的推移而变化。

Roberts（2002）和Roberts（2000）确定了三种解决棘手问题的策略：竞争、协作和权威。

竞争战略试图通过相互对立的观点来解决棘手的问题，要求持有这些观点的各方拿出他们喜欢的解决方案。这种方法的优点是，不同的解决方案可以相互权衡，并选择最佳解决方案。不利之处在于，这种对抗性做法造成了一种对抗性环境，不鼓励知识共享。因此，有关各方可能没有动力提出他们最好的解决办法。

协作战略试图让所有利益相关者参与进来，以便为所有利益相关者找到最佳的解决方案。通常，这些方法涉及召开会议、讨论问题和想法，以及阐述共同商定的方法。这种方法与竞争性方法有许多共同的缺点，甚至可能更耗时。

权威战略将解决问题的责任集中在少数人手中，如注册会计师。利益相关者数量的减少降低了问题的复杂性，因为许多相互竞争的观点在一开始就被否定了。缺点是负责解决问题的当局和专家缺乏有效和彻底解决问题所需的所有信息。

不管是好是坏，审计都选择将审计行业组织置于一种专制结构中。少数事务所拥有发表审计意见的权力；《财富》500强公司通常必须由四大审计公司之一审计；审计公司员工必须接受广泛的培训，通常是4~5年的大学教育和通过CPA资格考试。

审计解决其坏问题的权威战略具有显著降低审计成本和提高审计效率的优势。它的缺点是，无论审计人员受过多好的教育，他们都不会像专业人士那样掌握关于IT存储和处理平台、金融投资工具、生产运营、国际法等如此多的信息。信息技术以及审计任务和决策的自动化正在帮助审计师根据其权威战略应对日益复杂的业务环境。

4.11 审计：关于审计计划和预算的最后思考

审计计划和预算编制不是一门精确的科学，而是与环境相关的，结果不确定、信息不完整和不对称的，与客户和审计办公室之间正在进行的谈判。审计师、经理和专业人士的判断和经验对于完整有效的规划过程至关重要。前面的论述要求我们走向过程的量化和标准化。它为审计专业人员提供了计算和统计工具，使烦琐重复的任务自动化，同时使他们能够专注于需要专业知识的关键问题。由于审计计划通常具有高度的协作性，涉及世界各地不同办事处的专业人员，因此可借助跨语言、文化标准化和客观化程序的计算工具提高审计的效率和效力，同时确保在审计计划和结构方面不存在重大缺陷和沟通失误。

4.12 参考文献

AICPA. 1980. Statement of Financial Accounting Concepts No. 2 Qualitative Characteristics of Accounting Information.

Bedard, Jean C., Lynford Graham, and Cynthia Jackson. 2005. Information Systems Risk and Audit Planning. *International Journal of Auditing* 9 (2): 147–163.

Cheffers, D. Whalen, M. 2012. SOX 404 Dashboard: Year 6 Update. Report. Audit Analytics.

Cohen, Jacob. 1992. A Power Primer. *Psychological Bulletin* 112 (1): 155.

Coyne, Richard. 2005. Wicked Problems Revisited. *Design Studies* 26 (1): 5–17.

Jones, Peter. 2017. *Statistical Sampling and Risk Analysis in Auditing*. London: Routledge.

Knechel, W. Robert. 2007. The Business Risk Audit: Origins, Obstacles and Opportunities. *Accounting, Organizations and Society* 32 (4–5): 383–408.

Ludwig, Donald. 2001. The Era of Management Is over. *Ecosystems* 4 (8): 758–764.

Rittel, Horst W.J., and Melvin M Webber. 1973. Dilemmas in a General Theory of Planning. *Policy Sciences* 4 (2): 155–169.

Roberts, Nancy. 2000. Wicked Problems and Network Approaches to Resolution. *International Public Management Review* 1 (1): 1–19.

Roberts, Nancy C. 2002. Keeping Public Officials Accountable Through Dialogue: Resolving the Accountability Paradox. *Public Administration Review* 62 (6): 658–669.

Srivastava, Rajendra P., and Glenn R. Shafer. 2008. Belief-Function Formulas for Audit Risk. In *Classic Works of the Dempster-Shafer Theory of Belief Functions*, 577–618. Berlin: Springer.

第5章

分析复核：技术分析

5.1 分析复核

分析程序通过研究财务数据和非财务数据之间的合理关系对财务信息进行评估。分析程序用于审计各个阶段，包括计划、实质性程序和最终审查。在整个审计程序中，分析程序具有重要的规划功能。

分析程序在财务审计中使用较多，通过建立"财务数据和非财务数据之间的合理关系"，对实地调查获得的信息进行成本效益测试。这些程序对审计客户的财务和组织信息进行比较，如预算、行业新闻、公司指南和新闻稿、预测、市场信息、非财务信息（如会议记录和合同）以及银行和税务信息等。分析程序的目标是查找需要更广泛审计的"特殊"情况，并相应地扩大这些账户的审计范围。在中期和实质性程序之前，分析程序在协助审计师"充分计划工作"和"充分了解实体及其环境"方面发挥着重要作用。在实地调查之前，审计师很少接触客户交易（可能尚未发生），基于行业和经济新闻的分析方法为审计计划提供了成本效益高的审计工具。

审计师采用的"重要比率和趋势分析审查"依赖于历史比率，历史比率为评估风险和计划审计工作提供了基础（AICPA，1988）。AICPA规定，在计划、执行和审查的整个审计过程中，特别是在执行期间，三次用到分析程序：

1.在对其他审计程序的性质、时间和范围进行计划时予以协助；

2.作为获取与账户余额或交易类别相关审计证据的实质性测试；

3.在审计的最后审查阶段对财务信息进行全面审查。

AICPA用统计语言表达了其对分析方法的声明，在描述分析测试时借用了诸如"精确性"、"可能性"和"预期"等统计术语。随着审计技术的发展，审计师的判断逐渐被客观统计方法所取代，这些方法旨在使审计更具成本效益性，并控制导致审计错误的风险。现代审计准则统计框架的核心是在制定和实施审计决策时对数据分布进行假设。审计没有更全面地采用统计方法的一个可能原因是财务数据分布具有复杂性。在常用的参数检验和估计中，很少有可能做出标准的高斯假设。实证研究表明，财务数据分布因公司和账户而异，可能是多模态的、厚尾的，或者本身难以使用某种假设。

5.2 分析复核的制度背景

AICPA将分析复核程序定义为"……包括通过研究财务和非财务数据之间的合理关

系对财务信息进行的评估”。分析程序用于计划审计，作为获取与账户余额或交易类别相关的审计证据的实质性测试，并在审计的最后审查阶段对财务信息进行全面审查。AICPA强调：“在某些情况下，为了实现特定的实质性测试目标，分析程序可能比细节测试更有效。”AICPA关于分析复核程序的性质和目标的官方声明是，支持审计的总体目标：发现财务报表中的重大错误。分析复核程序灵活、适时地依赖于进行计划审计时可用的外部信息，严重依赖非交易数据的来源，通常需要对此类数据的基本统计特征及其与待审计财务报表的相关性做出明确或隐含的假设。

分析复核程序通常用于财务系统控制和实质性测试期间，与客户自身交易和余额测试不直接相关的任何定性或定量审计方法。分析程序包括将记录金额或记录金额得出的比率与审计师得出的预期值进行比较。

“审计师通过识别和使用基于审计师对客户的理解而预期存在的看似合理的关系来详尽阐述此类预期。在识别潜在错报方面，分析程序的预期有效性和效率取决于经验的准确性假设。预期应足够精确，以提供所需的保证水平，即审计师根据识别出来的可能的潜在重大错报差异（单独或与其他错报合并时）可供进一步调查用。随着预期变得更加精确，预期差异的范围变窄，预期的重大差异可能是由错误陈述造成的。与广泛的比较相比，通过详细分析确定的预期通常有更大的机会发现错报金额。月度金额通常比年度金额更有效，针对按地点或业务线划分的子公司进行审查通常比全公司范围的审查更有效。”

分析复核程序至少从20世纪40年代就开始使用了，并于1970年随着第54号准则《审计程序声明》（SAP）（AU第320.70节）的颁布引入到权威审计文献中。该声明规定，通过两类一般审计程序可获得充分的合格证据：（1）交易和余额详情测试；（2）重要比率和趋势的分析审查。

审计环境中的统计术语，如“精确度”“可能性”“预期”，在AICPA的声明中虽然做了介绍，但没有进一步定义。但审计人员常用的统计测试确实提供了这些术语的具体而实用的定义。此外，在SAS 56中，实质性测试分析复核中使用的“保证”与审计师在其测试中的“统计置信度”相关联。SAS 56要求审计师使用分析程序来协助和规划其他审计程序的性质、时间和范围，并在审计的最终审查中作为对财务报表的全面审查。声明还建议使用分析程序“作为获取证据的实质性测试”。

在过去的半个世纪中，许多领域的研究扩大了审计师可用于分析程序的统计工具。学者们使用统计时间序列方法评估账户价值和交易流的研究，如Asare和Wright（1997a，b）、Kinney和Uecker（1982）、Kinney（1979）、Loebbecke和Steinbart（1987）、Mueller和Anderson（2002）、Nelson（1994）、Stringer（1975）。行为审计决策研究同样丰富，学者们对各种判断或混合方法的实际应用进行了研究，如Ameen和Strawser（1994）、Anderson等（1995）、Anderson等（1994）、Biggs等（1988）、Kogan等（2010）、Libby（1985）。计算密集型机器学习强化了统计方法的应用，这是审计行业当前一个活跃的发展领域，如Wilson和Colbert（1989）、Coakley（1995）、Koskivaara（2004a）、Koskivaara（2006）、Coakley和Brown（1993）、Knechel（1988）、Coakley和

Brown（1993）、Koskivaara和Back（2007）、Koskivaara（2004 b）。

在审计计划阶段，分析复核程序增强了审计师对客户业务的理解，有助于识别自上次审计以来发生的重大交易和事件。它还识别可能对财务产生重大影响的异常交易和事件、金额、比率，或可能代表与审计相关的特定风险的趋势。

风险评估程序要求了解被审计单位及其环境。整个过程有助于审计师对其他审计程序的性质、范围和时间做出计划。风险评估程序还包括风险测量，以确定审计师需要注意的重要领域。期间计划执行分析程序的结果有助于审计师根据职业判断识别可能需要特别考虑的审计风险。例如，被视为非常规、异常和复杂交易的风险，可能导致重大错报的业务风险、欺诈风险、重大关联方交易、会计估计和原则。

分析程序包括审查高度汇总的数据，如将财务报表与预算或预期结果进行比较。通常使用财务数据，但也可以考虑相关的非财务数据（例如，员工人数、销售面积或生产的商品数量）。

分析复核程序通常包括对本年度和上一年度财务报表以及本年度预算的审查。对本年度的实际财务报表和预算财务报表进行比较。还必须分析比较当前年度和上一年度的实际财务报表，以测试内部一致性。

审计人员必须确定与记录金额进行比较的独立预期项目。这些预期的例子包括可比前期的财务信息、来自预算和预测的预期结果、当期数据之间的关系、行业规范以及财务数据与非财务信息之间的关系。与资产负债表账户相比，利润表账户更具有可预测的关系。此外，基于管理层自由裁量权的账户（如奖金、其他员工福利和其他相关费用）的可预测性较低。

在执行分析程序时，审计师还可使用财务分析比率，这些比率包括流动比率、速动比率、盈利能力比率、投资者比率和长期偿债能力比率等。其他分析，如共同规模分析（纵向和横向）、行业统计分析和趋势分析，可能也很有价值，具体取决于交易的性质。

近年来，分析程序的使用越来越受重视，因为它有助于识别重大审计风险，而无须依赖客户自己的证明。然而，分析复核程序是基于数据预期的似是而非的关系。分析程序的使用也存在局限性，因为分析得到的差异不一定表示错误或欺诈，而只是需要进一步分析和调查客户的文件以及与客户开展业务的实体。账户和会计原则的变化以及行业规范和客户之间的固有差异也会导致预期金额的波动。因此，审计师在分析结果时需要运用专业判断。

分析程序通常旨在指出可能存在潜在风险、需要特别强调或额外注意的审计领域。因此，审计师在分析结果时需要运用专业判断。

（1）避免机械计算和比较。相反，确定与业务最相关的趋势、比率和关系。根据业务运营中的历史模式，确定合理或可预测关系的预期。这些将作为比较基准，以确定异常或意外的变化。

（2）不同寻常或出乎意料的关系的特征是任何不同寻常的关系，或表现为与可比行业数据不符的关系。

（3）对非营利组织而言，分析程序应能提供有关计划变化、活动性质、授予人、筹款活动、政治环境以及对承诺的影响的信息。

一些典型分析程序的应用包括：

（1）比较每年筹款活动的收入与总资助额，这个程序有助于发现不恰当的收入确认。

（2）最近五年内财政支持和收入来源的比较。这个程序可以识别那些需要投入更多关注的收入来源。

（3）评估筹资费用与捐款收入的比率。这也有助于查出不正确的收入确认。如果费用明显低于产生记录的收入所需的金额，则可能表明收入夸大。如果在报告捐款收入时很少或根本没有筹款费用，这可能意味着为了保持有利的费用比率而少报费用。

（4）扫描财务信息以识别异常变化、意外关系和重大波动，这些变化表明可能存在重大错报风险的特定领域。例如，应付票据的大幅增加表明可能获得了新的贷款。此外，总净资产的重大变化或按类别（非限制性、临时限制性、永久限制性）划分的净资产变化可能表明不利趋势或持续经营问题。

（5）从以前的审计中获取信息。这使审计师能够对重大账目的固有风险和控制风险做出初步判断，并将重点放在实质性程序上，以降低检测风险。

5.3　衡量公司财务状况的技术指标

分析复核信息可从公司内部和外部的各种来源获得。企业情报收集的方法丰富，反映了在财务分析和企业情报方面互联网资源的快速增加。首先，我将从内部技术指标的简要分析开始，以便进行分析复核，主要是会计、等式和比率。这些传统上是信息的主要来源，提醒审计师注意潜在的违规行为和会计风险，以及控制缺陷。在过去的十年中，新的信息已经出现在网站、论坛、社交网络和数据库中，可以说这些信息比粗略的比率指标要丰富得多。财务分析师定期监控互联网上有关公司的信息，在评估公司健康状况和问题方面比有限的会计报告、追溯性指标更有用。

技术指标来源于花拉子密方法，摘自《通过完成和平衡进行计算的简明书籍》（*The Compendious Book on Calculation byCompletion and Balancing*，约825年），该方法将代数引入会计，从而得出三个基本方程式：

（1）用于差错控制的簿记等式（复式分录）。

（2）追踪财富的“真实”账户，这被称为“基本会计等式”。该等式的详细形式在资产负债表中列出，其中列出了所有资产、负债和权益，并确保其总额平衡。

（3）跟踪活动的“名义”账户，年终结清这些账户会产生净收入金额，从股东的角度来看，它是会计过程中产生的最重要的单一统计数据。

分析复核的技术指标包括在本年度和以前年度的报表中，并运用通过访谈、新闻和其他来源获得的信息对这些基本方程及其组成部分进行探索，目的是确定本年度审计范围中的风险领域。比率分析提供了一种具体的方法，以便在同一行业中的不同公司或同一公司的不同会计期间进行比较。

财务比率（或会计比率）分析从企业财务报表中选取两个数值进行相对大小的比

较。会计中经常使用许多标准比率来评估公司或其他组织的整体财务状况。财务比率可供公司内部经理、公司现有和潜在股东（所有者）以及公司的债权人使用。财务分析师使用财务比率可以比较不同公司的优势和劣势。如果一家公司的股票在金融市场上交易，则股票的市场价格用于特定的财务比率。

比率可以表示为十进制值（如0.10），也可以表示为等效的百分比（如10%）。一些比率通常以百分比表示，尤其是通常或始终小于1的比率，如收益率。而其他比率通常以十进制数字表示，尤其是那些通常大于1的比率，如市盈率，后者也称为倍数。给定任何比率，都可以取其倒数。如果比率大于1，则倒数将小于1，反之亦然。倒数表示相同的信息，但可能更容易理解。例如，收益率可以与债券收益率进行比较，而市盈率不是。例如，市盈率为20相当于收益率为5%。

计算财务比率所用的数值来自资产负债表、利润表、现金流量表或留存收益表。它们构成了公司的“会计报表”或财务报表，报表的数据是基于该组织使用的会计方法和会计准则。

5.3.1 比率的目的和类型

财务比率对企业许多方面进行了量化，是财务报表分析的一个组成部分。财务比率根据其衡量的业务进行分类：

- 流动性比率衡量用于偿还债务的现金的可用性。
- 经营活动比率衡量公司将非现金资产转换为现金资产的速度。
- 债务比率衡量公司偿还长期债务的能力。
- 盈利能力比率衡量公司使用其资产和控制其费用所产生的可接受的回报率。
- 市场比率衡量投资者对持有公司股票的反应以及发行股票的成本。这些问题涉及股东的投资回报，以及回报与公司股票投资价值之间的关系。

财务比率允许在公司之间、行业之间、一家公司的不同时间段之间、单个公司与其行业平均水平之间进行比较。

通常情况下，除非以其他东西为基准，比如过去的业绩或其他公司，或行业平均水平，否则比率是没有用的。因此，在面临不同风险、资本要求和竞争的不同行业时，企业的比率通常很难比较。使用不同的会计方法或遵循不同的会计准则的公司之间的财务比率可能不能直接进行比较。

法律要求大多数上市公司在其母国使用普遍接受的会计准则，但私人公司、合伙企业和个人独资企业可能不使用权责发生制会计。大型跨国公司可以使用国际财务报告准则来编制财务报表，也可以使用所在国普遍接受的会计原则。

没有一个国际标准可用来计算所有财务报表的汇总数据，并且术语在公司、行业、国家和时间段之间并不总是一致的。在财务报表中可以使用各种缩略语，特别是在互联网上汇总的财务报表。公司报告的销售额通常为净销售额，从发票的费用中扣除退货、折让和提前付款的折扣。除非另有说明，净收入始终是税后、折旧、摊销和利息后的金额。其他常用术语包括：

- COGS：销售商品成本或销售成本
- EBIT：息税前利润
- EBITDA：息税折旧摊销前利润
- EPS：每股收益

5.3.2 通用技术指标

• 负债与权益比率：将公司的总负债与股东权益进行比较。总负债与股东权益这两个指标的数据都可以在公司的资产负债表上找到。要计算负债与权益比率，可以将公司的总负债除以其股东权益得到，即负债与权益比率=总负债/股东权益。如果一家公司的负债与权益比率为2∶1，意味着该公司每投资1美元股东就有2美元的债务。换句话说，该公司承担的债务是其所有者投资的两倍。

• 存货周转率：将公司利润表上的销售成本与其期间的平均存货余额进行比较。要计算该期间的平均存货余额，通过查看资产负债表上列出的存货数量得到，取期初余额与期末余额的平均值。存货周转率=销售成本/平均存货。如果一家公司的存货周转率为2∶1，则意味着该公司的存货在报告期内周转了2次。

• 营业利润率：将公司的营业利润与营业收入进行比较。这两个数字都可以在公司的利润表上找到。营业利润率=营业利润/营业收入。营业利润率通常以百分比表示，它表明，每得到1美元销售收入，利润的百分比是多少。

• 市盈率：将公司的普通股价格与其每股收益进行比较。要计算公司的市盈率，可以将公司的股价除以每股收益，市盈率=每股价格/每股收益。如果一家公司的股票以每股20美元的价格出售，而该公司的每股收益为2美元，那么该公司的市盈率为10∶1。该公司的股票以其收益的10倍出售。

• 营运资本：指公司从其流动资产中支付其流动负债（即资产负债表日期后1年内到期的债务）后的剩余资金。营运资本=流动资产−流动负债。

尽管有许多比率可供分析，但对于一些使用较少的比率，审计师利用其进行分析的价值会逐渐减少。上述比率可能足以快速检查公司的健康状况。当审计师或分析师有疑问时，网上有大量关于如何计算财务比率和其他技术指标的信息。如果特定情况需要比这些最基本的指标更多的东西，应该毫不犹豫地使用这些资源。

5.3.3 从EDGAR访问财务信息（https：//www.sec.gov/edgar/）

EDGAR数据库提供了有关行业竞争对手的大量财务信息，但前提是这些竞争对手是上市公司。使用软件包edgar提取这些信息。随后的R代码从edgar中提取有关特斯拉汽车的信息，然后对这些信息进行分析，以条形图的形式呈现。

```
library(edgar)
```

```
## Registered S3 method overwritten by 'R.oo':
##   method         from
##   throw.default R.methodsS3
```

```
library(tidyverse)
```

```
## -- Attaching packages ---------------------------------------------------
    ------- tidyverse 1.3.0 --

## v ggplot2 3.2.1     v purrr   0.3.3
## v tibble  2.1.3     v dplyr   0.8.3
## v tidyr   1.0.0     v stringr 1.4.0
## v readr   1.3.1     v forcats 0.4.0

## -- Conflicts -------------------------------------------------------------
    -- tidyverse_conflicts() --
## x dplyr::filter() masks stats::filter()
## x dplyr::lag()    masks stats::lag()
```

```
library(kableExtra)
```

```
##
## Attaching package: 'kableExtra'

## The following object is masked from 'package:dplyr':
##
##     group_rows
```

```
cik.no = 0001318605   # Tesla
form.type = '10-K'
filing.year = 2018
quarter = c(1,2,3,4)

# getFilings function takes CIKs, form type, filing year, and quarter of the filing
        as input. It creates
# new directory '~/Downloads/Edgar filings_full text' to store all downloaded filings.

getFilings(
cik.no,
form.type,
filing.year,
quarter,
downl.permit="y")
```

```
## Downloading fillings. Please wait...
##   |         |          |  0% |          |===============================
    ========================================| 100%

##        cik company.name form.type date.filed quarter filing.year
## 1 1318605   Tesla  Inc        10-K 2018-02-23       1        2018
##        accession.number            status
## 1 0001564590-18-002956 Download success
```

```
# getFilingsHTML function takes CIKs, form type, filing year, and quarter
of the filing as input. The
# function imports edgar filings downloaded via getFilings function; otherwise,
it downloads the filings which are not already been downloaded. It then reads
# the downloaded filing, scraps main body
# the filing, and save the filing content in '~/Downloads/Edgar filings_HTML view'
directory in HTML format.


getFilingsHTML(
  cik.no = cik.no,
  form.type = form.type,
  filing.year = filing.year,
  quarter = quarter
  )
```

```
## Downloading fillings. Please wait...
##   |                |           |   0%  |                  |==============
          ==========================================================| 100%
## Scrapping full EDGAR and converting to HTML...
##   |
## HTML filings are stored in 'Edgar filings_HTML view' directory.

##         cik company.name form.type date.filed     accession.number
## 1 1318605   Tesla  Inc        10-K 2018-02-23  0001564590-18-002956
```

```
# This function creates a new directory '~/Downloads/Master Indexes' into
    current working directory to save these Rda Master Index.

getMasterIndex(filing.year)
```

```
## Downloading Master Indexes from SEC server for 2018 ...
## Master Index for quarter 1
## Master Index for quarter 2
## Master Index for quarter 3
## Master Index for quarter 4
```

```
# Management Discussion creates a new directory with name "~/Downloads/MD&A
  section text"

getMgmtDisc(
  cik.no = cik.no,
  filing.year = filing.year)
```

```
## Downloading fillings. Please wait...
##   |             |          |   0%  |              |============================
       ============================================| 100%
## Extracting 'Item 7' section...
##   |         |            |   0%  |              |===============================
       ========================================| 100%
## MD&A section texts are stored in 'MD&A section text' directory.

##       cik company.name form.type date.filed     accession.number extract.status
## 1 1318605    TESLA INC       10-K 2018-02-23  0001564590-18-002956              1
```

```
# getSentiment function takes CIK(s), form type(s), and year(s) as input parameters.
    The function first
# imports available downloaded filings in local woking directory 'Edgar filings'
    created by getFilings
# function; otherwise, it downloads the filings which is not already been downloaded.
   It then reads the
# filings, cleans the filings, and computes the sentiment measures. The function
   returns a dataframe
# with filing information, and sentiment measures.



sentiment_analysis <-
  getSentiment(
  cik.no,
  form.type,
  filing.year) %>%
  t()
```

```
## Downloading fillings. Please wait...
##   |                                                                          |
## Computing sentiment measures...
##   |                                                                          |
```

```
  d <- sentiment_analysis
  names <- rownames(d)
  rownames(d) <- NULL
  sentiment_analysis <- cbind(names,d)

  colnames(sentiment_analysis) <- c("sentiment","n")

  sentiment_analysis <- as.data.frame(sentiment_analysis[10:nrow(sentiment_analysis),])

ggplot(sentiment_analysis, aes(sentiment, n)) +
  geom_col() +
  theme(axis.text.x = element_text(angle = 45, hjust = 1)) +
  xlab("Sentiment") +
  ylab("Frequency expressed in 10-k")
```

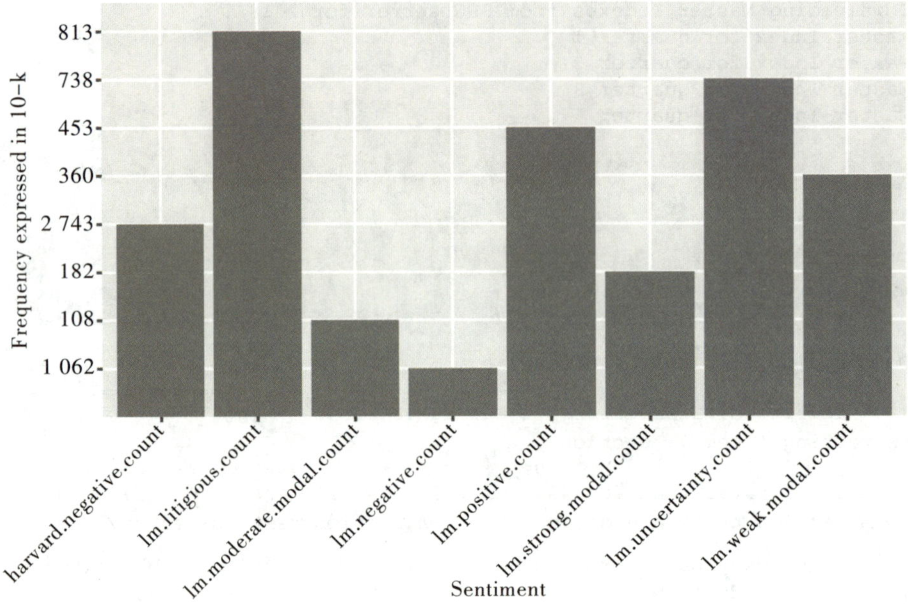

5.3.4 使用finreportr包从EDGAR访问财务信息（https：//www.sec.gov/edgar/）

```
library(finreportr)

# The following commands will directly load EDGAR information into the R
    workspace for analysis

tesla_co <- CompanyInfo("TSLA")
tesla_ann <- AnnualReports("TSLA")
tesla_inc <- GetIncome("TSLA", 2018)
tesla_bs <- GetBalanceSheet("TSLA", 2018)
tesla_cf <- GetCashFlow("TSLA", 2018)

head(tesla_inc)
```

```
##                                        Metric          Units     Amount
## 1                         Sales Revenue Goods Net U_iso4217USD 3431587000
## 2                         Sales Revenue Goods Net U_iso4217USD 5589007000
## 3                         Sales Revenue Goods Net U_iso4217USD 8534752000
## 4 Operating Leases Income Statement Lease Revenue U_iso4217USD  309386000
## 5 Operating Leases Income Statement Lease Revenue U_iso4217USD  761759000
## 6 Operating Leases Income Statement Lease Revenue U_iso4217USD 1106548000
```

```
##    startDate    endDate
## 1 2015-01-01 2015-12-31
## 2 2016-01-01 2016-12-31
## 3 2017-01-01 2017-12-31
## 4 2015-01-01 2015-12-31
## 5 2016-01-01 2016-12-31
## 6 2017-01-01 2017-12-31
```

使用finreportr包返回“长格式”的data.frame。因为分析通常受益于“短格式”数据集，每个账户一行，所以finreportr data.frames需要重新格式化。Hadley Wickham创建了一个名为reshape2的综合包，使用了融化手段。融化数据，使每一行都是唯一的id变量组合（即“长格式”），然后将融化的数据转换为所需的任何形式。有一些特定的命令用于强制转换data.frames dcast、arrays acast等。在下一个示例中，我们采用通过finreportr软件包获得的“长格式”特斯拉利润表，并将其转换为更有用的格式。

```
library(tidyverse)
library(lubridate)
```

```
##
## Attaching package: 'lubridate'

## The following object is masked from 'package:base':
##
##     date
```

```
library(finreportr)
library(reshape2) # uses 'melt' and 'cast' to with between long and wide formats
```

```
##
## Attaching package: 'reshape2'

## The following object is masked from 'package:tidyr':
##
##     smiths
```

```
tesla_inc <- GetIncome("TSLA", 2018)  %>%
    rbind(GetIncome("TSLA", 2017)) %>%
    rbind(GetIncome("TSLA", 2016)) %>%
    rbind(GetIncome("TSLA", 2015))

head(tesla_inc)
```

```
##                                                Metric         Units     Amount
## 1                                 Sales Revenue Goods Net U_iso4217USD 3431587000
## 2                                 Sales Revenue Goods Net U_iso4217USD 5589007000
## 3                                 Sales Revenue Goods Net U_iso4217USD 8534752000
## 4 Operating Leases Income Statement Lease Revenue U_iso4217USD  309386000
## 5 Operating Leases Income Statement Lease Revenue U_iso4217USD  761759000
## 6 Operating Leases Income Statement Lease Revenue U_iso4217USD 1106548000
```

```
tesla_inc <-tesla_inc %>%
  filter(month(startDate) == 01 & month(endDate) == 12) %>%
  mutate(Year = year(endDate)) %>%
  group_by(Metric, Year) %>%
  slice(1L) %>%
  dcast(Metric ~ Year, value.var = 'Amount')

head(tesla_inc)
```

```
##                          Metric       2012       2013       2014       2015
## 1  Cost Of Automotive Leasing       <NA>       <NA>   87405000  183376000
## 2          Cost Of Goods Sold 371658000 1483321000 2058344000 2639926000
## 3             Cost Of Revenue 383189000 1557234000 2316685000 3122522000
## 4 Cost Of Revenues Automotive       <NA>       <NA> 2145749000 2823302000
## 5            Cost Of Services   11531000   13356000    6674000       <NA>
## 6  Cost Of Services And Other       <NA>   73913000  166931000  286933000
##         2016       2017
## 1  481994000  708224000
## 2 4268087000 6724480000
## 3 5400875000 9536264000
## 4 4750081000 7432704000
## 5       <NA>       <NA>
## 6  472462000 1229022000
```

5.3.5 计算技术指标

在上一节中，我们展示了如何从SEC的存储库中获取财务信息。本节提供计算技术指标（如来自该报表数据的比率）的一般指南。流动比率的计算公式为：

$$流动比率 = \frac{流动资产}{流动负债}$$

以下是如何使用finstr软件包根据从EDGAR数据中获得的合并资产负债表计算比率。

```
library(devtools)
install_github("bergant/finstr")
library(finstr)
library(tidyverse)
library(kableExtra)
library(XBRL)

# Get EDGAR data in XBRL format from the sec.gov site
# parse XBRL (GM 10-K reports)

xbrl_url2016 <-
"https://www.sec.gov/Archives/edgar/data/1467858/000146785817000028/gm-20161231.xml"

xbrl_url2017 <-
"https://www.sec.gov/Archives/edgar/data/1467858/000146785818000022/gm-20171231.xml"

old_o <- options(stringsAsFactors = FALSE)
xbrl_data_2016 <- xbrlDoAll(xbrl_url2016)
xbrl_data_2017 <- xbrlDoAll(xbrl_url2017)
options(old_o)

st2017 <- xbrl_get_statements(xbrl_data_2017)
st2016 <- xbrl_get_statements(xbrl_data_2016)

balance_sheet2017 <- st2017$ConsolidatedBalanceSheets
balance_sheet2016 <- st2016$ConsolidatedBalanceSheets
balance_sheet <- merge(balance_sheet2017, balance_sheet2016)

##  calculate current ratio

balance_sheet %>% transmute(
  date = endDate,
  CurrentRatio = AssetsCurrent / LiabilitiesCurrent
  )
```

```
##         date CurrentRatio
## 1 2015-12-31    0.9745988
## 2 2016-12-31    0.8946009
## 3 2017-12-31    0.8940564
```

其他比率可以使用tidyverse库中的dplyr包以类似的方式计算。请注意，还有其他几个软件包（如edgar、finreportr）可用于提取edgar文件。finstr包只能处理指向XBRL文件的链接，但finreportr可以访问HTML和XBRL文件中的数据。

5.3.6 技术指标的可视化

可视化是紧凑的，可以揭示在原始数据中不容易识别的模式。因为人脑更适合分析视觉场景，而不是分析数字和字符列表。可视化财务报表揭示了有限数量的关键价值，并强调了它们之间的关系和趋势。在下面的代码块中，我们按选定的概念汇总资产负债表（表5-1）。

```
library(htmlTable)
library(ggplot2)
library(kableExtra)

bs_simple <- expose(balance_sheet,

  # Assets
  'Current Assets' = "AssetsCurrent",
  'Noncurrent Assets' = other("Assets"),
  # Liabilites and equity
  'Current Liabilities' = "LiabilitiesCurrent",
  'Noncurrent Liabilities' = other(c("Liabilities", "CommitmentsAndContingencies")),
  'Stockholders Equity' = "StockholdersEquity"
)


## Print the balance sheet;
## capture the output to a NULL file, and
## reformat with the kableExtra package

capture.output(bs_table <-
                 print(
                   bs_simple,
                   html = FALSE,
                   big.mark = ",",
                   dateFormat = "%Y"),
               file='NUL')

bs_table %>%
  kable(longtable=T,
        caption="Abbreviated Balance Sheet",
        "latex",
        booktabs = T) %>%
  kable_styling(bootstrap_options =
                  c("striped", "hover", "condensed"),
                full_width = F, font_size=10)
```

表5-1　　资产负债表摘要

Element	2017-12-31	2016-12-31	2015-21-31
Assets =	212 482	221 690	194 338
+ Current.Assets	48 223	54 138	51 357
+ Noncurrent.Assets	122 530	90 237	86 258
LiabilitiesAndStockholdersEquity =	212 482	221 690	194 338
+ Current.Liabilities	49 925	56 153	51 655
+ Noncurrent.Liabilities	32 138	36 834	39 249
+ Stockholders.Equity	35 001	43 836	39 871
+ OtherLiabilitiesAndStockholdersEquity_	1 199	239	452

```
## plot the balance sheet
finstr::plot_double_stacked_bar(bs_simple)
```

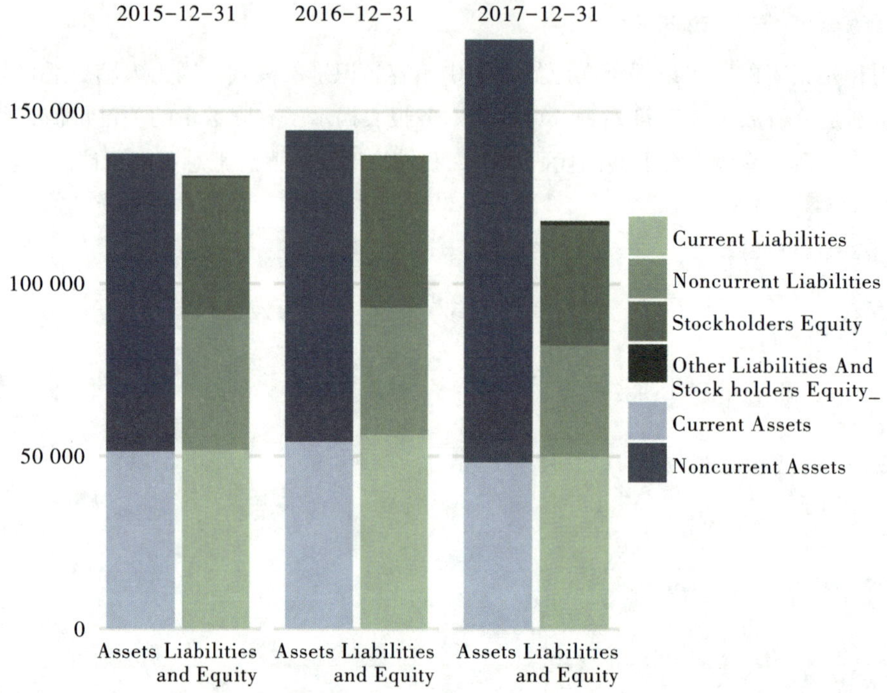


```
## facet balance sheet DR and CR accounts
finstr::plot_double_stacked_bar(bs_simple, by_date = FALSE)
```

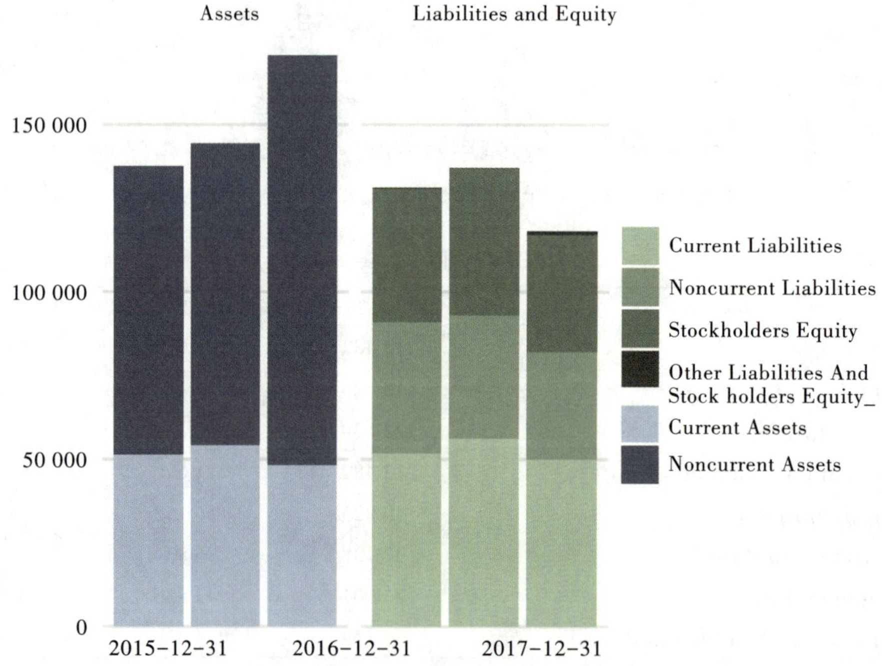

```
## use proportional form to highlight changes in balance sheet structure

bs_simple_prop <- proportional(bs_simple)
finstr::plot_double_stacked_bar(bs_simple_prop)
```

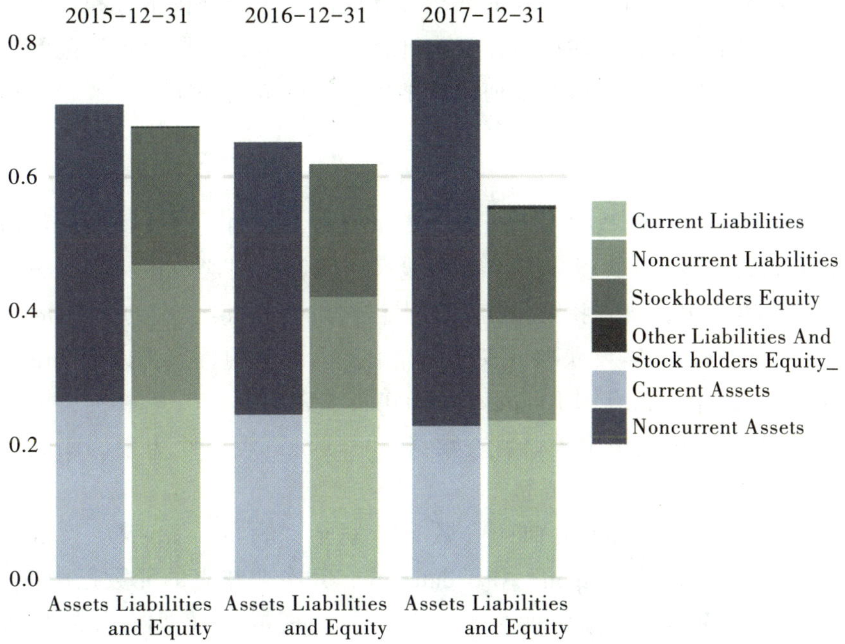

5.4 分析复核因特网资源

在过去的十年中，通过网络可访问的金融数据和公司数据呈指数级增长，彻底改变了分析复核技术。互联网资源的智能扫描是对财务信息、库存观点、讨论、新闻和其他审计相关信息的自动搜索。在过去的十年里，它已经超越了对内部控制缺陷、会计问题或欺诈以及审计风险来源的技术指标的计算。如今，没有充分利用统计软件和互联网资源的审计会遭受疏忽、不当行为的诉讼。

可以说，财务报表上最重要的数字是销售收入。这反映了被审计公司在面对竞争对手产品时的市场实力，强调反映控制薄弱环节的产品或服务质量问题，并为公司健康的其他需求侧指标提供了一般指南。我将以下分析复核算法重点放在客户满意度的需求侧衡量上，因为这些可能是审计师关于控制弱点和会计违规行为的唯一最佳定性情报来源。

销售收入是业务成功的基本驱动因素，它反映了客户对公司产品、价值主张和品牌的印象。产品和企业的区别在于重复销售。客户对品牌的忠诚度是许多公司估值的重要组成部分，并催生出创新的“忠诚度”计划来锁定客户。订阅业务（如杂志、有线电视服务、电话服务）中这些忠诚度计划的成败取决于客户忠诚度和品牌认知度。大多数组织都有数据可用于瞄准客户和了解收入流的关键驱动因素。客户是企业的动力，客户流失会影响销售。此外，与保留现有客户相比，获得新客户的难度和成本要高得多。客户对公司及其产品的印象为评估公司的健康状况提供了重要的非财务指标。如果一家公司有许多不满意的客户，那么该公司很可能会面临管理不善、营业额高、未报告的控制弱点以及在向贷款机构和股东报告时采用“激进”会计的问题。

互联网上有许多资源——社交网络、论坛、产品评论、行业报告和投资建议，可以提醒审计师注意客户控制和财务方面的问题。互联网资源在分析审查和识别审计风险方面发挥着至关重要的作用，这些风险需要审计师进一步努力并扩大审计范围。本章的剩余部分将探讨这些互联网资源以及如何将其纳入分析性审查程序。

5.5 美国人口普查数据

当地理位置和人口统计数据对一个企业很重要时，美国人口普查局的数据存储库提供了广泛而可靠的数据。R提供了几个程序包来访问和使用这些存储库。美国人口普查局的数据存储在表格中，要查找特定指标的表格可以使用acs包中的函数acs.lookup。请注意，要运行此代码，您需要获取并安装一个普查API密钥，您可以在https：//api.census.gov/data/key_signup.html.上使用api.key.install安装密钥。

acs.fetch函数用于下载美国人口普查数据。acs.lookup是一个方便的函数，可以提前使用它来定位可能感兴趣的表和变量。

acs.lookup使用与acs.fetch类似的参数，特别是“table.number”、“table.name”和“keyword”以及“endyear”、“span”和“dataset”，并在普查表的元数据中搜索匹配项。当多个搜索词被传递给一个给定的参数（例如，keyword=c（“Female，”“GED”））时，该工具返回所有搜索词所在的匹配项；类似地，当使用多个查找参数时（例如，table.number=“B01001，”keyword=“Female”），该工具将搜索包含所有术语的匹配项（术语与逻辑“AND”组合，而不是与逻辑“OR”组合）。

使用acs.lookup得出结果——它们是acs.lookup类对象——然后进可以行检查、使用［方括号］进行子集化，并使用c或c+进行组合，以创建自定义acs.lookup对象，要保存并稍后传递给具有以下参数的acs.fetch：

endyear是一个整数，表示调查中数据的最近年份（例如，对于2007—2011年这5年的ACS数据，endyear将是2011年）。

span是一个整数，表示所需ACS数据的跨度（以年为单位）（对于ACS数据集应为1、3或5，对于十年一次的人口普查SF1和SF3，数据集应为0）；默认值为5，但如果dataset=“sf1”或“sf3”，则忽略并重置为0。

geography是一个geo.set对象，指定要获取的一个或多个普查地理位置可以通过调用geo.make（）来“动态”创建。

table.name是一个字符串，给出了要在ACS普查表名称中查找的搜索词（例如“性别”或“年龄”）；接受多个单词，必须在返回的表名中找到这些单词；始终区分大小写（注意：设置后，此变量将传递给对acs.lookup的内部调用——请参阅acs.lookup）。

table.number是一个字符串（不是数字），表示要从普查中获取的表，如“B01003”或“B23013”；始终区分大小写。其用于获取给定表号的所有变量；如果提供了“table.number”，其他查找变量（“table.name”或“keyword”）将被忽略。

variable 是acs.lookup类的一个对象，或一个字符串或字符串向量，指示要获取的确切变量编号。非acs.lookup示例包括“B01003_001”或“B23013_003”或c（“B01003_001”、“B23013_003”）。

keyword 是一个字符串或字符串向量，给出要在普查变量名称中查找的搜索词（例如“男性”或“海蒂”）；始终区分大小写。

dataset 为“acs”（默认值）、“sf1”或“sf3”，表示是否从美国社区调查或SF1/SF3数据集中获取数据。

在下面的例子中，我们将计算2014—2019年美国各年龄组的男女人口，并将其绘制为条形图。

```
library(acs)
library(tidyverse)


look <- acs.lookup(endyear = 2019,
                   keyword=c("Female"))
i_look <- look@results[1:24,c(1,4)] %>% t()
colnames(i_look) <- i_look[1,]

geo <- geo.make(state = "IL")
fet <- acs.fetch(endyear = 2014,
          span = 5,
          table.number="B01001",
          keyword=c("Female"),
          geography =  geo)

fet_tbl <-  fet@estimate
fet_tbl <- rbind(fet_tbl,i_look[2,]) %>% t()
colnames(fet_tbl) <- c("population","age_group")

fet_tbl <-as.data.frame(fet_tbl)
# make age_group an ordered factor and convert population to numeric
fet_tbl$age_group <- factor(fet_tbl$age_group, levels = fet_tbl$age_group)
fet_tbl$population <- as.numeric(as.character(fet_tbl$population))
fet_fem <-as.data.frame(fet_tbl)


fet <- acs.fetch(endyear = 2014,
          span = 5,
          table.number="B01001",
          keyword=c("Male"),
          geography =  geo)

fet_tbl <-  fet@estimate

fet_tbl <- rbind(fet_tbl,i_look[2,]) %>% t()
colnames(fet_tbl) <- c("population","age_group")
fet_tbl <-as.data.frame(fet_tbl)
fet_tbl$age_group <- factor(fet_tbl$age_group, levels = fet_tbl$age_group)
fet_tbl$population <- as.numeric(as.character(fet_tbl$population))
fet_male <-as.data.frame(fet_tbl)

# Compute the ratio of females to males by U.S. county
fet_ratio <- inner_join(fet_fem,fet_male, by = "age_group")
fet_ratio$fem_to_male <- fet_ratio$population.x / fet_ratio$population.y
fet_ratio$age_group <- sub("Female:", "", fet_ratio$age_group)
```

```
fet_ratio$age_group <- factor(fet_ratio$age_group, levels = fet_ratio$age_group)

ggplot(fet_ratio[-1,], aes(age_group, fem_to_male)) +
  geom_col() +
  theme(axis.text.x = element_text(angle = 45, hjust = 1)) +
  xlab("Age Group") +
  ylab("Female to Male Ratio")
```

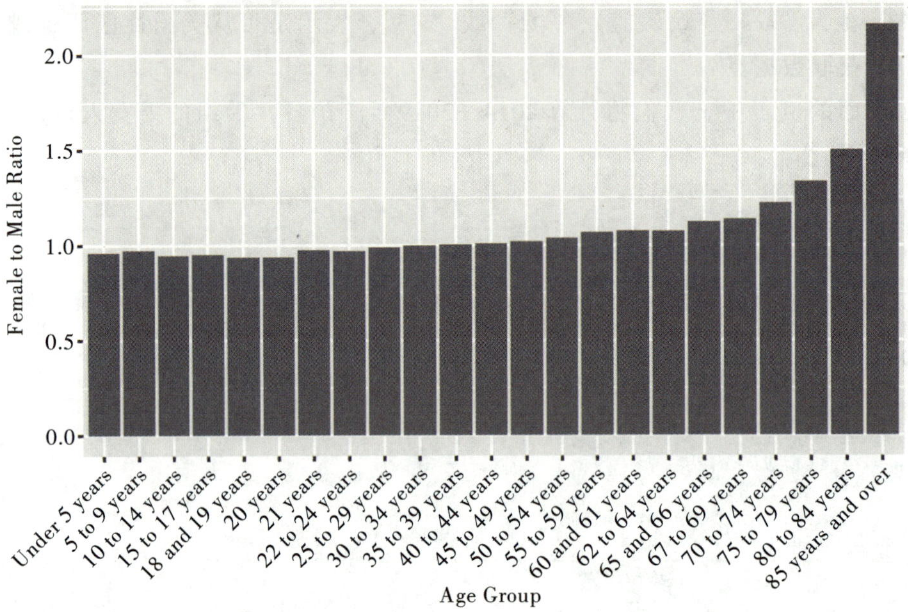

人口普查局列表上的第一个表格是“B01001”。查看在 variable.code 下 look_tbl=look@results，如末尾的“_009”表示表格的列，每列显示了男性或女性的不同年龄段。

如果最终结果是使用choroplethr包创建choropleth映射，那么在choroplethr包中使用函数get_acs_data比在acs包中使用acs.fetch更简单。

```
library(choroplethr)
library(acs)
library(tidyverse)


# map = one of "state", "county" or "zip"
# column_idx = 15 of table B01001 is "Sex by Age: Male: 45 to 49 years"
# column_idx = 39 of table B01001 is "Sex by Age: Female: 45 to 49 years"

M45 <-  get_acs_data(tableId = "B01001", map = "county", column_idx=15)
F45 <-  get_acs_data(tableId = "B01001", map = "county", column_idx=39)
M45 <- M45[[1]]
head(M45)
```

```
##    region value
## 1    1001  2107
## 2    1003  6509
## 3    1005  1128
## 4    1007  1257
## 5    1009  2129
## 6    1011   386
```

```
F45 <- F45[[1]]
head(F45)
```

```
##    region value
## 1    1001  2095
## 2    1003  6848
## 3    1005   941
## 4    1007   848
## 5    1009  1985
## 6    1011   298
```

```
R45 <- inner_join(M45, F45, by = "region")
R45$value <- R45$value.y / R45$value.x

county_choropleth(R45[,c(1,4)], title = "    Female / Male Ratio: 45 - 49 y.o. by County")
```

5.6 R和应用程序编程接口（API）

R统计语言特别适合于智能扫描，因为它包括许多定制包，支持对互联网数据集和数据流的一次性分析。

应用程序编程接口（API）提供对Internet数据流的访问。这些数据不是静态的，因为用户不断地发布信息到数据流和数据库；相反，这些服务考虑的是“流式”数据流，这些数据流随着数据库的变化而不断更新。数据流的所有者可能会“限制”数据流，以防止数据请求压垮系统服务器。大多数web数据访问使用三种API协议：

（1）JSON（JavaScript Object Notation）是一种开放的标准文件格式，它使用人类可读的文本来传输由属性-值对和数组数据类型（或任何其他可序列化的值）组成的数据对象。它是一种非常常见的数据格式，用于异步浏览器-服务器通信，包括在某些AJAX风格的系统中替代XML。

（2）REST（Representational State Transfer，REST）是一种软件体系结构样式，它定义了一组用于创建web服务的约束。符合REST体系结构样式的web服务称为RESTful web服务，提供Internet上计算机系统之间的互操作性。RESTful web服务允许请求系统通过使用统一的预定义无状态操作集来访问和操作web资源的文本表示。其他类型的web服务（如SOAP web服务）公开了它们自己的任意操作集。

（3）SOAP（Simple Object Access Protocol）是一种消息传递协议规范，用于在计算机网络中实现web服务时交换结构化信息。其目的是提供可扩展性、中立性和独立性。它使用XML信息集作为其消息格式，并依赖应用层协议（通常是超文本传输协议（HTTP）或简单邮件传输协议（SMTP））进行消息协商和传输。

此外，大多数互联网服务的访问安全由OAuth（Open Authorization）管理。OAuth是Internet上基于令牌的身份验证和授权的开放标准，它允许第三方服务使用最终用户的账户信息，而无须公开用户密码。OAuth于2006年由Twitter引入，OAuth 1.0协议于2010年4月发布。OAuth 2.0框架于2012年发布，与OAuth 1.0不向后兼容。OAuth 2.0为web应用程序、桌面应用程序、移动电话和智能设备提供特定的授权流。Facebook的

Graph API只支持OAuth 2.0；Google和Amazon支持OAuth 2.0作为其所有API的推荐授权机制；Microsoft支持Oauth 2.0用于各种API及其Azure Active Directory服务，该服务用于保护许多Microsoft和第三方API。由于有大公司的支持，OAuth2.0已经成为web服务的事实标准。

5.7 来自网络的产品和客户信息的技术分析

大多数文本挖掘和自然语言处理（natural language processing，NLP）建模使用“单词袋”或“n-grams袋”方法。虽然这些模型简单，但它们通常在文本分类和分类任务上表现出良好的性能。与它们的理论简单性和实际效率相比，构建单词袋模型涉及技术挑战。在R语言中尤其如此，因为R语言在修改时需要复制语义。

让我们简要回顾一下典型文本分析中的一些步骤：

（1）审计师通常从输入文件构建文件术语矩阵（DTM）或术语共现矩阵（TCM）开始。换句话说，第一步是通过创建从单词或n-gram到向量空间的映射来对文本进行矢量化。

（2）审计师将模型与DTM相匹配。这些模型可能包括文本分类、主题建模、相似性搜索等，拟合模型将包括调整和验证模型。

（3）最后，审计师将模型应用于新数据。

文本本身会占用大量内存，但向量化文本通常不会，因为它们以稀疏矩阵的形式存储。由于R语言的“修改即复制”语义，迭代地增长DTM并不容易；构建DTM，即使是对于一小部分文档，也可能是一个严重的瓶颈，它涉及将整个文本文档集合读入内存，并将其作为单个向量进行处理，这很容易将内存使用量增加二倍到四倍。text2vec包提供了一种更好的构建文档术语矩阵的方法，从而解决了这个问题。

作为使用text2vec包的NLP示例，我将解析该包附带的数据集movie_review数据集。它由5 000篇电影评论组成，每一篇都被标记为正面或负面。先将数据集分为两部分：训练和测试。

```
library(text2vec)
library(data.table)
library(magrittr)
data("movie_review")
setDT(movie_review)
setkey(movie_review, id)
set.seed(2017L)
all_ids = movie_review$id
train_ids = sample(all_ids, 4000)
test_ids = setdiff(all_ids, train_ids)
train = movie_review[J(train_ids)]
test = movie_review[J(test_ids)]

head(movie_review)
```

```
##          id sentiment
## 1: 10000_8          1
## 2: 10001_4          0
## 3: 10004_3          0
## 4: 10004_8          1
## 5: 10006_4          0
## 6: 10008_7          1
```

```
review
## 1: Homelessness (or Houselessness as George Carlin stated) has been an issue
for years but never a plan to help those on the street that were once considered
human who did everything from going to school, work, or vote for the matter. Most
people think of the homeless as just a lost cause while worrying about things
such as racism, the war on Iraq, pressuring kids to succeed, technology, the
elections, inflation, or worrying if they'll be next to end up on the streets.
```

```
class(movie_review)
```

```
## [1] "data.table" "data.frame"
```

5.8 基于词汇的向量化

为了在向量空间中表示文档，我们首先必须创建“术语”映射。我们称它们为术语，而不是单词，因为它们可以是任意的n-grams，即n个项目的连续序列，其中项目可以是音素、音节、字母、单词或碱基对。我们将一组文档表示为一个稀疏矩阵，其中每一行对应一个文档，每一列对应一个术语。通过从所有文档中收集唯一术语来创建基于词汇表的DTM，并使用create_vocabulary（）函数，用唯一ID标记每个术语，使用迭代器创建词汇表。

以下是代码块：

（1）使用itoken（）函数在标记上创建迭代器。所有以create_work为前缀的函数都可以使用这些迭代器。R语言用户可能会发现这个习惯用法不寻常，但迭代程序抽象概念允许我们隐藏有关输入的大部分细节并在内存友好的块中处理数据。

（2）用create_vocabulary（）函数生成词汇表。

```
# define preprocessing function and tokenization function
prep_fun = tolower
tok_fun = word_tokenizer

it_train = itoken(train$review,
             preprocessor = prep_fun,
             tokenizer = tok_fun,
             ids = train$id,
             progressbar = FALSE)
vocab = create_vocabulary(it_train)
```

或者，我们可以创建令牌列表并在下个步骤中再次用到。列表中的每个元素都应该表示一个文档，每个元素应该是一个标记的字符向量。

```
library(magrittr)
library(tidyverse)
library(text2vec)

train_tokens = train$review %>%
  prep_fun %>%
  tok_fun
it_train = itoken(train_tokens,
                  ids = train$id,
```

```
                    # turn off progressbar because it won't look nice in rmd
                    progressbar = FALSE)

vocab = create_vocabulary(it_train)
vocab
```

```
## Number of docs: 4000
## 0 stopwords: ...
## ngram_min = 1; ngram_max = 1
## Vocabulary:
##               term term_count doc_count
##      1:        ufo          1         1
##      2:    bouchet          1         1
##      3:   atherton          1         1
##      4:     cyhper          1         1
##      5: instalment          1         1
##    ---
## 38450:         to      21891      3796
## 38451:         of      23477      3794
## 38452:          a      26398      3880
## 38453:        and      26917      3868
## 38454:        the      53871      3970
```

```
vectorizer = vocab_vectorizer(vocab)
t1 = Sys.time()
dtm_train = create_dtm(it_train, vectorizer)
print(difftime(Sys.time(), t1, units = 'sec'))
```

```
## Time difference of 0.4296474 secs
```

```
dim(dtm_train)
```

```
## [1]  4000 38454
```

```
identical(rownames(dtm_train), train$id)
```

```
## [1] TRUE
```

一旦我们有了一个词汇表，我们就可以构建一个文档术语矩阵。

```
vectorizer = vocab_vectorizer(vocab)
t1 = Sys.time()
dtm_train = create_dtm(it_train, vectorizer)
print(difftime(Sys.time(), t1, units = 'sec'))
```

此时，我们已准备好拟合我们的模型。在这里，我们将使用 glmnet（Lasso 和 Elastic-Net 正则化广义线性模型）包来拟合具有 L1 惩罚（LASSO = 最小绝对收缩和选择算子）和四重交叉验证的逻辑回归模型。

```
library(glmnet)
NFOLDS = 4
t1 = Sys.time()
glmnet_classifier =
  cv.glmnet(x = dtm_train,
```

```
            y = train[['sentiment']],
                              family = 'binomial',

## for the movie_reviews this is "binomial",
## for the food reviews it is 1-5, so "multinomial"

                             # L1 penalty
                              alpha = 1,
                              # interested in the area under ROC curve
                              type.measure = "auc",
                              # 5-fold cross-validation
                              nfolds = NFOLDS,
                              # high value is less accurate, but has faster training
                              thresh = 1e-3,
                              # again lower number of iterations for faster training
                              maxit = 1e3)
print(difftime(Sys.time(), t1, units = 'sec'))
```

```
## Time difference of 2.242048 secs
```

```
plot(glmnet_classifier)
```

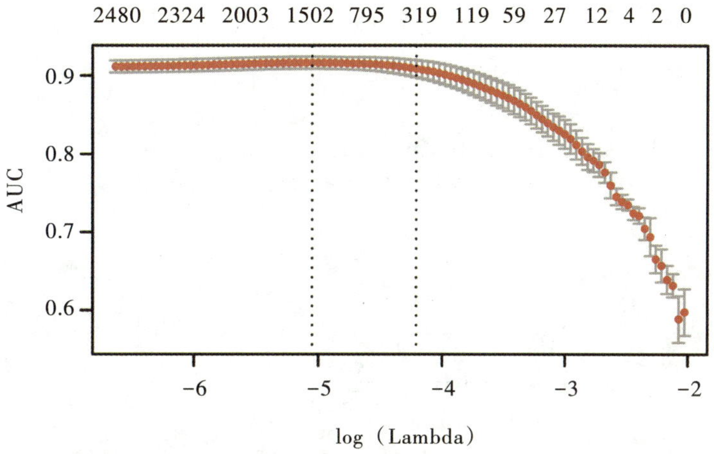


```
print(paste("max AUC =", round(max(glmnet_classifier$cvm), 4)))
```

```
## [1] "max AUC = 0.9161"
```

我们已经成功地将模型安装到DTM中。现在，我们可以根据测试数据检查模型的性能。请注意，我们使用的函数与预组装和标记化完全相同。此外，我们还重复使用将术语映射到索引的同一矢量器函数。

```
# Note that most text2vec functions are pipe friendly!
it_test = test$review %>%
  prep_fun %>% tok_fun %>%
  # turn off progressbar because it won't look nice in rmd
  itoken(ids = test$id, progressbar = FALSE)


dtm_test = create_dtm(it_test, vectorizer)
```

```
preds = predict(glmnet_classifier, dtm_test, type = 'response')[,1]
glmnet:::auc(test$sentiment, preds)
```

```
## [1] 0.9151781
```

结果表明，测试数据的性能与交叉验证的预期大致相同。但请注意，模型的训练时间很长。我们可以通过“删减”词汇表来减少词汇量，显著提高准确性。例如，我们可以在几乎所有文档中找到单词“a”“the”“in”“I”“you”“on”等，但它们并没有提供多少有用的信息。通常这类词被称为“停止词”。同时，语料库中也包含非常罕见的术语，这些术语仅包含在少数文档中。这些术语也是无用的，因为我们没有足够的统计数据。在这里，我们将删除预定义的“停止词”（stopwords），这是非常常见和非常不寻常的术语。

```
stop_words = c("i",
               "me",
               "my",
               "myself",
               "we",
               "our",
               "ours",
               "ourselves",
               "you",
               "your",
               "yours")

t1 = Sys.time()
vocab = create_vocabulary(it_train, stopwords = stop_words)
print(difftime(Sys.time(), t1, units = 'sec'))
```

```
## Time difference of 0.2090459 secs
```

```
pruned_vocab = prune_vocabulary(vocab,
                                term_count_min = 10,
                                doc_proportion_max = 0.5,
                                doc_proportion_min = 0.001)
vectorizer = vocab_vectorizer(pruned_vocab)


# create dtm_train with new pruned vocabulary vectorizer

t1 = Sys.time()
dtm_train  = create_dtm(it_train, vectorizer)
print(difftime(Sys.time(), t1, units = 'sec'))
```

```
## Time difference of 0.209995 secs
```

```
dim(dtm_train)
```

```
## [1] 4000 6542
```

```
# create DTM for test data with the same vectorizer:

dtm_test = create_dtm(it_test, vectorizer)
dim(dtm_test)
```

```
## [1] 1000 6542
```

此模型可以通过使用n-gram而不是以下代码块中的单词来改进，我们最多使用2-gram：

```
t1 = Sys.time()
vocab = create_vocabulary(it_train, ngram = c(1L, 2L))
print(difftime(Sys.time(), t1, units = 'sec'))
```

```
## Time difference of 0.697365 secs
```

```
vocab = prune_vocabulary(vocab, term_count_min = 10,
                         doc_proportion_max = 0.5)

bigram_vectorizer = vocab_vectorizer(vocab)

dtm_train = create_dtm(it_train, bigram_vectorizer)

t1 = Sys.time()
glmnet_classifier = cv.glmnet(x = dtm_train, y = train[['sentiment']],
                  family = 'binomial',
                  alpha = 1,
                  type.measure = "auc",
                  nfolds = NFOLDS,
                  thresh = 1e-3,
                  maxit = 1e3)
print(difftime(Sys.time(), t1, units = 'sec'))
```

```
## Time difference of 1.626327 secs
```

```
plot(glmnet_classifier)
```

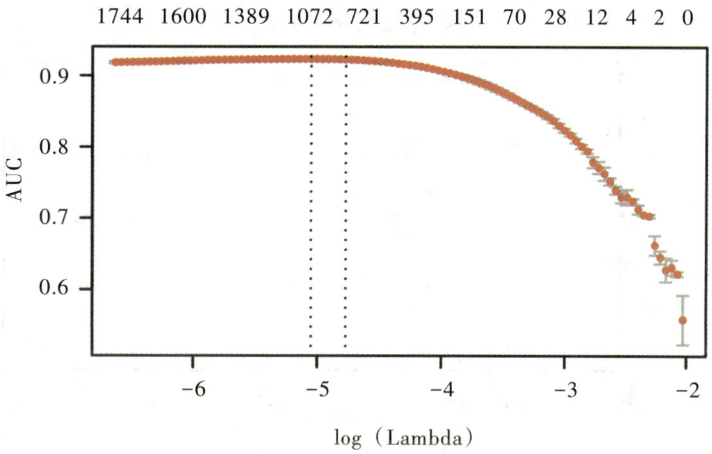


```
print(paste("max AUC =", round(max(glmnet_classifier$cvm), 4)))
```

```
## [1] "max AUC = 0.9235"
```

```
# apply vectorizer
dtm_test = create_dtm(it_test, bigram_vectorizer)

preds =
  predict(glmnet_classifier,
          dtm_test,
          type = 'response')[,1]

glmnet:::auc(test$sentiment, preds)
```

```
## [1] 0.9294646
```

为了进一步提高性能，我们可以使用“特征散列”，它可以避免查找关联数组，从而获得更快的速度。另一个好处是内存占用低，因为我们可以使用 text2vec 将任意数量的特性映射到更紧凑的空间中。这种方法通常会使 AUC 值略微变差，以换取执行时间的改善，这对于大量的文档集合来说优势明显。

```
h_vectorizer = hash_vectorizer(hash_size = 2 ^ 14, ngram = c(1L, 2L))

t1 = Sys.time()
dtm_train = create_dtm(it_train, h_vectorizer)
print(difftime(Sys.time(), t1, units = 'sec'))
```

```
## Time difference of 0.6586969 secs
```

```
t1 = Sys.time()
glmnet_classifier = cv.glmnet(x = dtm_train, y = train[['sentiment']],
                              family = 'binomial',
                              alpha = 1,
                              type.measure = "auc",
                              nfolds = 5,
                              thresh = 1e-3,
                              maxit = 1e3)
print(difftime(Sys.time(), t1, units = 'sec'))
```

```
## Time difference of 2.570303 secs
```

```
plot(glmnet_classifier)
```

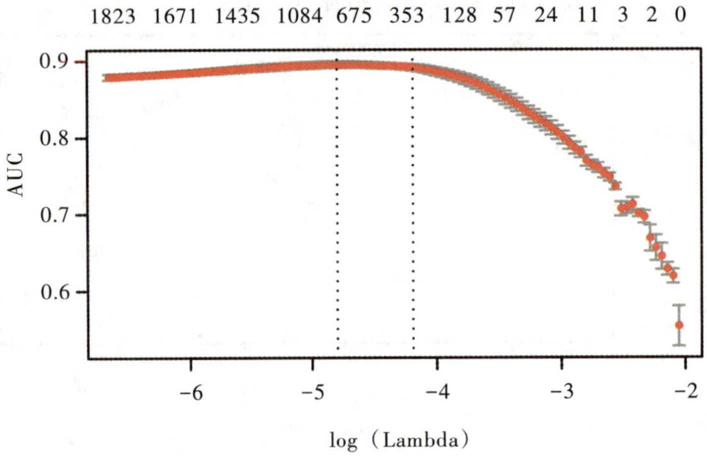


```
print(paste("max AUC =", round(max(glmnet_classifier$cvm), 4)))
```

```
## [1] "max AUC = 0.8947"
```

```
dtm_test = create_dtm(it_test, h_vectorizer)

preds =
  predict(glmnet_classifier,
          dtm_test ,
          type = 'response')[, 1]

glmnet:::auc(test$sentiment, preds)
```

```
## [1] 0.898901
```

在分析之前，使用 normalize 函数转换 DTM 可能很有用，因为集合中文档的长度可能会有很大差异。归一化会转换 DTM 的行，因此我们调整在不同尺度上测量的值，以不转换行，这样可以使行值的和等于1。还有一个 TfIdf 函数，它不仅可以对 DTM 进行归一化，还可以增加术语的权重，并降低大多数文档中使用的术语的权重。两者都可以进一步缩短执行时间并提高准确性，这在非常大的数据集中可能很有价值。

5.9 参考文献

Ameen, Elsie C., and Jerry R. Strawser. 1994. Investigating the Use of Analytical Procedures: An Update and Extension. *Auditing* 13 (2): 69.American Accounting Association.

Anderson, John C., Marianne M. Jennings, Steven E. Kaplan, and Philip M.J. Reckers. 1995. The Effect of Using Diagnostic Decision Aids for Analytical Procedures on Judges' Liability Judgments. *Journal of Accounting and Public Policy* 14 (1): 33-62. Elsevier.

Anderson, Urton L., Lisa Koonce, and Garry Marchant. 1994. The Effects of Source-Competence Information and Its Timing on Auditors' Performance of Analytical Procedures. *Auditing* 13 (1): 137. American Accounting Association.

Asare, Stephan K., and A. Wright. 1997. Hypothesis Revision Strategies in Conducting Analytical Procedures. *Accounting, Organizations and Society* 22 (8): 737-755. Elsevier.

Asare, Stephen K., and Arnold M. Wright. 1997. Evaluation of Competing Hypotheses in Auditing. *Auditing* 16 (1): 1. American Accounting Association.

Biggs, Stanley F., Theodore J. Mock, and Paul R. Watkins. 1988. Auditor's Use of Analytical Review in Audit Program Design. *The Accounting Review* 63 (1): 148-161. JSTOR.

Coakley, James R. 1995. Using Pattern Analysis Methods to Supplement Attention Directing Analytical Procedures. *Expert Systems with Applications* 9 (4): 513-528. Elsevier.

Coakley, James R., and Carol E. Brown. 1993. Artificial Neural Networks Applied to Ratio Analysis in the Analytical Review Process. *Intelligent Systems in Accounting, Finance and Management* 2 (1): 19-39. Wiley Online Library.

Kinney, William R. 1979. The Predictive Power of Limited Information in Preliminary Analytical Review: An Empirical Study. *Journal of Accounting Research* 17: 148-165. JSTOR.

Kinney Jr, William R., andWilfred C. Uecker. 1982. Mitigating the Consequences of Anchoring in Auditor Judgments. *The Accounting Review* 57 (1): 55-69. JSTOR.

Knechel, W. Robert. 1988. The Effectiveness of Statistical Analytical Review as a Substantive Auditing Procedure: A Simulation Analysis. *The Accounting Review* 63 (1): 74-95. JSTOR.

Kogan, Alexander, Michael G. Alles, Miklos A. Vasarhelyi, and Jia Wu. 2010. Analytical Procedures for Continuous Data Level Auditing: Continuity Equations 1. Citeseer.

Koskivaara, Eija. 2004a. Artificial Neural Networks for Analytical Review in Auditing. fi= Turun yliopisto| en= University of Turku|.

________.2004b. Visualization of Patterns in Accounting Data with Self-Organizing Maps. In *Business Intelligence Techniques*, 133–147. Berlin: Springer.

________. 2006. Integrating Analytical Procedures into the Continuous Audit Environment. *JISTEM-Journal of Information Systems and Technology Management* 3 (3): 331–346. SciELO Brasil.

Koskivaara, Eija, and Barbro Back. 2007. Artificial Neural Network Assistant (Anna) for Continuous Auditing and Monitoring of Financial Data. *Journal of Emerging Technologies in Accounting* 4 (1): 29–45.

Libby, Robert. 1985. Availability and the Generation of Hypotheses in Analytical Review. *Journal of Accounting Research* 23 (2): 648–667. JSTOR.

Loebbecke, James K., and Paul J. Steinbart. 1987. An Investigation of the Use of Preliminary Analytical Review to Provide Substantive Audit Evidence. *Auditing–A Journal of Practice & Theory* 6 (2): 74–89. Amer Accounting Assoc.

Mueller, Jennifer M., and John C. Anderson. 2002. Decision Aids for Generating Analytical Review Alternatives: The Impact of Goal Framing and Audit-Risk Level. *Behavioral Research in Accounting* 14 (1): 157–177.

Nelson, Mark W. 1994. The Learning and Application of Frequency Knowledge in Audit Judgment. *Journal of Accounting Literature* 13: 185. Elsevier BV.

Stringer, Kenneth W. 1975. A Statistical Technique for Analytical Review. *Journal of Accounting Research* 13: 1–9. JSTOR.

Wilson, Arlette C., and Janet Colbert. 1989. An Analysis of Simple and Rigorous Decision Models as Analytical Procedures. *Accounting Horizons* 3 (4): 79. American Accounting Association.

第6章 分析复核：智能扫描

6.1 互联网资源智能扫描

分析程序包括研究财务数据和非财务数据之间的合理关系。在21世纪中期之前，此类信息来源零散、不可靠且稀缺，事实上，这是市场认为年度财务报表需要审计的主要原因。今天，有许多社交网络、新闻和讨论板提供原始的和精心策划的有用的商业情报流来源。未扫描此类客户和行业情报的审计师将增加审计成本，并且未调查其客户财务状况的所有可用信息会被视为一种疏忽行为。

虽然这些信息是可用的，但原始信息本身可能需要大量的解释和处理，审计师才能依赖这些信息进行审计工作。对分析复核最有用的信息可能是定性数据和文本性数据，因此不适合用电子表格包和统计程序进行数学分析。当定性数据用于衡量客户、投资者、合作伙伴、员工和供应商对公司的看法时，它可能最有用。只是在最近的十年中，才有工具从互联网流和数据库中收集此类情报。本章提供了一套工具，帮助审计师解释和理解通过互联网访问的相关定性数据。我提供了将定性审计情报映射到消费者、投资者和供应商情绪的算法。我还建议为审计提供有用的互联网资源，并提供算法来解释所查阅的有关审计客户、其竞争对手和行业的情报。

6.2 使用整洁的数据进行情绪分析

当读者阅读一段文本时，我们会利用对词语情绪意图的理解来推断一段文本是正面的还是负面的，或者可能以其他更细微的看法为特征，如惊讶或厌恶。我们可以使用文本挖掘工具以编程方式接近文本的情绪内容。我们首先用R语言的“整洁”结构表示文本：

- 每个变量都是一列
- 每次观察都是一行
- 每种类型的观测单元都是一个表格

因此，我们将整洁文本格式定义为每行一个标记的表。标记是我们有兴趣进行分析的有意义的文本单元，如单词，标记化是将文本拆分为标记的过程。这种每行一个标记的结构与当前分析中文本的存储方式（可能是字符串或文档术语矩阵）形成对比。对于整洁的文本挖掘，存储在每一行中的标记通常是一个单词，但也可以是n-gram、句子或段落。R的tidytext包提供了通过这些常用文本单元进行标记并转换为每行一个术语的格式的功能。

分析文本情绪的一种方法是将文本作为单个词语的情绪内容的总和，将它的单个词和整个文本的情感内容结合起来。这不是进行情感分析的唯一方法，但它是一种经常使用的方法，也是一种自然利用整洁工具生态系统的方法。tidytext包在情绪数据集中包含多个情绪词汇。例如，考虑下面的代码块：

```
library(tidytext)
sentiments
```

```
## # A tibble: 6,786 x 2
##    word           sentiment
##    <chr>          <chr>
##  1 2-faces        negative
##  2 abnormal       negative
##  3 abolish        negative
##  4 abominable     negative
##  5 abominably     negative
##  6 abominate      negative
##  7 abomination    negative
##  8 abort          negative
##  9 aborted        negative
## 10 aborts         negative
## # ... with 6,776  more rows
```

这三个通用词汇是：（1）来自芝加哥伊利诺伊大学的刘兵和其合作者的bing；（2）来自FinnÅrup Nielsen的AFINN；（3）来自Saif Mohammad和Peter Turney的nrc。

这三种词汇都是基于字母组合，即单个词语。这些词汇包含许多英语单词，这些单词被指定为积极/消极情绪的分数，也可能是快乐、愤怒、悲伤等情绪的分数。所有这三个都是通过众包（例如，使用Amazon Mechanical Turk）或由其中一位作者的劳动构建的，并再次使用众包、餐厅或电影评论或Twitter数据的某种组合进行了验证。

nrc词典以二元方式（“是”/“否”）将单词分为积极、消极、愤怒、期盼、厌恶、恐惧、喜悦、悲伤、惊讶和信任。

bing词典以二元方式将单词分为积极和消极两类。

AFINN词典为单词分配的分数介于-5分和5分之间，负分数表示负面情绪，正分数表示正面情绪。

所有这些信息都列在情绪数据集中，tidytext提供了一个函数get_mountains（）来获取特定的情绪词汇，而不包含该词汇中未使用的列。

```
get_sentiments("afinn")
```

```
## # A tibble: 2,477 x 2
##    word         value
##    <chr>        <dbl>
##  1 abandon         -2
##  2 abandoned       -2
##  3 abandons        -2
##  4 abducted        -2
##  5 abduction       -2
##  6 abductions      -2
##  7 abhor           -3
##  8 abhorred        -3
##  9 abhorrent       -3
## 10 abhors          -3
## # ... with 2,467 more rows
```

```
get_sentiments("bing")
```

```
## # A tibble: 6,786 x 2
##    word          sentiment
##    <chr>         <chr>
##  1 2-faces       negative
##  2 abnormal      negative
##  3 abolish       negative
##  4 abominable    negative
##  5 abominably    negative
##  6 abominate     negative
##  7 abomination   negative
##  8 abort         negative
##  9 aborted       negative
## 10 aborts        negative
## # ... with 6,776 more rows
```

```
get_sentiments("nrc")
```

```
## # A tibble: 13,901 x 2
##    word            sentiment
##    <chr>           <chr>
##  1 abacus          trust
##  2 abandon         fear
##  3 abandon         negative
##  4 abandon         sadness
##  5 abandoned       anger
##  6 abandoned       fear
##  7 abandoned       negative
##  8 abandoned       sadness
##  9 abandonment     anger
## 10 abandonment     fear
## # ... with 13,891 more rows
```

还有一些特定领域的情感词汇可用于特定内容领域的文本，如会计和金融。基于词典的方法，比如我们正在讨论的方法，通过将文本中每个单词的个人情感分数相加，来发现文本的总体情感。并不是每个英语单词都在词典中，因为很多英语单词都是中性的。关键是要记住，这些方法不考虑单词前的限定词，如“不好”或“不正确”，这样的基于词典的方法只基于单格（unigrams）。

最后一个警告是，我们用来计算单格情绪分数的文本块的大小可能会对结果产生影响。许多段落式的文本通常可以将正面和负面情绪平均到零左右，而句子式或段落式的文本通常效果更好。

有了整洁格式的数据，情绪分析可以作为内部连接来完成。这是将文本挖掘视为一项整洁数据分析任务的另一个巨大成功。就像移除停止词是一种反连接操作一样，执行情绪分析也是一种内部连接操作。让我们来看看NRC词汇表中的单词。在本例中，我们从SEC的EDGAR数据库中捕获了一份HTML格式的通用汽车公司2017年10-K报告，证明HTML文档可以用于工作文件，也可以用于XBRL格式的工作文件。

```
library(htm2txt)
library(kableExtra)
library(tokenizers)
library(wordcloud)
library(tidyverse)
library(tidytext)
```

```
txt <- gettxt("https://www.sec.gov/Archives/edgar/data/1467858/000146785818000022/gm201710k.htm",
    encoding = "UTF-8")

text_stuff <- htm2txt(txt) %>% tokenize_words() %>% unlist() %>% as.data.frame()

colnames(text_stuff) <- "word"

stuff_sentiment <- text_stuff %>% inner_join(get_sentiments("bing"), by = "word")

text_stuff %>% anti_join(get_stopwords()) %>% inner_join(stuff_sentiment) %>% count(word) %>%
    with(wordcloud(word, colors = rainbow(3), rot.per = 0.15, n, max.words = 1000))
```

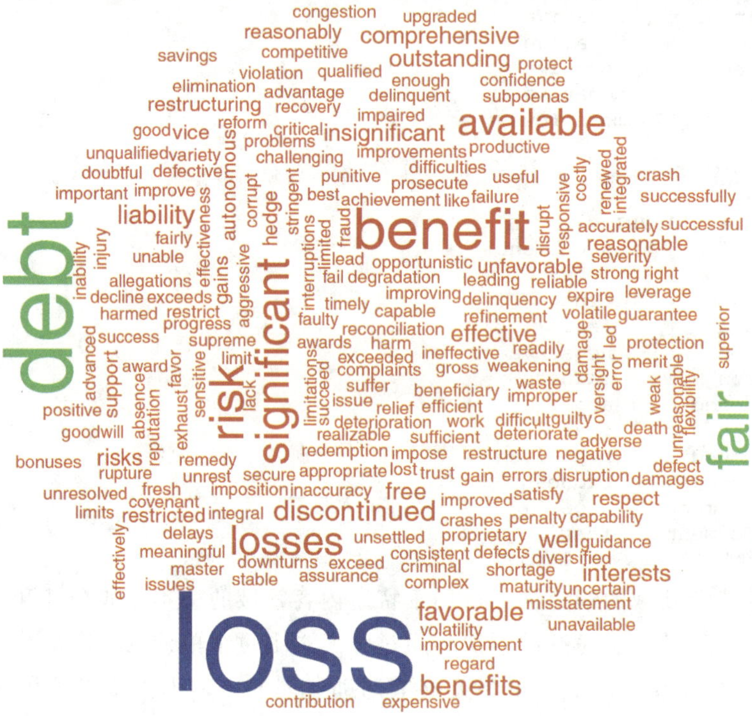


```
net_sentiment <- text_stuff %>% inner_join(get_sentiments("bing"), by = "word") %>%
    count(sentiment) %>% spread(sentiment, n, fill = 0) %>% mutate(net_positive = positive -
    negative, proportion__positive = positive/negative - 1)

net_sentiment %>% kable(longtable = T, "latex", booktabs = T) %>% kable_styling(bootstrap_options = c("striped",
    "hover", "condensed"), full_width = F, font_size = 10)
```

Negative （消极的）	Positive （正面的）	Net_positive （净值）	Proportion_positive （正比例）
1 138	1 316	178	0.1564148

在这里，一个词的文本大小与其情绪中的频率成正比。我们可以使用这种可视化方式查看最重要的正面和负面词语，但这些词的文本大小在不同的情绪中是不可比较的。

在其他函数中，如comparison.cloud（），可能需要使用reforme2的acast（）将数据帧转换为矩阵。让我们做情绪分析，使用内部连接标记积极和消极的词，然后找到最常见的积极和消极的词。在我们需要将数据发送到comparison.cloud（）之前，这一切都可以通过连接、管道和dplyr来完成，因为我们的数据是整洁的格式。

```
library(reshape2)
library(wordcloud)

stuff_sentiment %>%
  inner_join(get_sentiments("bing")) %>%
  count(word, sentiment, sort = TRUE) %>%
  acast(word ~ sentiment, value.var = "n", fill = 0) %>%
  comparison.cloud(colors = c("gray20", "gray80"),
                   max.words = 100)
```

对于情绪词汇有几个选项，您可能需要更多的信息以确定哪一个适合您的目的。让我们使用所有三个情绪词汇，并检查情绪是如何变化的。我使用internal_join（）以不同的方式计算情绪。AFINN词典用一个介于-5和5之间的分数，而另外两个词汇则以二元方式对单词进行分类：要么是肯定的，要么是否定的。使用整型除法（%/%）来定义跨多行的较大文本部分，我们可以使用相同的模式与tidyverse库的管道（%>%）、count（）、spread（）和mutate（）来查找情绪。

```
library(tidyverse)
library(Hmisc)


cat("\n\n afinn")
```

```
##
##
##  afinn
```

```
get_sentiments("afinn") %>%
  describe()
```

```
## .
##
##  2  Variables      2477  Observations
## ---------------------------------------------------------------------------------
## word
##         n  missing distinct
##      2477        0     2477
##
## lowest : abandon    abandoned abandons  abducted  abduction
## highest: yucky      yummy     zealot    zealots   zealous
## ---------------------------------------------------------------------------------
## value
##         n  missing distinct      Info      Mean       Gmd       .05       .10
##      2477        0       11     0.931   -0.5894     2.303        -3        -3
##       .25      .50      .75       .90       .95
##        -2       -2        2         2         3
##
## Value          -5    -4    -3    -2    -1     0     1     2     3     4     5
## Frequency      16    43   264   966   309     1   208   448   172    45     5
## Proportion  0.006 0.017 0.107 0.390 0.125 0.000 0.084 0.181 0.069 0.018 0.002
## ---------------------------------------------------------------------------------
```

```
cat("\n\n nrc")
```

```
##
##
##  nrc
```

```
get_sentiments("nrc") %>%
     filter(sentiment %in% c("positive",
                             "negative")) %>%
     describe()
```

```
## .
##
##  2  Variables      5636  Observations
## ---------------------------------------------------------------------------------
## word
##         n  missing distinct
##      5636        0     5555
##
## lowest : abandon     abandoned     abandonment abba        abduction
## highest: youth       zeal          zealous     zest        zip
## ---------------------------------------------------------------------------------
## sentiment
##         n  missing distinct
##      5636        0        2
##
## Value        negative positive
## Frequency        3324     2312
## Proportion       0.59     0.41
## ---------------------------------------------------------------------------------
```

```
cat("\n\n bing")
```

```
##
##
##  bing
```

```
get_sentiments("bing") %>%
      filter(sentiment %in% c("positive",
                              "negative"))  %>%
      describe()
```

```
## .
##
##  2  Variables      6786  Observations
## ---------------------------------------------------------------------------------
```

```
## word
##        n  missing distinct
##     6786        0     6783
##
## lowest : 2-faces    abnormal    abolish     abominable abominably
## highest: zealously  zenith      zest        zippy      zombie
## --------------------------------------------------------------------------------
## sentiment
##        n  missing distinct
##     6786        0        2
##
## Value       negative positive
## Frequency       4781     2005
## Proportion     0.705    0.295
## --------------------------------------------------------------------------------
```

bing和NEC词汇的否定词多于肯定词，bing词汇的否定词与肯定词的比率高于NRC词汇。这将导致我们在上图中看到的效果，以及单词匹配中的任何系统性差异。

同时包含情绪和单词的数据框架的一个优点是，我们可以分析影响每种情绪的单词数量。通过在这里使用单词和情绪的参数执行count（），我们可以发现每个单词对每种情绪的贡献有多大。

```
bing_word_counts <- stuff_sentiment %>%
  inner_join(get_sentiments("bing")) %>%
  count(word, sentiment, sort = TRUE) %>%
  ungroup()

head(bing_word_counts)
```

```
## # A tibble: 6 x 3
##   word        sentiment     n
##   <chr>       <chr>     <int>
## 1 loss        negative    155
## 2 debt        negative    124
## 3 fair        positive     91
## 4 benefit     positive     89
## 5 risk        negative     81
## 6 significant positive     76
```

这可以直观地显示出来，如果愿意的话，我们可以将（%>%）直接导入ggplot2，因为我们一贯使用为处理整洁的数据帧而构建的工具。

```
bing_word_counts %>%
  group_by(sentiment) %>%
  top_n(10) %>%
  ungroup() %>%
  mutate(word = reorder(word, n)) %>%
  ggplot(aes(word, n, fill = sentiment)) +
  geom_col(show.legend = FALSE) +
  facet_wrap(~sentiment, scales = "free_y") +
  labs(y = "Contribution to sentiment",
       x = NULL) +
  coord_flip()
```

在情绪分析中我们发现了一个异常现象："损失"、"债务"和"公平"是用于描述许多会计情况和账目的通用词。如果符合我们的目的，我们可以使用bind_rows（）轻松地将"loss"添加到自定义停止词列表中。我们可以通过这样的策略来实现这一点。

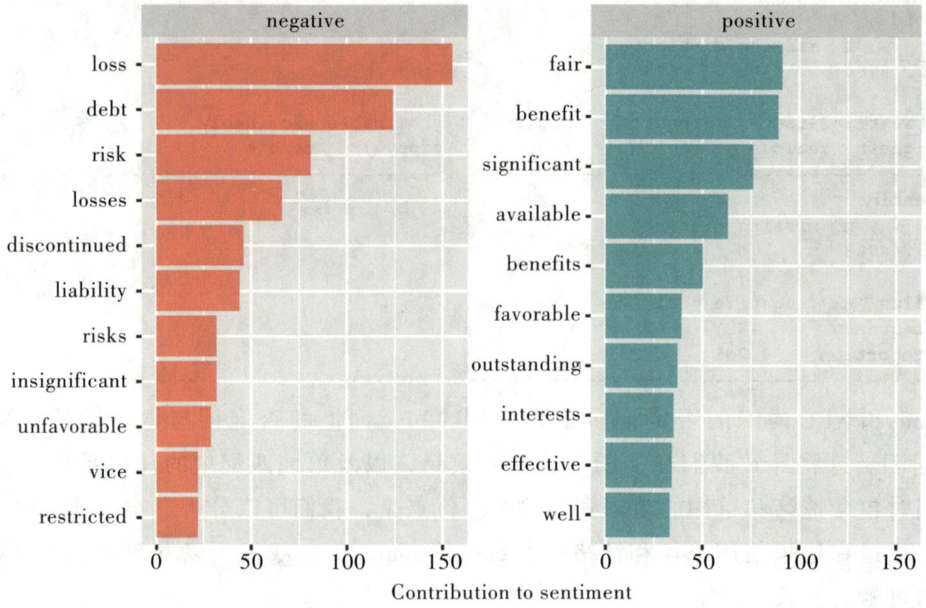


```
library(tidytext)
library(tidyverse)
library(wordcloud)

custom_stop_words <-
  bind_rows(tibble(word = c("loss", "debt", "fair"),
  lexicon = c("custom")),
  get_stopwords())

head(custom_stop_words)
```

```
## # A tibble: 6 x 2
##   word  lexicon
##   <chr> <chr>
## 1 loss  custom
## 2 debt  custom
## 3 fair  custom
## 4 i     snowball
## 5 me    snowball
## 6 my    snowball
```

```
## here is our prior wordcloud with custom_stop_words

text_stuff %>%
  anti_join(custom_stop_words) %>%
  inner_join(stuff_sentiment) %>%
  count(word) %>%
  with(wordcloud(word,
                 colors = rainbow(3),
                 rot.per = 0.15, n,
                 max.words = 1000)
      )
```

许多有用的工作可以通过在单词层面进行标记化来完成，但有时查看不同的文本单位是有用的或必要的。例如，一些情绪分析算法不仅仅着眼于单字（即单个单词），而且试图从整体上理解句子的情绪。这些算法试图理解“我今天过得不好”是一个悲伤的

句子，而不是一个快乐的句子，因为其中有否定词。R包、coreNLP、cleanNLP和sentimentr就是此类感伤分析算法的示例。对于这些，我们可能希望将文本标记为句子。

6.3　扫描社交网络中未经认证的新闻来源

推特可以说是所有市场分析中最重要的社交网络目标。Facebook、MySpace、Instagram、Snapchat、LinkedIn、微信等可能会提供更多有用的营销信息，但法规要么完全禁止数据的传播（如LinkedIn），要么将其限制在您可能正好认识的人的范围（Facebook）。本节介绍如何访问Twitter的API（应用程序编程接口）。

Twitter每天约有1.3亿活跃用户，这一数字大大超过了金融的专业社交平台（如StockTwits），而这些社交平台的使用量以数十万计。尽管它不是金融专有的，但Twitter上的金融信息交换量远远大于定制金融平台上的信息交换量。此外，Twitter更有可能报告市场、竞争对手和产品特定的问题，这些问题往往会推动今天的估值。我在这里使用rtweet包从Twitter中提取信息。

“#”符号用于表示推特上的个人。单词前的#符号告诉Twitter“索引”所有具有此标签的交易。Twitter收集所有拥有它的帖子，并比使用查询引擎进行搜索更快地检索它们。

“@”符号用于表示推特上的个人。它与用户名结合并插入推文中，以提及此人或向其发送公开消息。当@位于用户名之前时，它会自动链接到该用户的个人资料页面。

用户可以是个人或公司。

使用rtweet不需要接收令牌，只需要一个用户账户。但是OAuth认证允许访问Twitter上的更多功能，例如发布。如果需要完全访问权限，请转到https：//developer.twitter.com（Twitter开发者网站）创建应用程序并申请消费者密钥和消费者秘密，在“Callback URL”中输入：http：//127.0.0.1：1410。

Twitter的身份验证过程包括创建一个Twitter应用程序并进行“握手”。每次您想通过R语言从Twitter获取数据时，您都必须“握手”。因为Twitter发布了API的1.1版，所以您做的每一个请求都需要OAuth“握手”。以下步骤将使您进入Twitter API：

（1）在Twitter上创建应用程序：转到apps.twitter.com/并使用您的Twitter账户登录。从右上角的个人资料图片中选择下拉菜单并查找“我的应用程序”。单击它，然后单击“创建新应用程序”。作为Callback URL输入：*http：//127.0.0.1：1410，单击“Create*”您将被重定向到一个屏幕，屏幕上显示了新应用程序的所有OAuth设置。

（2）使用setup_twitter_OAuth（）函数，该函数使用httr包。从Twitter上的应用程序设置中获取您的api_key和api_secret，以及您的access_token和access_token_secret（单击“API key”选项卡查看它们）。这里有一个例子。

```
## install devtools package if it's not already
if (!requireNamespace("devtools", quietly = TRUE)) {
  install.packages("devtools")
}

## install dev version of rtweet from github
devtools::install_github("mkearney/rtweet")
install.packages("maps")
## load rtweet package
library(rtweet)
library(maps)

## access token method: create token and save it as an environment variable
create_token(
  app = "Test_of_the_API_platform",
  consumer_key = 'AWsZc3pjFsgAFlBK4OHRlyGtK',
  consumer_secret =  'DTRvorcjSaQQ1goWzynZ2tc226mgRvQ1JPxGur7nQMTesuXw3z',
  access_token = '14122740-FWlOwlo4qvhiy6oTcRypgVaIyvmlg1OZLudAToO6c',
  access_secret = 'sYjzQMjFKQFvMVRCU9gYx7bOteiS4XCoLvCgodTJZVm7y')
```

```
## <Token>
## <oauth_endpoint>
##  request:   https://api.twitter.com/oauth/request_token
##  authorize: https://api.twitter.com/oauth/authenticate
##  access:    https://api.twitter.com/oauth/access_token
## <oauth_app> Test_of_the_API_platform
##   key:    AWsZc3pjFsgAFlBK4OHRlyGtK
##   secret: <hidden>
## <credentials> oauth_token, oauth_token_secret
## ---
```

```
## Google API key for accessing geo location data through Google Maps
westland_api <- 'AIzaSyCErk3aBmPoG1FAKEqNUz6elhD6ZrR2MQtN7W0'

# To test your authentication, search for 18000 tweets using the rstats hashtag
rt <- search_tweets(
  "#rstats", n = 18000, include_rts = FALSE
)
```

6.3.1 提取有关通用汽车和汽车行业的推文

```
library(tidyverse)
library(rtweet)




##Query used to select and customize streaming collection method.
## There are four possible methods.

## (1) The default, q = "",
## returns a small random sample of all publicly available Twitter statuses.

## (2) To filter by keyword, provide
## a comma separated character string with the desired phrase(s) and keyword(s).

## (3) Track users by providing a comma separated list of user IDs or screen names.

## (4) Use four latitude/longitude bounding box points to stream by geo location.
##This must be provided via a vector of length 4, e.g., c(-125, 26, -65, 49).


stream_tweets(
  q = "auto, car, general motors, GM",
  timeout = 100,     ## the number of seconds that you will access.
                     ## Max 18000 tweets / 15 min
  parse = FALSE,     ## we'll do this later
  file_name = "tweetsaboutGM.json"
)

## read in the data as a tidy tbl data frame
djt <- parse_stream("tweetsaboutGM.json")

djt <- djt[,3:6]  ## just a few things we'd like to see
glimpse(djt)
```

```
## Observations: 1,105
## Variables: 4
## $ created_at  <dttm> 2019-12-24 16:09:38, 2019-12-24 16:09:38, 2019-12-24 16:...
## $ screen_name <chr> "mickey_theGreat", "dasanilacourr", "javandon", "kyuthuyt...
## $ text        <chr> "He ''accidentally'' fucked her best friend in HER house so...
## $ source      <chr> "Twitter for iPhone", "Twitter for iPhone", "BIGO LIVE", ...
```

6.3.2 示例：提取有关 Roland 乐器及其行业的推文

对于以下R代码示例，我们将对互联网智能扫描感兴趣，以支持对Roland公司的假定分析复核。Roland公司拥有3 000名员工，总部位于日本滨松，致力于设计、制造和销售电子乐器。该公司在2014年之前以“TYO：7944”的名义公开交易，由于它不是一家美国上市公司，审计师无法访问 SEC-EDGAR 文件。

```
library(rtweet)
library(httpuv)

#Twitter rate limits cap the number of search results returned to 18,000 every 15 minutes.
## To request more than that,  set retryonratelimit = TRUE
## and rtweet will wait for rate limit resets for you.
## Here we search for 18000 tweets using the Roland hashtag
```

```
roland_tweets <- search_tweets(
  "#Roland", n = 18000, include_rts = FALSE, retryonratelimit = TRUE
)


## plot time series of tweets
roland_tweets %>%
  ts_plot("3 hours") +
  ggplot2::theme_minimal() +
  ggplot2::theme(plot.title = ggplot2::element_text(face = "bold")) +
  ggplot2::labs(
    x = NULL, y = NULL,
    title = "Frequency of #Roland Twitter statuses from past 9 days",
    subtitle = "Twitter status (tweet) counts aggregated using three-hour intervals",
    caption = "\nSource: Data collected from Twitter's REST API via rtweet"
  )
```

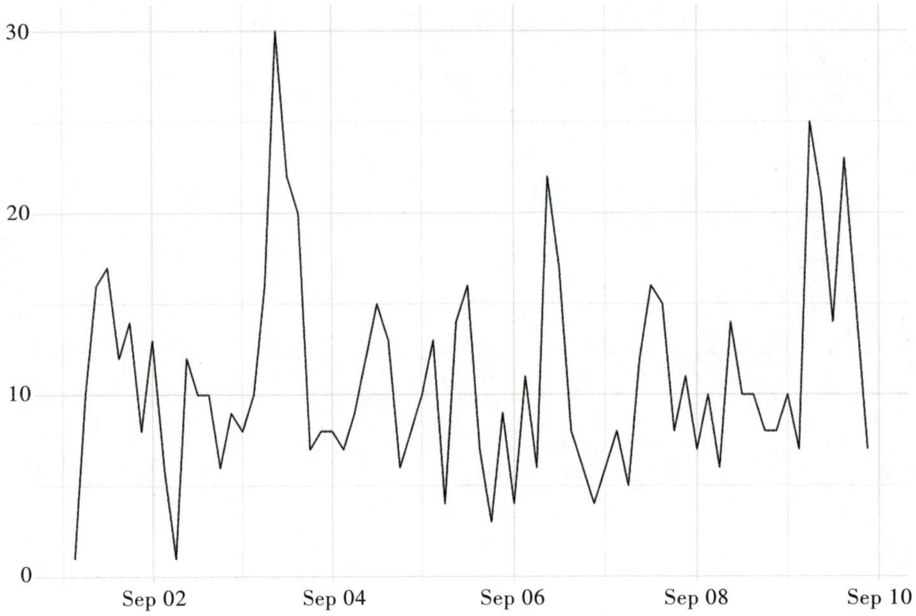

我可以使用 NRCWord-Emotion Association 词典（在 textdata 库的 R 包中可用）对 Roland 的推文进行快速情绪分析，该词典将单词与 10种情绪相关联：

```
- positive
- negative
- anger
- anticipation
- disgust
- fear
- joy
- sadness
- surprise
- trust
```

```
library(tidytext)
library(tidyverse)
library(textdata)
library(ggplot2)

reg <- "([^A-Za-z\\d#@']|'(?![A-Za-z\\d#@]))"
```

```
tweet_words <-
  roland_tweets %>%
  select(user_id,source,created_at,text) %>%
  filter(!str_detect(text, '^"')) %>%
  mutate(text = str_replace_all(text, "https://t.co/[A-Za-z\\d]+|&amp;", "")) %>%
  unnest_tokens(word, text, token = "regex", pattern = reg) %>%
  filter(!word %in% stop_words$word,
         str_detect(word, "[a-z]"))


sentmnt <- inner_join(
  get_sentiments("nrc"),
  tweet_words,
  by="word") %>%
  count(sentiment)


ggplot(sentmnt, aes(sentiment, n)) +
  geom_col() +
  theme(axis.text.x = element_text(angle = 45, hjust = 1)) +
  xlab("Sentiment") +
  ylab("Frequency expressed in tweets")
```

我们从这篇简短的分析中看到，总体上对Roland公司的看法是非常积极的。这显然为消费者和投资者的观点提供了一些洞见。但有一个重要的警告，和大多数社交平台一样，Twitter的管理能力非常弱，而且企业信息传递的质量也存在很大差异。它最好用于识别可能不会出现在其他来源中的潜在问题或异常。审计师将希望通过精心策划的新闻来源来增强对Twitter的分析，这是下一节的主题。

6.4　情报扫描策划的新闻流

精心策划的情报来源，如谷歌新闻、MacRumours和其他的新闻源，可以提供预先打包的信息。我最喜欢的是Feedly，这是一个新闻聚合器应用程序，它可以从各种在线资源中编译新闻提要，供用户自定义并与其他人分享。Feedly是一种典型的基于云的信息服务，它正在彻底改变审计过程。

首先访问https：//developer.feedly.com/，再转到https：//feedly.com/v3/auth/dev进行登录，获取用户ID，然后按照步骤获取访问令牌。这需要一个“专业”账户或一个常规账户，您要手动请求OAuth代码。

Feedly将返回您的访问令牌并刷新令牌，类似于下面的令牌，您可以将其保存在您的计算机上，以轻松访问Feedly内容。

```
Congratulations, you have successfully generated a developer access token.

Your user id is 448b1736-7c91-45d2-8a06-1cd797b12edc
Your access token:
AwPMVtPDxTUC7FAKEIb6_9P:feedlydev

(expires on 2019-03-15)

Your refresh token (help):
AwPMVtPDxTUC44wAQ

Do not share your tokens!
```

```
knitr::opts_chunk$set(echo = TRUE)


#' Simplifying some example package setup for this non-pkg example
.pkgenv <- new.env(parent=emptyenv())
.pkgenv$token <- Sys.getenv("FEEDLY_ACCESS_TOKEN")

#' In reality, this is more complex since the non-toy example has to
#' refresh tokens when they expire.
.feedly_token <- function() {
  return(.pkgenv$token)
}
```

出于本示例的目的，将“流”视为提要中的所有历史条目。最大“页面大小”（一次调用中返回的最大条目数）为 1 000。为简单起见，有一个笼统的假设，即如果实际存在连续性，我们可以要求大量的条目（例如，10 000）。

```
devtools::install_github("hrbrmstr/seymour")
devtools::install_github("hrbrmstr/hrbrthemes")

library(seymour)
library(hrbrthemes)
library(tidyverse)


# Find writeups for seymour functions at https://github.com/hrbrmstr/seymour/tree/master/man

## useful functions for extracting news are:
# feedly_search_contents: Search content of a stream
# feedly_search_title: Find feeds based on title, url or '#topic'
# feedly_stream: Retrieve contents of a Feedly ''stream''
# feedly_subscribe: Subscribe to an RSS feed
# feedly_subscriptions: Retrieve Feedly Subscriptions


## use Feedly to check news about Apple Inc. and its products
## (search "feedburner.com" and then the corporation names to see what is available)

apple_feed_id <- "feed/http://feeds.feedburner.com/MacRumors"

## Here is the stream function

feedly_stream(stream_id,
              ranked = c("newest", "oldest"),
              unread_only = FALSE,
              count = 1000L,
              continuation = NULL,
              feedly_token = feedly_access_token())

apple_stream <- feedly_stream(apple_feed_id)
glimpse(apple_stream)


## Here is another function

feedly_search_contents(query,
                       stream_id = NULL,
                       fields = "all",
                       embedded = NULL,
                       engagement = NULL,
                       count = 20L,
                       locale = NULL,
                       feedly_token = feedly_access_token())
```

```
f_search <-
  feedly_search_contents(q = "ipod",
                         stream_id = "apple_feed_id",
                         fields = "keywords")
glimpse(f_search)

# preallocate space
streams <- vector("list", 10)
streams[1L] <- list(apple_stream)

# catch all of the content

idx <- 2L
while(length(apple_stream$continuation) > 0) {
  cat(".", sep="") #  progress bar, sort of
  feedly_stream(
    stream_id = apple_feed_id,
    ct = 10000L,
    continuation = apple_stream$continuation
  ) -> rb_stream
  streams[idx] <- list(apple_stream)
  idx <- idx + 1L
}
cat("\n")


str(streams, 1)
str(streams[[1]], 1)
glimpse(streams[[1]]$items)
```

Feedly策划了众多新闻和博客媒体，这些媒体发布了来自正式新闻出版物的大量新闻，这些新闻将对审计的实施产生影响。我建议您使用各种lubridate、ggplot和tidyverse工具来分析和展示来自这个更大数据集的任何见解。

在审计中进行分析复核有许多精选新闻来源，每一种都有其优点。网络上最大的精选新闻整合者可以说是Google。newsAPI包用于使用R访问Google的News API。

```
## install script
if (!"devtools" %in% installed.packages()) {
  install.packages("devtools")
}
devtools::install_github("mkearney/newsAPI")

## load package
library(newsAPI)

# go to newsapi.org and register to get an API key.
# save the key as an environment variable

## my obscured key
NEWSAPI_KEY <- "079ee9e373894dcfb9a062a85c4e1e7e"

## save to .Renviron file
cat(
  paste0("NEWSAPI_KEY=", NEWSAPI_KEY),
  append = TRUE,
  fill = TRUE,
  file = file.path("~", ".Renviron")
)

## install script
if (!"devtools" %in% installed.packages()) {
  install.packages("devtools")
}
devtools::install_github("mkearney/newsAPI")
```

```
src <-  get_sources(category = "", language = "en", country = "", apiKey = NEWSAPI_KEY,
  parse = TRUE)

## load package
library(newsAPI)

df <- lapply(src$id, get_articles,apiKey=NEWSAPI_KEY)

## collapse into single data frame
df <- do.call("rbind", df)

## additional functions allow the parsing of streamed news articles

# get_sources(
  #category = "", language = "", country = "", apiKey = NEWSAPI_KEY,    parse = TRUE)


# x <- get_sources(
  #category = "", language = "", country = "", apiKey = NEWSAPI_KEY,    parse = TRUE)
#parse_sources(x)

# y <- get_articles(
  # source, sortBy = "top", apiKey = NEWSAPI_KEY, parse = TRUE)
#parse_articles(y)

# source:Name of news source.
# sortBy: Name of sorting mechanism must be one of
   ## latest, top, or popular. Certain methods only work for certain news sources.

# apiKey: Character string API token. Default is to grab it from user R environ.
# parse: Logical indicating whether to parse response object to data frame.

 # where x is a response object from get_sources
```

Feedly是一个新闻聚合应用程序，适用于运行“iOS”和“Android”的各种网络浏览器和移动设备，也可作为基于云的服务提供。它编译来自各种在线资源的新闻提要，供用户自定义并与他人共享。提供方法来检索有关“Feedly”集合和流的信息及内容。

feedly_search（）和feedly_stream（）都不需要身份验证（不需要开发人员令牌）来检索API调用的内容。对于feedly_stream（），您确实需要知道Feedly结构化的feed id，它（通常）是feed/FEED_URL（例如，feed/http：//feeds.feedburner.com/RBloggers）。

我通常认为Feedly在商业智能扫描方面比Google News更有用，因为它较少受到限制，而且管理范围扩展到特定行业的feeds（而不是谷歌对该主题的算法猜测）。

在以下示例中，将“流”视为提要中的所有历史条目。最大“页面大小”（单个调用中返回的最大项目数）为1 000。为简单起见，有一个笼统的假设，即如果continuation是实际存在连续性的，我们可以提取大量条目（例如，10 000）。

```
devtools::install_github("westland/auditanalytics")
library(auditanalytics)

library(kableExtra)

read.csv(system.file("extdata",  "feedly_functions.csv", package =
   "auditanalytics", mustWork = TRUE) %>%
  kable("latex", booktabs = T) %>%
  kable_styling()
```

Function	Action
feedly_access_token	Retrieve the Feedly Developer Token
feedly_categories	Show Feedly Categories
feedly_collections	Retrieve Feedly Connections
feedly_continue	Helper function to iterate through a “feedly_stream（）” result...
feedly_feed_meta	Retrieve Metadata for a Feed
feedly_opml	Retrieve Your Feedly OPML File
feedly_profile	Retrieve Your Feedly Profile
feedly_search_contents	Search content of a stream
feedly_search_title	Find feeds based on title， url or “#topic”
feedly_stream	Retrieve contents of a Feedly “stream”
feedly_subscribe	Subscribe to an RSS feed
feedly_subscriptions	Retrieve Feedly Subscriptions
feedly_tags	Retrieve List of Tags
global_resource_ids	Global Resource Ids
pipe	Pipe operator
render_stream	Render a Feedly Stream Data Frame to RMarkdown
seymour	Tools to Work with the “Feedly” “API”

```
# devtools::install_github("hrbrmstr/seymour")
# devtools::install_github("hrbrmstr/hrbrthemes")

library(seymour)
library(hrbrthemes)
library(tidyverse)


# Find writeups for seymour functions at https://github.com/hrbrmstr/seymour/tree/master/man

## useful functions for extracting news are:
# feedly_search_contents: Search content of a stream
# feedly_search_title: Find feeds based on title, url or '#topic'
# feedly_stream: Retrieve contents of a Feedly ''stream''
# feedly_subscribe: Subscribe to an RSS feed
# feedly_subscriptions: Retrieve Feedly Subscriptions


## Let's check what is happening at Apple
## (search Google's "feedburner.com" and then the corporation names to see what is available)


## the following should retreive your Feedly access token, but if not,
## you can log into the site and request the token.

token <- feedly_access_token()

feedly_search_title("roland")

# prefix the URL with 'feed/'
music_feed_id <- "feed/http://feeds.feedburner.com/MusicRadar"
music_feed_id_2 <- "feed/http://feeds.feedburner.com/MusicTech"


## Here is the stream function
feedly_stream(stream_id,
              unt = 1000L,
              continuation = NULL,
              feedly_token = feedly_access_token())
```

```
music_stream <- feedly_stream(music_feed_id_2)
glimpse(music_stream)


## Here is another function
feedly_search_contents(query,
                       stream_id = NULL,
                       fields = "all",
                       embedded = NULL,
                       engagement = NULL,
                       count = 20L,
                       locale = NULL,
                       feedly_token = feedly_access_token())

f_search <-  feedly_search_contents(q = "ipod", stream_id = "music_feed_id", fields = "keywords")
glimpse(f_search)

# preallocate space
streams <- vector("list", 10)
streams[1L] <- list(music_stream)

# catch all of the content


idx <- 2L
while(length(music_stream$continuation) > 0) {
  cat(".", sep="") #  progress bar, sort of
  feedly_stream(
    stream_id = music_feed_id,
    ct = 10000L,
    continuation = music_stream$continuation
  ) -> rb_stream
  streams[idx] <- list(music_stream)
  idx <- idx + 1L
}
cat("\n")


str(streams, 1)
str(streams[[1]], 1)
glimpse(streams[[1]]$items)
```

来自社交网络、博客和其他互联网资源的API数据流往往最适合定性情报扫描。它们可以提醒审计师注意财务新闻或会计报表和交易中不会出现的信息。此类信息是分析审查过程的重要组成部分，但在R包提供的可通过互联网访问的资源和自动化工具出现之前，审计师无法以高成本效益的方式访问这些信息。

6.5 通过网页抓取访问一般网页内容

如果相关情报无法通过API获得，但在网站上有所呈现，则可以通过网络抓取数据。这可能既困难又混乱，但R包提供了许多有效的辅助工具，可以从网站上抓取和组织数据。我在这里简要介绍了使用rvest包在R包中进行web抓取的概念和实践。像rvest和Beauty Soup（Python）这样的工具将结构注入web抓取中，这已变得非常重要，因为很少有公司愿意放弃其专有的客户数据集。不过，他它们别无选择，只能通过网络公开一些专有数据，而这正是审计师有机会积累与审计风险密切相关的宝贵信息的地方。从网上抓取数据的过程是计算机加人工计算模式的一个例子。它也很好地介绍了如何设计用于抓取特定网站的定制软件。

rvest的基本功能非常强大，在启动一个新的web抓取项目时，应该尝试使用以下功能：

- html_nodes(): identifies HTML wrappers.
- html_nodes(".class"): calls node based on css class
- html_nodes("#id"): calls node based on id
- html_nodes(xpath="xpath"): calls node based on xpath
- html_attrs(): identifies attributes (useful for debugging)
- html_table(): turns HTML tables into data frames
- html_text(): strips the HTML tags and extracts only the text

注意复数：html_node（）返回元数据；但是html_nodes（）会迭代匹配的节点。函数的作用是将HTML标记转换成R数据帧中的一行。

6.5.1 SelectorGadget工具

SelectorGadget是一个javascript书签，它允许您以交互方式确定从页面中提取所需组件用到的css selector。要安装它，请转到以下页面：

https：//cran.r-project.org/web/packages/rvest/vignettes/selectorgadget.html

在Chrome浏览器上安装selectorgadget（仅在撰写本文时），网站https：//selectorgadget.com/.SelectorGadget是一个开源工具，可以简化复杂网站上CSS选择器的生成和发现。

安装Chrome扩展程序或将bookmarklet拖到书签栏，然后转到任何页面并启动它。网站右下角将打开一个框，单击希望选择器匹配的页面元素（它将变为绿色）。然后，SelectorGadget将为该元素生成一个最小的CSS选择器，并将高亮显示（黄色）选择器匹配的所有内容。现在，单击高亮显示的元素，将其从选择器中移除（红色），或单击未高亮显示的元素，将其添加到选择器中。通过这个选择和拒绝的过程，SelectorGadget可以帮助您根据自己的需要设计出完美的CSS选择器。

要使用它，请打开页面：

（1）单击要选择的元素。Selectorgadget将首先猜测您想要的CSS选择器。这可能很糟糕，因为它只有一个例子可以借鉴，但这只是一个开始。与选择器匹配的元素将以黄色突出显示。

（2）单击不应选择的元素，它们会变红；单击应选择的元素，它们会变成绿色。

（3）迭代，直到只选择所需的元素。Selectorgadget并不完美，有时无法找到有用的CSS选择器。有时从不同的元素开始会有所帮助。

其他重要功能：

（1）如果愿意，可以使用xpath选择器代替css：html_nodes（doc，xpath=“//table//td”）。

（2）使用html_tag（）提取标记名，使用html_text（）提取文本，使用html_attr（）提取单个属性，或使用html_attrs（）提取所有属性。

（3）使用guess_encoding（）和repair_encoding（）检测并修复文本编码问题。

（4）在一个网站上浏览，就像在一个有html_session（）、jump_to（）、follow_link（）、back（）和forward（）的浏览器中一样。使用html_form（）、set_values（）和submit_form（）提取、修改和提交表单。

6.5.2 示例

1. 例子：简单的观点分析

下面是一个简单的观点分析示例，用于分析客户对越南河内餐馆的评论。首先，将浏览器指向 https：//www.tripadvisor.com，在“河内”中寻找“亚洲”美食（作为作业，根据具体审计需要考虑其他城市或服务）。点击“亚洲”菜单，进入 https：//www.tripadvisor.com/Restaurants-g293924-Hanoi3.html。在 Chrome 浏览器中打开 selectorgadget 并突出显示所有评论。在屏幕底部的菜单中，将为您提供一个索引“.is-9”，它是您概述的 CSS 代码的指示符（您可以在 Chrome 中通过单击屏幕右上角的三点菜单、单击“更多工具”=“开发人员工具”并检查网页 HTML 来验证这一点；或者右键单击并快速查看网页）。

```
library(rvest)
library(RColorBrewer)
library(wordcloud)

                 ## Copy the URL of the page you are scraping
                 url <- "https://www.tripadvisor.com/Restaurants-g293924-Hanoi.html"

## Extract the reviews in the CSS ".is-9" selector
reviews <- url %>%
    read_html() %>%
    html_nodes(".is-9")

## Pull the text out of the reviews
quote <- reviews %>%  html_text()

                 ## Turn the character string "quote" into a data.frame and View
 data.frame(quote, stringsAsFactors = FALSE) %>% View()

pal2 <- brewer.pal(8,"Dark2") ## from RColorBrewer

wordcloud(quote, colors=pal2)
```

在TripAdvisor中，您可以在不同的地理区域使用相同的方法：酒店、待办事项、餐厅、航班、度假租赁、邮轮和其他事项。类似的方法适用于其他审查和汇总网站。

2.例子：电影评论

该示例从IMDB中抓取有关“乐高电影”的信息。我们首先使用html（）下载和解析文件。为了提取评分，我们从Selectorgadget开始，以确定哪个CSS选择器与我们想要的数据匹配。我们使用html_node（）来查找与该选择器匹配的第一个节点，使用html_text（）提取其内容，并使用as.numeric（）将其转换为数字。

```
library(rvest)
lego_movie <- html("http://www.imdb.com/title/tt1490017/")

lego_movie %>%
  html_node("strong span") %>%
  html_text() %>%
  as.numeric()
```

```
## [1] 7.8
```

```
## We use a similar process to extract the cast,
## using html_nodes() to find all nodes that match the selector:

lego_movie %>%
  html_nodes("#titleCast .itemprop span") %>%
  html_text()
```

接下来找到“乐高电影”IMDB电影页面上列出的演员：

（1）导航到页面并滚动到演员列表。

（2）单击书签中的selectorgadget链接。selectorgadget控制台将出现在屏幕底部，当前鼠标下方的元素将以橙色突出显示。

（3）单击要选择的元素（演员的名字）。您选择的元素将以绿色突出显示。selectorgadget猜测您想要哪个CSS选择器（在本例中为.itemprop），并以黄色突出显示所有匹配项。

（4）滚动文档以查找您不想匹配的元素并单击它们。例如，我们不想匹配电影的标题，所以我们点击它，它会变成红色。CSS选择器更新为#titleCast .itemprop。

```
library(rvest)

html <- read_html("http://www.imdb.com/title/tt1490017/")
cast <- html_nodes(html, "#titleCast .itemprop")
length(cast)
```

```
## [1] 0
```

```
cast[1:2]
```

```
## {xml_nodeset (0)}
```

```
## Looking carefully at this output, we see twice as many matches as we expected.
## That's because we've selected both the table cell and the text inside the cell.
## We can experiment with selectorgadget to find a better match or look at the html directly.

cast <- html_nodes(html, "#titleCast span.itemprop")
length(cast)
```

```
## [1] 0
```

```
html_text(cast)
```

```
## character(0)
```

3.示例：表格数据

一些网站在一个易于阅读的表格中发布它们的数据，而不提供下载数据的选项。rvest包将html_table（）用于表格数据。使用上面列出的函数，隔离页面上的表格。然后将HTML表传递给html_table（）。在以下情形中，您可以访问https：//www.nis.gov.kh/cpi/并检查html。

```
library(rvest)
library(tidyverse)

accounts <- read_html("https://www.nis.gov.kh/cpi/Apr14.html")

table <- accounts %>%
  html_nodes("table") %>%
  html_table(header=T)

# lean up the table
# table[[1]]
dict <- table[[1]][,1:2]
accounts_df <- table[[1]][6:18,-1]

names <- c('id', 'weight.pct', 'jan.2013', 'dec.2013', 'jan.2014', 'mo.pctch', 'yr.pctch', 'mo.cont', 'yr.cont')
colnames(accounts_df) <- names

glimpse(accounts_df)
```

```
## Observations: 13
## Variables: 9
## $ id         <chr> "All ITEM (CPI TOTAL)", "FOOD AND    NON-ALCOHOLIC BEVER...
## $ weight.pct <chr> "100.000", "44.775", "1.625", "3.036", "17.084", "2.743", ...
## $ jan.2013   <chr> "150.2", "170.4", "127.9", "125.8", "127.8", "130.5", "116...
## $ dec.2013   <chr> "156.8", "178.7", "136.0", "130.1", "131.1", "141.3", "127...
## $ jan.2014   <chr> "157.7", "180.0", "136.9", "130.4", "131.5", "141.9", "127...
## $ mo.pctch   <chr> "0.5", "0.7", "0.6", "0.2", "0.3", "0.4", "0.3", "0.1", "-...
## $ yr.pctch   <chr> "4.9", "5.6", "7.1", "3.6", "2.9", "8.7", "9.2", "1.2", "-...
## $ mo.cont    <chr> "0.5", "0.4", "0.0", "0.0", "0.0", "0.0", "0.0", "0.0", "0...
## $ yr.cont    <chr> "4.9", "2.9", "0.1", "0.1", "0.4", "0.2", "0.4", "0.1", "0...
```

4.示例：xPath

xPath是网站中的内容层次结构。有时可以使用xPath获得更全面的检索。你可以通过Chrome xPath Finder扩展获得包含一些内容的xPath（它类似于xpath的Selector-Gadget）。

```
# example of scraping a table with an XPath
library(rvest)
library(tidyverse)

h <- read_html(
  "https://en.wikipedia.org/wiki/Current_members_of_the_United_States_House_of_Representatives")

reps <- h %>% html_node(xpath = '//*[@id="votingmembers"]') %>%
 html_table(fill=T)
reps <- reps[,c(1:2,4:9)] %>% as_tibble()
```

5.示例：从产品用户论坛中提取情报

产品用户论坛是了解消费者和零售商信息的极好来源。这个例子提供了一些可以用于一般web抓取的方法。将此应用于我们的目标，即通过网络抓取Roland产品的情报，我们可以收集消费者对Roland钢琴的情绪，如在钢琴世界论坛网站上的讨论所传达的，并通过wordcloud显示出来。

```
#install.packages(c("tm", "SnowballC", "wordcloud", "RColorBrewer", "RCurl",
"XML"))
library(tm)
library(SnowballC)
library(RCurl)
library(tidyverse)
library(rvest)
library(RColorBrewer)
library(wordcloud)
library(stringr)
library(httr)
library(XML)

handle <- handle("http://forum.pianoworld.com//")
path   <- "ubbthreads.php/ubb/login.html?ocu=http%3A%2F%2Fforum.pianoworld.com%2F"

# fields found in the login form.
login <- list(
  amember_login = "westland"
 ,amember_pass  = "powerpcc"
 ,amember_redirect_url =
   "http://forum.pianoworld.com//ubbthreads.php/forum_summary.html"
)

response <- POST(handle = handle, path = path, body = login)


# Copy the URL of the page you are scraping
url <- "http://forum.pianoworld.com/"

# Extract the reviews in the CSS selector
reviews <- url %>%
           read_html() %>%
           html_nodes("#cat2 div")

# Pull the selected text out of the reviews
quote <- reviews %>%
                  html_text() %>%
                   as.tibble()

quote <-  filter(quote[str_detect(quote, "Roland")])

pal2 <- brewer.pal(8,"Dark2") # from RColorBrewer

wordcloud(unlist(quote), colors=pal2)
```

6.5.3 利用R语言进行分析复核的最终结论

前面的算法和示例应该为读者提供一些可用工具的概述，以帮助进行分析复核。当然，这不是一个完整的工具或机会列表。本章中的大部分代码都来自动态且不断更新的数据库、流和标准。新的工具和存储库不断出现在网上，尤其是在会计和金融领域，那里的市场广阔而丰富。新软件包通常是在GitHub上引入的，而不是在官方的Comprehensive R Archive Network（CRAN）存储库中引入的，审计人员应该随时关注新产品。

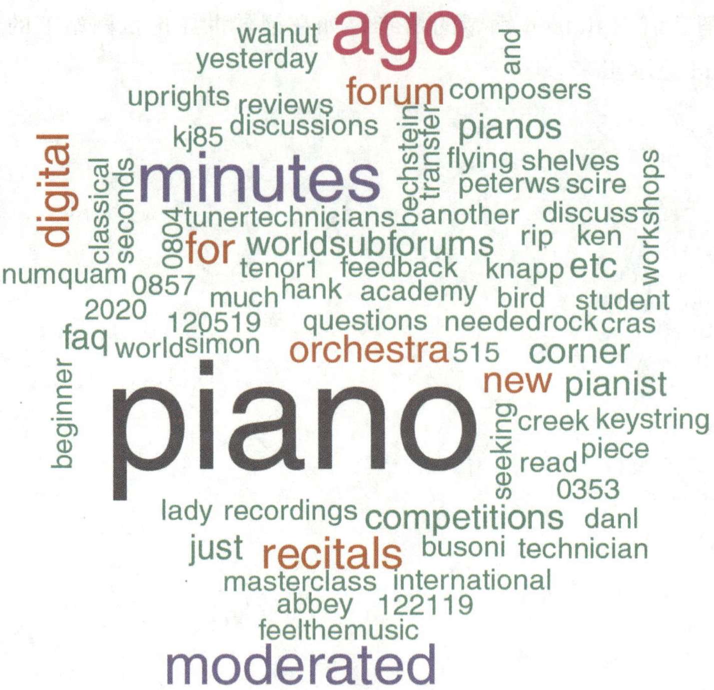

本章仅是一个起点，对于一个雄心勃勃的审计师来说，有很多机会来开发新的探索互联网资源的方法。这需要一定程度的耐心和好奇心，而不仅仅是编写代码。正如前言中提到的，R 语言并不是一种只有单一核心开发人员和指导方针的典型语言，而是一个用于广泛的数据分析功能的共享平台，这些功能使它变得有用、动态化，有时甚至是混乱的。在熟悉 R 生态系统方面所付出的努力将在获得最新、最复杂的算法方面获得数倍的回报，这些算法存在于工业中的任何地方。由于其独特的特点，您可以放心，R 的软件包将始终处于财务分析和分析复核的前沿，无论是现在还是将来。

第7章

审计程序设计

7.1 作为自然实验的审计程序

审计程序可以看作程式化的自然实验。自然实验是一种实证研究，其中公司、个人或团体的活动暴露于由自然或审计师控制之外的其他因素决定的实验和控制条件。控制曝光的过程类似于“随机”分配。“随机性”的概念本身就是有争议的，我将在本章后面简要评论。随机性旨在确保样本对于某些决策目标具有代表性。自然实验是观察性研究，不受传统意义上的实验的控制。自然实验与非实验观察性研究的区别在于，前者包括为因果推断铺平道路的比较性条件，而后者则没有。当受控实验极难实施或不道德时，自然实验被用作研究设计，如流行病学和经济学所涉及的几个研究领域（Meyer，1995）。现场实验和准实验密切相关，但不适用于审计程序。以下是主要区别：

（1）自然实验依赖于控制随机化处理分配和实施的外力（例如，政府、非营利组织等）。

（2）现场实验要求研究人员保留对随机化和实施的控制。

（3）准实验的发生具有随机性（例如，在美国国会选区，候选人以微弱优势、天气模式、自然灾害等获胜）。

审计作为自然实验的观点激发了本书中关于审计的应用。这也是R语言是如此宝贵的审计工具的原因。这一概念的核心是对样本进行统计分析，以最终给出审计意见。

7.2 收集和分析审计证据：抽样

统计样本是总体的一个子集，出于分析的目的，它代表了该总体。总体是与特定审计或程序相关的所有交易。例如，在确认应收账款时，总体是指当年赊购的客户的所有应收账款（假设进行年度审计）。审计样本通常比总体小几个数量级。

抽样基数或度量是用于抽取样本的单位。货币单位抽样（一美元为一个样本项目）是在年底进行实质性测试，以确定财务报表账户余额是否包含重大错报。交易或记录抽样（一项会计交易为一个样本项目）是在年末进行内部控制测试，以确定每个会计循环内是否存在交易处理错误的内在风险水平。

7.3 美国注册会计师协会审计抽样指南

样本是统计推断的致命弱点，审计推断也不例外。在理想情况下，样本应该是随机的——样本应该具有代表性，或者总体中的每个项目都应该有平等的机会被包括在样本中。此外，需要一个概率模型来得出有效的推论——这个模型可能对采样方法的选择产生重大影响，被测量的特定特征也是如此。模型和抽样越准确地描述现实，审计推断就越准确，成本也就越低。

进行抽样是因为通常不可能对人口中的最小部分以外的任何事物进行详细检查和审计。如果没有抽样，审计在经济上是不合理的。

在统计假设检验中，p 值（概率值或渐近显著性）是给定统计模型的概率，当原假设为真时，样本均值将大于或等于实际观测结果。假设是将特定统计推理任务的决策空间一分为二的方法。在审计中，这种分法是一种程式化的接受或不接受业务处于控制状态（中期测试）或账户余额被公允或非公允地表达（实质性测试）。

审计通过查找重大错误或无法容忍的错误来做出有关控制和公允的决策（将重要性分配给各个账户会为这些账户生成一组无法容忍的错误）。因此，在审计环境中，测试的 p 值是账户余额中的货币错误无法容忍的概率。

审计的特点之一是审计测试只考虑片面的测试。由于保守主义原则，审计关注的是高估收入和资产，或低估负债和费用。因此，所有审计测试都是片面的。

审计中常用的三种抽样类型是：

（1）临时测试的发现抽样：临时测试的发现抽样为交易单元样本设置了一个估计样本量，这样如果实际交易错误率超过可接受的最小错误率，我们就有可能在样本中发现至少一个错误（也称为失控错误率）。发现测试可帮助审计师确定处理特定业务流的系统是否处于控制之中。

（2）中期测试的属性抽样：中期测试的属性抽样为交易单元样本设置估计样本量，以估计整个交易总体中的错误率，并有一定的置信度（例如，95%），即估计值在失控的错误率截止范围内。如果发现特定业务流失控，那么属性估计将帮助我们决定处理该业务流系统的实际错误率。来自属性样本的误差估计可以是比率或数量，也可以是两者。

（3）实质性测试的验收抽样：发现样本分析决定了对特定类型交易错误的内部控制是“受控”还是“失控”。如果发现内部控制不充分，注册会计师将继续进行中期测试的属性抽样，即设定交易单元样本的估计样本量，以一定的置信度（例如95%）估计整体中的错误率，该估计值在该业务流的失控错误率截止值内。如果发现特定业务流失控，那么属性估计将帮助我们确定处理该业务流系统的实际错误率。属性样本的错误估计可能是比率或金额，也可能是两者。

样本量（确定审计范围和预算的一个重要考虑因素）可以使用 Cohen 的功效分析（Cohen，1992）来确定，该分析在 R 的 pwr 包中实现。统计“功效”是 II 类错误概率 β 的补码（即 $1-\beta$）（II 类错误是未能拒绝假零假设，也称为“假阴性”）。在统计假设检验中，I类错误的概率α是检验的“显著性”（I类错误是拒绝真原假设，也称为“假阳性”）（见图7-1）。

要计算所需的样本量，您需要了解四件事：

- 要测试的错误大小
- 响应的方差
- 所需的显著性水平
- 所需的效力

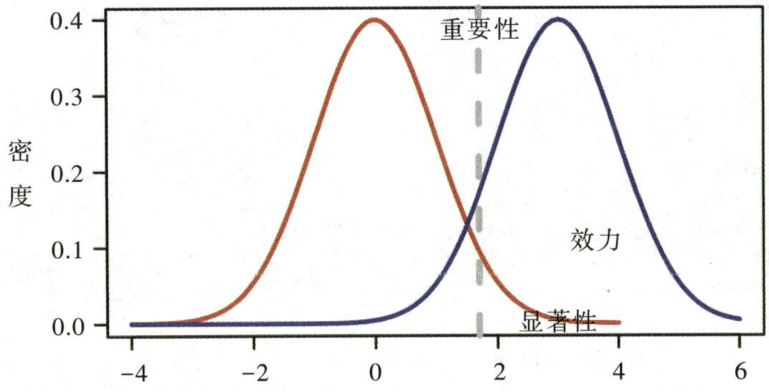

图7-1　零假设和备择假设情况下的概率模型。假设：重要性、效力和显著性

7.4　中期符合性测试的抽样方法

7.4.1　发现抽样法

用发现抽样法选择一个样本，以确定错误率是否不超过总体的指定百分比。如果样本不包含错误，则假定实际错误率低于最小不可接受率。抽样计算包括以下因素：

- 置信水平
- 最小的不可接受错误率

置信水平是一个起源于基准推理的概念，这种方法已经过时，取而代之的是频繁主义推理、贝叶斯推理和决策理论。但它仍然被用于例如审计方面的决策理论方法，并大致反映了审计师对特定决策的信心。置信是一个与审计失败相关的“风险”观念交织在一起的概念。

不可接受错误率是审计主管在开始审计时确定的参数，可以根据公司以前的经验或其他方法来确定。一般来说，该数值是特定的，由公司的政策或审计专业人士的观点决定。

我们可以用数学家所说的“瓮模型”来计算发现样本的大小。“瓮模型”大意为模拟从一个瓮中抽出彩色球的情况。在该例中，我们可以将“瓮”视为企业在给定会计期间内处理的所有给定类型交易的集合。

假设审计师确定特定交易类型的最小可接受错误率（或对该交易类型的失控错误率）为p，置信度c所需的发现样本量为$Pr[x \geqslant 0] = 1 - Pr[x = 0]$的概率，即发现错误的概率$x$不为0（见图7-2）。

我们可以从计算“瓮”中抽取的n个样本中没有发现错误的概率着手：

$$Pr[X \geqslant 0] = 1 - \binom{n}{0} \times p^0 \times (1-p)^{n-0} = 1-(1-p)^n$$

在置信水平c下，选择n，得出：

$$Pr[X \geqslant 0] = c \Rightarrow 1-(1-p)^n = c \Rightarrow n = \frac{\log(1-c)}{\log(1-p)}$$

```r
library(tidyverse)
library(reshape)

p <- seq(.0005,.015,.0005)
c <- .95
n <- log(1-c)/log(1-p)
samp <- data.frame(p,n)
ggplot(samp,aes(p,n))+
    geom_line()+
    labs(title="sample size for 95% confidence") +
    xlab("minimum acceptable error rate in population") +
    ylab("sample size")
```

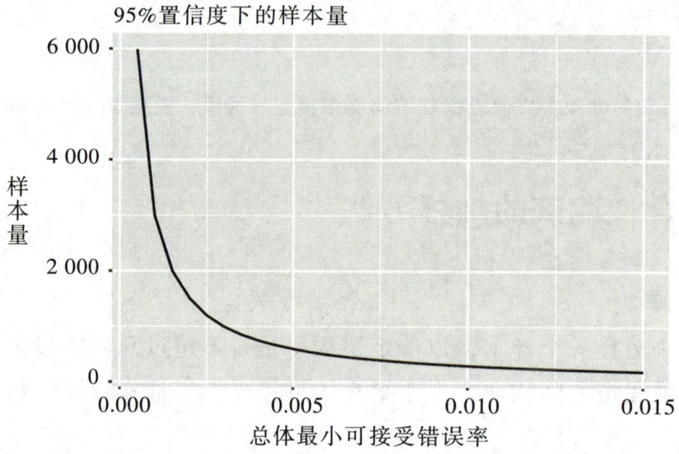

图7-2　发现抽样法样本量和最小可接受错误率= 0.1

7.4.2　变异系数样本量公式

如果审计人员不仅关心错误率，而且还关心错误率的稳定性，那么中期测试抽样问题将涉及错误率和错误率的可变性。假设失控错误率为μ_1，目标是检测一个误差大小为Δ、标准差假定为σ的样本，那么上面的样本量公式为：

$$n = \frac{8CV^2}{PE^2}[1+(1-PE)^2]$$

其中，PE为比例误差$PE = \frac{\Delta}{\mu_1}$，CV为变异系数$CV = \frac{\sigma}{\mu_1}$。有时审计人员对总体的可变性没有任何概念，但仍希望在样本量中考虑它。在这种情况下，典型的可变性≈1/3≈35%。$n \approx \frac{1+(1-PE)^2}{PE^2} \approx \frac{2}{PE^2}$为小错误率。

7.4.3 计算95%置信上限的三法则

三法则可以用来解决以下类型的问题：

“审计经理已经告诉我们，在过去的20次审计中，应收账款（A/R）账户余额没有错误。能否根据这个信息估计今年的A/R审计有没有差错？”

答案是肯定的。考虑到过去n年没有观察到错误，错误发生率在95%置信区间内的上限是$3/n$。

其基础是，根据罕见错误定律，观察到的事件Y（即审计中没有错误）在n个样本内遵循泊松（λ）分布。泊松随机变量的和是泊松，所以至少有一个Y不等于0的概率即是Y值之和Y_i大于0的概率。例如，假设这个概率为0.95，因此$P\left[\sum Y_i=0\right]=e^{-n\lambda}=0.05$。取对数$n\lambda=-\ln(0.05)\approx 3$，因此速率≈$3/n$。

7.4.4 属性抽样

每次对控制进行测试时，审计人员都要检查证据（样本等），以确定会计账目是否公允，或者内部控制是否有效。由于即使是一个“受控的”系统也会产生偶发误差，在一个可接受的错误率s下，审计人员可以假设$s=0$（这将得出一个小样本容量），但最好是使用实际误差的真实估计。风险评估矩阵和对控制系统前几年审计底稿的审查将得出这一比率。控制决策采用以下假设检验的形式：

H_0：客户的系统处于控制中，控制是有效的，错误率约为s；

H_α：客户的控制无效，系统产生无法容忍的错误数大于r。

重申一下，如果期望错误率为s，不可容忍错误率为r，控制系统的错误率为ϵ，则重申假设为：

H_0：$\epsilon=s$，其中$\epsilon\in[0,1]$

H_a：$\epsilon\geqslant r$，其中$r,\epsilon\in[0,1]$

这需要一个单样本比例测试来计算效力和样本量。原假设为$\epsilon=s$，备择假设为$\epsilon>r$，同时额定效力和显著性假设分别为$\alpha=0.05$和$\beta=0.8$。接下来测试$5%$不可容忍错误率和预期错误率$s=0.01$（见图7-3）。

```
library(pwr)
sample <- pwr.p.test(h = ES.h(p1 = 0.05, p2 = 0.01),
          sig.level = 0.05,
          power = 0.80,
          alternative = "greater")
sample
```

```
##
##      proportion power calculation for binomial distribution (arcsine transformation)
##
##               h = 0.250692
##               n = 98.37558
##       sig.level = 0.05
##           power = 0.8
##     alternative = greater
```

```
plot(sample)
```

7.4.5 接受抽样

用pwr包计算功率或样本量的基本思想是省略您想要计算的参数。如果您想计算样本容量，把n去掉。

计算单样本t检验的效力和样本量，我们需要将type参数设置为“one.sample”。

每次审计一个账户或测试一个控制，审计师检测证据（样本等），以判断账户是否公允陈述，或内部控制是否有效。这个判断采取了假设检验的形式。账户余额情形如下：

H_0：客户的账户余额是正确的（错误为零）

H_α：客户的账户余额有重大错误。

如果不可容忍的错误（即分配给该账户的重要性部分）是M，而账户余额中的错误是ϵ，那么将其重新表述为：

H_0：$\epsilon = 0$

H_α：$\epsilon \geqslant M$

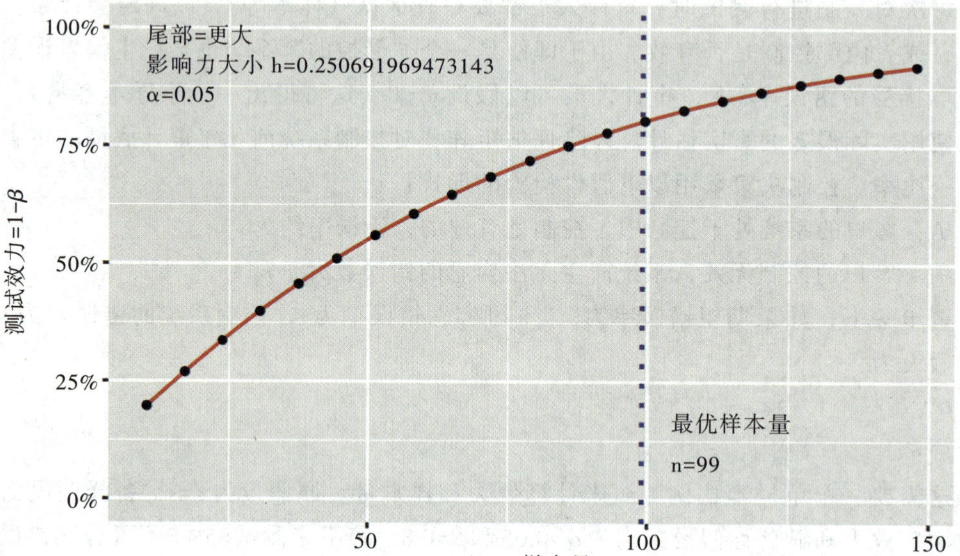

图7-3 单侧测试的测试效力和样本量

在备择假设中，M是Dr还是Cr取决于保守主义原则——产生最低收入的方向。

让我们从一个基本的公式开始，通过一个具有齐次方差$\sigma_0^2 = \sigma_1^2 = \sigma^2$的正态分布概率模型和一个已知（即$\mu_0$=0）分布的单样本，使用单边检验区分零误差$\mu_0$和实际误差$\mu_1$。样本量的“经验法则”是：

$$n = \frac{8}{\Delta^2}$$

我们要检测的错误Δ是：

$$\Delta = \frac{\mu_1 - \mu_0}{\sigma}$$

下列式子由Normal样本公式推导得出：

$$n = \frac{2(z_{1-\alpha} + z_{1-\beta})^2}{(\frac{\mu_1 - \mu_0}{\sigma})^2}$$

当 $\alpha = 0.5$，$\beta = 0.20$，$z_{1-\alpha} = 1.96$，以及 $z_{1-\beta} = 0.84$ 时，$2(z_{1-\alpha} + z_{1-\beta})^2$ 的值约等于8。

这个公式也可以用来计算在给定样本容量n为 $\Delta = \sqrt{\frac{8}{n}}$ 的情况下总体中的可检测误差，也可表示为 $n = \frac{8}{\Delta^2}$。

假设您正在复核一个财务账户，并希望将该账户中的实际错误与一个假设（零假设）进行比较，该账户是公允的（零错误）。您将测量假设误差 μ_1 的实际期望误差 μ_2，它通常为零。我们可以定义 $\Delta = \mu_1 - \mu_2$。您想通过检测得到的差异越小，所需的样本量就越大。

在进行样本量计算的四个变量中，响应的方差可能是最难确定的。通常在做实验之前，您并不知道期望方差是多少。调查人员通常进行试点研究以确定预期方差，或者可以使用以前发表的研究信息。

效应大小将最小相关差异和可变性组合成一个测量值 $\frac{\Delta}{\sigma}$。

根据 R.A.Fisher 在20世纪20年代的建议，显著性α通常被设置为0.05，即95%的可信度（Stigler，2008）。

1−β，其中β是II类错误的概率（当备择假设为真时未拒绝零假设），即如果您有20%的机会无法检测到一个真正的差异，那么该测试效力为0.8，这是由Cohen（1992）提出的（见图7-4）。

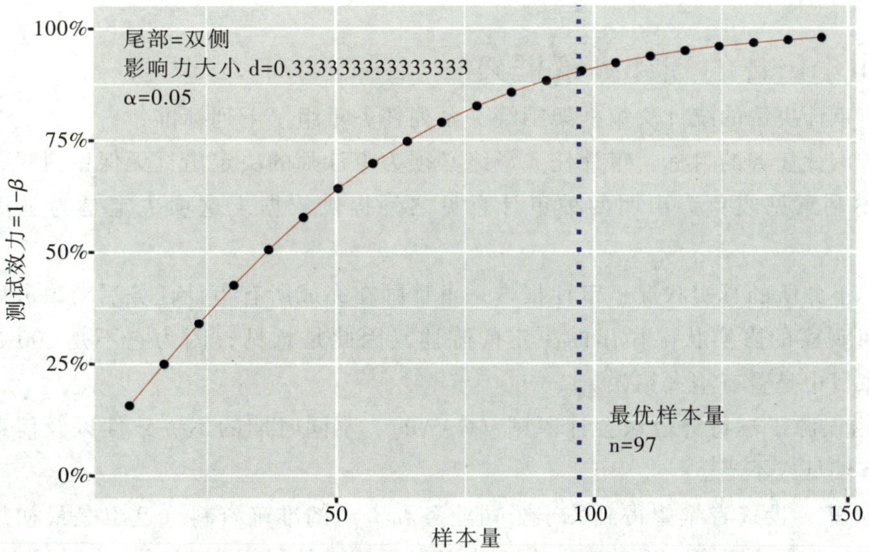

图7-4 双面测试的测试效力和样本量

总样本量的计算是：

$$n = \frac{4 \times (z_\alpha + z_\beta)^2 \times \sigma^2}{\Delta^2}$$

```
library(pwr)

Delta <- 20
sigma <- 60
d <- Delta/sigma
sample <- pwr.t.test(d=d, sig.level=.05, power = .90, type = ''one.sample'')
sample
```

```
##
##      One-sample t test power calculation
##
##               n = 96.50801
##               d = 0.3333333
##       sig.level = 0.05
##           power = 0.9
##     alternative = two.sided
```

```
plot(sample)
```

7.4.6 用泊松分布式数据进行接受抽样

实质性测试通常采用“货币单位”的错误观点，即假设账户余额中的每一美元都是一个可抽样的单位。对于货币单位，可以假设数据是泊松分布的，采用大于零的离散美元单位值（左截断为零）。泊松分布有一个参数，概率 λ。检测错误率 λ 所需的样本量为：

$$n \approx \frac{4}{\lambda}$$

这是从前面的公式推导出来的，注意对于泊松随机变量 Y，变换后的随机变量 $\sqrt{Y} \approx \text{Normal}(\mu = \sqrt{\lambda}, \sigma^2 = 0.25)$。

7.5 用于审计的统计决策框架

制定审计决策的统计决策框架围绕一系列任务重组了下列标准：

（1）审计任务的目标：审计任务最终必须为审计师的决定出具无保留意见、有保留意见、不利意见或免责声明四种审计意见之一提供依据。这项决定是为了执行汇报标准。

（2）事务所的真实状况：审计报告是审计师在完成所有审计任务后对事务所在审计日期不可观察的真实状况做出的决定的陈述（因此是意见，因为它不是100%确定）。例如，账目中是否有重大错误。

① 错误源于不符合公认会计原则（GAAP）、不同时期的不一致性以及信息获取不充分、有偏见或不当。

② 显然，投资者希望得到关于公司业务和资产的准确资料（这也是最初规定对上市公司进行审计的原因）；也就是说，他们想要知道外界观察不到的公司的真实状态，

并依赖审计师告知他们，被审计公司的财务报告是否准确地呈现了外界观察不到的公司的真实状态。

（3）模型：审计模型是在审计程序中捕获的，审计程序是将符合公认会计准则的公司经营的“理想”会计与会计期间应用的实际程序进行比较。

① 审计方案提出决策模型，允许提出审计意见。

② 审计师充分了解该实体及其环境，包括其内部控制，以评估财务报表因错误或欺诈而出现重大错报的风险，并进一步设计审计方案的性质、时间和范围。

（4）证据：获得一致、无偏见、完整和充分的审计证据是审计成本的主要来源。

审计师必须通过执行审计程序获得充分的、适当的审计证据，以便为对审计的财务报表提出意见提供合理的依据。

（5）统计决策理论：这些数学工具提供了广为接受的（在法庭上可辩护的）工具，以支持高质量和可辩护的审计意见。

① 审计标准建议审计师精通统计理论，并获得一些计算机编程技能。

② 审计师可以运用经过时间检验并广受认可的研究统计的决策模型，确保在进行审计和编写报告时保持独立的态度（没有偏见），并保持应有的专业谨慎。

③ 当审计决策的某些组成部分涉及不可观察的构造、主观决策、人的行为和判断等时，它们可能就不属于统计学的范畴。公认会计原则最大限度地关注会计的客观化，但随着信息经济的发展，许多企业的无形资产阻碍了这种客观化。在涉及主观无形资产的情况下，统计检验的应用通常更具挑战性。

（6）意见（审计决定）：经审计的财务报表是否存在重大错误。此决策通常需要从支持决策中汇集信息（例如，在独立年终账户中存在可容忍的错误）。

（7）决策质量评估：统计上的拟合优度统计数据决定审计师对该意见在法庭上站得住脚的信心程度。

① 审计文献建议最低至少70%的置信度（对于这一含义没有充分的统计解释）。而统计资料显示，对于做出适当的决策，置信度要接近95%或更高。费舍尔在20世纪早期首次提出了95%置信度标准，这个标准经受住了时间的考验。

② AICPA和FASB关于“决策质量”的指导可能有些模棱两可，然而，审计决策的充分性往往是由法院决定的。

7.6　作为学习模型的审计测试

审计可以被看作帮助审计师充分了解情况并提出意见的一系列证据收集和分析的过程。从概念上讲，测试包括一系列的推论：

（1）审计计划将为审计任务设置审查范围和样本量值。一般来说，审计任务的目标是观察业务处理是否受控（发现抽样）。这通常是一种对错误率的评估，而不是对错误大小的评估。

（2）如果在特定的业务流中发现了错误，那么必须收集足够的额外证据来评估业务流中的错误发生率（属性抽样）。

（3）错误率高到足以被视为“失控”（从审计角度来看无法容忍）的交易，将在中期合规审计结束时的内部控制备忘录上列出。

（4）财务报表账户余额受到任何错误率高到足以被视为“失控”的交易量的影响，此时应在年终实质性测试的审计方案中调整抽样规模，以准确评估已审计财务报表是否存在重大错报。

目前已有各种临时和正式的模型被研究者发表，以用于在整个审计过程中逐步积累有关账目的信息。笔者倾向于用贝叶斯共轭先验对审计任务证据累积系统建模。其中最普遍涉及的是伽玛分布，但我们将使用更简单的单参数泊松分布来简化某些步骤。这两个分布的值都在正象限上，因此比支持跨越实线的正态分布更适合对会计分布建模。

审计是一系列收集和分析证据以帮助审计师充分了解情况并提出意见的过程。以下步骤定义了统计框架内的审计任务：

（1）设定审计决定值：设定“重要性”（财务报表作为一个整体的最大可容忍误差，以确定意见中列报的“公允性”），并为每个财务报表账户分配“可容忍误差”数额。

（2）将决策值解释为控制值的“入/出”：为特定会计循环（记录和处理会计事件的集体过程，通常是一个特定的信息系统）的中期测试设置“可容忍错误率”。通过以下公式，这些可能与会计循环中最重要的交易流的“重要性”有关（例如，销售和收款循环中的销售交易）。

（3）建立先验信念：风险评估基于前几年的审计、分析性审查和其他证据建立先验信念，以确定会计循环中“受控”或“失控”的特定错误控制过程，即低或高错误率。

（4）进行中期测试：对每一种被测试的错误类型进行中期审计（围绕会计流程组织），根据受控或失控风险评估设置样本量。这些测试可以使用“属性”抽样来估计会计期间的实际错误率；或使用“发现”抽样，以确定会计过程是否实际上掌握或失去了对当前会计循环的控制。

（5）完成临时符合性测试：将对“发现”样本进行额外的“属性”抽样，以便在会计循环中估计实际的错误率。

（6）证实账户余额：每个审计账户的年终实质性测试（围绕财务报表账户余额进行）样本量设定，以确定每个账户中是否存在超出“可容忍数量”的错误。

（7）汇总：将第1步中的数学方法倒过来使用，（通过一个线性模型）汇总在每个账户中发现的错误金额，从而确定整个财务报表中是否存在“重大”错误。在第i个账户中发现的误差是审计意见中第i个账户重要性的乘数（通常与账户余额的美元数额有关）。如果总误差小于重要性，那么就需要一个无保留的意见。线性模型将是：

如果审计师获得的样本值提供了从与特定审计值相关的特定审计任务中学习的证据，那么这些样本值可以通过一系列贝叶斯共轭先验知识汇总成关于被审计值的先验知识。在贝叶斯概率理论中，如果后验分布和先验概率分布属于同一族，那么先验分布和后验分布就称为共轭分布。先验被称为概括数据的似然函数的共轭先验（Raiffa 和 Schlaifer，1961）。共轭先验是一种代数便利，给出了后验的封闭形式表达式。结合共轭先验可以洞察证据如何更新先验信念。

形式化“学习”审计模式的主要障碍是审计师必须汇集审查、推断并以一种正式的方式测试，主要有以下四组连续的任务：

（1）审查往年的工作文件；

（2）分析性复核；

（3）临时交易测试；

（4）实质性测试。

审计文献通常会略过合用程序，并且通常假定审计师以某种特定的、特殊的方式合用信息。本节介绍了一种正式的贝叶斯共轭方法，它有助于提高推断的可再现性和准确性，并可以减少临时和实质性测试所需的样本量。

贝叶斯假设先验信念可以用Gamma（伽马）分布表示，抽样证据产生的货币单位分布则是泊松分布。这两个分布的支持都是非负的，这比常用的高斯假设更好地反映了会计现实。在经历上面的第（2）、（3）和（4）阶段时，进行如下贝叶斯修正：

Gamma（先验信念 = $\{\alpha, \beta\}$）×泊松（λ =证据$\{x_i\}$）

= Gamma（后验信念 = $\{\alpha+\sum_{i=1}^{n} x_i, \beta + n\}$）

汇集关于控制薄弱环节的临时决定和关于重大错误的实质性证据，可能涉及汇集若干交易流，可以通过一个特定的算术公式反映每个审计账户的交易组成部分——例如，应收账款 = 赊销-托收-无法收回的账款。汇集可以通过近似的信念分布从每个组成交易流为账户构建一个伽玛分布，而不是泊松分布（依靠间隔时间，而不是计数，因此α值是固定的，只有概率β是根据审计师的信念设置），并使用以下贝叶斯变形计算Gamma先验的实质性证据：

Gamma（来自第一个交易流的先验信念=$\{\alpha, \beta\}$）

×Gamma（来自第二个交易流的信念=$\{\alpha_{fixed}, \beta_{account}\}$）

= Gamma（后验信念=$\{\alpha_{fixed} + n\cdot\alpha, \beta_{account} + n\cdot\beta\}$）

基于置信限度的实质性测试审计将决定账户余额是否包含不可容忍的错误。误差可以由后验Gamma分布计算出来。

7.7 重要性

重要性是审计和会计中与金额、交易或差异的重要性有关的概念或惯例。对财务报表进行审计的目的是使审计师能够就财务报表的编制是否在所有重要方面都符合公认会计原则（GAAP）等已确定的财务报告框架发表意见。判断什么属于审计重要性是一个专业判断的问题。“如果信息的遗漏或误报可能影响用户根据财务报表做出的经济决定，那么该信息就是重要的。其重要性取决于项目的大小或在遗漏或错报的特殊情况下判断的错误的严重程度。因此，重要性提供了一个门槛或分界点，即有用信息必须具备的主要定性特征。”财务会计准则委员会（FASB）一直没有给出确定重要性的定量指导方针。这导致了在使用第47号审计准则“审计风险与重要性”时产生混淆。在审计实践和学术界中出现的用于量化重要性的一些常见规则包括：

- 占税前收入或净收入的百分比（平均税前收入的5%，以3年平均计算）；
- 毛利的百分比；
- 总资产的百分比（总资产的1/3%）；
- 总收入的百分比（总收入的1/2%）；
- 股权的百分比（总股本的1%）。

在审计的计划阶段，审计人员确定可容忍的错误率和重要性（两者都是用来比较实际错误率和实质性错误的基准数字），以确定要执行的审计程序的性质、时间和范围。

重要性随后被分配到单个财务报表元素或交易类别中，美国注册会计师协会（AICPA）专业标准第350条所称的“可容忍的错报”实质上是财务报表中单个账户的重要性。一个可容忍的错报是指在不影响整个财务报表的公平列报的情况下，单个财务报表账户与其真实金额的差异。虽然分配给特定账户的可容忍错报小于计划的重要性，但分配给所有账户的可容忍错报总和通常大于计划的重要性。

7.8 风险

审计财务报告的“公平性”概念在美国会计师协会的专业标准AU第312条“审计风险与重要性”中得到了最直接的阐述，该条认定审计师关于一个实体的财务报表是否“公平”列报的意见具有固有的不确定性——这种不确定性被称为审计风险。审计风险是三种风险的构成函数：

（1）固有风险：固有风险是在没有内部控制的情况下，管理层认为将发生重大错报的风险。

（2）控制风险：控制风险是指企业内部控制发生重大错报或无法预防的风险。

（3）检查风险：检查风险是审计师的实质性测试无法发现重大错报的风险。

这些风险在会计系统中一般通过内部控制来解决——预防性处理固有风险和控制风险，检测和纠正检查风险。美国注册会计师协会（AICPA）的文献表明，这些风险是呈倍数性增加的，但这在一般情况下是一个误导性的假设。

风险评估矩阵（RAM）。审计风险评估矩阵针对每项经济交易的每一个特定程序依次考虑这三种风险。RAM是一种规划工具，用以保证在适当的样本量和测试范围下不恰当的无保留意见被发布的整体风险被限制在适当的水平上——实质上是通过同时设定好“重要性”和“可容忍的错误”水平，使皮尔逊I类错误低于审计师确定的某个标准。

在进行审计时，审计师的责任是提供合理保证，确保财务报表在所有重大方面都得到公允列报。《美国会计师协会专业准则》第312条规定，如果财务报表包含错报，其单独或累计效果导致财务报表未得到公允列报，即为重大错报。

《美国会计师协会专业准则》第312条和第319条指出，审计师应当利用评估的控制风险和固有风险水平来确定检测风险的可接受水平，即在存在重大错报时发表无保留意见。这种风险被称为审计风险。这些标准随后规定了审计人员在应用统计程序进行审计时所采取的步骤顺序。风险评估矩阵构成如下：

（1）行：每笔重大经济交易的每个主要会计程序。

（2）列：美元数额和交易量，错误发生率的判断估计值，年度会计期间的风险金额。

上述数据的采用依据上一年的审计记录、访谈和年内活动的其他证据。

7.9 AICPA关于抽样方法和风险的建议

美国注册会计师协会（AICPA）关于抽样和相关审计风险的声明适用性不高。一般来说，明智的做法是将它们作为政府主体意图的粗略指南，而不是实用的实施工具。AICPA的指南往往忽略了概率分布以及数据在推断中所起的作用。因此，死记硬背地应用其公式容易导致错误的观点，以及无效或低效地使用证据。

美国会计师协会区分了抽样风险和非抽样风险，前者是在推断中使用抽样证据时做出不正确决策的风险，后者是人为错误造成的，这也使得任何审计失败都可以归因于个别审计师的判断失败。这种差异开辟了在诉讼中相互指责的可能性。这是安达信在安然丑闻中广泛寻找替罪羊和掩盖违法活动的根源。

美国会计师协会从两个方面定义了实施控制测试时的抽样风险：

（1）信赖过度风险指的是审计样本支持内部控制设计和操作有效而实际上并非有效的结论的风险。

（2）信赖不足风险是指审计样本支持内部控制设计和操作是无效而实际上有效的结论的风险。

美国会计师协会从两个方面定义了实施实质性测试时的抽样风险：

（1）误受风险表示审计样本支持不存在重大错报结论的风险，而实际上存在重大错报。这种风险类似于评估控制风险过低的风险。

（2）误拒风险表示审计样本支持存在重大错报这一结论的风险，而实际上并不存在重大错报。这种风险类似于评估控制风险过高的风险。

美国会计师协会定义了五种选择审计测试项目的方法：

（1）随机抽样包括从总体中选择某个项目，使其都有均等的机会被选中。随机选择要求使用随机数表或计算机程序来保证每个项目有均等的选择机会。

（2）系统抽样是指在随机抽样开始后从总体中选择第k个项目。

（3）随机抽样是从总体中选择项目，而不考虑总体中项目的已知特征（在选择总体项目时，任何有意识的偏向）。

（4）块抽样是指从连续组（或块）中选取项目。

（5）有目的或定向抽样涉及使用某些预先指定的标准从总体中选择项目（例如，根据未结清余额选择应收账款进行确认）。

前两种样本选择方法被称为概率（统计）抽样法，因为每个总体项目都有一个已知的选择概率。后三种方法被称为非概率（非统计）抽样法，因为每个总体项目都没有一个已知的选择概率。AICPA将属性抽样定义为一种用于控制测试的统计方法。它要求审计师确定三个因素：

（1）评估控制风险的风险过低；

（2）预期的总体偏差率；

（3）可容忍偏差率代表审计师能够接受的最大偏差率，在此偏差率以内仍然认为内部控制的设计和运行是有效的。

如果计算出的最大总体偏差率小于或等于可容忍偏差率，则审计人员可以得出内部控制的设计和操作是有效的这一结论。美国会计师协会将概率比例抽样（PPS）（也称为货币单位抽样或美元单位抽样）定义为一种用于实质性测试的程序。其中，总体中的每一美元都被视为一个单独的抽样单元（而不是每个如客户、发票、支票、供应商等的业务单元）。确定实质性测试样本量时考虑的因素有：

（1）误受风险：第Ⅰ类错误风险，即审计师认为不存在重大错报，而实际上存在。

（2）预期误报美元数：样本中对美元错报的预先估计。

（3）可容忍的错报：在总体项目被认为存在重大错报之前可能发生的最高错报金额。

（4）报告的货币余额：在总体中所记录的美元余额的点估计值。

美国会计师协会定义了误受风险，并使用预期的错报美元数从PPS表中确定PPS因子。然后使用以下公式确定样本量：实质性测试不是对单个美元执行，而是对包含单个美元的“逻辑单元”（如发票、客户、支票、供应商等业务）执行。这只是对样本进行分层的一种特殊方法。美国注册会计师协会（AICPA）将污染定义为每一美元的误报率，并使用以下公式计算：

美国会计师协会使用PPS表计算了未经调整的错报上限和下限。这些计算要求审计师知道误受风险、样本量、总体中记录的美元数（报告的余额）、错报的样本美元数以及对错报的美元数污染的风险。未调整的错报上限是基于观察到的多报美元计算的，而错报下限是基于观察到的低估美元计算的。未调整的错报上限和下限是根据公式计算出来的：AICPA谨慎地不使用“置信度上限”这个词作为限值。总的来说，很难确切地确定如何解释或使用AICPA的“调整后限值”。

7.10 AICPA关于公认审计准则的声明

美国注册会计师协会（AICPA）提供了一套公认审计准则（GAAS），概述于AU第150节（这些条款指的是统一准则，可以在AICPA的网站上找到）。共有十个准则：三个通用准则、三个外勤工作准则、四个报告准则。自2002年以来，美国上市公司会计监督委员会一直负责上市公司的审计准则（AS），但同时广泛遵循最初由美国注册会计师协会制定的准则。

这十个标准是：

（1）通用准则

① 审计工作应由一位或多位经过技术培训并精通业务的审计人员执行。

② 对一切与业务有关的问题，审计人员均应保持独立的精神态度。

③ 在执行审计和编写报告时，恪守应有的职业谨慎。

（2）外勤工作准则

① 应当为审计工作制订恰当的计划，若有助理人员，应予以适当的监督和指导。

② 应当对内部控制进行充分的调查了解，以便制订审计计划，并确定拟执行的测试的性质、时间安排和范围。

③ 应通过检查、观察、询问、函证等方法，获取充分、适当的审计证据，以便对被审计会计报表发表意见提供合理的基础。

（3）报告准则

① 报告应指出会计报表是否按照公认会计原则编制。

② 报告应指出本期采用的会计原则和上期末一致的各种情况。

③ 除非在审计报告中另有说明，否则会计报表中信息的披露均应被认为是合理的和充分的。

④ 报告应就整个会计报表发表意见，或者声明不能发表意见。若不能发表总体意见，则应说明理由。在任何情况下，审计人员的姓名一旦与会计报表相关联，他就应说明其审计工作的性质及其所负责的程度。

会计领域由许多分支学科组成，其中包括财务会计和审计。财务会计处理收集、汇总和报告与政府监管的财务报告有关的经济交易的公司数据。审计提供了对财务报告的“公允性”（在会计方面有独特定义的术语）的独立验证。审计程序由两个目标决定：

（1）数据收集和分析的成本效率；

（2）报告中的“公允性”，这通常被解释为财务报告中没有“重大错误”。

与统计检验有关的审计工作主要分为两大类，通常在一年的不同时间完成。第一组审计任务调查公司个别交易所运用的会计程序是否符合公司程序、政府规章、法律程序和内部控制的行业惯例。用于确定业务总体的程序错误率的统计性工作被称为符合性测试。

第二组任务被称为细节的实质性测试，用来验证所报告的经济交易的货币汇总（即“账户余额”）没有“重大”错报。与“公允性”一样，“重要性”是一个会计术语，在特定的审计环境中具有独特的定义。审计人员认为，如果错误的严重程度“很可能改变或影响了依赖该报告的正常人的判断”（财务会计标准委员会，1980），则该错误就是重大的。1934年的《证券交易法》授权SEC为受其管辖的公司颁布财务报告标准（公认会计原则，即GAAP）。证券交易委员会则把这项权力转授予财务会计准则委员会（SFAC2第132段）。

在美国，《审计准则声明》（SAS）为外部审计师提供了关于公认审计准则（GAAS）的指导。SAS被美国注册会计师协会编写进以“AU”（审计）为索引的专业标准的各个部分中。与统计分析相关的财务审计准则见审计准则第39号（SAS#39）中所描述的，并在SAS #43、#45和#111中进行了阐述，在AU 350中进行了总结（AICPA，2013）。美国注册会计师协会（American Institute of Certified Public Accounts）现行的审计标准并没有强制要求在进行审计测试时使用统计抽样。

然而目前普遍认为，统计检验可以在实现成本效率和报告公允性这两个目标方面进行有效的管理和权衡。早在1934年美国证券交易委员会（Securities and Exchange Commission）成立之前，统计检验的效用就已经得到承认（Carman，1933）。

7.11 AICPA承认或研究过的取样类型

AICPA关于抽样的公告包括风险评估标准（SAS第104-111号）。该版指南反映了专业要求的定义标准（SAS102），包括审计文件指南（SAS 103），以及沟通内部控制的相关事项（SAS 112）。其中还包括美国注册会计师协会2011年6月1日发布的《审计和会计手册》（Audit and Accounting Manual）中的材料，该手册强调了从业人员在申请审计抽样时的应用，包括各种表格和内部控制指南、说明性确认信、说明性业务和陈述信以及说明性审计报告。以下各小节简要介绍了AICPA声明中引入的特殊术语和主要统计或准统计概念。

7.11.1 判断抽样

判断抽样是一个选择过程，在这个过程中，审计师要决定哪些项目应该被审计。它涉及审计师对测试项目的主观选择和测试结果的主观评价。这“是一种可以接受的选择方法，只要审计师确信被选择的样本可以代表审计对象总体”（APB，1993）。只不过个别审计师在能力、知识、经验和偏好等方面存在差异。同时，审计师减少客户审计成本的压力，以及审计师的身心健康状况都会影响判断抽样。此外，统计抽样在法庭上也更有影响力。

7.11.2 等距抽样

在等距抽样法中，需指定一个间隔和一个随机起始点，该起始点必须大于零且小于或等于所选间隔。使用等距抽样时，必须注意数据模式。因为使用固定的间隔来进行样本选择，所以如果数据的模式与指定的间隔一致，则挑选的样本可能不具有代表性。

7.11.3 单元格或随机等距抽样

与等距抽样一样，单元抽样或随机等距抽样也是一种区间选择方法。在单元抽样中，指定间隔和随机种子，这是一系列伪随机数的基础，随机种子可以是任意值。

7.11.4 随机抽样

使用随机抽样，则审计总体中的每一项都有相等的被随机选中的机会。通常情况下，样本足够小，审计人员不需要担心替换问题。根据抽样方法的不同，被抽中的项目在绘制后可能会被搁置，或者被放回去重新抽取。由于审计样本的规模通常比总体小几个数量级，这两种方法实际上没有差别。

7.11.5 有条件抽样

在抽取样本项目时可以设定一个条件，使得只有一部分审计总体被抽中。使用条件抽样可以限制选择的范围或排除特定项目。设定的条件可能排除公司的某些被单独审计的部门。

7.11.6 分层抽样

分层抽样是考虑样本量（以美元为单位）的一种特殊条件抽样。特别是在对账户余额进行实质性检验时，对大额美元交易的检验比对小额交易的检验更为严格是正常的。通常，抽样的分层涉及两个或三个层级或分组的交易——从大到小。例如，大型交易（都超过1 000美元）可能会测试100%的样本，较小的交易（少于1 000美元）只会测试审计总体的20%。货币单位抽样是一种通过调节交易金额来连续分层抽样的方法。

分层是将一个群体划分为子群体的过程，每个子群体是一组具有相似特征的抽样单元。会计总体的分层通常是基于记录的账面价值将其划分为组（阶层），并从每个阶层中独立选择一个样本。

审计环境中使用的小样本，结合会计数据的特性（大于零，经常有大量的零余额交易），在总体误差率低和交易美元价值分布高度扭曲的情况下，可能导致结果处于不可靠的置信区间内。

7.11.7 货币单位抽样

使用货币单位抽样（MUS），数据被视为美元流。每一美元都有相等的被选中机会，当选中一美元，包含该美元的商品就是产出。审计总体是表中所选字段中所有美元的绝对值。指定的间隔是每个选择之间的美元数。

在这个抽样基础上，一件价值1 000美元的物品被选中的可能性是一件价值1美元的物品的1 000倍，因为一件价值1 000美元的物品包含了1 000倍的单位价值，而每一美元被选中的可能性是相等的。这种选择方法使样本偏向于价格更高的项目。当采样单位在大小上有很大差异时，MUS是最有用的（Tsui等，1985；Stringer，1979；Matsumura和Tsui，1982）。

美元单位抽样（DUS）——也叫货币单位抽样（MUS）——的“污染”这一概念的意思是，每笔交易都是一组独立的货币单位的集合，包含总误差的百分比——对每个货币单位的总误差的分配。

一般来说，当一个错误影响账户余额时，我们最关心的是这个错误金额的大小。会计人员使用货币单位抽样范式以美元数来描述交易的经济规模。如果错误的交易额是X美元，并且在审计之前账户余额中的交易贡献额是Y美元，那么每个交易美元都被X/Y乘以100%地“污染”了。这可能听上去有些复杂，但实际上，在试图从样本中推断账户余额时，为账户余额构建估算模型是有意义的。

在美元单位抽样中，美元数额通常被认为只是部分错误，某一特定项目的错误数额被称为错误污染。例如，一件价值100美元的物品如果完全出错，就会有100%的污染，而一件价值100美元的物品如果实际价值93美元，就会有7%的污染。最大可容忍污染是所有单个错误污染的总和。

这个公式有点复杂，它是MUS抽样方法的产物，该方法以交易值为条件。请记住MUS只是一种连续形式的分层抽样。审计师将抽样方法与样本结果分析混为一谈，从而导致了这一新创建的变量污染。

美国注册会计师协会（AICPA）现行审计准则并非强制要求审计测试时使用统计数据。然而，在一个几乎所有会计数据都包含在计算机数据库中的时代，数据库往往不受公司掌控（例如，数据可能在Salesforce.com等公共云上提供销售服务，或者在亚马逊网络服务中用于物流和库存控制），使用自动化数据挖掘和统计分析软件包是进行成本效益审计的唯一途径。

统计分析对审计的早期应用一般仅限于遵守情况测试，通过该测试可以得知交易处理符合或不符合会计政策和程序。肯尼斯·斯特林格（Kenneth Stringer）是德勤有限公司的一名员工，他曾开始调查统计数据的审计应用，目的是评估账户价值。斯特林格将他的创新整合到方法论建案中（Stringer，1975，1963，1961；Bickel，1992；Pap和van Zuijlen，1995）。与其同名的另一人（Stringer）提出必须确定置信区间，以确定特定账户是否存在“重大”错误。更严格的置信限被广泛引用引起了统计界的兴趣，而统计界普遍认为，他们的想法过于保守，因为他们倾向于只在账目陈述公允的情况下发现重大错报。

肯尼斯·斯特林格对审计工作最重要的贡献也许就是让审计人员把账户估值和其中的错误看作资产和债务的离散而不是连续的衡量标准。考虑错误的离散发生是很单纯的（即错误要么发生，要么不发生）。斯特林格对美元单位抽样（DUS）的强调引入了一个观点，即账户是单个美元的集合，其中一些是“准确的”，一些是“受污染的”（错误的，不应该在账户余额中）。

斯特林格用瓮模型计算财务报表上的账户余额：每个账户都是单个交易的集合（想象一个装满球的瓮），每个账户都有自己的金额。一笔交易要么出错，要么没有。业务的“错误条件”可以建模为一个［0，1］二进制变量，在完成年中符合性测试之后，这些错误应该比较少见。

在过去，审计师采用了斯特林格约束来调整置信限，以反映会计交易的特质。现在这种方法很少被使用，因为它在未知小样本属性的情况下导致了保守的界限；它还倾向于增加所需的样本量，从而增加审计的成本。

7.11.8 交易或记录抽样

交易抽样对每笔记录的交易进行等效处理。这样就得到了一个不受记录中的值影响的样本——总体中的每笔交易都有均等的被选中的机会。交易抽样用存在特定类型错误的总体的百分比来表示错误风险——它通常表示为错误率。交易抽样用于内部控制测试，因为我们在意的是确定针对特定类型的错误的“控制水平”——这些将表示为错误率。

内部控制测试。内部控制符合性测试的目的是确定系统的内部控制在多大程度上遵守了规定的政策、计划、法律和法规。

内部控制是一套设计好的程序，旨在尽量减少会计制度运作中出错的机会。APB的审计准则定义：“管理层为有序、高效地开展公司业务，确保遵守管理政策，保护资产，尽可能保证记录的准确性和可靠性而建立的整个控制系统，包括财务控制和其他控制。”

内部控制符合性测试的目的是确定在何种程度上可以依靠控制来发现重大错误，以及内部控制在整个被审计期间是否有效运作。

实现内部控制的抽样和测试有三种方法：

（1）估计抽样：选取一定规模的项目随机抽样，估计不符合误差的比例，以确定是否小于某个可接受的水平。这是符合性测试中最广泛使用的方法。

（2）接受抽样：允许审计师在一定条件下拒绝或接受审计总体。抽取一个给定大小的样本，如果发现超过一定数量的误差，则系统被接受，否则将被拒绝。审计师使用接受抽样试图平衡拒绝“满意的”总体（经常涉及进一步的审计成本）和接受“不满意的”总体（使审计师面临提出不准确的无保留审计意见的潜在风险）的风险。

（3）发现抽样：一种抽样计划，它选择一个给定大小的样本，如果样本没有错误就接受总体，如果样本包含至少一个错误就拒绝总体。使用发现抽样，审计师可能就不必确定总体中具体有多少错误。

7.11.9　非统计性抽样

美国注册会计师协会指出，非统计抽样可用于控制测试或实质性测试。非统计抽样不需要使用概率选择方法，其主要优点是比统计抽样更简单、更省时，主要缺点是无法量化抽样风险。AICPA指出，非统计抽样的样本量完全由审计师的专业判断决定。使用非统计方法确定控制测试的样本量时考虑的因素与属性抽样时考虑的因素相同。使用非统计方法确定实质性测试的样本量时考虑的因素有：

（1）误受风险是指审计师认为重大错报不存在而实际上却存在的风险。此风险的等级基于审计人员计划的发现风险和其他计划的实质性测试。较高的误受风险适用于较高的计划检测风险和/或其他计划的实质性测试。这种风险与样本量成反比。

（2）误拒风险是审计师认为重大错报存在而实际上并不存在的风险。这种风险的等级取决于获取额外证据的成本和难度。较低的误拒风险适用于需要扩展测试、费用更高或获取更困难的证据。这种风险与样本量成反比。

（3）预期错报代表审计师对总体错报的最理想估计。这个估计通常是基于该客户的先前审计经验。这个估计值与样本量直接相关。

（4）可容忍错报是指在总体被认为发生重大错报之前可能发生的最高错报。这个数量与样本量成反比关系。

通过样本偏差率与可容许偏差率的比较，并计算抽样风险的容限，可对实行控制措施检验的样本结果进行评估。样本偏差率的计算方法是样本偏差数除以样本容量。抽样风险容限是通过容许偏差率减去样本偏差率来计算的。如果抽样风险的允差较大且为正，审计人员就很可能会得出结论，认为内部控制的设计和操作是有效的。然而，如果抽样风险的允差很小或为负，审计师就会认为内部控制的设计和操作是无效的。是什么构成了足够大的差异，这是一个专业判断的问题。一般来说，抽样风险的允许值越小，评估控制风险越低，样本量越大。

对实质性测试的抽样结果也以类似的方式进行评价。根据样本结果计算预测总体误报，并与可容忍误报进行比较。计算总体误报率的方法是将样本误报率除以样本的美元价值，再乘以总体的美元价值。预测的总体误报和可容忍的误报之间的差别称为抽样风险准备。如果抽样风险的允差很大且为正，审计人员很可能会得出不存在重大错报的结论。然而，如果抽样风险的允差很小或为负，审计师就会认为存在重大错报。是什么构成了足够大的差异，这是一个专业判断的问题。一般来说，抽样风险的允许值越小，接受错误的风险越高，样本容量越大。

7.12 会计事项分布

概率分布最初是由布莱斯·帕斯卡提出来的，是用来解释投机机制的一种方法。帕斯卡采取了不确定的测量方法，即选取随机变量，并把它们映射到两个维度——随机变量的取值（x 轴）和概率的频率取值（y 轴）上。概率分布是推论统计学的基础。当人们希望从一组数据中推断出结论时，就会假设这些数据服从某些概率分布。为特定问题选择正确的分布是根据数据进行有效推理的最重要部分之一。

除了选择正确的分布之外，审计师还需要确定收集多少数据。审计中的数据收集和处理是昂贵的——单个抽样业务的审计成本可能是数百或上千美元。审计的总成本受到分布、样本量、推理方法和决策模型的正确选择的影响。不注重方法、过分依赖个人推理的审计会增加审计成本，从而导致产生错误意见的可能性很大。在过去的20年里，这些问题给审计公司带来了巨大而令人尴尬的失败——这样的失败也导致了安达信公司的破产。

样本量的确定是统计中最难的问题之一。在理想情况下，我们不会“提前”选择样本量，而是会继续采样，直到达到特定的目标（例如，直到确定系统是受控还是失控）。这被称为“最佳停止”，通常用于实验室和工厂抽样。

当我们需要采集“一次性”样本时，我们需要知道正在估计的参数分布情况，这通常不可能准确地做到，但这并不妨碍我们去尝试。通常，对于涉及线性运算的系统（如会计系统），可以假设样本分布为正态分布。这在审计中通常是一个不好的假设，因为所有的审计分布通常呈现右偏和低峰态，所以属性通常以一组有限的“有效”值呈离散分布。审计师在确定样本量时不能“一刀切”。有三个因素需要考虑：

（1）决策效应大小。对于属性误差率，这是“可容忍误差”；对于价值估计，这是分配给一个会计项目的重要比例，也称为“可容忍误差”。

（2）假设的总体分布和参数。如果假设是正态的，那么审计人员将选择平均值和方差值。另一个适用的假设是，属性误差或美元误差是泊松分布，其均值、方差、偏度和峰度都取决于一个参数，更类似于会计总体分布。

（3）对自身决策的"置信度"，即在样本中观察到的错误率将导致我们改变审计决定。请注意，置信度通常是通过两个参数来表示的，通常设置为：①测试的显著性，即出现第I类错误的概率；②测试的效力（不要责怪笔者，这个术语是由英国博学的卡尔·皮尔逊在20世纪初发明的）。假设检验的样本量通常由定义拒绝区和非拒绝区之间边界的临界值决定。在零假设和替代假设下完全相同的临界值之间可以区分出最小样本量。这里计算样本量的方法类似于标准的单变量计算，但使用的是为这个问题定制的方差公式（Cochran，2007；Kish和Frankel，1974；Snedecor和Cochran，1956；Westland和See-To，2007）。

在会计事项和财务账目中，合规和实质性错误相对较少发生——否则财务报表将无法使用，而审计工作的范围也将无法控制。"罕见事件法则"假定在一个时间区间（例如，会计期间）内某一事件会以已知的平均数量随机发生。如果该时间间隔被划分为同等大小的子间隔，那么一个事件发生在特定子间隔的概率就会收敛为泊松分布。泊松分布有时也被称为小数定律，因为它是一个事件发生次数的概率分布，这个事件很少发生，但却有很多机会发生（Fienberg等，1977；Repin等，2004；Keenan和Kotula，2004；Garstka，1977；Greene，1994；Watts和Leftwich，1977）。

7.13 审计循环

审计循环包括在发布财务报表之前，审计师为确保公司财务信息的有效性和准确性所采取的所有步骤。审计循环可以要求在不同的时间执行不同的任务——例如，可以在10月清点库存，在11月确定应收账款。

审计循环通常包括几个不同的阶段：在了解过程阶段，公司与审计师会面以确定需要审查的会计领域；在审计方法阶段，由审计人员决定如何收集信息进行审查；在审计现场工作阶段，审计人员将测试和比较会计样本；在管理评审会议阶段，审计师将会把审计结果提交给公司管理团队。

审计循环是审计人员用来审查公司重要财务信息的会计过程。公司在发布财务报表之前，需要通过审计来验证其财务信息的准确性和有效性。内部审计可以由公司的会计人员进行，以达到管理审查的目的。外部审计通常由会计师事务所或个人注册会计师（CPA）进行，以便对公司的财务和会计过程提供客观的意见。审计循环通常包括几个步骤，如了解过程、审计方法、外勤审计、管理评审会议和补救审计过程。审计循环的了解过程确定了按照公司的指示需要审查的会计流程。这一步骤通常包括公司经理与审计人员开会，讨论财务或会计部门需要审计的最高风险领域。公司管理层还将讨论在审计循环中需要实现的目标。这一步骤完成后，审计师将进入确定审计方法阶段。

审计方法是帮助审计人员确定在审计期间如何收集信息以供审查的阶段。审计人员可能会决定采访公司员工，以确定他们是否接受了良好的培训，了解他们在会计流程中的角色。审计人员也可能要求会计部门提供某些财务信息，这些信息将在审计循环的外勤工作阶段被审查。

审计是对公司或个人的财务记录进行严格审查以确保其准确性的一种会计程序。许多美国纳税人害怕国税局的审计，而不诚实的公司则害怕对其商业行为进行独立的审计，因为这可能会揭露它们挪用公款和其他滥用资金的行为。这种审查可以保持公司的诚实性，也可以让员工和投资者对公司的财务状况放心。审计主要有两种类型：内部审计和独立审计。

无论审计的类型是什么，都应假定审计程序将无偏见地执行。在内部审计中，这可能较为困难，因为内部审计是由公司相关的会计人员执行的。通常，内部审计只有在拥有大型会计部门的公司才能成功执行，因为审计相关人员不能审计自己所提供的记录。大公司通常会定期进行内部审计，以确保其财务状况良好。如果该公司是上市公司，那么股东也可以查阅内部审计报告。

独立或外部审计由中立的第三方进行，如专门从事审计的专业会计师事务所。在这两种情况下，公司的所有财务记录，包括分类账、银行对账单、工资、税务信息、内部财务报告、官方公告、应付账款和应收账款，都将被检查。在审计期间，这些记录被仔细检查是否有任何差异，如果发现不准确之处，就必须加以处理和修正。

通常，审计发现的都是一些简单的会计错误。然而在有些时候，审计可能会暴露出更险恶的问题。财务困难的公司可能会选择做出不合理的财务决定以试图挽救公司，而这些决策将被严密的审计所揭露。有时审计会发现，由于高层人员严重滥用资金，公司正处于破产的边缘，正如21世纪初美国的许多公司（如安然和世通）一样。

当独立审计发现不准确之处时，审计师会在向公司提交的最终报告中予以陈述。在某些情况下，审计将由一个外部组织下令进行，如证券交易委员会，那么它也将收到一份审计报告的副本。被发现的问题必须由公司来解决。可修正错误的常见例子是没有向国税局支付工资税，或滥用养老金计划。如果由于公司没有资金解决这些问题从而无法修正这些错误，那么公司将可能面临破产，主要债权人将在公司的资产被一家独立公司清算后得到补偿。

7.14 审计和信息技术的背景

审计是由没有参与账目编制的第三方（个人或公司）对账目和与账目有关的其他文件进行审查。长期以来，财务检查制度一直被用于与公共账户有关的领域。在意大利，商业发展在中世纪晚期大大增加了审计人员的职责，但对商业账目的审计直到19世纪才变得普遍，那时有越来越多的企业不断扩大规模并且结构日趋复杂。这种审计对所有者（合伙人或股东）、执行者（经理、高级职员和董事）、债权人或潜在的债权人（投资者、票据经纪人、商业和投资银行家）以及企业的接管人、受托人和债权人委员会特别有用。审计对公司商品的供应商、专利所有者、利润分成或版税的其他接受者、政府监管机构以及机构的潜在捐赠者也很重要。审计可以解决某些类别的问题。审计必须确定公司账上的所有资产和负债是否真实，以及是否恰当地发生、估价和记录。审计人员必须对盈余、收入和资本进行检查，检查股票发行的授权并比较发行的数额与授权的数额以进一步核实。最后，审计是对高估资产和低估负债倾向的独立检查。审计师的职责甚至已经扩大到对企业财务和会计部门的所有行为进行全面调查和分析。因此，审计人员除了需要掌握会计知识外，还需要对商业和金融有广泛的了解。会计记录企业的经营状况，审计师必须确定这种记录是否准确和诚实，然后进行解释和判定，也可以在报告中加入对企业未来经营的建议。在许多国家，审计师现在被确立为一种独立的职业，需要政府颁发许可证。在美国，私人审计通常由注册会计师进行。对联邦政府账目的审计是由国会政府问责办公室（GAO）进行的。它的前身是总会计师事务所，成立于1921年。美国国税局定期审计个人和公司的纳税申报单。上市公司会计监督委员会（成立于2002年）对作为审计师的会计师和会计师事务所负责注册和监管事宜。

如今即使是中小型公司，也很少有不将主要会计记录保存于计算机系统内的。软件和云平台（例如SalesForce.com）已经使自动化变得简单，同时也使非自动化变得不经济和有风险。会计系统是公司信息系统下属的一部分，专门处理财务交易，有以下作用：

（1）向管理层提供内部报告，用于计划和控制当前和未来的业务，并用于非例行决策；

（2）向股东、债权人和政府机构等各方提供外部报告。

积累、分类、记录和报告商业事件和交易必须遵循一定的方法、程序和标准。会计系统包括正式记录和原始源数据。关于如何维护特定会计系统（例如，保险公司）可能存在监管上的特殊要求。

从审计师的角度来看，审计的范围可能局限于公司内部采用的应用系统，而外包的软硬件部分则需要依靠第三方进行审计。这些外部公司应发布审计准则声明第70号审计报告（一般缩写为SAS 70审计报告）。SAS 70为第三方审计师在评估服务机构的内部控制和发布服务审计报告时提供指导。SAS 70也为审计人员使用一个或多个服务组织实体的财务报表提供指导。服务组织一般指的是提供影响其客户控制环境的外包服务的实体。常见的服务组织包括保险和医疗索赔处理机构、信托公司、托管数据中心、应用程序服务提供商（ASPs）、托管安全提供商、信用处理组织和票据交换所。

服务审计报告有两种类型：

（1）第一类服务审计报告包括审计师对服务组织已投入运行的控制描述的公正性意见，以及控制设计是否能够实现规定的控制目标的意见。

（2）第二类服务审计报告包括第一类报告中所包含的信息，也包括审计师对特定控制在审查期间是否有效运行的意见。

7.15 审计师意见：审计的结果

独立注册会计师在审计调查结束时所提交的报告里包括了审计人员陈述其工作的性质和承担的责任程度等内容。在审计意见中，审计人员需要声明自己根据公认审计标准（GAAS）审查了客户截至该年度的财务报表，包括对会计记录的测试和其他必要的审计程序。随后审计人员将根据自己的意见指出，客户的财务报表是否按照一贯适用的公认会计原则（GAAP）公允地反映了截至该年度的财务状况、经营成果和财务状况的变化。

审计意见分为无保留意见、保留意见、反对意见和无法表示意见四种：

（1）无保留意见（又称“清洁意见”）

① “我们相信这些财务报表是按照一贯适用的公认会计原则编制且公允列报”。

② 是正常的审计结果。

③ 当发现问题后，会解释和重报。

（2）保留意见

① “除（列举的例外情况）外，我们相信这些财务报表是按照一贯适用的公认会计原则编制且公允列报”。

② 有保留意见可能是合法经营的结果。

③ 有保留意见往往是“或有索赔”的结果。例如，大型集体诉讼，如孟山都处理的石棉案。

（3）否定意见

① “我们不认为这些财务报表是按照一贯适用的公认会计原则编制且公允列报；审计师不同意｛列举的例外情况｝。”

② 反对意见是由于与客户沟通的中断造成的，通常相对较少。

此外，审计人员可以拒绝发表意见，发表意见免责声明。审计意见，尤其是中期测试，也为上市公司遵守《萨班斯-奥克斯利法案》所作的披露提供了依据。2002年的《上市公司会计改革和投资者保护法》（通常称为SOX或SarBox）属于美国联邦法律，是为了针对一系列重大的公司和会计丑闻而通过的，包括那些影响安然、泰科国际和世通（现在的MCI）的丑闻。这些丑闻导致公众对会计和报告实务的信任度下降。该法案以发起人参议员保罗·萨班斯（马里兰州民主党）和众议院议员迈克尔·奥克斯利（俄亥俄州共和党）命名，在众议院以423票对3票通过，在参议院以99票对0票通过。该法案涉及面很广，为美国所有上市公司的董事会、管理层和会计师事务所建立了新的或更高的标准。该法案包含11个章节，范围从额外的公司董事会责任到刑事处罚，并指定证券交易委员会（SEC）执行关于遵守新法律要求的裁决。它建立了一个新的准公共机构——上市公司会计监督委员会。该委员会负责监督、管理、检查和惩戒作为上市公司审计师角色的会计师事务所。该法案还包括了诸如审计师独立性、公司治理和加强财务披露等方面。

7.16 参考文献

Bickel, Peter J. 1992. Inference and Auditing: The Stringer Bound. *International Statistical Review/Revue Internationale de Statistique* 60 (2): 197-209.

Carman, Lewis A. 1933. The Efficacy of Tests. *The American Accountant* 18: 360-366.

Cochran, William G. 2007. *Sampling Techniques*. Hoboken: John Wiley & Sons.

Cohen, Jacob. 1992. A Power Primer. *Psychological Bulletin* 112 (1): 155.

Fienberg, Stephen E., John Neter, and Robert A. Leitch. 1977. Estimating the

Total Overstatement Error in Accounting Populations. *Journal of the American Statistical Association* 72 (358): 295-302.

Garstka, Stanley J. 1977. Models for Computing Upper Error Limits in Dollar-Unit Sampling. *Journal of Accounting Research* 15 (2): 179-192.

Greene, William H., Accounting for Excess Zeros and Sample Selection in Poisson and Negative Binomial Regression Models (March 1994) .NYU Working Paper No. EC-94-10, Available at SSRN: https://ssrn.com/abstract=1293115

Keenan, Michael R., and Paul G. Kotula. 2004. Accounting for Poisson Noise in the Multivariate Analysis of Tof-Sims Spectrum Images. *Surface and Interface Analysis: An International Journal Devoted to the Development and Application of Techniques for the Analysis of Surfaces, Interfaces and Thin Films* 36 (3): 203-12.

Kish, Leslie, and Martin Richard Frankel. 1974. Inference from Complex Samples. *Journal of the Royal Statistical Society: Series B (Methodological)* 36 (1): 1-22.

Matsumura, Ella Mae, and Kam-Wah Tsui. 1982. Stein-Type Poisson Estimators in Audit Sampling. *Journal of Accounting Research* 20 (1): 162-170.

Meyer, Breed D. 1995. Natural and Quasi-Experiments in Economics. *Journal of Business & Economic Statistics* 13 (2): 151-61.

Pap, Gyula, and Martien C.A. van Zuijlen. 1995. The Stringer Bound in Case of Uniform Taintings. *Computers & Mathematics with Applications* 29 (10): 51-59.

Raiffa, Howard, and Robert Schlaifer. 1961. *Applied Statistical Decision Theory.* Boston: Clinton Press, Inc.

Repin, Sergey, Stefan Sauter, and Anton Smolianski. 2004. A Posteriori Error Estimation for the Poisson Equation with Mixed Dirichlet/Neumann Boundary Conditions. *Journal of Computational and Applied Mathematics* 164: 601-612.

Snedecor, George W., and W.G. Cochran. 1956. *Statistical Methods Applied to Experiments in Agriculture and Biology.* Iowa: Iowa State College Press.

Stigler, Stephen. 2008. Fisher and the 5% Level. *Chance* 21 (4): 12-12.

Stringer, Kenneth W. 1961. Some Basic Concepts of Statistical Sampling in Auditing. *Journal of Accountancy (Pre-1986)* 112 (000005): 63.

——. 1963. Practical Aspects of Statistical Sampling in Auditing. In *Proceedings of the Business and Economic Statistics Section,* 405-411. Washington, DC: American Statistical Association.

——. 1975. A Statistical Technique for Analytical Review. *Journal of Accounting Research* 13: 1-9.

——. 1979. Statistical Sampling in Auditing. The State of Art. *The Accounting Review* 1: 113-27.

Tsui, Kam-Wah, Ella Mae Matsumura, and Kwok-Leung Tsui. 1985. Multinomial-Dirichlet

Bounds for Dollar-Unit Sampling in Auditing. *The Accounting Review* 60 (1): 76–96.

Watts, Ross L., and RichardW. Leftwich. 1977. The Time Series of Annual Accounting Earnings. *Journal of Accounting Research* 15 (2): 253–271.

Westland, J. Christopher, and Eric Wing Kuen See-To. 2007. The Short-Run Price-Performance Dynamics of Microcomputer Technologies. *Research Policy* 36 (5): 591–604.

第8章

期中符合性测试

8.1 期中符合性测试和管理建议书

符合性测试将确定公司的业务处理是否符合公认会计原则（GAAP）。符合性测试通常在客户会计年度结束的9个月后进行，因为公认审计准则（GAAS）建议，内部控制评估应基于至少9个月的交易。因此，这也被称为期中测试（相对于年终测试）。

符合性测试是风险评估矩阵（RAM）所规定的审计任务与最终支持审计意见的实质性测试之间的桥梁。审计任务规定了一系列的证据收集流程，其依据是对通过会计系统处理任何特定交易的相关风险的主观和客观评估。期中符合性测试将验证业务处理是否按照风险评估矩阵规定的方式进行。如果发现某一会计控制流程存在缺陷，则符合性测试将：

（1）根据风险评估标准（SAS）第115号在致管理层的信中生成一个事项，并根据《萨班斯-奥克斯利法案》生成一个潜在的管理层回应项目。

（2）建议会计师事务所协助客户开展非审计系统咨询业务。

（3）增加与被发现的问题所影响的账户有关的实质性年终测试的样本量和范围。

8.2 给管理层的SAS 115号信函

美国注册会计师协会的审计准则声明要求在审计过程中进行两项主要沟通，其要求在SAS 114和SAS 115中进行了总结。这又为《萨班斯-奥克斯利法案》第302条和第404条规定的报告提供了基础。本书在“萨班斯-奥克斯利协议”一章中更深入地论述了萨班斯报告。

SAS 114号信函向企业的管理层（如董事会、审计委员会、总裁或管理层）传达了所执行的审计程序的范围、重大发现以及其他信息，包括与管理层的分歧、审计调整和重大估计等未在审计财务报表中通报的事项。

SAS 115号信函总结了审计师对客户内部控制的理解，这些控制是如何实施的，以及它们的运行效果。尽管在复核过程中，审计师发现任何重大缺陷都应与管理层进行讨论，但AICPA要求审计师以书面形式将其传达给管理层。除了发现控制中的缺陷外，审计师还可以提出改进这些控制的建议，这有助于降低风险并完善客户的会计流程。

给管理层的SAS115号信函有几个名字：内部控制信、推荐信等。信函的内容见AU第325条“在审计中发现的内部控制相关事项的沟通”。以下摘录了SAS 115号信函的重要建议：

在审计期间发现的缺陷，经评估被认为是本节项下的重大缺陷或重大不足，应作为每次审计的一部分，以书面形式通报给管理层和负责治理的人员，包括在以前的审计中通报给管理层但尚未得到补救的重大缺陷和重大不足。以前通报过但尚未补救的重大缺陷和重大不足，可以通过提及以前发布的书面通报和该通报的日期，以书面形式进行通报。

书面沟通最好在报告发布日之前进行，报告发布日是审计师授权企业在财务报表中使用审计报告的日期，但应在报告发布日期前60天内。

在财务报表审计中，审计师不需要根据流程来识别内部控制的缺陷，也不需要对实体的内部控制的有效性发表意见。内部控制是一个由负责管理的人、管理层和其他人员实施的流程，旨在为实现该实体在财务报告的可靠性、运营的有效性和效率以及遵守适用法律和法规方面的目标提供合理保证。

SAS 115号信函建议的说明性书面沟通的基本表述：

在计划和审计ABC公司（以下简称“公司”）截至20××年12月31日止年度的财务报表时，我们按照美国普遍接受的审计准则，考虑了公司的内部控制报告（内部控制）作为设计我们审计程序的基础，目的是对财务报表发表意见，但不是对公司内部控制的有效性发表意见。因此，我们不对公司内部控制的有效性发表意见。

我们对内部控制的考虑是出于上文所述的有限目的，并不是为了确定内部控制中可能是重大缺陷或不足的所有问题，因此不能保证所有重大缺陷都能够被识别出来。然而，正如下文所述的，我们发现了内部控制的某些缺陷，我们认为这些缺陷是重大缺陷（以及其他我们认为是重大缺陷的不足之处）。

当一项控制的设计或操作无法让管理层或雇员在正常履行其指定职能的过程中及时预防或发现并纠正错报时，就存在内部控制的缺陷。重大缺陷是指内部控制中的缺陷或缺陷的组合，即能够使企业有合理的可能性无法防止或发现并及时纠正实体财务报表的重大错报。

我们认为公司内部控制的以下缺陷可以称为重大缺陷：

[*描述已识别出来的重大缺陷*]

重大缺陷是指内部控制方面的缺点或缺点的组合，其严重程度不及实质性缺陷，但重要到值得负责治理的人注意。

我们认为以下公司内部控制方面的缺点是重大缺陷：

[*描述已识别出来的重大缺陷*]

此书面沟通仅用于信息和管理的使用、确定负责管理的部门或个人、组织内的其他人和指定的政府机构，除上述指定方以外，任何人不得使用。

根据SAS 115号信函的要求，在初步的外勤工作中，审计人员在对某些关键领域

（如现金收付流程）进行走访的同时，应当了解客户的内部控制，它们是如何实施的，以及它们的操作有效性。如果内部控制可能没有按照预期运行或可能根本没有到位，则该缺陷将在SAS 115号信函中被说明。本章的其余部分介绍了期中测试期间的审计流程，以及如何通过R语言应用数据科学来提高效率和有效性。

8.3 三种抽样方法

审计抽样有三种较为普遍的方法，应用于不同的审计目的：

（1）用于发现失控的业务流的发现抽样。

（2）用于估计业务错误率的属性抽样。

（3）用于确定账户余额是否被“公允地呈报”的验收抽样。

验收抽样与实质性测试密切相关，但通常与期中测试无关，因此对验收检测的讨论将推迟到下一章。下面解释如何在其他两种方法中应用我们的样本量公式。

8.3.1 发现抽样

“发现抽样”是成本控制最重要的工具之一，用以确定潜在的失控或可控情况，需要额外的合规测试。发现抽样可以经济有效地获得最小的交易样本量。在这些交易中，即使出现一个错误，也会表明该交易的处理有可能“失去控制”。

符合性测试从审计计划和风险评估开始，风险评估矩阵（RAM）估计了特定会计交易群体中某个符合性或会计错误的发生概率。这项来自规划和分析审查阶段的预估是主观的，可能经常为零，或审计师会直接声明不清楚错误率为多少。

为了理解发现抽样所涉及的决策，下面对问题进行正式阐述。设 $\{x_i\}$ 是从当年发生的所有交易中抽取的一个独立的、有代表性的交易样本。假设审计师在样本中发现了y个错误，在达到“失控”状态前，可以发生的最大错误数是z。那么，对于统计函数f来说，“发现抽样”的样本量为$f\{x_i/y\}\geqslant z$，这个函数将在后文进一步阐述。请注意，由于z是一个比率，如果改变核算期，如从1年变为9个月，将会改变所需的样本量。这一点很重要，因为临时测试往往是在不到1年的交易数据下进行的。审计指南要求临时测试至少需要审计9个月的交易，然后才能对系统是否“可控”得出结论。由此产生的决策将决定是否可以依靠相关的交易处理系统产生准确的账户余额，并用于年终测试审计。

使用发现抽样进行的期中测试为业务单位样本设定了一个估计样本量，因此，如果实际业务错误率超过最低可接受的错误率（也称为失控状态的错误率），意味着可能在样本中发现至少一个错误。发现抽样能够帮助审计师判断处理某一特定业务流的系统处于可控状态还是失控状态。图8-1描述了发现抽样的样本容量和统计置信度。

```
confidence <- seq(.99,.7,-.01)
n <- (log(1-confidence))/log(1-.05)
plot(confidence,n, type="l")
```

因此，对于95%置信度下5%的不可容忍错误率可得：

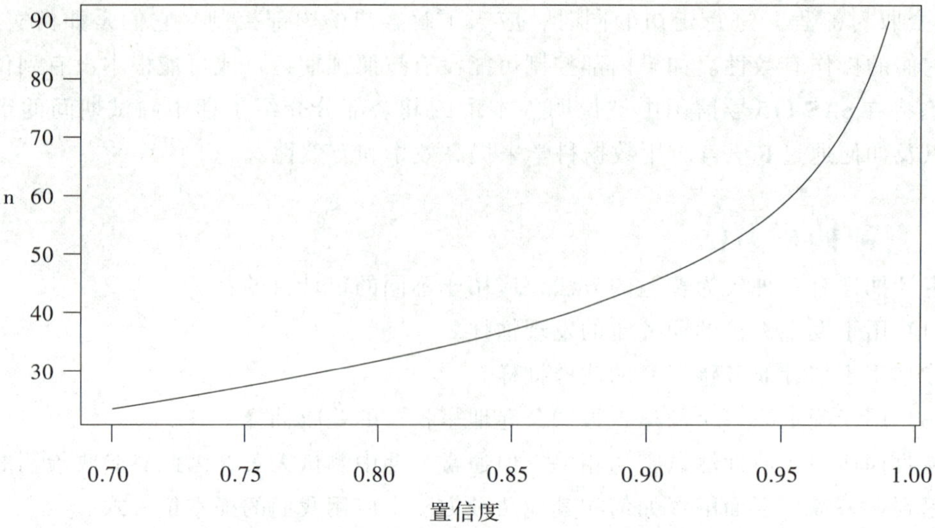

图8-1　发现抽样的置信度和样本容量

```
confidence <- .95
n <- (log(1-confidence))/log(1-.05)
cat("\n Discovery sample size = ", ceiling(n))
```

```
##
## Discovery sample size =  59
```

8.3.2　属性抽样

在期中测试中采用的属性抽样法为业务单位样本设置了估计样本量，以估计全部业务样本的错误率，在某个置信度（如95%）下，是否在该特定业务流的失控错误率截止范围内。如果发现某个特定的业务流是失控的，那么属性抽样将帮助我们确定处理该业务流的系统的实际错误率。来自属性抽样样本的错误估计可以是比率或金额，也可能两者都有。

下面的代码块演示了如何使用R语言pwr包中的pwr.t.test t-test函数从第13章中的代码生成的赊销文件中计算样本量。请注意，如果参数输入的样本量小于1.3，则R语言将停止计算，从而导致uniroot函数出现终止错误。这时软件实质上是在告诉您不要抽取任何样本，跳过这个测试。从风险角度来看，这或许并不可取。另一个结论是，因为数据集大小、检测发生率、可变性或效应大小而选择一个或多个参数值没有意义。应该对它们进行修改，一般按以下顺序进行：可变性、检测发生率、效应大小。在期中测试中，这将代表不可容忍的或达到失控状态时的错误率。

```
library(readr)
library(pwr)
library(tidyverse)

devtools::install_github("westland/auditanalytics")
library(auditanalytics)

Client_sales_journal <- read_csv((system.file("extdata",  "real_world_credit_sales.csv", package =
   "auditanalytics", mustWork = TRUE)), col_types = cols(X1 = col_skip()))
```

```
size <- as.numeric(nrow(Client_sales_journal))          ## data set size
Delta <- .05*size                                       ## detect 5% occurrence error
sigma <-  .3*size                                       ## variability (guess ~1/3 size)
effect <- Delta/sigma

sample <- pwr.t.test(
  d=effect,
  sig.level = 0.05,
  power = .8,
  type="one.sample",
  alternative="greater")                      ## look for overstatement of earnings

cat("\n Attribute sample size for occurrence of error = ", ceiling(sample$n))

## data set size
size <- as.numeric(nrow(Client_sales_journal))  ## data set size
## average value of transaction
mu <- mean(Client_sales_journal$sales_unit_price * Client_sales_journal$sales_count)
## detect 5% amount intolerable error
Delta <- .05*mu
## variability
sigma <- sd(Client_sales_journal$sales_unit_price * Client_sales_journal$sales_count)
effect <- Delta/sigma

sample <- pwr.t.test(
  d=effect,
  sig.level = 0.05,
  power = .8,
  type="one.sample",
  alternative="greater")   ## look for sales value too large

cat("\n Attribute sample size for amount of error = ", ceiling(sample$n))
```

8.4 期中测试的统计数据

审计师在期中符合性测试中通常会使用两种抽样方法：(1) 发现抽样，用以识别失控的系统；(2) 属性抽样，用以估计系统中的错误率。

发现抽样为业务单位样本估计了一个样本量，因此，如果实际业务错误率超过最低可接受的错误率（也称失控错误率），就有可能在样本中发现至少一个错误。发现抽样能够帮助审计师判断处理某一特定业务流的系统是可控状态还是失控状态。

为了控制审计成本，首先抽选发现样本，以确定客户的会计系统是可控还是失控。如果系统被确定为失控，则需要获取额外的证据，直到审计师有足够的样本量进行属性抽样。属性抽样为业务单位样本设定了估计样本量，以在一定的置信度下（例如，95%）估计整个业务单位样本的错误率，估计值应在该业务流失控错误率截止范围之内。如果发现某个业务流是失控的，那么属性估计将帮助审计师确定该业务流系统的实际错误率。

如何用统计数据决定有关系统是否处于可控状态，何种显著程度和强度的统计数据可以作为决定依据（第I类和第II类错误水平），业内还未明确。在20世纪70年代，《审计程序公告》第54号建议，显著性可能应小于0.3（即置信度应大于0.7），但除此之外，第I类和第II类错误水平的选择一直由审计师自己判断。Fisher提出在科研中常用0.95置信度，并且一般来说，0.9以上的置信水平是安全的。

如果预期的错误率是s，不可容忍的错误率是r，控制系统的错误率是ϵ，则假设为：

H_0: $\epsilon = s$，其中$\epsilon \in [0,1]$

H_a：$\epsilon \geqslant r$，其中r，$\epsilon \in [0, 1]$

如图 8-2 所示。

发现抽样选择一个样本来确认错误率是否不超过指定的百分比。如果样本不包含错误，那么就假定实际错误率低于最小不可接受的错误率。抽样计算要求审计师使用“瓮模型”来确定测试的置信度和最小不可接受错误率，该模型可以典型地表示为从一个装满球的瓮中抽出彩色球。举例来说，假设审计师需要对销售和随后的赊销收款这两组业务进行审计。审计师的决策用业务流中错误分布的两个假设来表述：（1）错误是“可控的”，（2）错误是“不可控的”。

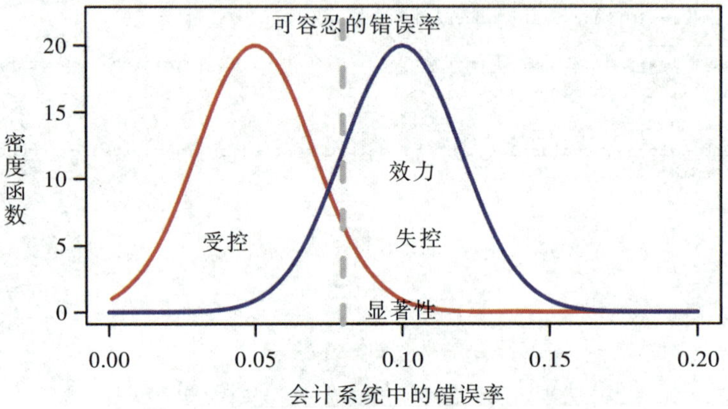

图8-2　无效假设（红色）和备择假设（蓝色）下的概率模型

假设审计师确定最小可接受的错误率如下：

当业务错误率低于0.05时，销售会计系统是“可控的”；

当业务错误率低于0.1时，A/R 收款系统是“可控的”。

关于置信水平c，有

$$n = \frac{\log(1-c)}{\log(1-p)}$$

```
library(tidyverse)

c <- seq(.9,.99, length.out = 100)
p <- .05
n <- log(1-c)/log(1-p)

samp <- data.frame(c,n)
ggplot(samp,aes(c,n))+
    geom_line()+
    labs(title="\n \n Discovery sample size for sales system") +
    xlab("confidence limit (1 - significance)") +
    ylab("sample size")
p <- .1
n <- log(1-c)/log(1-p)
samp <- data.frame(c,n)
ggplot(samp,aes(c,n))+
    geom_line()+
    labs(title="\n Discovery sample size for collections system") +
    xlab("confidence limit (1 - significance)") +
    ylab("sample size")
```

从图 8-3 中可以看出，销售系统需要 58 个样本，收款系统需要 28 个样本，置信度为 0.95。接下来从销售系统开始，确定该系统是处于受控状态还是失控状态。选取客户未经审计的文件，此处的审计证据是依据真实情况获得的，保存在第 13 章“用于审计组织的模拟交易”中介绍的代码所生成的以“real_world_”为前缀的文件中。请注意，除非设置了随机种子，否则每次生成的数值都会发生变化（见图 8-3 和图 8-4）。

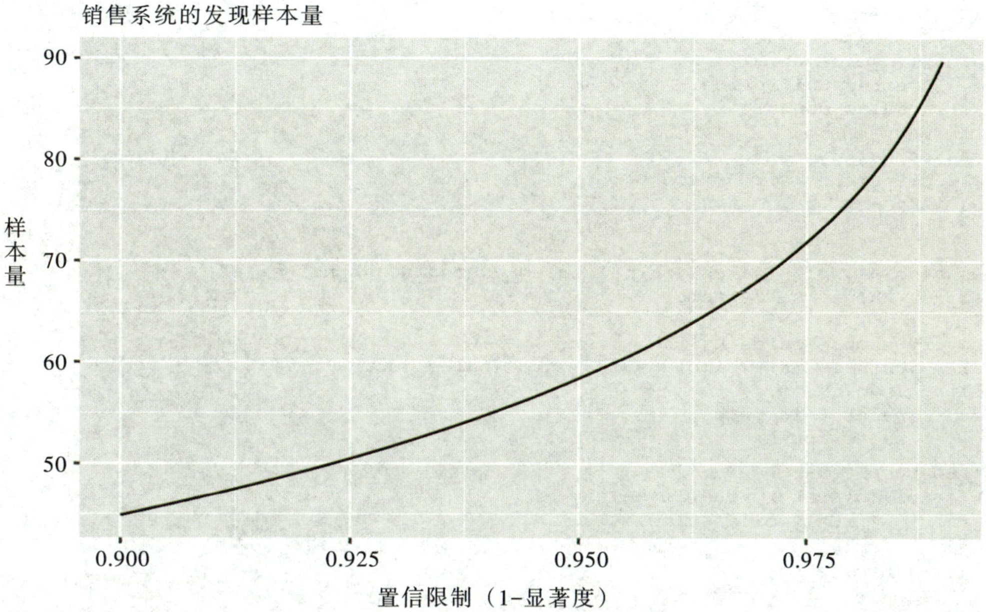

图8-3　发现样本量及最小可接受错误率=0.05

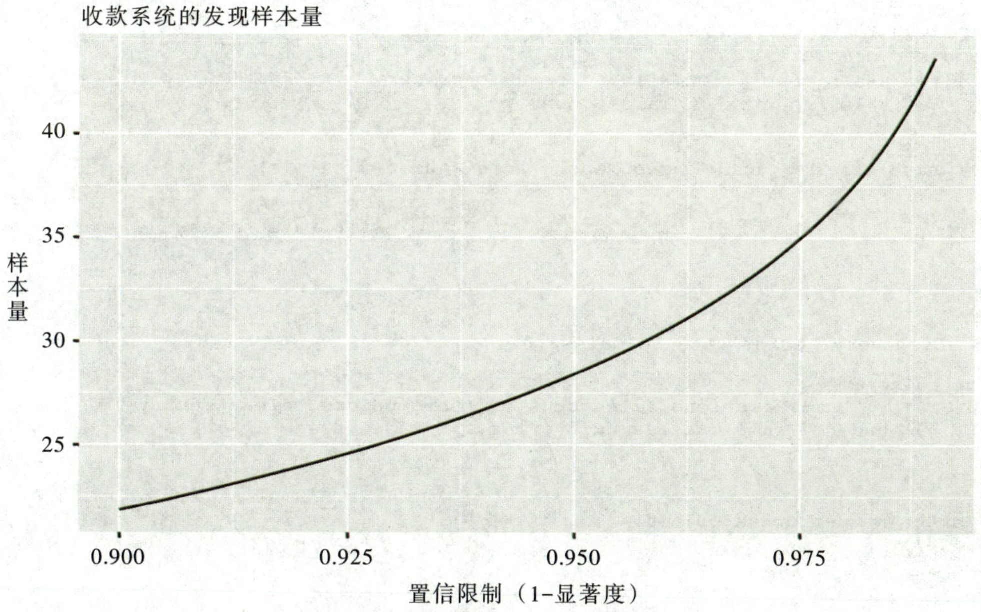

图8-4　发现样本量及最小可接受错误率=0.01

```
library(tidyverse)
library(compareDF)
library(arsenal)
library(compare)

devtools::install_github("westland/auditanalytics")
library(auditanalytics)

sample_size = 58 # set the sample size based on the discovery sample algorithm

real_world_sales <-
  read.csv(system.file("extdata",  "real_world_credit_sales.csv", package =
  "auditanalytics", mustWork = TRUE)),
           na.strings="0", stringsAsFactors=FALSE) %>%
  select(invoice_no,
         sales_unit_price,
         sales_count)

sales_journal <-
  read_csv(system.file("extdata",  "sales_journal.csv", package =
  "auditanalytics", mustWork = TRUE)),
   col_types = cols(X1 = col_skip()))

sales_temp <- split(sales_journal,sales_journal$cash_not_ar)
sales_journal <- sales_temp$``0``   ## select only credit sales

discovery_sample_sales <-
  sales_journal[runif(sample_size,1,nrow(sales_journal)),] %>%
  select(invoice_no,
         sales_unit_price,
         sales_count)
audited_sample <-
  left_join(discovery_sample_sales,
              real_world_sales,
              by="invoice_no") %>%
  select(invoice_no,
         sales_unit_price.x,
         sales_count.x,
         sales_unit_price.y,
         sales_count.y)

exceptions <-
   audited_sample %>%
   filter(sales_unit_price.x != sales_unit_price.y |
            sales_count.x != sales_count.y
            )

error_rate_sales <- nrow(exceptions) / nrow(audited_sample)

cat("\n \n \n Discovery: error rate in sales:", error_rate_sales)
```

```
##
##
##
##  Discovery: error rate in sales: 0
```

```
error_sales_amt <-
      100 *  sum(exceptions$sales_count.y * exceptions$sales_count.y ) /
      sum(audited_sample$sales_unit_price.x * audited_sample$sales_count.x)


cat("\n \n Discovery: amount for sales sample is overstated (i.e., is in error):",
    prettyNum(error_sales_amt, big.mark=","),
    " %")
```

```
##
##
##  Discovery: amount for sales sample is overstated (i.e., is in error): 0  %
```

如果错误率高于零（审计师发现了一个以上的异常情况），则需要收集额外的证据进行属性测试，以确定真实的错误率。首先，审计师在决定是否进行属性抽样时需要考虑以前年度的审计结果（如果有的话）。这里将用到三法则来计算95%的置信度上限。假设对审计文件的调查显示，在过去20次审计中，销售业务被评估为“受控”，则发生率超过95%的概率是3/n 。根据罕见误差定律，使用n个样本，观察到的事件Y（审计中没有错误）遵循泊松（λ）分布。泊松随机变量的和是泊松的，所以至少有一个Y不等于零的概率，也就是$\sum Y_i$大于零的概率。假设这个概率为0.95，则$P\left[\sum Y_i = 0\right] = e^{-n\lambda} = 0.05$。取对数后得$n\lambda = -\ln(0.05) \approx 3$。因此，$\lambda \approx 3/n$。

8.4.1　使用 *t* 检验的属性抽样

为了便于讨论，假设我们在发现抽样中确定了一个销售系统处于“失控”状态。属性抽样的样本量用Cohen的检验分析法（Cohen，1992）确定，该分析法在R的pwr包里可以找到。如果发现抽样表明某个业务流处于失控状态，那么属性判断将帮助我们确定处理这个业务流的系统的实际错误率。由于审计师已经为发现抽样收集了证据，属性抽样的成本仅包含对Cohen的pwr公式所建议增加的样本量的审计费用。已经被发现抽样选用的业务记录应该与为属性样本抽取的额外记录相结合。属性抽样的误差估计值可以是错误交易率，或者从货币单位抽样的角度来看，也可以是业务流中的货币误差比率。本书在下面的例子中同时计算了这两种情况。如同前例，审计后的信息来自real_world_credit_sales文件，该文件在本例中仅为一种方法；审计师无法直接获得此类信息，而是需要通过分析审计证据得出。因此，我使用real_world_credit_sales和sales_sample文件的inner_join方法来模拟销售业务样本的审计后结果。

```
library(readr)
library(pwr)
library(tidyverse)

devtools::install_github("westland/auditanalytics")
library(auditanalytics)

real_world_sales <-
  read.csv(system.file("extdata",  "real_world_credit_sales.csv", package = "auditanalytics",
   mustWork = TRUE), na.strings="0", stringsAsFactors=FALSE)


sales_journal <-
  read_csv(system.file("extdata",  "sales_journal.csv", package = "auditanalytics",
  mustWork = TRUE),
   col_types = cols(X1 = col_skip()))

sales_temp <- split(sales_journal,sales_journal$cash_not_ar)
sales_journal <- sales_temp$``0``


size <- as.numeric(nrow(sales_journal))  ## data set size
Delta <- .05*size                                ## detect 5% occurrence error
sigma <- .3*size                                 ## variability (guess ~1/3 rd)
effect <- Delta/sigma
```

```
sample <- pwr.t.test(
  d=effect,
  sig.level = 0.05,
  power = .8,
  type="one.sample",
  alternative="greater")                    ## look for overstatement of earnings


cat("\n \n Attribute sample size for occurrence of error = ", ceiling(sample$n))
```

```
##
##
## Attribute sample size for occurrence of error =  224
```

```
size <- as.numeric(sum(sales_journal$sales_unit_price*sales_journal$sales_count))  ## data set size
mu <- mean(sales_journal$sales_unit_price*sales_journal$sales_count)    ## average value of transaction
Delta <- .05*mu                     ## detect 5% amount intolerable error
sigma <- sd(sales_journal$sales_unit_price*sales_journal$sales_count)         ## variability
effect <- Delta/sigma


sample <- pwr.t.test(
  d=effect,
  sig.level = 0.05,
  power = .8,
  type="one.sample",
  alternative="greater")   ## look for sales value too large

cat("\n\n Attribute sample size for amount of error = ", ceiling(sample$n))
```

```
##
##
## Attribute sample size for amount of error =  572
```

由于发现样本量为58个，审计师需要额外取得166条（224-58）发生率属性测试记录，以及578条（636-58）金额率属性测试（货币单位抽样时称为“污染”率）记录。

```
discovery_sample_sales_add <-
  sales_journal[runif(166,1,nrow(sales_journal)),] %>%
  select(invoice_no,
         sales_unit_price,
         sales_count)

discovery_sample_sales_occ <- rbind(
  data.frame(discovery_sample_sales_add),
  data.frame(discovery_sample_sales))

audited_sample <-
  left_join(discovery_sample_sales_occ,
            real_world_sales,
            by="invoice_no") %>%
  select(invoice_no,
         sales_unit_price.x,
         sales_count.x,
         sales_unit_price.y,
         sales_count.y)

exceptions <-
   audited_sample %>%
   filter(sales_unit_price.x != sales_unit_price.y |
          sales_count.x != sales_count.y
          )

error_rate_sales <- nrow(exceptions) / nrow(audited_sample)

cat("\n \n \n Attribute: error rate in sales: ", error_rate_sales)
```

```
##
##
##
## Attribute: error rate in sales: 0
```

```
discovery_sample_sales_add <-
  sales_journal[runif(578,1,nrow(sales_journal)),] %>%
  select(invoice_no,
         sales_unit_price,
         sales_count)

discovery_sample_sales_amt <- rbind(
  data.frame(discovery_sample_sales_add),
  data.frame(discovery_sample_sales))

audited_sample <-
  left_join(discovery_sample_sales_amt
            ,real_world_sales,
            by="invoice_no") %>%
  select(invoice_no,
         sales_unit_price.x,
         sales_count.x,
         sales_unit_price.y,
         sales_count.y)

exceptions <-
   audited_sample %>%
   filter(sales_unit_price.x != sales_unit_price.y |
          sales_count.x != sales_count.y
          )

error_sales_amt <-
      100 *  sum(exceptions$sales_count.y * exceptions$sales_count.y ) /
      sum(audited_sample$sales_unit_price.x * audited_sample$sales_count.x)


cat("\n \n \n Attribute: amount sales sample is overstated (i.e., is in error)  ",
    prettyNum(error_sales_amt, big.mark=","),
    " %")
```

```
##
##
##
## Attribute: amount sales sample is overstated (i.e., is in error)   0 %
```

“失控”的临界值是0.05的错误率，因此无论考虑发生率还是错误总量，审计师都可以认定销售系统是“可控”的。请注意，为了降低审计成本，我们在原始发现集上增加了样本，因为取证是审计的主要成本。最终的错误率是基于对客户记录中的数值与真实情况的所有差异的计算。如果超过了关键的“不可容忍”的错误率，那么系统就被判定为“失控”了。下面对应收账款收款业务重复进行同样的测试。

8.4.2 收款业务审计

为便于讨论，假设已经确定了一个“失控”的收款系统，发现样本的大小是用“瓮模型”确定的，属性抽样的样本量则是用R的pwr包中部署的Cohen检验分析（Cohen，1992）确定的。如果发现抽样表明收款业务流处于失控状态，那么属性判断将帮助我们确定处理该业务流的收款系统的实际错误率。对于属性样本的错误估计可以是业务的出错率，或者从货币单位抽样的角度来看，也可以是业务流中的货币误差率。

```
devtools::install_github("westland/auditanalytics")
library(auditanalytics)

library(tidyverse)

real_world_collections <-
  read.csv(system.file("extdata",  "real_world_collections.csv", package =
   "auditanalytics", mustWork = TRUE), na.strings="0", stringsAsFactors=FALSE)

ar_collections_journal <-
  read.csv(system.file("extdata",  "collections_journal.csv", package =
   "auditanalytics", mustWork = TRUE), na.strings="0", stringsAsFactors=FALSE)

c <- .95
p <- .05
sample_size <- ceiling(log(1-c)/log(1-p))

discovery_sample_collections <-
  ar_collections_journal[
    ceiling(
      runif(
        sample_size,1,nrow(ar_collections_journal))),]

audited_sample <-
  left_join(discovery_sample_collections,
            real_world_sales,
            by="invoice_no") %>%
  select(invoice_no,
         collection_amount.x,
         collection_amount.y)

audited_sample[is.na(audited_sample)] <- 0

exceptions <-
   audited_sample %>%
   filter(collection_amount.x != collection_amount.y)

error_rate_collections <- nrow(exceptions) / nrow(audited_sample)

cat("\n \n \n Discovery: error rate in collections: ", error_rate_collections)
```

```
##
##
##
## Discovery: error rate in collections:  0.1186441
```

```
error_collections_amt <-
     sum(exceptions$collection_amount.x - exceptions$collection_amount.y)


cat("\n \n \n Discovery: amount collections sample is overstated (i.e., is in error)  $",
    prettyNum(error_collections_amt, big.mark=","))
```

```
##
##
##
## Discovery: amount collections sample is overstated (i.e., is in error)
   $ 11,832
```

可知这个错误率高于零（即审计师发现了一个以上的非正常情况），所以需要进行属性抽样。接下来用Cohen的检验分析法（Cohen，1992）设定属性抽样大小，该方法可以从R的pwr包中调用。由于发现抽样表明收款业务处理是失控的，那么属性判断将帮助我们确定处理这个业务流的系统之实际错误率。对于属性样本的错误估计可以是业务的错误率，或者从货币单位抽样的角度来看，可以是业务流中货币错误的比率。在下面的例子中将对这两种情况进行计算。

```
library(readr)
library(pwr)
library(tidyverse)

devtools::install_github("westland/auditanalytics")
library(auditanalytics)

real_world_collections <-
  read.csv(system.file("extdata",  "real_world_collections.csv", package =
  "auditanalytics", mustWork = TRUE), na.strings="0", stringsAsFactors=FALSE)

ar_collections_journal <-
  read.csv(system.file("extdata",  "collections_journal.csv", package =
   "auditanalytics", mustWork = TRUE), na.strings="0", stringsAsFactors=FALSE)


size <- as.numeric(nrow(ar_collections_journal))  ## data set size
Delta <- .05*size                                 ## detect 5% occurrence error
sigma <- .3*size                                  ## variability (guess ~1/3 rd)
effect <- Delta/sigma



sample <- pwr.t.test(
  d=effect,
  sig.level = 0.05,
  power = .8,
  type="one.sample",
  alternative="greater")                         ## look for overstatement of earnings


cat("\n \n Attribute sample size for occurrence of error = ", ceiling(sample$n))
```

```
##
##
##  Attribute sample size for occurrence of error =  224
```

```
size <- as.numeric(sum(
  ar_collections_journal$sales_extended))   ## data set size


mu <- mean(ar_collections_journal$sales_extended)   ## average value of transaction
Delta <- .05*mu                                     ## detect 5% amount intolerable error
sigma <- sd(ar_collections_journal$sales_extended)/3       ## variability
effect <- Delta/sigma


sample <- pwr.t.test(
  d=effect,
  sig.level = 0.05,
  power = .8,
  type="one.sample",
  alternative="greater")  ## look for sales value too large

cat("\n Attribute sample size for amount of error = ", ceiling(sample$n))
```

```
##
##  Attribute sample size for amount of error =  122
```

前文提到，会计系统是高度多线性化的。上述例子说明了这一点，因为平均数和标准差（以及由此得到的样本）与销售业务流的值非常接近。收款只是被延迟的销售业务

（假设客户最终会支付账单）。由于发现样本量为59，审计师需要获得额外的165（224-59）条记录对发生率进行属性测试，63（122-59）条记录对金额率进行属性测试（货币单位抽样时称之为“污染”率）。

```
library(tidyverse)


discovery_sample_collections_add <-
  ar_collections_journal[
    runif(165,1,nrow(ar_collections_journal)),]

discovery_sample_collections_occ <- rbind(
  data.frame(discovery_sample_collections_add),
  data.frame(discovery_sample_collections))

audited_sample <-
  left_join(discovery_sample_collections_occ,
            real_world_sales,
            by="invoice_no") %>%
  select(invoice_no,
         collection_amount.x,
         collection_amount.y)

audited_sample[is.na(audited_sample)] <- 0

exceptions <-
   audited_sample %>%
   filter(collection_amount.x != collection_amount.y)

error_rate_collections <- nrow(exceptions) / nrow(audited_sample)

cat("\n \n \n Attribute: error rate in collections: ", error_rate_collections)
```

```
##
##
##
##  Attribute: error rate in collections:  0.1071429
```

```
discovery_sample_sales_add <-
  sales_journal[runif(63,1,nrow(sales_journal)),]

discovery_sample_collections_amt <- rbind(
  data.frame(discovery_sample_collections_add),
  data.frame(discovery_sample_collections))

audited_sample <-
  left_join(discovery_sample_collections,
            real_world_sales,
            by="invoice_no") %>%
  select(invoice_no,
         collection_amount.x,
         collection_amount.y)
audited_sample[is.na(audited_sample)] <- 0

exceptions <-
   audited_sample %>%
   filter(collection_amount.x != collection_amount.y)


error_collections_amt <-
     sum(exceptions$collection_amount.x - exceptions$collection_amount.y)

cat("\n \n \n Attribute: error amount in collections: $",
    prettyNum(error_collections_amt, big.mark=","))
```

```
##
##
##
## Attribute: error amount in collections: $ 11,832
```

收款业务流的“失控”临界值为0.10的错误率，可以将其与错误出现频率和次数相比较，以确定收款系统是处于“失控”状态还是“可控”状态。请注意，考虑到取证成本是期中测试的主要成本来源，此处向原始集合中添加样本是为了降低审计成本。

8.5 审计控制的机器学习模型

本节将回顾机器学习算法在内部控制系统有效性审计中的应用。这里使用的模型是一类被称为“深度学习”的机器学习模型。“深度”这个形容词是指构成模型的神经网络中有多个层次，而不是一些更深奥的学习概念。深度学习模型历经半个世纪的发展，从20世纪50年代的感知器模型开始，逐步发展到现代的Tensorflow和PyTorch。谷歌的TensorFlow是一个领先的深度学习工具，本节选取的深度学习示例中将使用这一工具。TensorFlow框架是用Python编写的，R语言通过Python连接reticulate将其嵌入。TensorFlow本身在很大程度上依赖于BLAS、CUDA和其他用各种语言编写的代码，但主要的应用编程接口（API）是基于Python的Keras。R语言并不总是能够及时更新TensorFlow的最新版本，但大多数重要的功能都出现在Keras的R实践中。我们将使用R-Keras命令来构建一个深度学习模型，以预测会计控制系统中是否存在错误。

机器学习工具被主流媒体称作人工智能，其能力经常被曲解或夸大。机器学习扩展了过去两个世纪以来在数学统计学领域的许多模型和概念，它的作用在两个领域超越了一般意义上的统计作用：

（1）数据表示法比统计学中标准的2×2法，即观察×测量矩阵表示法要丰富得多。数据可以表示为多维张量（R术语中的数组），这使得机器学习可以很轻松地处理复杂的数据集，如视频和地理信息。

（2）在机器学习中，解决方案和损失函数要丰富得多，因为在微分计算也没有寻找到最优值的一阶方法的情况下，计算密集型方法可以计算可能没有封闭形式表示的响应曲面的最优值。

在R语言中使用相关功能前，需要安装TensorFlow。关于TensorFlow的安装和其他详细教程，本书将不会进一步提及。读者可以参考https：//www.tensorflow.org/和https：//tensorflow.rstudio.com/上关于安装和使用TensorFlow的文档。

本节开发了一个深度学习自动编码器，该编码器基于模式匹配和降维来评估客户交易文件中的异常情况。作为佐证，本节将再次使用第13章中对一个客户的会计交易的模拟，其中包含了遗漏、重复和货币错误。在这一节中，笔者开发了一个深度学习模型，根据业务样本的审计后结果，评估总体（一个审计年度的所有交易）中的总错误和错报情况。这是一个高度不平衡的数据集——在大多数审计中，没有错误的业务部分比有错误的部分多几个数量级。

```
library(readr)
library(tidyverse)
library(compare)

devtools::install_github("westland/auditanalytics")
library(auditanalytics)

real_world_cash_sales <-
  read.csv(system.file("extdata",  "real_world_cash_sales.csv", package =
   "auditanalytics", mustWork = TRUE), na.strings="0", stringsAsFactors=FALSE)

real_world_credit_sales  <-
  read.csv(system.file("extdata",  "real_world_credit_sales.csv", package =
   "auditanalytics", mustWork = TRUE), na.strings="0", stringsAsFactors=FALSE)

sales_journal <-
  read.csv(system.file("extdata",  "sales_journal.csv", package =
   "auditanalytics", mustWork = TRUE), na.strings="0", stringsAsFactors=FALSE)

sales_journal[is.na(sales_journal)] <- 0

sales_journal <- split(sales_journal, sales_journal$cash_not_ar)

credit_sales_journal <-  sales_journal$`0`
cash_sales_journal <- sales_journal$`1`


real_world_credit_sales$sales_extended <- real_world_credit_sales$sales_unit_price *
  real_world_credit_sales$sales_count

credit_sales_journal$cost_extended <-
  credit_sales_journal$unit_cost *
  credit_sales_journal$sales_count

p1 <- hist(credit_sales_journal$sales_extended, breaks=20)
p2 <-hist(credit_sales_journal$cost_extended)

plot( p1, col=rgb(0,0,1,1/4), ylim=c(0,250),
      main = "Cost (orange) vs. Revenue (purple) of Sales")
plot( p2, col=rgb(1,0,0,1/4), add=T, ylim=c(0,250))
```

为了使自动编码器顺利工作，需要设定一个强有力的初始假设：正常业务与错误业务的变量分布不同。一个简单的图形示例提供了一些关于自动编码器如何在系统层面上揭示控制缺陷的见解。在下面的代码中，笔者为客户账面上的销售和实际销售的left_joined文件创建了一个列值的脊形图，如图8-5所示，其中有一个例外情况的因素字段。脊形图强调了客户销售记录中collection_date和sales_unit_price的错误。曲线图并不特别精细，但它们可以提供一种快速的方法来“观察”系统性缺陷。

```
library(tidyverse)
library(ggridges)

devtools::install_github("westland/auditanalytics")
library(auditanalytics)

real_world_sales <-
  read.csv(system.file("extdata",  "real_world_credit_sales.csv", package = "auditanalytics",
   mustWork = TRUE),
           na.strings="0", stringsAsFactors=FALSE) %>%
  select(invoice_no,
         sales_unit_price,
         customer_no,
         sales_count,
         collection_amount,
         collection_date
         )

real_world_sales$sales_unit_price = real_world_sales$sales_unit_price*rbinom(nrow(real_world_sales),1,.7)
```

```
sales_journal <-
  read_csv(system.file("extdata",  "sales_journal.csv", package = "auditanalytics", mustWork = TRUE),
   col_types = cols(X1 = col_skip())) %>%
  filter(cash_not_ar == 0) %>%
  select(invoice_no,
         sales_unit_price,
         invoice_no,
         customer_no,
         sales_count,
         collection_amount,
         collection_date
         )

sales_except <-
   left_join(sales_journal,
             real_world_sales,
             by="invoice_no")

if(sales_except$sales_unit_price.x != sales_except$sales_unit_price.y) {
  sales_except$exception = 1
} else {
  sales_except$exception = 0
}

sales_except %>%
   select(exception,
    price_in_real_world = sales_unit_price.y,
    price_on_books = sales_unit_price.x,
    invoice_no,
    customer_no.y,
    sales_count.y,
    collection_amount.y,
    collection_date.y,
    customer_no.x,
    sales_count.x,
    collection_amount.x,
    collection_date.x
         ) %>%
  gather(variable, value, -exception) %>%
  ggplot(aes(y = as.factor(variable),
             fill = as.factor(exception),
             x = percent_rank(value))) +
  geom_density_ridges()+
  theme(legend.position = "none")
```

这些图显示了用于改变sales_unit_price值的简单策略，而其他变量的分布没有变化。具体应用到现实中时，情况通常会更复杂，但基本概念仍然适用，这应该足以证明自动编码器的作用。

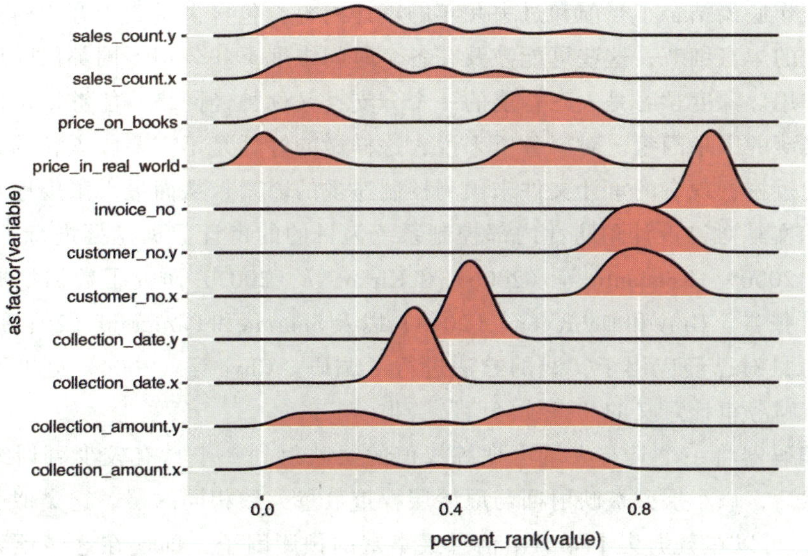

图8-5 客户销售记录脊形图

8.6 自动编码器和非平衡数据集

由于只有5%的观察值是错误的（见第13章“审计服务组织的模拟交易”的模拟结论），这代表我们面对的是一个高度不平衡的分类问题。因为只有很少一部分的错误业务样本，使得统计学方法很难处理这类问题。另一种方法是使用自动编码器，这是一种神经网络，用于学习一组数据的描述（编码），通常用于降维。在不平衡的分类问题中，传统的分类方法往往不起作用，因为我们只有一个非常小的罕见样本。同样，传统的线性模型和广义线性回归模型也受到奇异设计矩阵的影响，致使其无法收敛。

机器学习模型很适合用于财务预测。会计和财务数据的高度多线性使得基于统计分布的传统估算器并不完全适用。而机器学习的赋权机制本质上为从大型数据集中提取信息提供了一个非常灵活的非参数化基础。如果有足够的数据，深度学习模型可以达到超过统计分析的预测精度。下面的例子展示了如何使用一个简单的自动编码器模型来大幅提高错误预测的效率。

自动编码器是一种无监督的神经网络，用于学习一组数据的表示（即编码），这通常是为了降维。有违规行为的分布应该与非违规行为的分布不同。在违规行为中，自动编码器将比在非违规行为中有更大的重建误差。这意味着可以用重建误差作为一个数量来表示该业务是不是违规行为。自动编码器呈现沙漏状，在输入和输出端有大量的可训练权值，中间为瓶颈状（只有几个可供训练的参数）。

使用机器生成的错误指标的能力，如自动编码器的重建错误水平，对于规划本年度的期中控制测试非常重要，因为审计师在审计测试之前并不了解“错误”（否则就不需要审计了）。在工作文件中会有大量被审计的业务文件历史记录，这些文件被汇总起来后，随着时间的推移累积可以改进和提高机器学习的效果。这种从每一年的审计中不断学习的能力是在审计中使用机器学习算法的一个重要优势。

审计工作底稿结合了当前和过去几年的审计内容，包含大量关于客户内部控制缺陷和控制文化的丰富细节。这些可能涉及在各个时间维度下和公司不同部门间许多隐藏因素的相互作用。深度学习是人工智能的一个分支，又称神经网络，能够揭示控制失败中微妙的、隐藏的因果因素。对事务所来说，这样做的好处是不需要收集新的证据。取而代之的是通过挖掘现有的审计文件来预测控制违规的因素，从而最大限度地减少开支。

早前的文献对以设计预防性内部控制系统为目的的审计数据挖掘进行了研究（Lee等，1998，2000）。Kotsiantis等（2006）和Kirkos等（2007）研究了数据挖掘方法来甄别虚假会计报告。Gray和Debreceny（2014）以及Sharma和Panigrahi（2013）依据其各自的行业背景对已经应用于实践的方法进行了调研。Chye等（2004）提供了一种方法来识别具有财务审计意义的“持续经营”警报。

自动编码器将一个具有大量可训练权值的层映射到一个具有较少可训练权值的层（降维）。然后，该小层又被映射回与原始层权重数量大致相同的层。这类似于主成分分析（PCA），可以在数据集中分离出信息最丰富的预测因子，即使在这些预测因子是测量预测因子的组合的情形下。

对于本例，笔者构建了一个简单的深度学习自动编码器，它有三个全连接的层，1到3层分别有［100，10，100］个权值。由于错误业务的分布应该与非错误业务不同，因此自动编码器应该从错误数据集中显示出更高级别的重构错误，而重构错误级别可以预测一项业务是否有错误。

汇编模型需要考虑以下三项选择：损失函数、优化算法、性能指标（目标函数）。

传统的参数统计使用平方误差损失与一阶微积分优化和衡量性能的F或R统计；在计算机出现之前的时代，这些是很容易计算的。

• 目前的问题涉及一个二元选择（错误或非错误），最合适的损失函数是二元交叉熵。

• 优化涉及一个复杂的响应面，我们选择计算密集但快速高效的Adam优化器（Kingma和Ba，2014）来完成任务。

• 均方误差（MSE）为错误业务提供了一个直观的性能指标。

真实情况的数据在量级上可能相差很大：单个销售的数量可能是2~3个，但同一SKU的库存水平可能在2 000~3 000个。当数据以大致可进行比较的规模呈现时，深度学习算法的效果最好。一般来说，有必要对数据进行“归一化”处理；否则，数据的收敛会很慢，且结果不可靠。笔者把销售数据集分成训练集和测试集，然后对数据进行归一化处理，使其在大致相同尺度的小输入值范围内尽可能标准化。时间数据将被剔除，因为它与自动编码器无关（后面章节将讨论通常用于时间序列预测的循环神经网络的使用）。

笔者使用Keras的fit（）函数训练模型，并使用callback_model_checkpoint（），以便在每个迭代轮次之后保存模型。通过传递参数save_best_only = TRUE，只保存测试集上损失值最小的那个迭代轮次（即数据集的传递）。如果验证损失在15个迭代轮次内停止减少，那么就使用callback_early_stopping（）停止训练。

```
## Creating virtualenv for TensorFlow at ~/.virtualenvs/r-tensorflow
## Installing TensorFlow ...
##
## Installation complete.
```

安装 keras 后，R 语言将重新启动。然后我们可以继续构建我们的深度学习模型。

```
library(tidyverse)
library(lubridate)
library(stringr)
library(keras)

devtools::install_github("westland/auditanalytics")
library(auditanalytics)

use_session_with_seed(123) ## make sure results are reproducible
## The use_session_with_seed() function establishes a common random seed for R, Python, NumPy, and
TensorFlow. It furthermore disables hash randomization, GPU computations, and CPU parallelization,
which can be additional sources of non-reproducibility.

real_world_sales <-
  read.csv(system.file("extdata", "real_world_credit_sales.csv", package = "auditanalytics",
   mustWork = TRUE),
           na.strings="0", stringsAsFactors=FALSE) %>%
  select(invoice_no,
         sales_unit_price,
         customer_no,
         sales_count,
         collection_amount,
         collection_date
         )
```

```
real_world_sales$sales_unit_price = real_world_sales$sales_unit_price*rbinom(nrow(real_world_sales),1,.9)

sales <-
  read_csv(system.file("extdata",  "sales_journal.csv", package = "auditanalytics", mustWork = TRUE),
   col_types = cols(X1 = col_skip()))%>%
  filter(cash_not_ar == 0) %>%
  select(invoice_no,
         sales_unit_price,
         invoice_no,
         customer_no,
         sales_count,
         collection_amount,
         collection_date
         )

sales_w_error <-
   left_join(sales,
             real_world_sales,
             by="invoice_no")

if(sales_except$sales_unit_price.x != sales_except$sales_unit_price.y) {
  sales_w_error$error = TRUE
} else {
  sales_w_error$error = FALSE
}

sales_w_error[is.na(sales_w_error)] <- 0

sales_w_error$collection_date.x <- as.numeric(decimal_date(as.POSIXct(sales_w_error$collection_date.x)))

sales_w_error$collection_date.y <- as.numeric(decimal_date(as.POSIXct(sales_w_error$collection_date.y)))

y <- sales_w_error %>%  select (error)

x <- sales_w_error %>%
  select (price = sales_unit_price.x,
          count = sales_count.x,
          amt_coll = collection_amount.x,
          date_coll = collection_date.x,
          real_price = sales_unit_price.y,
          real_count = sales_count.y,
          real_amt_coll = collection_amount.y,
          real_date_coll =collection_date.y,
          error)

c <- x$error

freq <- 100 * nrow(x[x$error!=0,])/nrow(x[x$error==0,])
cat("Error frequency = ", freq, "% ")
```

```
## Error frequency =   0 %
```

```
bucket <- sample(2, nrow(sales), replace=T, prob = c(0.75, 0.25))  # 3:1 split

y_train <- y[bucket==1,]
y_test <- y[bucket==2,]

# don't use the error for ML
# the auditor doesn't know the errors,
# these are something to be found during the audit)
x_train <- x[bucket==1,1:8]
x_test <- x[bucket==2,1:8]
x_train_w_err <- x[bucket==1,9]  # save error for later
x_test_w_err <- x[bucket==2,9]

col_means_train <-as.numeric(apply(x_train,2,mean))    ## invoice is an ID
col_stddevs_train <- as.numeric(apply(x_train,2,sd))

# Normalize training data
x_train <-  as.matrix(scale(x_train, center = col_means_train, scale = col_stddevs_train))

# Test data is *not* used when calculating the mean and std.
x_test <-  as.matrix(scale(x_test, center = col_means_train, scale = col_stddevs_train))
```

```
## The autoencoder model

x_train_model <- as.matrix(x_train)  ## don't use the error to train

model <- keras_model_sequential()
model %>%
  layer_dense(units = 100, activation = "tanh", input_shape = ncol(x_train)) %>%
  layer_dense(units = 10, activation = "tanh") %>%
  layer_dense(units = 100, activation = "tanh") %>%
  layer_dense(units = ncol(x_train))

summary(model)
```

```
## ________________________________________________________________________________
## Layer (type)                      Output Shape                      Param #
## ================================================================================
## dense_3 (Dense)                   (None, 100)                       900
## ________________________________________________________________________________
## dense_2 (Dense)                   (None, 10)                        1010
## ________________________________________________________________________________
## dense_1 (Dense)                   (None, 100)                       1100
## ________________________________________________________________________________
## dense (Dense)                     (None, 8)                         808
## ================================================================================
## Total params: 3,818
## Trainable params: 3,818
## Non-trainable params: 0
## ________________________________________________________________________________
```

```
# Compile and fit the model to the data  Use callback_model_checkpoint() in order
to save the model after each epoch. By passing the argument save_best_only = TRUE
I save only the epoch (i.e., pass of the dataset) with smallest loss value on the
test set.


model %>% compile(
   loss = "binary_crossentropy",
   optimizer = "adam",
   metrics= 'mse'
)

checkpoint <- callback_model_checkpoint(
  filepath = "model.hdf5",        ## Keras model weights are saved to HDF5 format.
  save_best_only = TRUE,
  period = 10,
  verbose = 1
)

early_stopping <- callback_early_stopping(patience = 10)

history <-
  model %>%
  fit(
  x = x_train[y_train == 0,],
  y = x_train[y_train == 0,],
  epochs = 50,          ## potentially complex model so train for a long time
  batch_size = 8192,    ## adjust for your memory size
  validation_data = list(x_test[y_test == 0,], x_test[y_test == 0,]),
  callbacks = list(checkpoint, early_stopping)
)

plot(history)
```

```
# After training we can get the final loss for the test set by using the
evaluate() function.


loss <- evaluate(model, x = x_test[y_test == 0,], y = x_test[y_test == 0,])
loss
```

```
## $loss
## [1] -6.158478
##
## $mean_squared_error
## [1] 0.2640558
```

一旦模型完成所有训练和调整，自动编码器就可以用来生成预测。我们假设错误交易的均方误差（MSE）会更高，这可以用来预测未经审计的总体中的错误（见图8-6）。

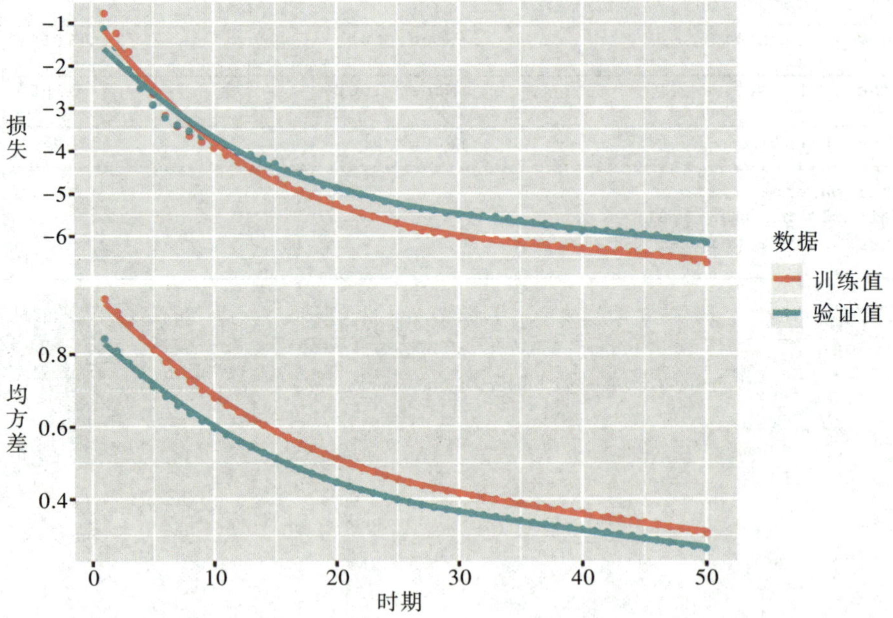

图8-6 机器学习

在高度不平衡的数据集中，衡量模型性能的一个很好的指标是ROC曲线下面积(AUC)。AUC对审计任务有一个简洁的解释：它使错误业务的MSE高于非错误业务的概率。一般使用R的Metrics包来计算AUC，该包实现了各种常见的机器学习模型性能指标。

```
pred_train <- predict(model, x_train)
mse_train <- apply((x_train - pred_train)^2, 1, sum)

pred_test <- predict(model, x_test)
mse_test <- apply((x_test - pred_test)^2, 1, sum)
```

从上述结果来看，错误具有较高MSE的概率是相当高的，自动编码器能够为销售业务数据生成信息丰富的预测器。进行预测需要找到一个阈值k，如果MSE>k，审计师就会判定该业务存在错误。为了定义这个值，在改变阈值k的同时查看精度和召回率的度量标准是很有用的。以下代码使用R语言的ggplot缩写形式qplot绘制了两幅图，将精度和召回率映射到决策阈值，以决定是否审计该业务。

```
possible_k <- seq(0, 0.5, length.out = 100)       # range of threshold values k
precision <- sapply(possible_k, function(k) {     # create a vector of precision x k
  predicted_class <- as.numeric(mse_test > k)
  sum(predicted_class == 1 & y_test == 1)/sum(predicted_class)
})

qplot(possible_k, precision, geom = "line") + labs(x = "Decision threshold k", y = "Precision")


recall <- sapply(possible_k, function(k) {      # create a vector of recall x k
  predicted_class <- as.numeric(mse_test > k)
  sum(predicted_class == 1 & y_test == 1)/sum(y_test)
})
qplot(possible_k, recall, geom = "line")  + labs(x = "Decision threshold k", y = "Recall")
```

这两张图让我们可以更深入地了解在阈值选择中将要做的权衡，但它们不能直接解释为审计中的具体选择。据此，有必要对以下两方面进行权衡：

（1）审计成本，这将取决于样本量n。

（2）审计风险，即接受含有不可容忍错误的账户价值a（在本例中为销售额）的概率。这反过来又取决于审计师对不可容忍错误水平M的选择。

基于前几年的审计工作底稿，审计师首先假定业务系统在X%的年份是“失控”的。在本年度该系统则被默认为“可控”的。随后使用单样本比例检验，看看业务系统“失控”的概率是否显著地不等于零。显著性用p值来衡量，如果这个值低于显著性阈值，例如0.05，我们就可以得出结论，业务处理系统是“失控”的 。这一过程可以使用R语言通过pwr包中的pwr.p.test函数来实现。

请注意，以下测试的阈值针对模型预测的MSE，与精度和召回率的阈值不同（它们只是单纯的比率数字）。预测过程中，train_acc=-87%的时间会识别出错误。因此，从这些预测中取样可以被认为是获取一个 “精炼 ”的错误样本，其$\frac{1}{1-train_acc}$的集中程度与从所有样本中取样一样。预测样本的总体估计均值乘以样本误差估计值$\frac{\text{总样本量}*(1-train_acc)}{\text{样本量}}$，对于95%的置信度（5%的显著性），得到$z_{0.95}\approx 1.96$。

```
library(tidyverse)


# range of sample sizes
r <- seq(10,100,10)
nr <- length(r)

# thresholds
k <-  seq(.5,20,.5)
nk <- length(k)

pred_mean <- array(numeric(nr*nk), dim=c(nr,nk))
full_mean <- array(numeric(nr*nk), dim=c(nr,nk))
pred_sd <- array(numeric(nr*nk), dim=c(nr,nk))
full_sd <- array(numeric(nr*nk), dim=c(nr,nk))

pop_error_pred <- array(numeric(nr*nk), dim=c(nr,nk))
pop_error_full <- array(numeric(nr*nk), dim=c(nr,nk))
```

```
## recover the error in training and test data to do sampling
x_train <- cbind(x_train,x_train_w_err)
x_test <- cbind(x_test,x_test_w_err)
x_test <- cbind(x_test,mse_test)



for(l in 1:nk) {

  predicted <- x_test[mse_test > k[l],]

  for (j in 1:nr){


pred_sample <- dplyr::sample_n(as_tibble(predicted), r[j], replace=T)

## sample_n is part of tidyverse
## a tibble is tidyverse's version of a data.frame
## (a cute variation on 'table')


pred_mean[j,l] <- mean(pred_sample$x_test_w_err)
pred_sd[j,l] <- sd(pred_sample$x_test_w_err)

## for a 95% confidence (5% significance) this will be $z_{.95} \approx 1.96$

pop_error_pred[j,l] <-
  (pred_mean[j,l] + pred_sd[j,l] * 1.96) *   ## one-sided 95% CL
  nrow(sales)*(1-train_acc)/r[j]


## sample from all rows and compute sample mean-sd

full_sample <- dplyr::sample_n(as_tibble(x_test), r[j])
full_mean[j,l] <- mean(full_sample$x_test_w_err)
full_sd[j,l] <- sd(full_sample$x_test_w_err)
pop_error_full[j,l] <-
  (pred_mean[j,l] + pred_sd[j,l] * 1.96) *
  nrow(sales) / r[j]

  }
}

## save all of our computed data for the sales transaction audit;
# reload with load("audit_data.RData")
save(pop_error_full, pop_error_pred,  pred_mean, pred_sd, full_mean, full_sd, file="audit_data.RData")
```

```
library(dplyr)
library(plotly)
library(reshape)
library(ggplot2)
library(scales)    # needed for formatting y-axis labels to non-scientific type

# webshot::install_phantomjs()  # phantomjs is required to run plotly, install webshot first

r <- seq(10,100,10)
nr <- length(r)

k <- seq(.5,20,.5)
nk <- length(k)


pred_scatter <- melt(pop_error_pred)
colnames(pred_scatter)=c("sample_size", "threshold", "error_est")
full_scatter <- melt(pop_error_full)
colnames(full_scatter)=c("sample_size", "threshold", "error_est")

full_scatter$sample_size <- full_scatter$sample_size * 20
full_scatter$threshold <- full_scatter$threshold * .5

pred_scatter$sample_size <- pred_scatter$sample_size * 20
pred_scatter$threshold <- pred_scatter$threshold * .5
```

```
pred_scatter$pred_or_full <- "predicted"    ## indicator for plotting
full_scatter$pred_or_full <- "full"

full_pred_scatter <- rbind(full_scatter, pred_scatter)
grouped <- full_pred_scatter %>% dplyr::group_by(sample_size,pred_or_full)
full_pred_2D_plot <- summarize(grouped, mean=mean(error_est))


p <- full_pred_2D_plot %>%
  ggplot(aes(sample_size, mean, color=pred_or_full)) +
  geom_smooth(se=F) +
  xlab("Sample Size") +
  ylab("Estimated Population Error") +
  scale_y_continuous(labels = comma)

p

q <-
  pred_scatter %>%
  plot_ly(
    x = ~sample_size,
    y = ~threshold,
    z = ~error_est) %>%
  add_markers(size=10) %>%
  layout(scene = list(xaxis = list(title = 'sample size'),
                      yaxis = list(title = 'MSE decision threshold'),
                      zaxis = list(title = 'estimated error in sales account')))

#  type "q" if you would like to generate an interactive 3D graph of the predicted population errors
```

在这个例子中，使用深度学习自动编码器来创建包含错误的样本，使得审计师在95%的置信度（5%的显著性）水平下，对于任何样本量的总体误差都能估计出更严格的边界。这是可行的，因为深度学习的“提炼”过程解决了错误数据高度不平衡的问题——也就是说，正确的业务项比错误的多。

从三维绘图中可以看到应用不同MSE决策阈值的效果。5~10的数值在所有样本量下都能产生最稳定的总体误差估计。极大值在小样本条件下表现不好，而极小值往往不能提供足够的信息来纠正不平衡的数据集问题（见图8-7）。

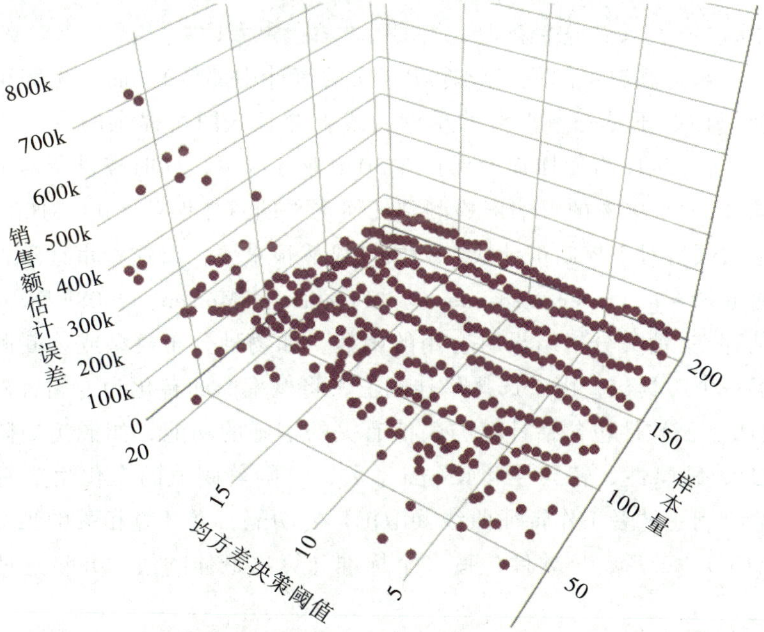

图8-7　用于预测误差丰富的数据集的样本量和最佳MSE阈值"k"

plotly软件包可以创建有吸引力的、交互式的三维图，这对探索变量之间更为复杂的关系很有用。不过，笔者并不是plotly广泛应用的拥护者，因为phantomjs（生成交互式HTML所需）会大大降低计算机的响应速度；plotly也不能可靠地将其图形渲染成图片格式，如可以嵌入PDF文件中的png等格式。

plotly软件包创建的三维图显示，基于预测误差的估计为样本误差提供了更严格的约束范围（至少一个数量级）。特别是对于小规模的样本，基于深度学习选择的估值项目比对整体的（均匀）随机抽样的估值项目要少得多。使用深度学习预测模型使得更便宜、更有效的审计风险-成本-范围权衡成为可能。

R语言的plotly包提供了一套丰富的三维绘图工具，允许旋转绘图，并可以通过将光标放在个别点上进行查询。这在计划审计时非常有用，使得审计人员可以对审计风险-成本的权衡做出调整。

阈值k是一个审计计划的决策参数，为了优化审计计划，需要找到k的值，在给定的审计风险下，使审计成本（如样本量）在错误地接受一个不可容忍的（重大的）错误的账户余额，其中不可容忍的错误率为p的情况下最小化。使k为最小的样本量，使群体误差$>p$。

```
library(ggplot2)

audit_cost <- size_index <- 0
for (l in 1:nk) {
    size_index[l] <- which.min(pop_error_pred[, l] >= 1e+05)
    audit_cost[l] <- r[size_index[l]]
    # cat('min size is = ',audit_cost[l] ,'\n\n')

}

qplot(k, audit_cost, geom = "line") + labs(x = "Decision threshold k", y = "Audit cost (sample size)")

# qplot is a simplified form for ggplot, which is handy for quick plots
```

因为用样本来计算决策阈值（就像在真实的审计中那样），而不是获得完整的总体统计数据，所以曲线不是一条平滑的单调曲线，并且该图所提供的指导只是近似的情况。该图表明，$k \approx 5$~10将使样本量保持在50项业务以下，同时提供所需的分辨率水平（使审计师能够以大于95%的置信度检测到任何水平的总体误差$\geqslant \rho = \$100\,000$）。

选择合适的阈值对于控制审计成本和质量显然很重要。对这种审计选择的更详细的探索可以通过R语言的PresenceAbsence包（Freeman和Moisen，2008）来完成。它提供了一套在评估存在-消失分析结果时有用的函数，如物种分布模型或诊断测试分析。该软件包提供了一个工具包，用于选择最佳阈值，将概率曲面转化为专门针对其预期用途的存在-消失图。该软件包包括计算与阈值有关的措施的功能，如混淆矩阵、正确分类百分比（PCC）、敏感性、特异性和Kappa系数，并随着阈值的变化生成每个度量值的图。它还包括绘制受试者工作特征曲线（ROC）的功能，并计算相关的独立阈值——曲线下面积（AUC）。最后，该软件包按多个标准计算出最佳阈值，并将这些优化的阈值绘制在图表上。

8.7 机器学习在审计中应用的最后思考

本次演示选择的模型是自动编码器，这是一种无监督的机器学习算法，它假定错误和非错误业务具有不同的指纹信息（即可从数据列中区分的模式）。机器学习创造了许多其他的预测工具，有些更为复杂，现今每天仍不断有新的发现和分享。审计数据集通常被表示为序列数据，序列顺序由发票号码或交易日期等标识符给出。递归神经网络通常被用于机器学习以分析序列数据，因为它们会识别出随时间变化的微妙规律。在某些应用场景，如在阅读医学的心电图时，它们在诊断和预测方面的表现明显优于人类。

计算速度和“维数灾难”经常被认为是机器学习应用的阻碍。但新的模型和计算速度更快的硬件正在不断地拓展机器学习的能力范围。神经结构学习（NSL）是最新的学习范式，通过利用特征输入和结构化信号，大大加快了神经网络的训练过程。结构可以是由图表示的显式结构，也可以是由对抗性扰动引起的隐式结构。NSL的模块最近被纳入了TensorFlow，然而遗憾的是在写这篇文章的时候，它们依然仅限于Python版本可使用。它们应该很快就能在R语言中使用。通过将机器学习视为统计处理和决策方面的进步，审计师可以有效地评估新工具对特定审计任务的价值。没有什么“灵丹妙药”，审计师应该对任何把最新的供应商技术作为万能药来推销的人持怀疑态度。但每年都有令人振奋的信息技术问世，其中一些将对审计产生真正有意义的作用。

8.8 参考文献

Chye Koh, Hian, and Chan Kee Low.2004.Going Concern Prediction Using Data Mining Techniques. *Managerial Auditing Journal* 19 (3): 462-476.

Cohen, Jacob.1992.A Power Primer. *Psychological Bulletin* 112 (1): 155.

Freeman, Elizabeth A., and Gretchen Moisen.2008.PresenceAbsence: An R Package for Presence Absence Analysis. *Journal of Statistical Software* 23 (11): 31.

Gray, Glen L., and Roger S.Debreceny.2014.A Taxonomy to Guide Research on the Application of Data Mining to Fraud Detection in Financial Statement Audits. *International Journal of Accounting Information Systems* 15 (4): 357-380.

Kingma, Diederik P., and Jimmy Ba.2014.Adam: A Method for Stochastic Optimization.arXiv Preprint arXiv: 1412.6980.

Kirkos, Efstathios, Charalambos Spathis, and Yannis Manolopoulos.2007.Data Mining Techniques for the Detection of Fraudulent Financial Statements. *Expert Systems with Applications* 32 (4): 995-1003.

Kotsiantis, Sotiris, E.Koumanakos, D.Tzelepis, and V.Tampakas.2006.Forecasting Fraudulent Financial Statements Using Data Mining. *International Journal of Computational Intelligence* 3 (2): 104-110.

Lee, Wenke, Salvatore J.Stolfo, and Kui W.Mok.1998.Mining Audit Data to Build Intrusion Detection Models. *In Proceedings of the FourthInternational Confer-*

ence on Knowledge Discovery and Data Mining，66-72.

Lee，Wenke，Salvatore J.Stolfo，and Kui W.Mok.2000.Adaptive Intrusion Detection：A Data Mining Approach. *Artificial Intelligence Review* 14（6）：533-567.

Sharma，Anuj，and Prabin Kumar Panigrahi.2013.A Review of Financial Accounting Fraud Detection Based on Data Mining Techniques. arXiv Preprint arXiv：1309.3944.

第9章

实质性测试

9.1 实质性测试

9.1.1 实质性测试的目的

财务会计审计是对现实世界中经济事项是否在法人实体财务报表中得以准确总结进行核实的过程。审计意见——此类审计的产物——提供了由独立第三方支持的合理保证：

（1）财务报表在所有重大方面均公允列报。

（2）遵循一些财务报告框架（例如，公认会计原则（GAAP））。

（3）一致性的应用，以便可以了解逐年趋势并进行比较。

在美国，审计框架由公认会计原则和公认会计准则（GAAS）规定。在国际上，国际审计与鉴证准则理事会（IAASB）发布的国际审计准则（ISA）被视为审计过程的标准。2004年开始了一个项目，旨在2014年之前在国际上明确和统一审计准则。根据美国公认会计原则，审计人员必须对整体财务报表发表三种意见中的一种：

（1）无保留意见，该审计意见认为财务报表是公允的。

（2）保留意见，财务报表在所有重要方面均按照公认会计原则公允呈报：①除了不会普遍影响使用者对财务报表的依赖能力的重大错报；②或者有一个意义有限的范围限制。

（3）当财务报表因背离美国公认会计原则而不能公允列报时，出具否定审计意见，并说明错报的性质和规模。

此外，审计人员可以发布免责声明（这被认为是一种保留意见），因为数据不充分或者有偏。

9.1.2 探索实质性测试

审计中实质性测试的第一步是将客户的交易文件与试算表进行比较。传统上，这是通过“合计”（例如，计算总数，可能使用老式10键手摇加法机）和“认可”（例如，检查总数是否与由被合计的交易组成的试算平衡表账户一致）来完成的。审计人员现在有更复杂的工具可用。本节将介绍一些特殊的工具，这些工具可能被用于完成对客户交易文件的探索性分析。

以本书最后一章的代码生成的销售交易为例。销售额将是试算表中最大的会计分录，因此审计要求对产生这种余额的交易进行彻底检查。

```
library(broom)
library(readr)
library(tidyverse)
library(compare)

devtools::install_github("westland/auditanalytics")
library(auditanalytics)


real_world_cash_sales <-
  read.csv((system.file("extdata",  "real_world_cash_sales.csv", package =
  "auditanalytics", mustWork = TRUE)), na.strings="0", stringsAsFactors=FALSE)

real_world_credit_sales  <-
  read.csv((system.file("extdata",  "real_world_credit_sales.csv", package =
  "auditanalytics", mustWork = TRUE)), na.strings="0", stringsAsFactors=FALSE)

real_world_sales <-
  rbind(real_world_cash_sales,real_world_credit_sales)

sales_journal <-
  read.csv((system.file("extdata",  "sales_journal.csv", package =
  "auditanalytics", mustWork = TRUE)), na.strings="0", stringsAsFactors=FALSE)


credit_sales_journal <-
  sales_journal %>%
  filter(cash_not_ar == 1)
```

有多少条记录？存在哪些字段？属于哪种类型？是否有缺失数据？数据是否在合理范围内？它有什么样的分布？在整个数据集上运行汇总统计函数是了解您拥有的内容以及它是否有效的重要的第一步。基础R语言中存在一个简单的汇总工具（在以下代码块中，未对其进行计算，留给读者探索）。

```
summary(credit_sales_journal)
```

这会突出显示哪些字段缺少数据。但它不显示记录的总计数，也没有标准差，也不显示可能在分层或错误审计中使用的分组。将其转换为用作工作底稿的可审计报告也不容易。

幸运的是，几个R函数为审计人员提供了更有用的汇总工具。这里将讨论其中的三个，每一项销售交易都有一些示例，并且我将阐明应用不同程序的理由。

- Hmisc软件包的describe
- psych软件包的describe
- skimr软件包的skim

以下是这些不同汇总工具的输出结果比较，这些工具可能满足也可能不满足审计或测试的特定需求。Hmisc的describe的输出结果比其他两个包在日期、遗漏和重复交易方面的信息要多得多，但输出结果往往相当粗糙，留给读者去探索。这是一个描述信用销售日记账的代码块。

```
library(Hmisc)
Hmisc::describe(credit_sales_journal)
```

psych描述函数在其输出结果中报告所有数字和分类字段，但分类字段被重新编码为数字，并通常以与数字字段相关联的方式进行汇总。对于数字字段，该函数会报告大量统计信息：计数、平均值、标准差、中位数、切尾均值（去除异常值）、平均绝对离差、最小值、最大值、极差、偏度、峰度和标准误。如果其中任何一项对审计人员有意义，此包将为数据集当中的每个数字字段生成相关的统计信息。请注意，会计交易通常是右偏和峰态的，此功能允许审计人员调查交易分布与正态分布的差异程度。

```
library(kableExtra)
library(psych)
psych::describe(credit_sales_journal) %>%
 kable("latex", booktabs = T) %>%
  kable_styling(
    bootstrap_options = "striped",
    full_width = F,
    latex_options="scale_down")
```

另一个有用的功能是提供特定组变量汇总的统计数据。在以下示例中，审计人员希望按客户查看销售统计数据。

```
library(broom)
library(kableExtra)
library(psych)

by_cust <- psych::describeBy(credit_sales_journal, credit_sales_journal$customer_no, mat = TRUE)

tidy(by_cust[,-c(1:2)]) %>%
 kable("latex", booktabs = T) %>%
 kable_styling(
    bootstrap_options = "striped",
    full_width = F,
    latex_options="scale_down")
```

“mat=TRUE”参数以矩阵格式生成输出结果，可用于创建表格和输出工作底稿。broom的tidy功能允许将汇总信息保存在一个表格中，以便以后在审计中使用。

来自skimr函数的skim提供丰富且紧凑的汇总信息，可以将其保存为工作底稿中的表格或报告。我假设工作底稿可以计算机格式保留，尽管它们以单独的物理文件保留。输出结果适用于kable和tidyverse包，如dplyr。字段值的直方图可用于确定应考虑进行测试的样本大小和分布。skimr包与tidyverse包配合使用更好。

```
library(tidyverse)
library(skimr)

skim_with(numeric = list(hist = NULL))
sales_rpt <-
  group_by(credit_sales_journal, customer_no) %>%
  skim()

head(sales_rpt)
```

```
## # A tibble: 6 x 7
## # Groups:   customer_no [1]
##   customer_no variable type    stat     level value formatted
##   <chr>       <chr>    <chr>   <chr>    <chr> <dbl> <chr>
## 1 c00001      X        integer missing  .all      0 0
## 2 c00001      X        integer complete .all      5 5
## 3 c00001      X        integer n        .all      5 5
## 4 c00001      X        integer mean     .all   568. 568.4
## 5 c00001      X        integer sd       .all   602. 602.46
## 6 c00001      X        integer p0       .all     53 53
```

	Vars	n	Mean	Sd	Median	Trimmed	Mad	Min	Max	Range	Skew	Kurtosis	Se
X	1	179	682.89385	1 118.954 761	529	513.22759	437.3670	4	9041	9037	5.6132527	34.4838146	83.6346056
customer_no*	2	179	NaN	NA	NA	NaN	NA	Inf	−Inf	−Inf	NA	NA	NA
invoice_no*	3	179	NaN	NA	NA	NaN	NA	Inf	−Inf	−Inf	NA	NA	NA
invoice_date*	4	179	NaN	NA	NA	NaN	NA	Inf	−Inf	−Inf	NA	NA	NA
sku*	5	179	NaN	NA	NA	NaN	NA	Inf	−Inf	−Inf	NA	NA	NA
sales_count	6	179	14.94972	3.977851	15	14.83448	4.4478	5	28	23	0.3559026	0.5673765	0.2973186
cash_not_ar	7	179	1.00000	0.000000	1	1.00000	0.0000	1	1	0	NaN	NaN	0.0000000
sales_return	8	13	1.00000	0.000000	1	1.00000	0.0000	1	1	0	NaN	NaN	0.0000000
unit_cost	9	179	32.05028	5.128981	33	31.82759	4.4478	24	42	18	0.1614248	−0.7291953	0.3833580
sales_unit_price	10	179	70.77654	24.846615	72	71.44138	26.6868	27	108	81	−0.2062684	−0.9145744	1.8571232
sales_extended	11	179	1 069.022 35	514.443071	1053	1 029.641 38	484.8102	252	3024	2772	0.8198446	1.0088470	38.4512805
collection_amount	12	179	1 069.022 35	514.443071	1053	1 029.641 38	484.8102	252	3024	2772	0.8198446	1.0088470	38.4512805
collection_date*	13	179	NaN	NA	NA	NaN	NA	Inf	−Inf	−Inf	NA	NA	NA
collection_no*	14	179	NaN	NA	NA	NaN	NA	Inf	−Inf	−Inf	NA	NA	NA
shipper_date*	15	179	NaN	NA	NA	NaN	NA	Inf	−Inf	−Inf	NA	NA	NA
shipper_no*	16	179	NaN	NA	NA	NaN	NA	Inf	−Inf	−Inf	NA	NA	NA

Column	n	Mean	Sd	Median	Trimmed	Mad	Min	Max	Range	Skew	Kurtosis	Se
Vars	144	8.5000000	4.625862	8.5000000	8.5000000	4.0000000	1.0000000	16.000 000	15.000000	0.000000	1.790588	0.3854885
n	144	18.7361111	11.309372	21.0000000	18.7068966	11.0000000	0.0000000	35.000 000	35.000000	−0.055964	1.549810	0.9424477
Mean	69	392.1122490	489.954061	67.0937500	339.4469915	66.0937500	1.0000000	1 393.800 000	1 392.800 000	NaN	NaN	58.9835376
Sd	67	241.6645033	373.066561	19.7401219	172.1198018	19.7401219	0.0000000	1 880.521 779	1 880.521 779	NA	NA	45.5773344
Median	69	364.0724638	460.126559	68.0000000	313.0350877	67.0000000	1.0000000	1 296.000 000	1 295.000 000	NA	NA	55.3927284
Trimmed	69	369.9153524	471.612881	67.1153846	312.5770640	66.1153846	1.0000000	1 393.800 000	1 392.800 000	NaN	NaN	56.7755190
Mad	69	179.9640043	242.314642	19.2738000	146.2181737	19.2738000	0.0000000	836.186 400	836.186400	NA	NA	29.1712549
Min	144	Inf	NaN	Inf	Inf	Inf	1.0000000	Inf	Inf	NaN	NaN	NaN
Max	144	−Inf	NaN	−Inf	−Inf	Inf	−Inf	9 041.000 000	Inf	NaN	NaN	NaN
Range	144	−Inf	NaN	−Inf	−Inf	Inf	−Inf	9 037.000 000	Inf	NaN	NaN	NaN
Skew	54	0.6003240	1.118366	0.3577041	0.3753098	0.4298234	−0.5608848	4.552953	5.113837	NA	NA	0.1521904
Kurtosis	54	0.5509875	5.041150	−0.9599935	−0.7434573	0.5019336	−2.2130057	21.681755	23.894761	NA	NA	0.6860137
Se	67	58.4281545	85.212595	4.5446617	41.7175649	4.5446617	0.0000000	410.363495	410.363495	NA	NA	10.4103754

9.2 一步创建试算平衡表数据

鉴于审计中使用的全套交易文件，应该可以生成独立审计人员所需要的一套试算平衡的数据，以便与客户的数据进行比较。以下代码显示了如何查找本书最后一章中生成的交易文件。

```
library(tidyverse)
library(broom)
library(kableExtra)

devtools::install_github("westland/auditanalytics")
library(auditanalytics)

sales_journal <-
  read_csv((system.file("extdata",  "sales_journal.csv", package =
  "auditanalytics", mustWork = TRUE)),
    col_types = cols(X1 = col_skip()))

purchase_journal <-
  read_csv((system.file("extdata",  "purchase_journal.csv", package =
  "auditanalytics", mustWork = TRUE)),
    col_types = cols(X1 = col_skip()))

perpetual_inventory_ledger <-
  read_csv((system.file("extdata",  "perpetual_inventory_ledger.csv", package =
  "auditanalytics", mustWork = TRUE)),
    col_types = cols(X1 = col_skip()))

fyear_end_ar_ledger <-
  read_csv((system.file("extdata",  "fyear_end_ar_ledger.csv", package =
  "auditanalytics", mustWork = TRUE)),
    col_types = cols(X1 = col_skip()))

fyear_begin_inventory_ledger <-
  read_csv((system.file("extdata",  "fyear_begin_inventory_ledger.csv", package =
  "auditanalytics", mustWork = TRUE)),
    col_types = cols(X1 = col_skip()))

expenditures <-
  read_csv((system.file("extdata",  "expenditures.csv", package =
  "auditanalytics", mustWork = TRUE)),
    col_types = cols(X1 = col_skip()))

disbursement_journal <-
  read_csv((system.file("extdata",  "disbursement_journal.csv", package =
  "auditanalytics", mustWork = TRUE)),
    col_types = cols(X1 = col_skip()))

deposit_daily <-
  read_csv((system.file("extdata",  "deposit_daily.csv", package =
  "auditanalytics", mustWork = TRUE)),
    col_types = cols(X1 = col_skip()))

daily_ar_balance <-
```

```
  read_csv((system.file("extdata",  "daily_ar_balance.csv", package =
  "auditanalytics", mustWork = TRUE)),
    col_types = cols(X1 = col_skip()))

collections_journal <-
  read_csv((system.file("extdata",  "collections_journal.csv", package =
  "auditanalytics", mustWork = TRUE)),
    col_types = cols(X1 = col_skip()))

Sales <-
  sum(sales_journal$sales_count *
        sales_journal$sales_unit_price)

Sales_Returns <-
  sum(sales_journal$sales_return *
     sales_journal$sales_unit_price)

Purchases <-
  sum(purchase_journal$po_count *
        purchase_journal$unit_cost)

Vendor_Disbursements <-
  sum(disbursement_journal$unit_cost * disbursement_journal$no_units_ordered)

YE_Inventory <-
  perpetual_inventory_ledger %>%
  group_by(sku) %>%
  inner_join(sales_journal, by="sku") %>%
  slice(n()) %>%
  mutate(inv_extended = unit_cost * stock_on_hand) %>%
  ungroup() %>%
  select(inv_extended) %>%
  sum()

Accounts_Receivable <- sum(fyear_end_ar_ledger$amount)

Accounts_R2 <-
  max(daily_ar_balance$ar_balance)


Begin_Inventory <-
  fyear_begin_inventory_ledger %>%
  group_by(sku) %>%
  mutate(inv_extended = unit_cost * stock_on_hand) %>%
  ungroup() %>%
  select(inv_extended) %>%
  sum()

Cost_of_Goods_Sold <-
    sum(sales_journal$sales_count *
        sales_journal$unit_cost) +
  YE_Inventory -
  Begin_Inventory
```

```
Misc_Expenses <-
  sum(expenditures$amount)

Collections_on_AR <-
  collections_journal %>%
  group_by(invoice_no) %>%
  inner_join(sales_journal, by="sku")%>%
  filter(cash_not_ar.x==0) %>%
  slice(n())

Uncollected_AR <-
  sum(Collections_on_AR$sales_extended.x) -
  sum(Collections_on_AR$collection_amount.x)

Collections_on_AR <-
  sum(Collections_on_AR$collection_amount.x)



Cash_Deposits <-
  sum(deposit_daily$deposit_amount)

Cash_in_Bank <-
  Cash_Deposits -
  Purchases -
  Misc_Expenses


Change_in_Equity <-
  Sales_Returns +
  Collections_on_AR+
  Purchases+
  Cost_of_Goods_Sold+
  Cash_in_Bank+
  Accounts_Receivable+
  YE_Inventory+
  Misc_Expenses-
  Sales-
  Uncollected_AR


## construct the trial balance and format this with knitr::kable and kableExtra

data.frame(
  "Account"=c("Sales",
              "Sales Returns",
              "Collections_on_AR",
              "Uncollected_AR",
              "Purchases",
              "Cost_of_Goods_Sold",
              "Cash_in_Bank (change from start of yr)",
              "Accounts_Receivable",
              "YE_Inventory",
              "Misc_Expenses",
```

```
                "Change_in_Equity",
                "Total"
                ),

   "Dr"= c(0,
           Sales_Returns,
           Collections_on_AR,
           0,
           Purchases,
           Cost_of_Goods_Sold,
           Cash_in_Bank,
           Accounts_Receivable,
           YE_Inventory,
           Misc_Expenses,
           0,
           Sales_Returns+
             Collections_on_AR+
             Purchases+
             Cost_of_Goods_Sold+
             Cash_in_Bank+
             Accounts_Receivable+
             YE_Inventory+
             Misc_Expenses
           ),
   "Cr"= c(    Sales,
               0,
               0,
               Uncollected_AR,
               0,
               0,
               0,
               0,
               0,
               0,
               Sales_Returns +
                 Collections_on_AR+
                 Purchases+
                 Cost_of_Goods_Sold+
                 Cash_in_Bank+
                 Accounts_Receivable+
                 YE_Inventory+
                 Misc_Expenses-
                 Sales-
                 Uncollected_AR,
               Sales+
                 Uncollected_AR+
                 Change_in_Equity
               )
) %>%
  mutate_if(is.numeric, format, digits=4,nsmall = 2, big.mark=",") %>%
  kable(., align='r', caption = "Trial Balance", "latex", booktabs = T) %>%
  kable_styling(full_width = F)
```

Account	Dr	Cr
Sales	0.00	1,047,621.00
Sales Returns	3,454.00	0.00
Collections_on_AR	734,263.00	0.00
Uncollected_AR	0.00	26,006.17
Purchases	490,400.00	0.00
Cost_of_Goods_Sold	485,786.00	0.00
Cash_in_Bank（change from start of yr）	348,822.19	0.00
Accounts_Receivable	168,144.00	0.00
YE_Inventory	31,281.00	0.00
Misc_Expenses	211,890.81	0.00
Change_in_Equity	0.00	1,400,413.83
Total	2,474,041.00	2,474,041.00

9.3 应收账款审计

在审计的实质性阶段，对应收账款进行了广泛的审计。应收账款通常是最大的流动资产。因此，审计人员分配了大量预算以确保应收账款得到公允列报。应收账款审计程序旨在发现审计控制风险，包括以下内容：

- 应收账款不存在
- 记录的应收账款余额不准确
- 可能有无法收回的应收账款
- 坏账准备的推算可能无法恰当反映坏账实践
- 销售交易未在正确期间处理
- 收入被错误确认

借方问责制是一种审计理念，它承认复式记账对会计交易进行两次记录和报告的习惯——借记和贷记。具有成本效益的审计将对借方进行审核，并假设借贷平衡将确保相应的贷方分录不会出现重大错报。

在年度审计中，应收账款和存货是两个最重要的流动资产账户，即借方余额将在年度业务周期内到期的账户。对这两个账户的审计是实质性年终测试期间的一项主要收费，也是本章的重点。

应收账款通过获取外部证据进行审计，检查存货的实际位置、数量、状况、陈旧程度、定价、购置成本与记录的价值的比较。这就是“确认”的过程。

后述代码块支持标准的应收账款审计程序。

9.3.1 结账并与试算平衡表对账

“结账”是指计算年底应收账款余额的总和。“对账”是指将该余额追溯至试算平衡表。如果这些总数不匹配，需要查找不正确的日记账分录，检查调整项目。如果客户在总分类账中有应收账款的日记账分录，审计人员可能需要审查较大金额的合理性。这意味着这些日记账分录应该完整记录。

将相关的客户文件加载到R工作区中。

```
rm(list=ls())
library(readr)

devtools::install_github("westland/auditanalytics")
library(auditanalytics)

# the real_world_ar_ledger file
# also contains the results of confirmation;
# the auditor takes a sample of client_ar_ledger records,
# and auditing obtains information from the real world
# which is simulated here by
# left_join(client_ar_ledger[{sample},], real_world_ar_ledger)

real_world_fyear_end_ar_ledger <-
  read.csv((system.file("extdata",  "real_world_fyear_end_ar_ledger.csv", package =
  "auditanalytics", mustWork = TRUE)), na.strings="0",
           stringsAsFactors=FALSE)

fyear_end_ar_ledger <-
  read.csv((system.file("extdata",  "fyear_end_ar_ledger.csv", package =
  "auditanalytics", mustWork = TRUE)), na.strings="0",
           stringsAsFactors=FALSE)

customer_credit_limits <-
  read.csv((system.file("extdata",  "customer_credit_limits.csv", package =
  "auditanalytics", mustWork = TRUE)), na.strings="0",
           stringsAsFactors=FALSE)

sales_journal <-
  read.csv((system.file("extdata",  "sales_journal.csv", package =
  "auditanalytics", mustWork = TRUE)), na.strings="0",
           stringsAsFactors=FALSE)

real_world_credit_sales <-
  read.csv((system.file("extdata",  "real_world_credit_sales.csv", package =
  "auditanalytics", mustWork = TRUE)), na.strings="0",
           stringsAsFactors=FALSE)

real_world_cash_sales <-
  read.csv((system.file("extdata",  "real_world_cash_sales.csv", package =
 "auditanalytics", mustWork = TRUE)), na.strings="0",
           stringsAsFactors=FALSE)
```

汇总client_ar_ledger文件，并将总数合计到试算平衡表上的应收账款分录。按客户计算应收账款余额以备确认。

```
library(tidyverse)
library(lubridate)
library(kableExtra)

devtools::install_github("westland/auditanalytics")
library(auditanalytics)

# set the fiscal year end date to match the dataset
fyear_end <- paste0(format(Sys.Date(), "%Y"), "-12-31")

## create the unpaid_ar
sales_journal <-
  read.csv((system.file("extdata",  "sales_journal.csv", package =
  "auditanalytics", mustWork = TRUE)), na.strings="0", stringsAsFactors=FALSE)

sales_journal[is.na(sales_journal)] <-  0

credit_sales_journal <-
  sales_journal %>%
  filter(cash_not_ar == 0)

unpaid_ar <-
  credit_sales_journal[
    credit_sales_journal$collection_date >= fyear_end &
      credit_sales_journal$shipper_date <= fyear_end,]

foot <-
  unpaid_ar %>%
  select(sales_extended) %>%
  sum()


cat("\n\n A/R balance = ",foot)
```

```
##
##
##  A/R balance =  150628
```

```
# create a list of unpaid AR by customer

unpaid_ar_by_cust <-
  unpaid_ar %>%
  select(customer_no, invoice_date, invoice_no, sales_extended) %>%
  group_by(customer_no) %>%
  select(sales_extended) %>%
  summarise(customer_ye_balance=sum(sales_extended))

unpaid_ar_by_cust %>%
  kable(caption="Year End A/R by Customer",
        "latex", booktabs = T) %>%
    kable_styling(bootstrap_options = c("striped", "hover", "condensed"), full_width = F)
```

customer_no	customer_ye_balance
c00001	3 192
c00002	1 956
c00003	12 645
c00004	21 407
c00005	23 245
c00006	18 294
c00007	22 915
c00008	17 666
c00009	13 518
c00010	15 790

9.3.2 支持性证据的测试

从应收账款账龄报告中抽取发票样本，并将其与支持性文件进行比较，以查看它们是否以正确的金额、正确的客户和正确的日期（从发票追踪到装运记录）开出账单。审计人员将发货记录中那些项目的发票日期与发货日期进行比对，以查看销售是否被记录于正确的会计期间。可以检查在审计期之后开具的发票，以确定它们是否应该包括在之前的期间。

这可以在期中测试中利用 t 检验来完成。属性抽样大小是通过 Cohen 的效力分析（Cohen，1992）确定的，该分析在 R 包的 pwr 包中实现。如果发现抽样表明某个特定的交易流失去控制，那么属性估计将帮助我们确定系统处理该交易流的实际错误率。属性抽样的误差估计可以是错误交易率，或者从货币单位抽样的角度来看，可以是交易流中的货币错误率。我们在下面的代码块中计算两者：

```
library(readr)
library(pwr)
library(tidyverse)

size <- as.numeric(nrow(credit_sales_journal))
## data set size
Delta <- .05*size
## detect 5% occurrence error
sigma <- .3*size
## variability (guess ~1/3 rd)
effect <- Delta/sigma


sample <- pwr.t.test(
  d=effect,
  sig.level = 0.05,
  power = .8,
  type="one.sample",
  alternative="greater")                          ## look for overstatement of earnings


cat("\n \n Attribute sample size for occurrence of error = ", ceiling(sample$n))
```

```
##
##
##  Attribute sample size for occurrence of error =  224
```

```
size <-
  as.numeric(
    sum(
      credit_sales_journal$sales_unit_price*
        credit_sales_journal$sales_count))
## data set size
mu <-
  mean(
    credit_sales_journal$sales_unit_price*
      credit_sales_journal$sales_count)
## average value of transaction
Delta <- .05*mu
## detect 5% amount intolerable error
sigma <-
  sd(credit_sales_journal$sales_unit_price*
      credit_sales_journal$sales_count)
## variability
effect <- Delta/sigma
```

```
sample <- pwr.t.test(
  d=effect,
  sig.level = 0.05,
  power = .8,
  type="one.sample",
  alternative="greater")    ## look for sales value too large

cat("\n Attribute sample size for amount of error = ", ceiling(sample$n))
```

```
##
##  Attribute sample size for amount of error =  572
```

9.3.3 可接受抽样

实质性测试的可接受抽样导致决定是否“接受”该账户（1）被公允呈报，或（2）包含重大（不可容忍）错误。可接受样本的误差估计数的金额可以在统计检验的连续量表上查看，对于美元（货币）单位抽样，可以在离散的美元单位金额上查看。如果发现特定账户的余额存在重大错误，最常见的步骤是将其提交给客户，并要求其对账户进行调整，以公允反映该客户公司的财务状况。

```
library(readr)
library(pwr)

devtools::install_github("westland/auditanalytics")
library(auditanalytics)

Client_ar_ledger <- read_csv((system.file("extdata",  "fyear_end_ar_ledger.csv", package =
"auditanalytics", mustWork = TRUE))
, col_types = cols(X1 = col_skip()))


## data set size
size <-  as.numeric(nrow(Client_ar_ledger))

## average value of transaction
mu  <-   mean(Client_ar_ledger$amount)

Delta <- .1*mu                                   # detect 10% (material) error in sample

sigma <- sd(Client_ar_ledger$amount)     # variability

effect <- Delta/sigma



sample <- pwr.t.test(
  d=effect,
  sig.level = 0.05,
  power = .8,
  type="one.sample",
  alternative="greater")   ## look for AR value too large

cat("\n Acceptance sample size = ", ceiling(sample$n))
```

注意，如果从下面的函数得到的样本容量小于1.3，则参数输入将停止计算，并导致pwr.t.test函数的单根函数（uniroot function）终止时出现错误。在这种情况下，软件本质上是告诉您不要取样并跳过此测试。从风险的角度来看，这可能是不可取的。另一种结论是，这意味着可能是选择的一个或多个特定设置不合理：（1）数据集大小；（2）检测发生率；（3）变异性；（4）效应大小。一般应按照以下顺序加以修正：（1）变异性，（2）检测发生率，（3）效应大小。否则，中期测试是无法容忍的或失控的错误率。

然后，可以在下面的代码块示例中使用一定的样本量来测试账户中的错误。假设样本数量为 15。

```
library(broom)
library(readr)
library(tidyverse)
library(compare)

devtools::install_github("westland/auditanalytics")
library(auditanalytics)

 Client_ar_ledger <- read_csv((system.file("extdata",  "fyear_end_ar_ledger.csv",
   package = "auditanalytics", mustWork = TRUE))
, col_types = cols(X1 = col_skip()))

real_world_ar <-
  read_csv((system.file("extdata",  "real_world_fyear_end_ar_ledger.csv", package
  "auditanalytics", mustWork = TRUE)),
  col_types = cols(X1 = col_skip()))

acceptance_sample_ar <- Client_ar_ledger[runif(15,1,
                                              nrow(Client_ar_ledger)),]

audited_sample <-
  inner_join(
    acceptance_sample_ar,
    real_world_ar,
    by="invoice_no") %>%
  select(
    invoice_no,
    customer_no.x,
    amount.x,
    confirm_exception,
    confirm_response)

exceptions <- audited_sample[audited_sample$confirm_exception == 1,]

occ_error_rate_ar <- nrow(exceptions) / nrow(acceptance_sample_ar)
amt_error_rate_ar <- sum(exceptions$amount.x) / sum(acceptance_sample_ar$amount)

cat("\n\n Occurrence error in Accounts Receivable on the Trial Balance "
, occ_error_rate_ar)
```

```
##
##
##  Occurrence error in Accounts Receivable on the Trial Balance  0.1333333
```

```
cat("\n\n
   Amount error in Accounts Receivable on the Trial Balance ", amt_error_rate_ar)
```

```
##
##
##  Amount error in Accounts Receivable on the Trial Balance  0.2029926
```

9.3.4　应收账款的函证

应收账款的一个主要问题是反映在客户明细账中的金额是否与正确的客户余额相

符。在审计应收账款时，您通常会使用函证（给客户的函证，要求他们验证他们所欠的金额），以确保应收账款中反映的金额准确无误。发送函证不是强制性的，但通常是对资产负债表进行全面审计的一部分。要函证应收账款，您需要对欠公司款项的所有客户的应收账款明细账与资产负债表上显示的总金额进行核对。函证评估：

（1）应收账款所代表的交易是否为第三方有效、真实的义务；

（2）客户余额是否正确；

（3）无法收回的账户是否已妥善核销。

应收账款明细分类账报告，也被称为应收账款账龄报告，显示了客户欠公司的所有金额，按指定日期未偿还的天数分组。正常分组如下：

- 当前（未偿还的天数在 30 天以下）
- 30~60 天
- 61~90 天
- 91~120 天
- 120 天以上

前两个评估——验证客户的存在性和客户余额的正确性——需要发出函证请求。

这些请求是发给列在应收账款明细分类账中的客户的格式信函，以核实客户账簿中所包含的事实和数据。函证格式信函很短，列出了客户在某一特定日期欠下的总金额。有两种类型的函证请求：

（1）积极式函证：积极函证请求要求客户签署并将表格寄回，以证明所欠金额正确或对其进行更正。积极式函证请求还可以将欠款金额留白，要求客户根据其记录填写。

（2）消极式函证：消极函证请求仅在信函上显示的金额数字不正确时才要求客户回复。

此外，根据公认会计原则（GAAP），您的客户必须考虑（即估计）无法收回的账目。这通常意味着将上一年无法收回的账目与审计年度的估计金额进行比较，以查看未收回的债务是增加了还是减少了。您应该仔细阅读客户文件，了解公司采取了哪些措施来核实账目确实无法收回。

9.3.5 函证信息作为审计证据的作用

近一个世纪以来，函证一直被认为是一种强有力的证据形式，主要是因为该程序涉及与被审计单位以外的独立来源直接沟通。应收账款函证在美国是一种选择性的审计程序，在 1938 年之前并没有广泛使用。麦克森-罗宾斯欺诈案利用欺诈性应收账款掩盖了黑帮成员菲利普·马斯卡的走私活动，涉及伪造销售额、应收账款和存货。美国证券交易委员会发起了一项重大调查，以确定目前普遍使用的审计程序是否适当。作为回应，会计行业发布了“审计程序声明第 1 号”（SAP no.1），以扩大审计程序，建议“在可行和合理的情况下”函证应收账款。

在 20 世纪 40 年代早期，美国对涉及函证的审计标准进行了一些修改。最显著的是

SAP no.12——《对审计程序扩大的修正》。审计人员被要求披露没有与债务人进行应收账款函证的所有情况，实际上使函证成为一种强制性程序。SAP no.12披露要求于1974年废除，但那时，应收账款函证已成为美国审计实践中根深蒂固的一道程序。

"审计准则声明第67号"——1991年11月颁布的《函证程序》——规定了目前美国对函证的审计程序。该声明定义了函证过程，将函证证据与风险评估和财务报表认定联系起来，并讨论了积极式和消极式函证形式以及它们最有帮助的情况。它还讨论了对积极式函证不回复的问题，以及使用替代程序的必要性，"以获得必要的证据，将审计风险降到可接受的低水平"。

美国注册会计师协会的审计程序研究《应收账款函证书》于1984年发布，提供了额外的指导。该研究从财务报表认定的角度讨论了函证证据，认为函证是关于认定的主要证据来源，是关于完整性和估值性认定的次要证据来源。

9.3.6 函证与实验设计

长期以来审计人员怀疑函证证据是有偏的。根据加拿大特许会计师协会（CICA）1980年的审计技术研究，"依赖仅由答复组成的测试意味着该测试由做出答复的债务人和没有做出答复的债务人而不是审计人员决定的，它可能不再具有代表性或适当性"。CICA的研究还对受访者的冷漠和"点头"行为（当客户在没有实际检查他们记录的情况下确认余额是正确的）表示了关注，这导致了不可靠的证据："在这些情况下使用沟通技巧的危险在于，审计人员可能只是为了符合专业标准而使用它，而不是为了增加审计保证。"

CICA研究的结论是，最好将函证作为一个精心设计的实验的一部分进行研究，原因有以下几点：

（1）实验者控制误差的大小。

（2）实验者控制哪些账户被植入了错误。

（3）实验者控制高估和低估错误的频率。

（4）可以研究可能影响可靠性的其他因素，如账户余额大小、账龄和交易量。

（5）任何报告偏差的潜在原因都可以被分离出来，以便采取纠正措施。

9.4 应收账款函证审计程序的步骤

9.4.1 函证请求的时间

对于肯定式和否定式函证请求，向债务人提供指定日期的余额。日期可能如下：

（1）年终日期。

（2）年终之前的日期。这个日期一般是年终前一两个月。

建议将函证请求在请求中指定的日期之前大约一周发送给债务人。如果债务人在国外，请求应该更早地邮寄。

9.4.2 年底前函证

审计人员可以决定要求债务人确认截至年终前某日的余额。但是，如果审计人员遵循此程序，则应在年终程序中执行以下程序：

（1）对从函证日到资产负债表日的交易进行选择性的其他实质性测试。这些测试将包括以下内容：

① 审核后续销售发票及相关提货单。

② 审核后续客户现金收据及相关汇款通知。

（2）如果余额从函证日到年末有重大变化，建议审计人员重新函证。

如果使用消极形式的函证请求，审计人员通常应执行以下程序之一：

① 发送比使用积极形式更多的请求。

② 应用其他审计程序的程度要比使用积极形式高。其他审计程序包括审查下列事项：

（a）后续现金收据。

（b）后续现金汇款通知。

（c）销售和装运单据。

9.4.3 函证流程步骤

函证应收账款的步骤如下：

•步骤1，获取应收账款账龄表：

（1）审计人员应取得截至函证日期的应收账款账龄明细表。

（2）确定总计是否正确。

（3）将所有或选定样本的账户余额与应收账款明细分类账中的账户余额进行比较。

（4）核查贷方余额。

•步骤2，选择要函证的账户：

（1）审计人员在选择函证账户时已经使用了判断，有些还将继续使用判断。然而，统计抽样方法是选择过程中的理想方法。

（2）无论采用何种选择方法，审计人员通常会考虑以下账户：

① 所有余额超过预定金额的账户。预先确定的金额是基于审计人员对重要性的评估。

② 部分或全部账户余额为零。

③ 以前有未付项目的账户，特别是当后续销售款项已经支付的。

④ 在审查年度内注销的账户。

⑤ 与客户相关但未经过审计人员审核的实体的账户。

⑥ 出现在上一年的应收账款明细表上而不在本年度的应收账款明细表上的某些账户。

（3）有贷方余额的账户：

① 有时，客户不希望向这些账户发送函证请求。如果金额重大，可能会导致范围受限；然而，通常情况并非如此。

② 如果没有函证有贷方余额的账户，应采用其他审计程序。

(4) 在其余账户中，应选择具有代表性的部分，包括美元金额和账户数量。

•步骤3，准备和邮寄函证请求：审计人员在准备和邮寄函证请求时应遵循以下程序：

(1) 准备一份待函证的账目清单。

① 给每个账户分配一个号码。这个号码也应该放在函证请求上。

② 对选定函证的应收款项的美元金额进行合计，并计算出应收账款美元总额的百分比。

③ 确定函证请求的数量，并计算出占账户总数的百分比。

④ 在客户名称后留出足够的空白栏，以便在收到回函时填写以下信息：(a) 收到回复的日期；(b) 函证的金额；(c) 客户确认的金额与记录客户金额的差异说明。

⑤ 留下空白一栏，填写第二次请求发出的日期。

⑥ 在底部注明第一次发出请求的日期。

(2) 要求客户填写函证地址并准备客户对账单。

① 如果审计人员希望客户不知道哪些账目需要函证，那么他/她应该让其自己的员工填写函证地址。

② 如果审计人员希望客户不知道哪些账户需要函证，但希望客户进行函证，他/她应该要求客户对所有账户填写函证地址，然后删除未选择函证的账户。

(3) 当审计人员收到附有账户余额和客户对账单的已填写地址的函证时，他/她应该将该余额与对账单上的余额进行比较。

(4) 应独立检查一些客户地址。这些检查可以通过将函证的地址与电话簿中的地址进行比较来完成。

(5) 在对函证进行审核并编号后，审计人员应将函证和客户对账单放入其公司的信封中，即带有公司回复地址的信封。

(6) 除了在信封中放入函证外，还应增加一个带有审计人员地址的已付邮资的回邮信封。

(7) 当函证请求函盖章后，审计人员应该将它们邮寄出去。

(8) 从审计人员收到包含账户余额的已填写地址的函证开始，他/她就不应该对函证失去控制。函证应始终由审计人员保管或处在他们的监督下，直到寄出。

•步骤4，处理函证的回复，当收到回函时，审计人员应该做以下工作：

(1) 为每个账户输入以下信息：

① 收到回函的日期。

② 确认的金额。

(2) 如果回函的金额与账户余额不一致，需要进行以下操作：

① 复印回函件。

② 将复印件寄送给客户，要求核对差异，并提供核对项目的文件。

③ 审查核对项目的文件。

④ 如果文件令人满意，应在应收账款函证表中输入出现差异的原因。

（3）如果回函的金额与账户余额不一致，且客户拒绝进行更正，审计人员应该做以下工作：

① 如果差异很小，审计人员可以忽略它。然而，如果有大量的微小差异，审计人员应该对它们进行分析。如果对大量微小差异的分析结果表明应收账款控制有缺陷，审计人员必须追加审计程序来确定应收账款余额。

② 如果差异是重大的，要求客户与债务人进行沟通。确保包含债务人的回复的回函能够直接发送给审计人员。

•步骤5，汇总函证结果，当审计业务接近完结时，审计人员应准备一份工作表，汇总函证结果。工作表应包含以下内容：

（1）发出的询证函的数量和金额，以及它们占应收款总额的百分比。

（2）收到没有指明任何例外的回函的数量和金额，以及它们占函证请求总数（额）的百分比。

（3）收到客户同意调整的回函的数目和金额，并计算它们占请求函证总数的百分比。

（4）收到客户不同意调整的回函的数目和金额。

（5）确定客户记录和回函之间的总金额差异。

（6）确定差异的原因和差异的重要性。

（7）计算它们占函证请求总数的百分比。

（8）审查统计数据，并确定函证程序的结果是否提供了充分有效的证据，证明应收款项的存在。如果审计人员对函证程序的结果不满意，他/她应执行其他审计程序，如：

（9）检查随后的现金收据和相应的汇款通知。

（10）检查单个销售发票和相关装运单据。

9.4.4 未回函的情况

如果在一段合理的时间内（2到3周）未收到对函证请求的答复，则应发送第二次请求。审计人员应在应收账款函证工作表中注明第二次请求寄出的日期。如果没有收到回函的账户的金额是重大的，审计人员应该考虑致电顾客。如果审计人员通过电话函证，应该执行以下工作：

（1）获取提供信息的人的姓名和头衔。

（2）要求以书面形式确认所提供的信息。

如果函证请求因未送达而返回给审计员，审计员应执行以下操作：

（1）确定顾客的新地址并邮寄询证函。

（2）如果顾客企业倒闭，确定企业已经提取了适当的坏账准备。

9.4.5 预期函证得不到回复

有时，根据过去与实体或与实体类似的顾客打交道的经验，审计人员预期函证请求得不到回复。当审计人员预期传统的函证请求得不到回复时，应该执行以下工作：

（1）要求函证账户余额中包含的特定项目。

（2）检查后续的顾客汇款。如果这些金额很大，建议在资产负债表日后的一段时间内，每当客户收到邮件时，审计人员应当在场。审计人员应打开所有无法函证余额的顾客邮件，并将汇款金额与分类账余额进行比较。

（3）执行其他审计程序，以函证顾客和销售事项的存在（例如，顾客可以在电话簿中查找到并被呼叫）。

（4）当存在舞弊风险因素且不可能对应收账款进行函证时，审计人员应在必要时采用不寻常的程序来函证顾客和销售事项的存在。

```r
library(pwr)
library(tidyverse)
library(kableExtra)

intolerable_error <- 5000


## Effect size (Cohen's d):
## difference between the means from H0 & Ha divided by the pooled standard deviation
cohen_d <- intolerable_error / sd(unpaid_ar_by_cust$customer_ye_balance)

sample_size <- pwr.t.test(
  d=cohen_d,
  sig.level = 0.05,
  power = .8,
  type="one.sample",
  alternative="greater") ## look for overstatement of AR = assets overstated

ar_sample <- sample_n(unpaid_ar_by_cust, ceiling(sample_size$n), replace=T)


kable(ar_sample,
      caption = "Customer Balances for Sampling and Confirmation",
      "latex",
      booktabs = T) %>%
  kable_styling(bootstrap_options = "striped")
```

customer_no	customer_ye_balance
c00004	21，407
c00005	23，245
c00006	18，294
c00003	12，645
c00009	13，518
c00008	17，666
c00003	12，645
c00009	13，518
c00006	18，294
c00010	15，790
c00001	3，192
c00001	3，192
c00004	21，407
c00010	15，790
c00001	3，192
c00010	15，790

9.4.6 账户错误的函证和估计

一旦审计人员完成了应收账款的函证和跟踪，样本结果可以用来计算应收账款余额的上限。如果客户过账的余额超过了这个上限，应收账款余额可能会被认为是不可容忍的（重大的）错误。

```
library(tidyverse)
library(lubridate)

devtools::install_github("westland/auditanalytics")
library(auditanalytics)

real_world_credit_sales <-
  read.csv((system.file("extdata",  "real_world_credit_sales.csv", package =
  "auditanalytics", mustWork = TRUE)), na.strings="0", stringsAsFactors=FALSE)
real_world_fyear_end_ar_ledger <-
  read_csv((system.file("extdata",  "real_world_fyear_end_ar_ledger.csv", package
  "auditanalytics", mustWork = TRUE)),
    col_types = cols(X1 = col_skip()))

## create real_world_unpaid_ar & real_world_ar_by_customer
## note that these 'real_world' values are not available to the auditor
## the auditor extracts information about them
## from a sample of obtained after the A/R audit confirmation process

real_world_unpaid_ar <-
  real_world_credit_sales[
    real_world_credit_sales$collection_date >= fyear_end &
      real_world_credit_sales$shipper_date <= fyear_end,]


real_world_ar_by_customer <-
  real_world_unpaid_ar %>%
  group_by(customer_no)


real_world_ar_by_customer$sales_extended <-
  real_world_ar_by_customer$sales_count *
  real_world_ar_by_customer$sales_unit_price

real_world_ar_by_customer %>%
    group_by(customer_no) %>%
    summarize(customer_ye_balance = sum(sales_extended))

## use the clients transaction files to compute the sample as a % of population

post_confirm_ar_balances <-
  left_join(ar_sample,real_world_fyear_end_ar_ledger, by="customer_no")

post_confirm_ar_balances[is.na(post_confirm_ar_balances)] <- 0
post_confirm_ar_balances <-
  post_confirm_ar_balances %>%
  mutate(balance_per_customer = customer_ye_balance * confirm_pct) %>%
  select(customer_no, customer_ye_balance, balance_per_customer) %>%
  mutate(overstatement=customer_ye_balance - balance_per_customer)

mean_trans_error <- mean(post_confirm_ar_balances$overstatement)
sd_trans_error <- sd(post_confirm_ar_balances$overstatement)
population_error_est_95_ub <-
  nrow(fyear_end_ar_ledger) *
  1.96 * sd_trans_error +
  mean_trans_error

cat("\n\n
   Population error estimate 95% upper conf bound = ", population_error_est_95_ub)
```

Population error estimate 95% upper conf bound = 820351.3

9.4.7 函证后的（post-confirmation）测试

在收到回函之后，执行第二次后续程序来确认余额，下面的代码块将显示结果。

```
library(kableExtra)


ar_working_papers <-
  full_join(stratum_est,real_world_fyear_end_ar_ledger, by="customer_no")

kable(ar_working_papers, caption = "Audit Workpapers for A/R Confirmation","latex", booktabs = T) %>%
  kable_styling(bootstrap_options = "striped")
```

函证之后，人们感兴趣的数据是总体中的误差（以及它是否重要）。

9.4.8 概率比例规模抽样法（PPS）

从函证的A/R余额中的误差文件开始，调查分层和PPS抽样的性能，以估计总体误差。显然，审计人员无法获得这些信息。相反，这只是其中的一个例子。我提供它来对3层和PPS采样方法的性能进行基准测试。计算应收账款账户的高估金额，因为稳健性原则要求找出高估收入的错误（因此应收账款余额被高估）。

R调查包支持可放回的PPS（任意不等概率）抽样，或将可放回的单级抽样近似用于多级设计。不需要特殊的符号，只需要指定正确的抽样权重。为了指定一个PPS设计，抽样概率必须在svydesign的概率参数中给出，或者在fpc参数中给出，但不指定概率和权重。此外，有必要使用PPS参数指定应该使用哪些PPS计算。可选的方差参数包括Horvitz-Thompson（方差= “HT” ）或Yates-Grundy（方差= “YG” ）估计量，默认为 “HT”。

```
library(TeachingSampling)
library(tidyverse)
library(broom)
library(knitr)
library(kableExtra)

unpaid_ar <-
  sales_journal[1:15] %>%
  filter(cash_not_ar == 0 &
         collection_date >= fyear_end &
         shipper_date <= fyear_end) %>%
  select(-X)

confirmed_unpaid_ar <-
  real_world_credit_sales %>%
  filter(collection_date >= fyear_end &
         shipper_date <= fyear_end) %>%
  select(-X) %>%
  select(customer_no,
         invoice_no,
         invoice_date,
         sales_count,
         sales_return,
         sales_unit_price) %>%
  mutate(real_sales = sales_unit_price * (sales_count-sales_return)) %>%
  left_join(unpaid_ar, by="invoice_no") %>%
  mutate(overstatement = sales_extended - real_sales) %>%
  select(customer_no =customer_no.x,
         invoice_no = invoice_no,
         invoice_date = invoice_date.x,
         overstatement)
confirmed_unpaid_ar[is.na(confirmed_unpaid_ar)] <- 0
```

```r
confirmed_unpaid_ar$stratum <-
  cut(confirmed_unpaid_ar$overstatement, breaks=3, labels=c("small", "medium", "large"))

sample_prop <- data.frame(prop = c(.05,.1,.2), stratum = c("small", "medium", "large"))

# Define the size of each stratum
N <- NULL
for(i in 1:3) N[i] <- summary(confirmed_unpaid_ar$stratum)[[i]]
Nh <- as.numeric(N[1:3])                          ## vector of stratum sizes
nh = as.numeric(ceiling(N * sample_prop$prop))    ## vector of samples size by stratum

# Draw a stratified sample and estimate
samp <- S.STSI(confirmed_unpaid_ar$overstatement, Nh, nh)
ar_sample <- confirmed_unpaid_ar[samp,]

est <- data.frame(confirmed_unpaid_ar$overstatement)
estimate <- E.STSI(confirmed_unpaid_ar$stratum, Nh, nh, est )

## normalize the estimate to reflect the number of transactions in the client's file
normalized_estimate <-  nrow(confirmed_unpaid_ar) * estimate[,,2]/estimate[1,,1]
normalized_estimate <- round(normalized_estimate, digits=0)

tidy(normalized_estimate) %>%
kable(caption = "3-Stratum Horvitz-Thompson estimate of Total Error in A/R Balance") %>%
  kable_styling(bootstrap_options = "striped")


# Draw a PPS sample of size 'size' and estimate draw a random sample according to a
# PPS with replacement design
size <- 5
sample_prop <- S.PPS(size,confirmed_unpaid_ar$overstatement)
# returns a matrix of m rows and two columns.
# Each element of the first column indicates the unit that was selected.
# Each element of the second column indicates the selection probability of this unit

sample_ar <- confirmed_unpaid_ar[sample_prop[,1],]

est <- data.frame(confirmed_unpaid_ar$overstatement)
estimate <- E.PPS(est,sample_prop[,2])


## normalize the estimate to reflect the number of transactions in the client's file
normalized_estimate <-  nrow(unpaid_ar) * estimate[,2]/estimate[1,1]
normalized_estimate <- round(normalized_estimate, digits=0)

tidy(normalized_estimate) %>%
kable(caption = "PPS Hansen-Hurwitz Estimate of Overstatement of A/R account balance","latex", booktabs = T) %>%
  kable_styling(bootstrap_options = "striped")

actual_overstatement <- sum(confirmed_unpaid_ar$overstatement)
cat("\n\n Actual Overstatement of A/R balance in Population = ",actual_overstatement)
```

9.5 坏账准备的估计与计提

坏账准备（无法收回）是一种备抵账户。也就是说，它抵消了应收账款的账户余额来计算已经赚得的净收入。年底会有一些应收账款没有支付，但是我们不知道哪些是没有支付的（否则卖家可能不会卖给这个客户）。这些费用必须在应收账款账户（借方余额）的备抵账户（贷方余额）中报告。卖方的估计政策取决于历史付款金额和未偿还债务注销金额。

本节设计了信用违约和缓慢付款的预测算法，这两者都是准确计算客户信用限额和坏账准备总额所必需的。

应收账款账龄以及每个应收账款账龄类别的违约率的估计，提供了一种粗略的方法来估计付款时间和未付的应收账款金额。传统的应计项目忽略了时间序列趋势、特定客户的总体经验以及影响支付的辅助因素。R 语言提供的统计工具，可以大大改进传统方法的累积坏账准备和客户信用限额的计算。

下面的代码块提供了预测算法的示例，用于估计未来可以收回的应收账款。虽然有各种各样的方法来估计客户何时会支付他们的账款，如果有的话。采用“付款时间”估计，在这里，无法收回的账款理论上有无限长的付款时间。在年底，未支付的应收账款时间越长，我们就越有可能决定支付的时间将是无限的。就像传统的估算无法收回应收账款准备金的方法一样，我使用了一个特定的决策模型，根据应收账款的预测账龄来估算无法收回的应收账款（见图 9-1、图 9-2）。

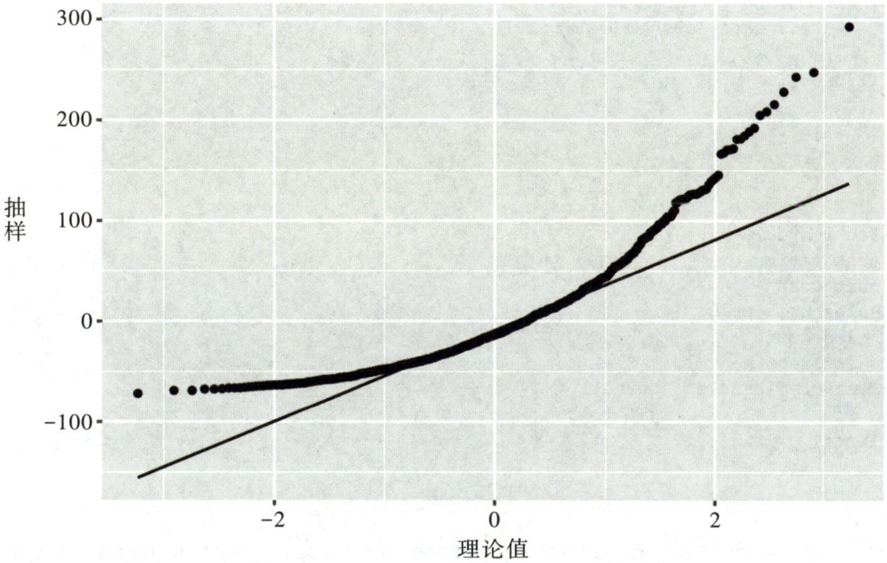

图 9-1　付款时间的线性模型，残差 QQ 图

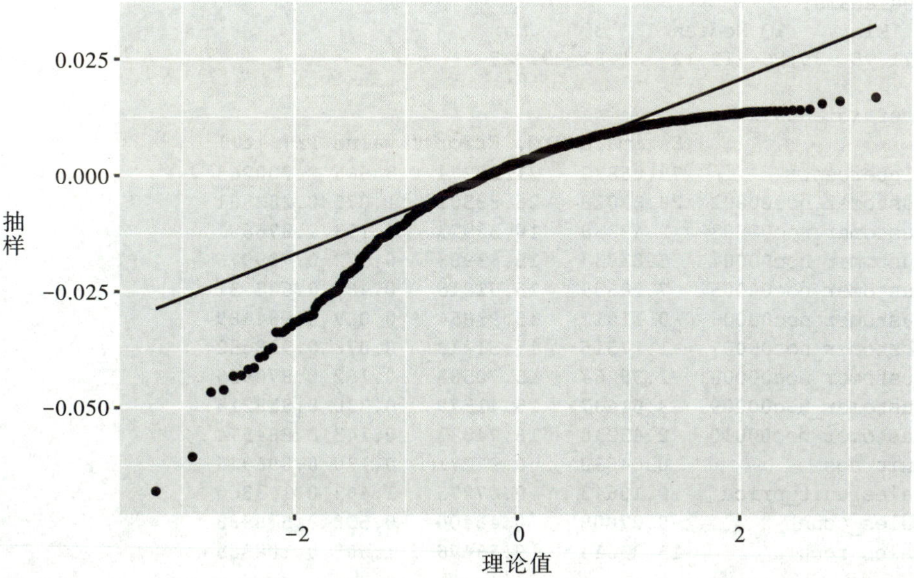

图 9-2　付款时间的 GLM 模型，残差 QQ 图

```
library(tidyverse)
library(ggplot2)
library(lubridate)

sales_journal[is.na(sales_journal)] <- 0

credit_sales_journal <-
  sales_journal[,1:15] %>%
  filter(cash_not_ar == 0) %>%    ## credit only
  mutate(collection_delay =
         .01 + time_length(        ## add .01 to get rid of 0's so logs can be computed
           ymd(collection_date) -
           ymd(invoice_date),
           unit = "day"),
        customer_no =
          as.character(customer_no)
        ) %>%
  as.data.frame()


## Simple OLS regression

l_mod <-
  lm(collection_delay ~
        customer_no +
        unit_cost +
        sales_unit_price +
        sales_count +
        sales_return,
        data=credit_sales_journal)

summary(l_mod)
```

```
##
## Call:
## lm(formula = collection_delay ~ customer_no + unit_cost + sales_unit_price +
##     sales_count + sales_return, data = credit_sales_journal)
##
## Residuals:
##    Min     1Q Median     3Q    Max
## -71.75 -39.56 -13.12  21.51 293.25
##
## Coefficients:
##                     Estimate Std. Error t value Pr(>|t|)
## (Intercept)         78.05837   21.29274   3.666 0.000263 ***
## customer_noc00002   28.89028   26.88501   1.075 0.282881
## customer_noc00003    2.49338   16.32973   0.153 0.878681
## customer_noc00004    5.81833   15.63983   0.372 0.709976
## customer_noc00005    7.50659   15.51915   0.484 0.628731
## customer_noc00006    0.11012   15.93854   0.007 0.994489
## customer_noc00007   -1.17515   15.51218  -0.076 0.939632
## customer_noc00008   -2.39264   15.70583  -0.152 0.878956
## customer_noc00009   -3.54437   15.41579  -0.230 0.818214
## customer_noc00010    2.43218   16.74833   0.145 0.884574
## unit_cost            0.04830    0.37271   0.130 0.896926
## sales_unit_price    -0.10643    0.07275  -1.463 0.143860
## sales_count         -0.27008    0.48400  -0.558 0.576988
## sales_return       -15.33614    9.55476  -1.605 0.108868
## ---
```

```
## Signif. codes:  0 '***' 0.001 '**' 0.01 '*' 0.05 '.' 0.1 ' ' 1
##
## Residual standard error: 55.05 on 807 degrees of freedom
## Multiple R-squared:  0.01402,	Adjusted R-squared:  -0.001865
## F-statistic: 0.8826 on 13 and 807 DF,  p-value: 0.5715
```

```
sq <- seq(1,length(l_mod$residuals))
res <- data.frame(sq,l_mod$residuals)

ggplot(res, aes(sample=l_mod$residuals)) +
  stat_qq() +
  stat_qq_line()+
  labs(title = "Linear Model of Time to Payment, Residuals QQ Plot")
```

9.5.1 广义线性模型（GLM）——指数回归

使用指数分布可以更好地对付款时间进行建模，这通常用于对泊松过程的等待时间进行建模。指数分布是一种特定的伽马（Gamma）分布，其中离散参数（它是指数分布与更一般的伽马分布的区别）不影响广义线性模型中的参数估计，只影响参数的标准误差/置信区间/p值等。伽马族在glm（）中由两个参数进行参数化：平均值和离散，“离散”调节形状。因此，将GLM拟合为伽马族，然后产生一个离散参数设置为1的“summary”，因为这个值对应于伽马族的指数分布。

```
exp_mod <-
  glm(collection_delay ~
        customer_no +
        unit_cost +
        sales_unit_price +
        sales_count +
        sales_return,
        data=credit_sales_journal,
      family = Gamma(link = "inverse")
  )

sq <- seq(1,length(exp_mod$residuals))
res <- data.frame(sq,exp_mod$residuals)

ggplot(res, aes(sample=exp_mod$residuals)) +
  stat_qq() +
  stat_qq_line() +
  labs(title = "GLM Model of Time to Payment, Residuals QQ Plot")
```

具有高斯拟合和逆链接的GLM模型的残差Q-Q图表明，它倾向于过度校正线性模型中的不拟合。尽管如此，拟合改进了简单的线性模型。GLM模型对时间序列收回的拟合程度如何？下面的代码块将预测的收回与实际的收回进行比较。实际交易流比预测的流（这是预期的）有更大的差异，但是预测与实际收回集中在同一位置，随着时间的推移，这应该足以准确估计坏账准备（见图9-3）。

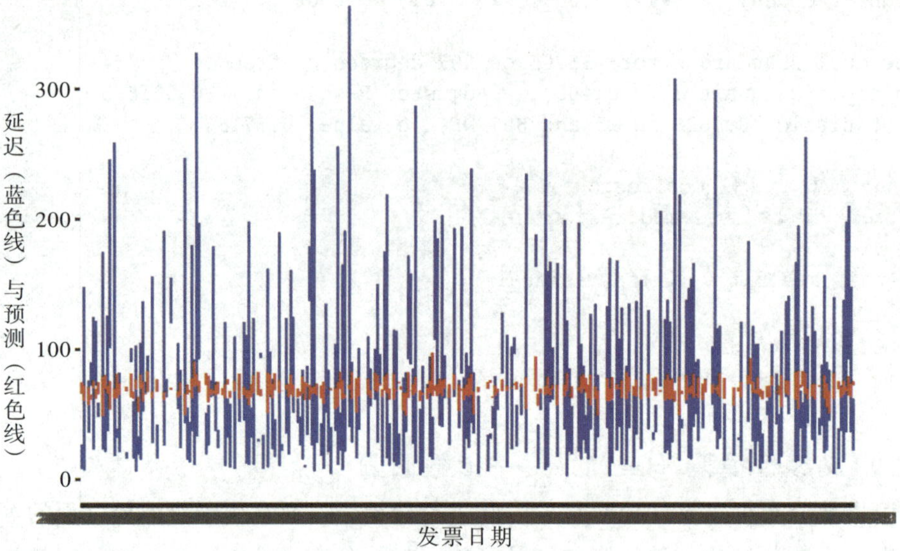

图9-3 GLM 模型预测与原始时间序列

```
## how well does the glm model predict?


predictors <-
  credit_sales_journal %>%
  select(customer_no,
         unit_cost,
         sales_unit_price,
         sales_count,
         sales_return
          )

pred_collection_delay <-
  1 / predict(exp_mod, dispersion=1, predictors)

plt <-
  credit_sales_journal %>%
  select(invoice_date, collection_delay) %>%
  cbind(pred_collection_delay)

ggplot() +
  geom_line(data = plt, aes(x = invoice_date, y = collection_delay), color = "blue") +
  geom_line(data = plt, aes(x = invoice_date, y = pred_collection_delay), color = "red") +
  xlab('invoice_date') +
  ylab('delay (blue) vs. predicted (red)')
```

9.5.2 时间序列预测

有许多预测时间序列的方法，可以大致分为以下几种：(1) 计量经济学方法，如整合移动平均自回归模型（ARIMA）；(2) 信号处理方法，如傅里叶分析；(3) 机器学习方法，其中涉及循环神经网络（如 LSTM 网络）。在本节中，将演示一些标准 ARIMA 模型，这些模型改进了用于计提不可收回应收账款准备金的现有方法。机器学习模型有望更完整地从客户记录中提取信息。机器学习或信号处理模型的预测可以照此处计量经济学模型应用中演示的相同方式使用。

如果假设存在影响支付率的时间相关效应，我们实际上可以使用 R 语言的时间序列工具将支付历史建模为整合移动平均自回归模型ARIMA，如下面的代码块所示（见图9-4至图9-6）。

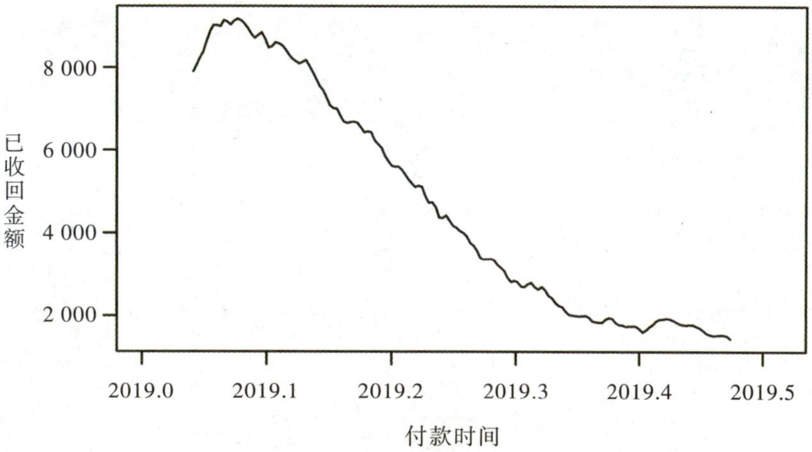

图9-4　客户付款情况（一）

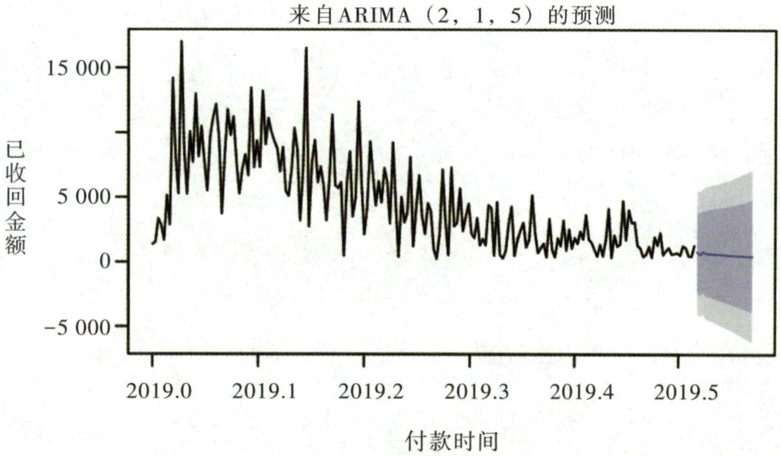

图9-5　客户付款情况（二）

```
library(ggplot2)
library(lubridate)
library(forecast)
library(tidyquant)
library(timetk)
library(sweep)
library(tidyverse)

sales_journal[is.na(sales_journal)] <- 0

## create a time-series object

credit_sales <-
  sales_journal[,1:15] %>%
  filter(cash_not_ar == 0) %>%     ## credit only
```

```
  mutate(collection_delay =
           time_length(
           ymd(collection_date) -
           ymd(invoice_date),
           unit = "day"),
       customer_no =
         as.character(customer_no)
       ) %>%
    as.data.frame() %>%
    group_by(collection_delay) %>%
    summarise_if(is.numeric, sum, na.rm = TRUE) %>%
    select(collection_amount) %>%
    ts(frequency=365, start = c(2019,1))


moving_sales <- ma(credit_sales , order=30) ## 1 month = 30 day moving average
#plot(moving_sales)

plot(moving_sales,
  xlab="Time to Pay",
  ylab="Amount Collected")
```

```
## Fit and forecast with auto.arima()
## The forecast package offers auto.arima() function to fit ARIMA models. It can also be
   manually fit using Arima(). A caveat with ARIMA models in R is that it does not have
   the functionality to fit long seasonality of more than 350 periods eg: 365 days for
   daily data or 24 hours for 15 sec data.

autoArimaFit <- auto.arima(credit_sales)
#plot(forecast(autoArimaFit, h=20))

plot(forecast(autoArimaFit, h=20),
  xlab="Time to Pay",
  ylab="Amount Collected")
```

```
sales_journal[is.na(sales_journal)] <- 0

## create a time-series object

credit_sales <-
  sales_journal[,1:15] %>%
  filter(cash_not_ar == 0) %>%     ## credit only
  mutate(collection_delay =
           time_length(
           ymd(collection_date) -
           ymd(invoice_date),
           unit = "day"),
       customer_no =
         as.character(customer_no)
       ) %>%
    as.data.frame() %>%
    group_by(customer_no, collection_delay) %>%
    summarise(collections = sum(collection_amount)) %>%
  as.tibble()

credit_sales %>%
    ggplot(aes(x = collection_delay, y = collections, group = customer_no)) +
    geom_area(aes(fill = customer_no), position = "stack") +
    labs(title = "Customer Payment Performance", x = "Days to Pay", y = "Sales") +
    scale_y_continuous() +
    theme_tq()
```

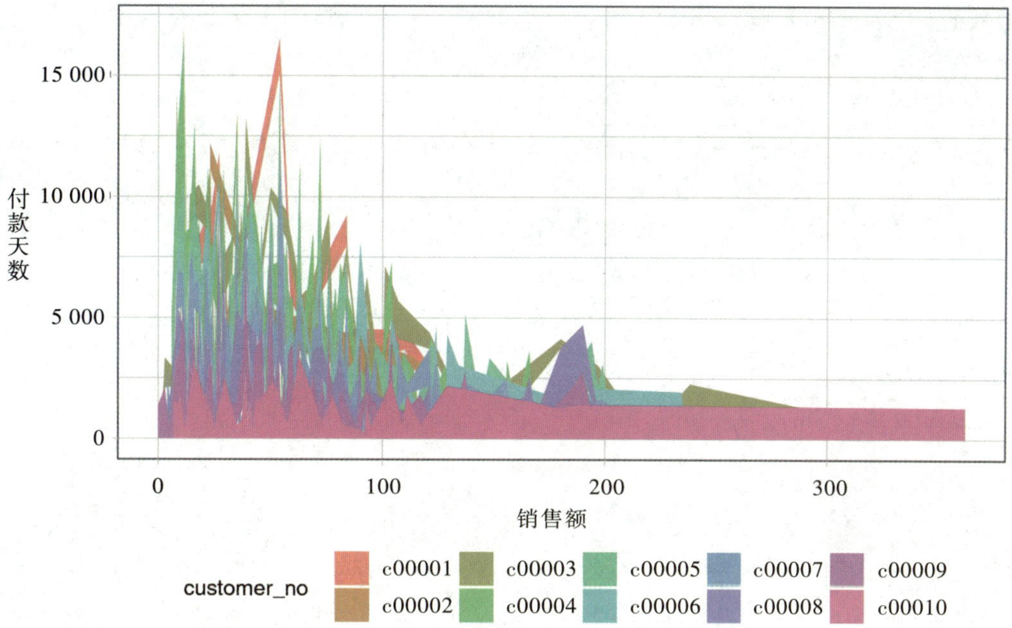

图9-6　GLM付款时间模型

9.5.3　应收账款收回的预测

预测工作流程包括几个基本步骤：

- 第1步：强制转换为ts对象类。
- 第2步：应用一个模型（或一组模型）
- 第3步：预测（Forecast）模型（类似于预计（predict））
- 第4步：整理预测

首先，需要将数据按一年中的月份分组。

```
daily_collections_by_customer <-
    sales_journal[,1:15] %>%
    filter(cash_not_ar == 0) %>%      ## credit only
    mutate(invoice_day = decimal_date(as_date(invoice_date))) %>%
    group_by(customer_no, invoice_day) %>%
    summarise(daily_collections = sum(collection_amount)) %>%
    mutate(invoice_dt =
            round_date(date_decimal(invoice_day),
                       unit = "day" ) ) %>%
  select(customer_no, invoice_date=invoice_dt, daily_collections)



# Next, we use the nest() function from the tidyr package to consolidate each time series by
# group. The newly created list-column, 'data.tbl', contains the 'order.month'İ and 'total.qty'
# columns by group from the previous step. The nest() function just bundles the data together
# which is very useful for iterative functional programming.


daily_collections_nest <-
  daily_collections_by_customer %>%
    group_by(customer_no) %>%
    nest()
```

```
### Step 1: Coerce to a ts object class

# In this step we map the tk_ts() function into a new column 'data.ts'. The procedure is
# performed using the combination of dplyr::mutate() and purrr::map(), which works really well
# for the data science workflow where analyses are built progressively. As a result, this
# combination will be used in many of the subsequent steps in this vignette as we build the
# analysis.

#### mutate and map

# The mutate() function adds a column, and the map() function maps the contents of a list-column
#  (.x) to a function (.f). In our case, .x = data.tbl and .f = tk_ts. T


daily_collections_ts <-
  daily_collections_nest %>%
    mutate(data.ts = map(.x       = data,
                         .f       = tk_ts,
                         select   = -invoice_date,
                         start    = 2019,
                         freq     = 365))

## Step 2: Modeling a time series

# Next, we map the Exponential Smoothing ETS (Error, Trend, Seasonal) model function, ets, from
#  the forecast package. Use the combination of mutate to add a column and map to interactively
# apply a function rowwise to a list-column. In this instance, the function to map the ets
# function and the list-column is 'data.ts'. We rename the resultant column 'fit.ets' indicating
#  an ETS model was fit to the time series data.


daily_collections_fit <-
  daily_collections_ts %>%
    mutate(fit.ets = map(data.ts, ets))



### sw_tidy -- do some model inspection with the sweep tidiers.
# To get the model parameters for each nested list, we can combine sw_tidy within the mutate
#  and map combo.
# The only real difference is now we unnest the generated column (named 'tidy').
# because it's easier to compare the model parameters side by side, we add one additional call
# to spread() from the tidyr package.


daily_collections_fit %>%
    mutate(tidy = map(fit.ets, sw_tidy)) %>%
    unnest(tidy) %>%
    spread(key = customer_no, value = estimate)

### sw_glance -- view the model accuracies also by mapping sw_glance within the mutate and
#    map combo.


daily_collections_fit %>%
    mutate(glance = map(fit.ets, sw_glance)) %>%
    unnest(glance)



### sw_augment


augment_fit_ets <-
  daily_collections_fit %>%
```

```
    mutate(augment = map(fit.ets, sw_augment, timetk_idx = TRUE, rename_index = "date")) %>%
    unnest(augment)


# plot the residuals for the nine categories like so. Unfortunately we do see some very

augment_fit_ets %>%
    ggplot(aes(x = date, y = .resid, group = customer_no)) +
    geom_hline(yintercept = 0, color = "grey40") +
    geom_line(color = palette_light()[[2]]) +
    geom_smooth(method = "loess") +
    labs(title = "A/R Collection Delay by Customer",
         subtitle = "ETS Model Residuals", x = "") +
    theme_tq() +
    theme(axis.text.x = element_text(angle = 45, hjust = 1)) +
    facet_wrap(~ customer_no, scale = "free_y", ncol = 3)


### sw_tidy_decomp -- create decompositions using the same procedure with sw_tidy_decomp() and
#    the mutate and map combo.

daily_collections_fit %>%
    mutate(decomp = map(fit.ets, sw_tidy_decomp, timetk_idx = TRUE, rename_index = "date")) %>%
    unnest(decomp)


## Step 3: Forecasting the model


daily_collections_fcast <-
  daily_collections_fit %>%
    mutate(fcast.ets = map(fit.ets, forecast, h = 12))

## Step 4: Tidy the forecast --  apply sw_sweep to get the forecast in a nice 'tidy'İdata frame.
#  use the argument fitted = FALSE to remove the fitted values from the forecast


daily_collections_fcast_tidy <-
  daily_collections_fcast %>%
    mutate(sweep = map(fcast.ets, sw_sweep, fitted = FALSE, timetk_idx = TRUE)) %>%
    unnest(sweep)


## Visualization


daily_collections_fcast_tidy %>%
    ggplot(aes(x = index, y = daily_collections, color = key, group = customer_no)) +
    geom_ribbon(aes(ymin = lo.95, ymax = hi.95),
                fill = "#D5DBFF", color = NA, size = 0) +
    geom_ribbon(aes(ymin = lo.80, ymax = hi.80, fill = key),
                fill = "#596DD5", color = NA, size = 0, alpha = 0.8) +
    geom_line() +
    labs(title = "A/R Collection Delay by Customer",
         subtitle = "ETS Model Forecasts",
         x = "", y = "Units") +
    scale_color_tq() +
    scale_fill_tq() +
    facet_wrap(~ customer_no, scales = "free_y", ncol = 3) +
    theme_tq() +
    theme(axis.text.x = element_text(angle = 45, hjust = 1))
```

9.5.4 计算坏账准备金

假设卖方计提坏账准备金的政策是：45 天以下的应收账款计提 1%；45 天到 120 天之间计提 2%；超过 120 天的应收账款计提 5%。

之前完成的时间序列分析的统计估计为乐观、悲观和预期无法回收的预测提供了置信范围。这对于审计来说是“矫枉过正”，将根据每个卖方的先前经验，将卖方计提政策的应用限制为仅针对应收账款的预期回收率。然后我们可以应用该政策，使用以下代码块对每日收款和未清应收账款进行预测。

```
library(knitr)
library(kableExtra)
library(tidyverse)
library(lubridate)

devtools::install_github("westland/auditanalytics")
library(auditanalytics)

fyear_end <- paste0(format(Sys.Date(), '%Y'), '-12-31')   # set the fiscal year end date to match the dataset


sales_journal <-
  read.csv((system.file("extdata", "sales_journal.csv", package = "auditanalytics", mustWork = TRUE)), na.strings="0", stringsAsFactors=FALSE)


credit_sales_journal <-
  sales_journal %>%
  filter(cash_not_ar == 1)



## calculate each customer's unpaid_ar

ar_by_customer <-
  credit_sales_journal[
    credit_sales_journal$collection_date >= fyear_end &
      credit_sales_journal$shipper_date <= fyear_end,] %>%
  mutate(age = ymd(fyear_end) - ymd(invoice_date)) %>%
  group_by(customer_no) %>%
  summarize(sum(sales_extended),
            average_age = mean(age)) %>%
  rename(customer_ye_balance='sum(sales_extended)')


## calculate each customer's forecasted collections
#(from the daily_collections_fcast_tidy data.frame)
#including 80 and 95% confidence limits

forecast_by_customer <-
daily_collections_fcast_tidy %>%
  select(customer_no,key, daily_collections,lo.80,hi.80,lo.95,hi.95) %>%
  filter(key == "forecast") %>%
  group_by(customer_no) %>%
  summarize(f_collections = mean(daily_collections),
            f_lo.80  = mean(lo.80),
            f_lo.95  = mean(lo.95),
            f_hi.80  = mean(hi.80),
            f_hi.95  = mean(hi.95)
            ) %>%
  inner_join(ar_by_customer, by="customer_no") %>%
  mutate(days_to_pay = customer_ye_balance / f_collections,
         age_when_fully_paid = days_to_pay + average_age)

## apply the client's allowance for uncollectables estimation
#policy assuming the steady daily rate of payment from the ETS

allowance_for_uncollectable_ar <-
  forecast_by_customer %>%
  mutate(age_when_fully_paid =
           as.numeric(age_when_fully_paid),
         uc_lt_45 =
           ifelse(age_when_fully_paid <
                    45, customer_ye_balance *  .01, 0),
         uc_45_120 =
           ifelse(age_when_fully_paid >=
                    45 & age_when_fully_paid <= 120,
                  (1 - 45 / age_when_fully_paid) *
                    customer_ye_balance *  .02 +
                    (45 / age_when_fully_paid) *
                    customer_ye_balance *  .01,  0),
         uc_gt_120 =
           ifelse(age_when_fully_paid >
                    120,
                 (1 - 120 / age_when_fully_paid) *
                   customer_ye_balance *  .05   +
                   (75 / age_when_fully_paid) * customer_ye_balance *
                   .02 + 45 *
                   f_collections *  .01,  0),
         allowance = uc_lt_45 + uc_45_120 + uc_gt_120,

                   pct_of_ye_balance = allowance / customer_ye_balance
            ) %>%
  select(customer_no, allowance, pct_of_ye_balance)

total_allowance <- sum(allowance_for_uncollectable_ar$allowance)
cat("Allowance for Uncollectable Accounts = ", total_allowance)

kable(allowance_for_uncollectable_ar, caption = "Accrual Calculations for Allowance for Uncollectables (by customer)","latex", booktabs = T)
  kable_styling(bootstrap_options = "striped")
```

特质性测试

根据卖方的记录，可能会有与应收账款相关的特定交易需要审计：

• 审核审计期间签发的贷项通知单是否具有适当的授权，是否在正确的期间签发，以及签发的情况是否可能表明存在其他问题。还可以查看在审计期之后签发的贷项通知单，以查看它们是否与审计期间内的交易有关。

• 卖方在现场仍保留货物的情况下仍向客户收取销售费用（称为“开单并暂挂”），审计人员将检查支持文件，以确定是否确实发生了销售。

• 查看收货日志，看看它是否记录了审计期后的大量客户退货，这表明公司在审计期即将结束时运送的货物可能比客户授权的要多。

• 应审计关联方应收账款的可收回性，以及是否应将其记录为工资或股息，以及它们是否得到适当授权。

9.6　分层样本和货币单位抽样

在某些情况下，样本设计者可以访问总体中每个元素的“辅助变量”或“规模度量”，这些变量被认为与感兴趣的变量相关。这些数据可用于提高样本设计的准确性。一种选择是使用辅助变量作为分层的基础。

分层作为审计成本控制的方法，在审计中有着悠久的历史，将审计工作的重点放在价值更高的项目上。分层的标准方法是将交易文件简单地划分为低价值文件和高价值文件。在20世纪60年代和70年代，抽样方法是围绕“货币单位抽样”的思想发展起来的，该思想表明，对于实质性审计，应该对账户余额中的每一美元进行抽样，而不是对交易文件进行抽样。Stringer（1961，1963，1975）开发了基于货币单位泊松分布假设的误差估计方法，但由于复杂性和围绕估计量特性的问题，其从未得到广泛应用。

目前，货币单位抽样使用了为调查工作开发的方法，称为与规模成正比的概率（“PPS”）抽样，其中每个元素的选择概率设置为与其规模度量成正比，最大为1。与规模成比例的概率（PPS）抽样是一种从有限总体中抽样的方法。在这种方法中，每个总体单位在抽样前都有一个规模度量，并且选择一个单位的概率与其规模成正比。它的使用出现在两种特定情况下：（1）多阶段抽样；（2）企业的单阶段抽样。在可放回抽样的PPS情况下使用Hansen-Hurvitz估计量获得无偏估计，在不可放回抽样的概率（PPSWOR）与规模成正比的情况下使用Horvitz-Thompson估计量获得无偏估计。

下面提供了示例，使用R语言的*TeachingSampling*包进行分层和PPS的抽样及估计。注意，*TeachingSampling*包从分层和PPS样本中估计了总体规模和数量。由于我们已经从卖方的文件中知道了样本的大小，因此我们可以通过转换为均值和标准误，然后外推到总体来减少不确定性。

PPS和货币单位抽样比分层抽样显著提高了准确性，同时有效控制了审计成本。它们也更容易设置（基本上，并不比使用未分层随机抽样更困难）。以下代码块创建了3级分层。为了比较，PPS抽样是基于发票美元金额（见表9-1）。

```
library(TeachingSampling)
library(tidyverse)
library(broom)
library(knitr)
library(kableExtra)

unpaid_ar <-
  sales_journal[1:15] %>%
  filter(cash_not_ar == 0 &
         collection_date >= fyear_end &
         shipper_date <= fyear_end) %>%
  select(-X)

## Separate the dataset into three strata and set the sample proportions
unpaid_ar$stratum <-
  cut(unpaid_ar$sales_extended, breaks=3, labels=c("small", "medium", "large"))

sample_prop <- data.frame(prop = c(.05,.1,.2), stratum = c("small", "medium", "large"))

# Define the size of each stratum
N <- NULL
for(i in 1:3) N[i] <-summary(unpaid_ar$stratum )[[i]]
Nh <- as.numeric(N[1:3])                             ## vector of stratum sizes
nh = as.numeric(ceiling(N * sample_prop$prop))       ## vector of samples size by stratum

# Draw a stratified sample and estimate
ar_sample <- unpaid_ar[S.STSI(unpaid_ar$stratum, Nh, nh),]
est <- data.frame(unpaid_ar$sales_extended)
estimate <- E.STSI(unpaid_ar$stratum, Nh, nh, est )

## normalize the estimate to reflect the number of transactions in the client's file
normalized_estimate <-  nrow(unpaid_ar) * estimate[,,2]/estimate[1,,1]
normalized_estimate <- round(normalized_estimate, digits=0)

tidy(normalized_estimate) %>%
kable(caption = "3-Stratum Horvitz-Thompson estimate of Total Unpaid A/R","latex", booktabs = T) %>%
  kable_styling(bootstrap_options = "striped")
```

表9-1　　3层未付应收账款总额的Horvitz-Thompson估计

.rownames	Small	Medium	Large	Population
Estimation	91 072	84 362	14 863	190 297
Standard error	1 886	1 056	359	2 191
CVE	2	1	2	1
DEFF	0	0	0	0

9.6.1　PPS抽样

R语言里包含其他常规程序（routines）来实现与规模抽样成比例的概率，用于总体研究和其他领域（Horvitz和Thompson，1952），见表9-2。以下代码显示了如何将其应用于审计设置。

```
library(TeachingSampling)
library(tidyverse)
library(broom)
library(knitr)
library(kableExtra)

unpaid_ar <-
  sales_journal[1:15] %>%
  filter(cash_not_ar == 0 &
         collection_date >= fyear_end &
         shipper_date <= fyear_end) %>%
```

```
  select(-X)

# Draw a PPS sample of size 'size' and estimate draw a random sample according to a
# PPS with replacement design
size <- 5
sample_prop <- S.PPS(size,unpaid_ar$sales_extended)
# returns a matrix of m rows and two columns.
# Each element of the first column indicates the unit that was selected.
# Each element of the second column indicates the selection probability of this unit

sample_ar <- unpaid_ar[sample_prop[,1],]

est <- data.frame(unpaid_ar$sales_extended)
estimate <- E.PPS(est,sample_prop[,2])


## normalize the estimate to reflect the number of transactions in the client's file
normalized_estimate <-  nrow(unpaid_ar) * estimate[,2]/estimate[1,1]
normalized_estimate <- round(normalized_estimate, digits=0)

tidy(normalized_estimate) %>%
kable(caption = "PPS Hansen-Hurwitz estimate of Population Total ","latex", booktabs = T) %>%
  kable_styling(bootstrap_options = "striped")
```

表9-2　　对总体的PPS Hansen-Hurwitz估计

Names	x
Estimation	149 647
Standard error	393 390
CVE	11
DEFF	6 212

在实质性的年终测试中，我们不再关注错误的发生率，而是关注其在财务报表账户余额中错误的绝对大小。我们预先确定了“重要性”，并希望确保财务报表中没有高于或等于这个“重要性”的错误。我们通过审计单个账户余额，将重要性分配给单个账户，在该账户中称为“可容忍错误”。

审计人员在处理重要性和年终审计的方法上是简化主义者。他们从每一美元（或在一个司法管辖区盛行的任何货币单位）开始，以测试账目和财务报表作为一个整体判断是否存在重大错误。这被称为货币单位抽样（概率与规模成比例（PPS）抽样的一种特殊用法）。

在单个抽样美元中，审计人员认为他们的抽样美元包含构成整个余额的每一美元的一定比例的错误。在审计文献中，这个比例被生动地称为“污点”，暗示货币被污染，受到坏的或不良品质的影响，如“他的政府因丑闻污化”。

9.6.2　斯金格对货币单位抽样的观点

美国注册会计师协会（AICPA）现行审计准则并没有强制要求审计师在进行审计测试时使用统计数据。然而，在这个时代，几乎所有的会计数据都包含在计算机数据库中，往往不受公司管理的控制（例如在公共云上，Salesforce.com提供销售；或Amazon Web Services用于物流和存货控制），使用自动数据挖掘和统计分析包是实现成本效益审计的唯一途径。统计分析对审计的早期应用一般仅限于合规性测试，即交易处理是否符合会计政策和程序。德勤会计师事务所的员工肯尼斯·斯金格开始调查统计在审计中的应用，目的是对账户进行估值。

斯金格（1975）将他的创新整合到方法论建议中，以自己的名字命名的斯金格必须确定置信范围，以确定特定账户是否存在“重大”错误。斯金格置信限被广泛引用，引起了统计界的广泛兴趣。统计界学者普遍认为，这些限值往往过于保守，因为他们往往在账目呈报公允的情况下发现重大错误。因此，在实践中，斯金格界限的应用越来越不受欢迎，因为它的使用会大大增加审计成本。

或许斯金格对审计工作最重要的贡献，是让审计人员将账户估值及其错误视为衡量财富和义务的离散指标，而非连续指标。从错误离散发生的角度来思考是很自然的（错误要么发生，要么不发生）。斯金格对美元单位（DUS）抽样的强调引入了这样一种观点，即账户是单个美元的集合，其中一些是“准确的”，一些是“不可靠的”（即有错误而不应该出现在账户余额中）。

斯金格应用瓮模型来计算财务报表上的账户余额。每个账户都是单个交易的集合（想象一个装满球的瓮），每个账户都有自己的价值。交易要么出错，要么没有。交易的“错误条件”可以建模为一个［0，1］二进制变量，在我们完成年中符合性测试之后，这些错误应该比较少见。

反过来，每一笔交易都可以被看作瓮中的球，持有n个“准确的”美元（白球）和m个“不可靠的”美元（黑球）。斯金格花了很多时间来思考每种瓮和球的分布之间的关系。

9.6.3 “污点”和泊松-泊松复合分布

美元单位抽样（DUS）——也叫货币单位抽样（MUS）——“污点”背后的逻辑是，每笔交易都是离散货币单位的集合（比如美国的1美元，其中任何美分都被四舍五入到1美元）。然后分配一个交易错误（用交易金额错误数除以总美元数），并将该错误部分分配给交易中的每1美元。例如，假设销售记录为100美元，但实际上应该记录为10美元。在本例中，记录中有贷方90美元的高估记录（贷方记录比实际高出90美元）。该特定销售交易中的每一美元都存在着0.90美元贷方的多报。

更一般地说，当错误影响账户余额时，我们担心该错误的经济规模。使用货币单位抽样范式的会计师以美元数描述交易的经济规模。这听起来可能有些费解，但实际上，当试图从样本中推断账户余额时，为账户余额构建估算模型是有意义的。

审计的范围、样本的大小和估计的可信度都依赖期中测试的结论。期中测试与特定交易周期中的错误发生率有关。这些误差越低，财务报表账户余额的误差绝对值就越小。如果我们能够依赖会计系统（这正是期中测试的基本目的），那么包含特定账户余额的交易样本可能会相对较小。如果期中测试显示内部控制发挥了作用，但每一笔抽样交易都存在错误，那就是不正常的。我们通常希望大多数样本项目都是零误差的。此外，一些不同交易循环过程的贡献是可能会将概率集中在抽样分布的多种模式中。

让我们更具体地考虑一下产生会计错误的过程。错误由两个不同的部分组成：交易中发生的错误和该错误的经济规模。首先考虑错误发生的情况。在单个交易层面上，无论是否发生了错误，期中测试都只与错误率——而因此在单个交易层面是否发生错误——有关。错误应该是罕见的——大多数交易的误差应该为零，并且在零点概率分布中会有一个峰值，这个概率分布的权重最大。错误可能是没有财务影响的合规性错误，也可能涉及会计分录的一些错报。在对账户余额进行实质性测试期间，前者将被视为零错误，因为我们只关心美元错误。

如果有关于误差值分布的形状和规模的相当多的信息，则可以选择具有多个参数的分布。一个好的选择是负二项式分布，它是在出现预先指定的r个“实际\$1”之前，误差概率为p的伯努利试验序列中k个“误差\$1”的离散概率分布。

负二项随机变量的一个更易于处理的连续配对是具有相应的形状率参数的伽马分布。Kotz等（2004）估计量矩的方法可用于将数据拟合到伽马分布。伽马分布已被用来模拟保险索赔的规模，确实可以认为，它很好地适应了单个会计交易中错误的规模。在多级泊松回归模型中，伽马分布也被用于建模误差，因为泊松分布和伽马分布的组合是负二项分布。在这种情况下，污点的总分布由复合泊松-负二项分布给出。一类混合复合泊松-伽马分布在零处具有正质量，但在其他情况下是连续的，称为Tweedie分布。Tweedie分布在过去20年里得到了深入的研究，尤其与经济风险建模相关。该分布已经被韦斯特兰（2017）应用到审计中，这种方法相比基准方法可以提取更多的信息。

9.7 审计盘点

实物盘点是手工计算存货中所有物品的过程。大多数分销商每年进行一次实物盘点，这是一个很少有员工喜欢的高成本过程。但是，准确的余额信息对于有效利用销售资源和进行有效的存货管理都是必要的。

9.7.1 定期盘存制

在定期盘存制下，公司定期进行实物盘存，并利用其结果对资产负债表上的存货资产账户进行调整。使用定期盘存的零售店通常在年终进行盘存。然而，企业可以更频繁地进行存货盘点，比如每季度盘点一次，或者在每个销售旺季（如情人节、母亲节和12月假日）结束时盘点一次。

接下来，公司的会计部门在加上该期间进行的所有存货采购后，从期初库存中减去期末库存总额，最终得到的数字是销货成本（COGS）。资产负债表上的存货项目被减少，利润表上的费用项目的销货成本被增加，以匹配收入与费用。

9.7.2 永续盘存制

另一个使用的制度是永续盘存制。有了这个制度，存货计数就可以通过电子收款机不断地、永久地更新。您使用过的自助结账正是这个原理。收银台有一个带有红色光束的玻璃窗。将产品的条形码对准红色光束，价格（必要时会更新销售价格），即向您所收取费用的销售额，就会被自动记录，企业就会获得收入。

这一系统将已售出商品的成本从资产存货账户中剔除，并将其转移到已售出商品的成本中。随着销售点存货数量的变化，收银机交易在整个系统中实时更新所有采购、存货、销货成本和销售信息。

大多数大型零售商店都有销售点存货系统，该系统具有商品补货和再订购水平警报。当销售导致存货物品的数量低于公司的最低数量要求时，补货警报系统就会向采购员工提出建议。如果公司还编制了再订购目标（它想要维持在手头的每种商品的最大数量），那么软件就可以告诉采购员应该订购多少件商品。

即使客户使用销售点系统，在年底进行实地盘点对于验证永续盘存制是否正常工作仍然很重要。进行实物盘点也是识别商品损毁和员工盗窃问题的最好方法。

9.7.3 编制财务报表时清点存货

存货属于资产负债表上的资产账户，需要在会计期末对财务报表进行调整。公司在会计期间购买存货并记录在一个购买账户上，但不显示存货的变化情况。

由于每次购买和销售商品都对存货价值进行调整太耗时，当产品出售时，公司仅仅将销售记录在销售账户中，而不对存货价值进行任何调整，等到会计期末再调整存货价值。

对您的账簿中的存货进行适当调整的步骤如下：

（1）确定剩余存货：除了使用账簿上的购买和销售数字计算期末存货外，您还应该对存货进行实际清点，以确保货架上的存货与账簿上的相符。

（2）为存货设定一个值：期末存货的价值取决于您公司选择的评估存货的方法。

（3）根据（1）和（2）收集的信息，调整存货账户中剩余存货的件数，并调整存货账户的价值。

如果您使用计算机会计系统跟踪存货，系统会在您记录销售时对存货进行调整。在会计期末，您公司账簿上的期末存货价值应该已经调整过了。

9.7.4 盘存制度

取决于您的审计客户对期末存货价值所使用的方法，从资产负债表上的存货账户转入利润表上的销货成本的金额可能相差很大。在审计阶段，您要问客户的第一个问题是如何评估期末存货。当您重新计算客户的存货价值时，您需要这些信息。

会计工作中有三种常见的存货计价方法。根据您所使用的存货计价方法不同，相同的存货可能会导致不同的期末金额。

（1）先进先出法（FIFO）。使用先进先出法，您的客户假设存货中最先购入的产品是最先售出的。好比您在杂货店买牛奶，那些在靠后的日期生产出来的牛奶被放在了先变坏的牛奶后面出售。在生活中最旧的盒装牛奶可能并不总是最先售出的，但使用FIFO方法的客户将按照最先售出最旧的产品来计算数量。

（2）后进先出法（LIFO）。在这种方法下，客户假设其最新的商品（最近购买的商品）是最先售出的。想象一下五金店里有一大罐钉子。当罐子要清空时，人们会把更多的新钉子直接倒在旧的钉子上，而不是把旧的钉子倒出来放在罐子的顶部。因此，卖给顾客的总是最新的钉子而不是旧的。当一家公司采用后进先出法时，它可能必须在财务报表的附注中包括一个后进先出法下的备用金金额。这个备用金是使用先进先出法和使用后进先出法之间的存货成本差额。

（3）加权平均法。当客户使用这种方法时，存货和销售成本是基于这段时间内购买的所有单位的平均成本。这种方法通常用于前后存货基本相同的情况，如谷物和燃料。

当企业使用或销售存货时，成本按照公司为其业务选择的特定方法从存货资产账户转移到利润表销售成本账户。

9.7.5 盘存（计数）过程

公司一般采用两种存货盘点程序：

- 实物盘点（或全部实物盘点或存货盘点）
- 周期盘点（或者循环盘点）

全面的盘点通常在每年接近年底时进行一次，需要实物盘存来提供准确的会计数据，并识别目前在仓库中的存货和反映在会计系统中的存货之间的差异。如果存在差异，则应进行调整，使会计计数与仓库计数相匹配。完整的实际盘存通常是在所有存货停止移动时执行，以确保更高的准确度。

周期盘点是通过定期对部分存货进行盘点以验证会计系统中存货数量的一种程序。确定周期盘点频率，以便每个项目每年至少盘点一次。另外许多公司执行周期盘点，所有存货项目在一年中盘点的次数超过一次。根据业务需要，周期盘点可以以每天、每周等为基础进行。

有几种选择存货进行循环盘点的方法。其中一种方法是根据地理因素计算存货。例如，在一年中，存货从一个仓库的一个地点开始，系统地搬迁到另一个地点，以便到年底时，整个仓库至少清点一次。如果公司的政策是每年盘点所有存货多次，那么盘点仓库的完整周期就是相对应的次数，并且每次盘点的项目数量应该相应地调整。

选择循环盘点的另一种方法是强调移动更多的存货而非更少的存货。这是合理的，因为那些进出更快、数量更大的项目更有可能存在差错，最终导致仓库和会计系统之间的差异。在这种方法下，一个存货项目被分配到一个特定的类别。这些类别用A、B和C等字母进行标记（因此，这种方法有时被称为ABC方法）。例如，A类项目每年至少转5次，B类项目每年转2到5次，而C类项目每年转不到2次。然后，公司可以决定A类项目每年计算12次，B类项目每年计算4次，C类项目每年计算1次。公司将根据这些信息，按照既定的标准选择要盘点的项目。将存货物品分配到具体类别的另一种方法是将物品的周转速度和成本结合在一起。

9.7.6 实物盘点与周期盘点

执行周期盘点而非完整的实物盘点有一些优点。

周期盘点的优点如下：

（1）形成更频繁地（例如，每日）识别和纠正存货记录错误的能力；

（2）存货数量在会计系统中有更高的准确性；

（3）能够在不中断正常操作的情况下进行循环盘点；

（4）循环盘点需要的员工更少；

（5）能够消除年度实物存货。

实物盘点的缺点：

（1）在全年的会计系统中很难有准确的存货数量；

（2）盘点员可能对存货不熟悉，这可能会导致记录和盘点错误；

（3）通常需要临时人员帮忙来进行盘点；

（4）为了完成实物盘点可能会产生加班成本；

（5）在实物盘点期间，正常的操作可能会中断。

9.7.7 存货的审计程序

存货的审计是通过检查存货的实际位置、数量、状况、陈旧程度、定价以及取得成本与其记录价值的比较，获取外部交易证据和内部观察证据。

下面的例子中，审计人员提供了一些文件，这些文件代表存货系统部分中的交易，但是在某些情况下，这些文件中不包含重新创建系统所有活动所需的关键字段。在这些情况下，我提供了一些代码，可以“猜测”正确的关键字段，以重新创建存货销售和采购的“主”文件。“猜测”依赖于dplyr中的过程（tidyverse包的一部分）。由此产生的主文件将包含执行存货审计实质性部分所需的所有信息。

存货审计是大多数制造业、采掘业和批发/零售公司年度审计的重要组成部分。由于一些存货的规模很大，审计人员可能会采用一套庞大而多样的存货审计程序，以确保财务报表中存货估值的公允。以下是年度审计中常用的具体存货审计程序。

（1）截止分析。审计人员将检查您在实际库存盘点时是否停止任何进一步入库或发货的程序，以便排除无关库存项目。他们通常在实际盘点之前测试最后几个收货和发货交易，以及紧随其后的交易，以查看您是否正确核算了这些交易。

（2）观察存货盘点。审计人员希望熟悉您用于盘点库存的程序。这意味着他们将与您讨论清点程序，观察清点过程，测试清点一些存货，并将其盘点追溯到公司会计人员记录的金额，并验证所有存货盘点标签是否已入账。如果您有多个存货存储地点，他们可能会在那些有大量存货的地点测试存货。他们也可以要求公司储存存货的任何公共仓库的保管人确认存货。

（3）将存货盘点结果与总分类账进行对账。他们将从实物盘点编制的估值追踪到公司总分类账，以验证盘点的余额是否已结转到公司的会计记录中。

（4）测试高价值项目。如果存货中有价值异常高的项目，审计人员可能会额外花时间在存货中盘点它们，确保它们的价值正确，并跟踪它们进入估价报告，进而转入总分类账的存货余额。

（5）测试易出错的项目。如果审计人员已经注意到前几年特定存货项目可能存在错误，他们将更有可能再次测试这些项目。

（6）测试运输中的存货。在实际盘点时，存在存货从一个存储地点转移到另一个存储地点的风险。审计人员通过审查公司的转运合同来测试这一点。

（7）测试项目成本。审计人员需要知道您的会计记录中的采购成本来自哪里，所以他们会比较最近的供应商发票中的金额和您的存货估价中列出的成本。

（8）检查运费。会计人员可以将运费包括在存货中，也可以将其计入发生期间的费用，但需要在处理过程中保持一致——因此审计人员将通过会计系统跟踪选定的货运发票，以了解它们是如何处理的。

（9）成本与市价孰低原则。审计人员必须遵循成本与市价孰低原则，并将选择的市场价格与其记录成本进行比较。

（10）产成品成本分析。如果存货的很大一部分是成品，那么审计人员需要查看所选完工产品的物料清单，并测试它们是否准确反映了产成品成本构成，以及正确的成本。

（11）直接人工分析。如果直接人工包含在存货成本中，那么审计人员将会根据工时卡或跟踪生产过程中的人工费用，将其计入存货成本。他们还将调查估值中列出的人工成本是否与工资记录匹配。

（12）间接成本分析。如果存货估价中存在间接成本，审计人员将核实是否始终使用相同的总分类账账户作为间接成本来源，是否包括任何异常成本（应计入发生时的费用），并检验将间接成本应用于存货的方法的有效性和一致性。

（13）在制品测试。如果有大量的在制品，审计人员将测试如何确定在制品项目的完工百分比。

（14）存货准备金。审计人员将根据您的程序、历史模式、“使用地点”报告和存货使用报告（以及在实际盘点期间通过实地观察）来确定您记录为过时库存或废料准备金的金额是否足够。如果您没有这样的准备金，他们可能会要求公司设立准备金。

（15）存货的所有权。审计人员将审查采购记录，以确保仓库中的存货实际上是由公司拥有的（而不是客户拥有的存货或供应商寄售的存货）。

（16）存货计价方法。如果您使用先进先出或后进先出的存货计价方法，审计人员将测试您所记录的存货计价方法，以验证它们的有效性。

9.7.8 计算机分析工作报告支持

建立工作底稿的第一步是访问客户端文件。这里我带来了与存货审计相关的文件。

```
rm(list=ls())
library(readr)
library(tidyverse)
library(broom)
library(stringr)
library(data.table)

devtools::install_github("westland/auditanalytics")
library(auditanalytics)

## Set the directory for the new files (modify the path as needed)
default_dir <- "/home/westland/audit_analytics_book/audit_simulated_files/"

if (file.exists(default_dir)){
    setwd(default_dir)
} else {
    dir.create(default_dir)
    setwd(default_dir)
}


sales_journal <-
  read_csv((system.file("extdata",  "sales_journal.csv", package =
  "auditanalytics", mustWork = TRUE)),
    col_types = cols(X1 = col_skip()))

purchase_journal <-
  read_csv((system.file("extdata",  "purchase_journal.csv", package =
  "auditanalytics", mustWork = TRUE)),
    col_types = cols(X1 = col_skip()))

perpetual_inventory_ledger <-
  read_csv((system.file("extdata",  "perpetual_inventory_ledger.csv", package =
  "auditanalytics", mustWork = TRUE)),
    col_types = cols(X1 = col_skip()))

fyear_end_ar_ledger <-
  read_csv((system.file("extdata",  "fyear_end_ar_ledger.csv", package =
  "auditanalytics", mustWork = TRUE)),
    col_types = cols(X1 = col_skip()))

fyear_begin_inventory_ledger <-
  read_csv((system.file("extdata",  "fyear_begin_inventory_ledger.csv", package =
  "auditanalytics", mustWork = TRUE)),
    col_types = cols(X1 = col_skip()))

expenditures <-
  read_csv((system.file("extdata",  "expenditures.csv", package =
  "auditanalytics", mustWork = TRUE)),
    col_types = cols(X1 = col_skip()))

disbursement_journal <-
  read_csv((system.file("extdata",  "disbursement_journal.csv", package =
  "auditanalytics", mustWork = TRUE)),
    col_types = cols(X1 = col_skip()))
```

```
deposit_daily <-
  read_csv((system.file("extdata",  "deposit_daily.csv", package =
  "auditanalytics", mustWork = TRUE)),
    col_types = cols(X1 = col_skip()))

daily_ar_balance <-
  read_csv((system.file("extdata",  "daily_ar_balance.csv", package =
  "auditanalytics", mustWork = TRUE)),
    col_types = cols(X1 = col_skip()))

collections_journal <-
  read_csv((system.file("extdata",  "collections_journal.csv", package =
  "auditanalytics", mustWork = TRUE)),
    col_types = cols(X1 = col_skip()))

ap_ledger <-
  read_csv((system.file("extdata",  "ap_ledger.csv", package =
  "auditanalytics", mustWork = TRUE)),
    col_types = cols(X1 = col_skip()))


real_world_ye_inventory <-
  perpetual_inventory_ledger %>%
  group_by(sku) %>%
  inner_join(sales_journal, by="sku") %>%
  slice(n()) %>%
  mutate(inv_extended = unit_cost * stock_on_hand)
```

9.7.9 结账、对账使存货盘点数与总账一致

从存货盘点追踪到公司总分类账的估值，以验证盘点的余额转入公司的会计记录。

```
library(tidyverse)

## get the counts by SKU

foot_count <- perpetual_inventory_ledger %>%
  group_by(sku) %>%
  slice(n()) %>%
  select(stock_on_hand) %>%
  as.data.frame()

## get the unit cost by SKU

foot_sku <- purchase_journal %>%
  group_by(sku) %>%
  slice(n()) %>%
  select(unit_cost) %>%
  as.data.frame()

## extend

foot_value <- perpetual_inventory_ledger %>%
  group_by(sku) %>%
  inner_join(sales_journal, by="sku") %>%
  slice(n()) %>%
  mutate(inv_value = stock_on_hand * unit_cost) %>%
  ungroup() %>%
  select(inv_value)  %>%
  sum()
```

```
cat("Value of inventory (per client books) at year end = $", format(foot_value, big.mark=","))
```

```
## Value of inventory (per client books) at year end = $ 31,281
```

```
## compare this to the (unobservable) true value of year end inventory

true_foot_value <-
  real_world_ye_inventory %>%
  group_by(sku) %>%
  inner_join(sales_journal, by="sku") %>%
  slice(n()) %>%
  mutate(inv_value = stock_on_hand * unit_cost.x) %>%
  ungroup() %>%
  select(inv_value)  %>%
  sum()


cat("\n Compare to the (unobservable)
    true value of inventory at year end = $",
    format(true_foot_value, big.mark=",") )
```

```
##
##  Compare to the (unobservable)
##      true value of inventory at year end = $ 31,281
```

9.7.10 截止分析

审计人员将检查客户的程序，以便在盘点时停止任何进一步进入仓库或从仓库发货（假设客户只有一次年终盘点），以便排除在途存货。审计人员通常会在实际盘点之前测试最后几个收发交易以及紧随其后的交易，以查看客户是否正确地记录了它们（见表9-3）。

```
library(tidyverse)
library(lubridate)
library(kableExtra)


fyear_begin <- paste0(format(Sys.Date(), '%Y'), '-01-01')  # date can be hard-coded if needed
fyear_end <- paste0(format(Sys.Date(), '%Y'), '-12-31')

sales_journal$invoice_date <- as_date(sales_journal$invoice_date)
sales_journal$shipper_date <- as_date(sales_journal$shipper_date)

sales_cutoff_errors <- sales_journal %>%
  filter(invoice_date <= fyear_end & shipper_date > fyear_end) %>%
  select(customer_no,invoice_no, invoice_date, shipper_no, shipper_date, sales_extended)


# print the inventory receipts cutoff worksheet

perpetual_inventory_ledger %>%
  group_by(sku) %>%
  slice(n()) %>%
  left_join(ap_ledger, by="sku") %>%
  filter(receiver_date > fyear_end) %>%
    kable(
      caption = "Inventory Receipt Cutoff Worksheet
      (verify that none of these receipts were included in Y/E inventory)",
      "latex", booktabs = T) %>%
    kable_styling(bootstrap_options = "striped",
    latex_options="scale_down")
```

表9-3 库存收货截止工作表（验证这些收货均未包含在 Y/E 库存中）

sku	Date	stock_on_hand	ap_no	ap_date	no_units_ordered	extended_cost	receiver_no	receiver_date
BFQCM	2020-12-26	121	ap00138	2021-01-02	100	3 400	rec00138	2021-01-01
CRBOW	2020-12-31	48	ap00147	2021-01-12	100	3 300	rec00147	2021-01-11
CRBOW	2020-12-31	48	ap00150	2021-01-15	100	3 400	rec00150	2021-01-14
IQFYO	2020-12-24	72	ap00143	2021-01-05	100	3 500	rec00143	2021-01-04
ISJBO	2020-12-30	90	ap00145	2021-03-07	100	3 000	rec00145	2021-03-06
OYJVB	2020-12-27	84	ap00142	2021-03-29	100	3 600	rec00142	2021-03-28
QHBOX	2020-12-30	114	ap00139	2021-01-17	100	3 300	rec00139	2021-01-16
QHVMN	2020-12-30	61	ap00144	2021-01-20	100	2 700	rec00144	2021-01-19
YVQGO	2020-12-31	133	ap00140	2021-01-04	100	3 600	rec00140	2021-01-03
ZAUZT	2020-12-31	91	ap00148	2021-01-25	100	3 600	rec00148	2021-01-24

9.7.11 重复和遗漏

公司用索引号为每个大批量的日记账分录（例如，销售、收据等）编制索引。在广泛使用计算机记录交易之前，这些实际上是在多部分文档的顶部预先印制的，审计人员需要确保使用预先印制的交易分录文件，并且充分考虑索引号的顺序。索引号的遗漏或重复可能表明处理中存在错误，这将会导致高估或低估账户价值，从而导致其他内部控制问题。查找重复和遗漏（日记账分录交易凭证上的索引号中的空白）的代码如下，见表9-4。

```
library(tidyverse)
library(stringr)
library(dplyr)


# duplicated records
dup_purchase <- purchase_journal[duplicated(purchase_journal$po_no), ]
n <- nrow(dup_purchase)
cat("\n # of duplicate purchases = ", n)

dup_sales <- sales_journal[duplicated(sales_journal$invoice_no), ]
n <- nrow(dup_sales)
cat("\n # of duplicate sales = ", n)



receiver_journal <- perpetual_inventory_ledger %>% group_by(sku) %>% slice(n()) %>%
    left_join(ap_ledger, by = "sku")

dup_receiver <- receiver_journal[duplicated(receiver_journal$receiver_no), ]
n <- nrow(dup_receiver)
cat("\n # of duplicate receivers = ", n)

dup_shipment <- sales_journal[duplicated(sales_journal$shipper_no), ]
n <- nrow(dup_shipment)
cat("\n # of duplicate shipments = ", n)



## omissions

po <- as.numeric(substring(purchase_journal$po_no, 2))
po_min <- as.numeric(min(po))
po_max <- as.numeric(max(po))
omit <- as.data.frame(setdiff(po_min:po_max, po))
n <- nrow(omit)
cat("\n # of omitted purchase records = ", n)

invoice <- as.numeric(substring(sales_journal$invoice_no, 2))
invoice_min <- as.numeric(min(invoice))
invoice_max <- as.numeric(max(invoice))

omit <- as.data.frame(setdiff(invoice_min:invoice_max, invoice))
n <- nrow(omit)
cat("\n # of omitted sales records = ", n)


receiver <- as.numeric(substring(receiver_journal$receiver_no, 4))
receiver_min <- as.numeric(min(receiver))
receiver_max <- as.numeric(max(receiver))

omit <- as.data.frame(setdiff(receiver_min:receiver_max, receiver))
```

```
n <- nrow(omit)
cat("\n # of omitted receiver records = ", n)


shipments <- as.numeric(substring(sales_journal$shipper_no, 2))
shipments_min <- as.numeric(min(invoice))
shipments_max <- as.numeric(max(invoice))

omit <- as.data.frame(setdiff(shipments_min:shipments_max, shipments))
n <- nrow(omit)
cat("\n # of omitted sales records = ", n)
```

```
##
##  # of duplicate purchases =  7
##  # of duplicate sales =  44
##  # of duplicate receivers =  0
##  # of duplicate shipments =  44
##  # of omitted purchase records =  6
##  # of omitted sales records =  44
##  # of omitted receiver records =  0
##  # of omitted sales records =  44
```

表9-4 永续与实际高估（负数表示低估永续存货）

sku	err_perpetual	unit_cost	count_exception	exception	actual_unit_market
BFQCM	21	34	1	Obsolete_markdown	18.534077
QHBOX	14	34	1	Damaged	1.708307

9.7.12 实物盘点与永续盘存分类账的差异

永续盘存分类账使存货成本保持动态余额，并根据销售和采购交易单据进行更新。出于多种原因，存货的实际余额将与永续盘存分类账的项目数量和价值有所不同，例如：

（1）过时或市场价值下降的其他原因；

（2）运输或储存中的物品损坏；

（3）错误分类或错位，这通常是沃尔玛等大批量零售商的问题；

（4）由于退回的物品经过翻新或在交付时开箱而造成的价值下降；

（5）减少成品产量或要求控制降价产品的质量问题。

审计人员希望熟悉您用于盘点库存的程序。这意味着他们将与您讨论清点程序，观察清点过程，测试清点一些存货，并将其盘点追溯到公司账户记录的金额，追踪它们的数额在公司总账记录的金额，并验证所有存货数额是否已登记入账。如果您有多个存货存储地点，他们可能会在那些有大量存货的地点测试存货。他们也可以要求公司储存存货的任何公共仓库的保管人确认存货。

```
library(kableExtra)
library(tidyverse)

devtools::install_github("westland/auditanalytics")
library(auditanalytics)
```

```
real_world_ye_inventory <-
  read_csv((system.file("extdata",  "real_world_ye_inventory.csv", package = "auditanalytics",
  mustWork = TRUE)),
     col_types = cols(X1 = col_skip()))
real_world_ye_inventory[is.na(real_world_ye_inventory)] <- 0

inventory_count_differences <-
  perpetual_inventory_ledger %>%
  group_by(sku) %>%
  left_join(real_world_ye_inventory, by="sku") %>%
  slice(n()) %>%    ## the final slice, by SKU, will be what is in-stock at year end
  filter(exception != "No exception, count is accurate") %>%
  mutate(err_perpetual = stock_on_hand - ye_stock_on_hand) %>%
  select(sku, err_perpetual, unit_cost, count_exception, exception, actual_unit_market) %>%
  as.data.frame()


kable(inventory_count_differences,
      caption = "Perpetual vs. Actual Overstatement
      (negative implies understatement of perpetual inventory)",
      "latex", booktabs = T) %>%
    kable_styling(bootstrap_options = "striped")
```

9.7.13 测试成本或市价的较低者

存货通常按购置成本计价。存货的实际盘点不仅是盘点，而且还为员工和审计人员提供了检查存货状况和适销性的机会。价值已显著降低的物品将受到先前讨论的成本与市价孰低原则（LOCOM）的约束。审计人员需要应用成本或市场价格中的较低者来重估存货的可变现净值，他们将通过选择的市场价格与其记录的成本进行比较来实现，见表9-5。

```
library(tidyverse)

real_world_ye_inventory[is.na(real_world_ye_inventory)] <- 0

inventory_count_differences <- perpetual_inventory_ledger %>%
  group_by(sku) %>%
  slice(n()) %>%    ## the final slice, by SKU, will be what is in-stock at year end
  left_join(real_world_ye_inventory, by="sku") %>%
  filter(exception != "No exception, count is accurate") %>%
  mutate(err_perpetual = stock_on_hand - ye_stock_on_hand) %>%
  select(sku,
         stock_on_hand,
         ye_stock_on_hand,
         unit_cost,
         actual_unit_market,
         err_perpetual,
         count_exception,
         exception) %>%
  mutate(ye_cost = stock_on_hand * unit_cost,
         ye_market = ye_stock_on_hand * actual_unit_market,
         inv_markdown = ye_cost - ye_market) %>%
  select(sku, ye_cost, ye_market, inv_markdown) %>%
  as.data.frame()

total_inv_markdown <- sum(inventory_count_differences$inv_markdown)
cat("\n Total Amount to Markdown
    Client's Trial Balance Inventory Amount
    (by LOCOM rule) = ",
    total_inv_markdown)
```

```
##
##  Total Amount to Markdown
##     Client's Trial Balance Inventory Amount
##     (by LOCOM rule) =  5965.762
```

```
library(knitr)
library(kableExtra)
kable(inventory_count_differences, caption = "Market and Cost of Inventory by SKU","latex", booktabs = T) %>%
  kable_styling(bootstrap_options = "striped") %>%
   footnote (general = "",
            symbol = c(round(total_inv_markdown,2)),
            general_title = "Total Markdown for LOCOM rule",
            title_format = c("italic", "underline")
  )
```

表9-5　按 SKU 划分的市场和库存成本

sku	ye_cost	ye_market	inv_markdown
BFQCM	4 114	1 853.407 7	2 260.592
QHBOX	3 876	170.830 7	3 705.169

Total Markdown for LOCOM rule

* 5 965.76

9.7.14 审计部分高价值项目

如果存货中有价值异常高的项目，审计人员可能会额外花时间在存货中计算盘点它们，确保它们的价值正确，并跟踪它们进入估价报告进而转入总分类账的存货余额，见表9-6。

```
library(tidyverse)

high_value <- perpetual_inventory_ledger %>%
  left_join(purchase_journal, by="sku") %>%
  select(sku,stock_on_hand,unit_cost) %>%
  mutate(value = stock_on_hand * unit_cost) %>%
  arrange(desc(value)) %>%
  slice(1:5) %>%    ## choose highest 5 in value
  as.data.frame()

library(knitr)
library(kableExtra)
kable(high_value, caption = "Top 5 inventory SKU by value","latex", booktabs = T) %>%
  kable_styling(bootstrap_options = "striped")
```

表9-6　按价值排名前 5 位的库存SKU

sku	stock_on_hand	unit_cost	value
ZAUZT	140	42	5 880
ZAUZT	140	42	5 880
ZAUZT	140	42	5 880
BFQCM	136	42	5 712
CRBOW	136	42	5 712

9.7.15 存货准备金

审计人员将根据您的程序、历史模式、“在何处使用及使用地点”报告以及存货使用报告（以及在实际盘点期间通过实地观察）来确定您记录为废弃库存备用金、废料准备金的金额是否足够。如果您没有这样的备用金和准备金，他们可能会要求公司设立备用金和准备金。过时存货不仅是在实际盘点中被确定为陈旧的存货，还包括预计在未来某个既定时期内不会出售的现有存货。管理层通常热衷于控制持有成本（仓库空间和管理成本），并防止技术过时（成本更低或性能更好的新产品补充库存）。过时存货的准备金通常是通过预测销售和确定是否存在过剩存货来计算的。下面是执行此计算的代码块，见表9-7。

```
library(tidyverse)

## assume that the client maintains an inventory balance sufficient for 1 year of sales,
## and any excess balance is considered obsolete inventory that should be marked down
## to disposal value (which is determined to be 50% of original unit cost)

sales_of_sku_per_year <- sales_journal %>%     ## sales_journal is only for this fiscal year, so this rate
                                                 is just the sum of sales in the sales_journal
  group_by(sku) %>%
  summarise(sales_rate = sum(sales_count, na.rm = T))

unit_costs <- purchase_journal %>%
    group_by(sku) %>%
    slice(n()) %>%
    select(sku, unit_cost) %>%
    as.data.frame()

allowance_for_obsolete_inv <- perpetual_inventory_ledger %>%
  group_by(sku) %>%
  slice(n()) %>%    ## the final slice, by SKU, will be what is in-stock at year end
  left_join(sales_of_sku_per_year, by="sku") %>%
  mutate(years_on_hand = stock_on_hand / sales_rate) %>%
  left_join(sales_of_sku_per_year, by="sku") %>%
  left_join(unit_costs, by="sku") %>%
  select(sku, years_on_hand, stock_on_hand, sales_rate = sales_rate.x, unit_cost) %>%
  filter(years_on_hand > 1) %>%  ## more than 1 yearstock on hand
  mutate(allowance = (years_on_hand - 1) *  stock_on_hand * unit_cost) %>%
  select(sku, years_on_hand, stock_on_hand, sales_rate, unit_cost, allowance) %>%
  as.data.frame()

if(nrow(allowance_for_obsolete_inv) == 0){cat("\n\n No Obsolete Inventory for any SKU  \n\n")}
```

```
##
##
##  No Obsolete Inventory for any SKU
```

```
library(knitr)
library(kableExtra)
kable(allowance_for_obsolete_inv, caption = "Allowance for Obsolete Inventory by SKU",
     "latex", booktabs = T) %>%
 kable_styling(bootstrap_options = "striped")
```

表9-7　按 SKU 划分的过时存货准备金

sku	years_on_hand	stock_on_hand	sales_rate	unit_cost	Allowance

9.7.16 其他存货测试

第13章节中代码生成的测试数据旨在测试通过客户系统处理交易的内部控制。其设置简单，涉及存货仓储和零售，不涉及通货膨胀。在实践中，审计人员会遇到其他挑战，特别是客户在多个地点制造或精炼复杂产品的情况。为使这些其他存货审计任务生成的审计工作底稿遵循与上述代码块相同的格式，使用 tidyverse 命令对数据进行处理，有助于直接完成审计任务的工作底稿。

无论是公司之间还是公司内部，审计人员都会发现存货类型、价值、易腐烂性和许多其他属性存在巨大差异。每个客户的存货会有所不同，存货会计比任何其他财务账户存在更大的差异，因为存货从根本上定义了客户的业务。因此，审计人员需要准备处理客户业务的细节，每次审计都会有所不同。审计人员可能遇到的常见存货审计任务列表如下：

（1）测试运输中的存货。在实际清点、盘点时，存在存货从一个存储地点转移到另一个存储地点的风险。审计人员通过审查公司的转运合同来测试这一点。

（2）测试易出错的项目。如果审计人员已经注意到前几年特定存货项目可能存在错误，他们将更有可能再次测试这些项目。

（3）检查运费。会计人员可以将运费包括在存货中，也可以将其计入发生期间的费用，但需要在处理过程中保持一致——因此审计人员将通过会计系统跟踪选定的货运发票，以了解它们是如何处理的。

（4）产成品成本分析。如果存货的很大一部分是成品，那么审计人员需要查看所选完工产品的物料清单，需要审查的材料清单选择的物品，并测试它们是否准确反映了产成品成本构成，以及正确的成本。

（5）直接人工分析。如果直接人工包含在存货成本中，那么审计人员将会根据工时卡或跟踪生产过程中的人工费用，将其计入存货成本。他们还将调查估值中列出的人工成本是否与工资记录匹配。

（6）间接成本分析。如果存货估价中存在间接成本，审计人员将核实是否始终使用相同的总分类账账户作为间接成本来源，是否包括任何异常成本（应计入发生时的费用），并检验将间接成本应用于存货的方法的有效性和一致性。

（7）在制品测试。如果有大量的在制品，审计人员将测试如何确定在制品项目的完工百分比。

（8）测试项目成本。审计人员需要知道您的会计记录中的采购成本来自哪里，所以他们会比较最近的供应商发票中的金额和您的存货估价中列出的成本。

（9）存货所有权。审计人员将审查采购记录，以确保仓库中的存货实际上是由公司所有的（而不是客户所有的存货或供应商寄售的存货）。

（10）存货计价方法。如果您使用先进先出或后进先出的存货计价方法，审计人员将测试您所记录的存货计价方法，以验证它们的有效性。

（11）核对盘点的方法。如果公司使用周期盘点而不是实地盘点，审计人员仍然可以使用与实地盘点相关的程序。他们只是在一个或多个周期盘点期间这样做，并且可以随时进行，没有必要只观察报告期结束时发生的周期盘点。他们的测试还可以评估周期盘点的频率，以及会计人员对发现的任何差异进行调查的质量。如果存货在公司资产负债表上所列资产中所占的比例相对较小，则采用的程序的范围会缩小。

9.8 参考文献

Westland, J. Christopher. 2017. An Empirical Investigation of Analytical Procedures Using Mixture Distributions. *Intelligent Systems in Accounting, Finance and Management* 24 (4): 111-24. Wiley Online Library.

Cohen, Jacob. 1992. A Power Primer. *Psychological Bulletin* 112 (1): 155. American Psychological Association.

Horvitz, Daniel G, and Donovan J Thompson. 1952. A Generalization of Sampling Without Replacement from a Finite Universe. *Journal of the American Statistical Association* 47 (260): 663-85. Taylor & Francis Group.

Kotz, Samuel, Narayanaswamy Balakrishnan, and Norman L Johnson. 2004. *Continuous Multivariate Distributions, Models and Applications*, Vol. 1. New York: John Wiley & Sons.

Stringer, Kenneth W. 1961. Some Basic Concepts of Statistical Sampling in Auditing. *Journal of Accountancy (Pre-1986)* 112 (000005): 63. American Institute of Certified Public Accountants.

——. 1963. Practical Aspects of Statistical Sampling in Auditing. In *Proceedings of the Business and Economic Statistics Section*, 405-11. Washington, DC.: American Statistical Association.

——. 1975. A Statistical Technique for Analytical Review. *Journal of Accounting Research* 13: 1-9. JSTOR.

第10章

萨班斯-奥克斯利协议

10.1 《萨班斯-奥克斯利法案》：公司系统面临的安全、隐私和欺诈威胁

标志着互联网泡沫结束的安然和世通公司倒闭之后，美国立法者试图通过2002年《萨班斯－奥克斯利法案》（SOX）来更好地保护和告知投资者。SOX第404节要求公司在外部审计师的监督下审查其内部控制，并声明其控制是否有效。第404a节规定了内部控制评估的范围和规则，第404b节规定了报告要求。SOX部分要求公司自行报告内部控制的有效性，否则请参阅《1934年证券交易法》的相关部分了解详情。关注内部控制的一个重要原因是公司可能遭受来自外部参与者的系统入侵，通常称为安全漏洞。这些可能导致重大损失和错报，从而导致财务业绩未公允列报。Rice和Weber（2012）、Rice等（2014）、Ashbaugh-Skaife等（2008）、Ge等（2016）、Bedard和Graham（2011）、Bedard等（2009）以及Hoitash等（2009）提供了令人信服的证据，表明内部控制薄弱的公司存在越来越多的隐私和安全漏洞。

最近的信息系统漏洞事件变得更加严重和频繁。例如，家得宝2015年的违规行为迄今已造成2.32亿美元的损失，有预计认为这一数字将达到数十亿美元。2015年阿什利·麦迪逊违规窃取了4 000万个账户信息，包括照片、性倾向和个人地址。塔吉特2013年的违规行为影响了7 000万名客户的账户，迄今已使公司损失了1.62亿美元的额外费用。2014年，索尼影业的“和平卫士”事件导致超过100 TB的机密数据被窃取。2014年还发生了3.6亿个MySpace账户被盗、LinkedIn超过1亿个账户被黑客攻击、5亿个雅虎账户被黑客盗取、3.4亿个AdultFriendFinder账户在一年内遭遇两次黑客攻击以及许多其他违规行为。最近，违规事件的频率和规模都急剧增加。

审计师有力地辩称，在审计期间他们没有被明确地赋予责任发现欺诈和外部威胁。尽管如此，在安然和世通倒闭后，审计部门不得不承担一些发现欺诈和威胁的责任。美国注册会计师协会2002年就审计师识别可能导致重大错报的外部威胁和欺诈的责任提供了具体的指导方针。将公司的安全漏洞和其他外部威胁归入欺诈类别，AU 316.05阐明：

……一个广泛的法律概念，审计师不会对是否发生欺诈做出法律决定。相反，审计师的利益特别涉及导致财务报表出现重大错报的行为。区分舞弊与错误的主要因素是导致财务报表错报的潜在行为是有意的还是无意的。欺诈是一种故意行为，会导致作为审

计对象的财务报表出现重大错报。

审计师最关心的SOX第302节和404节是在上市公司审计师监管机构——上市公司会计监督委员会（PCAOB）的指导下实施的。SOX 404实施后，PCAOB发布了第2号审计准则（AS）来实施它。AS 2制定的一项规定是，外部审计师确实证明并报告了管理层对内部控制的评估。当AS 5（现为AS 2201）于2007年发布时，它放宽了 对AS 2的要求，但并未对其进行实质性更改。

AS 2和AS 5都提供了指导，以确保管理层的意见和审计师的意见基于相同的证据，并采用相同的标准和原则得出这些意见。在指引证据程序、重要性决定等以及控制测试的证据是否应遵循客户（管理层）或审计公司的现行标准方面，指导在一定程度上是技术性的。这些是明确审计所需的详细信息，即AS#5第1、2、3和5段概述了AS 5目标和动机，为SOX审计的实施提供了指导。

（1）本准则确立了要求并提供了指导，适用于审计师受聘对管理层的财务报告内部控制有效性评价进行审计，这类审计常与财务报表审计相结合进行。

（2）有效的财务报告内部控制为财务报告的可靠性和对外编制财务报表提供了合理保证。如果存在一项或多项重大缺陷，则不能认为公司针对财务报告的内部控制是有效的。

（3）注册会计师进行财务报告内部控制审计的目的是对公司财务报告内部控制的有效性发表意见。如果存在一个或多个重大缺陷，就不能认为公司的内部控制是有效的，为了形成发表意见的基础，审计师必须计划和执行审计，在截至管理层评价中指定的日期前获取针对是否存在重大缺陷提供合理保证的适当证据。即使财务报表没有重大错报，财务报告的内部控制也可能存在重大缺陷。

（4）审计师应使用与管理层在年度评价公司财务报告内部控制有效性时使用的相同的、合适的、公认的控制框架对财务报告内部控制进行审计。

PCAOB的声明很重要，但在实践中，AICPA和PCAOB侧重于审计师和管理层的“意见”，这些意见是基于证据得出的。但这些意见不是导致现实世界损失的“事实”、“实际的现实世界结果”或“事件”。相比之下，有实质性事件——安全漏洞——才是导致损失（金钱、声誉、数据）的真实事件。无论是否执行审计，这些事件都会发生。在理想情况下，审计师的意见应该预测此类不利事件发生的可能性。SOX的初衷是为了防止发生像安然和世通这样的真正失败，以及随之而来的利益相关者遭受的损失。

本章的其余部分回顾了SOX在发现或预测导致实际损失的控制故障概率方面的有效性的证据。之后，我开发了一个自动编码器机器学习模型，以确定SOX报告中是否有关于后续控制失败的统计显著信息的内容——特别是七种不同类别的安全漏洞。一旦我们确信SOX确实包含有关控制失败的统计显著信息，我就会使用一个预测机器学习模型来适应不平衡的数据集。不平衡的数据集是调查实际控制失败的一个重要问题。犯罪分子不会报告他们成功攻破的安全漏洞，而且客户公司通常自己也不知道它们有错误、遗漏或系统被入侵。

10.2 SOX有效性的学术研究

迄今为止，关于SOX报告的学术研究集中在内部一致性、合规性和权责发生制会计评估上，而不是对欺诈和安全漏洞等外部风险的管理上。我们预计审计师对控制的评估与通过研究由此产生的违规和其他控制失败对其有效性的外部验证之间存在高度相关性。Rice等（2014）的先前研究关注审计结果和财务报告的内部一致性，而不是外部安全威胁。

几乎自SOX成立以来，就公司报告的其他财务统计数据而言，SOX申报的遵循性成本和信息内容已被大量研究。Rice和Weber（2012）、Rice等（2014）研究了SOX 404报告的样本公司，这些公司重述了财务状况，这些公司最初的错误陈述与潜在的控制缺陷有关。他们发现，重述（即由于审计师利益相关者或法律压力而改变上一年的财务报表）提供了大量关于可能导致安全漏洞的控制弱点的信息，并且管理层对这些弱点已有所认识。一般来说，重述公司承认其在错报期间确实存在控制缺陷，并且报告现有缺陷的可能性与外部资本需求、公司规模、非审计费用和大型审计公司的存在呈负相关。重述与财务困境、审计师先前报告的控制弱点、其他重述以及最近的审计师或管理层变动等呈正相关。Rice和Weber（2012）、Rice等（2014）没有发现有证据表明未报告现有控制缺陷的公司经理或审计师更有可能受到处罚；相反，在重述之前报告了控制缺陷的情况下，因集体诉讼导致管理层更替和审计师更替更有可能发生。他们得出的结论是，围绕SOX 404的现有公共和私人执法机制不太可能为合规提供强有力的激励，并解释为什么大多数重述文件是由以前声称拥有有效内部控制的公司发布的。

Bedard等（2009）、Hoitash等（2009）、Bedard和Graham（2011）检查了关于内部控制缺陷发现和严重性的分类，发现外部审计师在其针对404节规定的审计期间发现的内部控制缺陷大约有3/4未得到补救。Ge等（2016）研究了261家公司样本，这些公司在其SOX文件中披露了至少一个内部控制的重大缺陷，发现内部控制不佳通常与会计控制资源承诺不足有关，其中最常见的账户特定重大缺陷发生在应收账款和存货中。相比之下，SOX 302披露倾向于描述复杂账户中的内部控制问题，如衍生品和所得税账户。他们发现，披露重大缺陷与业务复杂性（如多个部门和外币）呈正相关关系，与公司规模（如市值）呈负相关关系，与公司盈利能力指标呈负相关关系，如资产回报率。Lin等（2011）使用来自214家公司的数据调查了公司的内部审计职能在披露根据SOX 404报告的重大缺陷方面所起的作用。他们发现，重大缺陷披露与内部审计师的教育水平呈负相关关系，与审计业务分级和外部审计师协调的实践呈正相关关系。Ashbaugh-Skaifeet等（2008）报告称，SOX披露的内部控制缺陷与更复杂的运营、最近的组织变化、更大的会计风险、更多审计师辞职以及可用于内部控制的资源更少有关。他们还发现，被披露存在SOX所指的内部控制缺陷的公司有更多的SEC事前执法行动，财务重述更有可能使用单一的占主导地位的审计公司，并且拥有更集中的机构所有权。Feng（2014，2009）和Berger等（2005）发现内部控制缺陷与不太准确的指导相关。特别是，当缺陷与收入或销售成本有关时，无效的内部控制对预测准确性的影响要大三倍。这一发现反映了这两个账户在预测收益中的重要性。Ashbaugh-Skaifeet 等（2008）发现，与未报告内部控制问题的公司相比，报告内部控制缺陷的公司的应计质量（以应计噪声和绝对异常应计衡量）较低。另外，其审计师确认修复了先前报告的内部控制缺陷的公司相对于未修复其控制问题的公司表现出应计质量的提高。他们发现重大缺陷与下列因素相关：（1）噪声；（2）应计噪声具有较高的误差项方差；（3）故意错报导致盈利偏高。

10.3 来自行业的关于SOX有效性的证据

行业消息表明，安全漏洞被严重低估的因素从 3 个到 30个不等（Menn，2012）。网络犯罪是一种低风险、高回报的职业，Lewis和Baker（2013）估计每年因此导致全球经济遭受 375亿美元至5 750 亿美元的损失。大多数违规行为没有被报告，因为它们可能会向客户和投资者发出缺乏内部控制的信号。尤其是银行和保险公司等金融机构，它们可以避免对面向客户的零售和互联网公司进行一些公开审查。此外，最优秀的黑客通常是由国家资助的安全专业人员，他们使用的方法是当前技术无法检测到的，可以在不被发现的情况下颠覆内部控制和破坏资产。违规、欺诈危害计算机系统以及 SOX 合规性问题已引发数十亿美元的计算机和信息系统升级以及更换支出。

SOX 统计数据显示，来自审计师证明的不利百分比从 2004 年的 16.9%迅速下降到2005 年的 10.3%，到 2009 年稳定在 2%左右，表明管理层和内部员工越来越善于说服外部审计师相信他们的系统是安全的，可以防止欺诈和外部威胁。或许在SOX 实施后，内部控制立即有了显著改善，至少在 SOX 审计中包含的那些领域是如此。还有其他主要适用于小型私营公司的仅限管理层的评估。尽管这些公司的趋势大致遵循大公司的趋势，但负面意见的发布率通常比上市公司高 30 倍左右（Whalen等，2012），而他们的负面意见比例与上市公司的负面意见比例同步下降。

四大审计事务所几乎审计了所有在美国交易所上市的公司，它们在提供不利证明时都表现出独特的偏见：

- 安永专注于应收账款收入确认税和固定资产；
- 普华永道专注于应收账款收入确认税和应付账款；
- 毕马威专注于应收账款收入确认税和存货等；
- 德勤专注于收入确认税、负债、存货和高管薪酬（Whalen 等，2012）。

这些偏见可能反映了个别公司独有的审计方法、内部表格和清单以及审计历史。公司因此将审计预算的较大部分分配给某些账户，而牺牲其他账户。此外，假设复式记账将确保贷方余额账户的准确性，审计师倾向于分配更多时间来审计借方余额账户。选择进行审计的具体账户取决于公司的政策程序和参与管理的合伙人。

信息系统安全漏洞在审计师关于是否发现特定重大缺陷的声明中得到解决。随着旧的缺陷被整改，新的缺陷浮出水面，这些问题每年都会有所不同。在不利的SOX意见中，有八个财务报告领域被认为存在控制不佳的问题：

（1）应收账款/贷款；

（2）投资或现金；

（3）证券债务、准债务权证及股权，收入确认；

（4）税费/福利/递延FAS109；

（5）应付负债准备金和应计估计；

（6）实体涉外关联子公司；

（7）PPE无形资产固定资产等；

（8）存货供应商销售成本。

只有（1）、（2）和（8）是控制区域，会出现在报告的安全漏洞中。此外，SOX 404节中通常有八个操作领域：

（1）回应之前的SOX 404意见；

（2）应对重大缺陷；

（3）人事问题；

（4）职责分离；

（5）财务重述；

（6）重大年终调整；

（7）内部审计发现等；

（8）IT系统。

只有（3）、（4）和（8）是运营领域，会出现在报告的安全漏洞中，尽管重点是收入确认税、负债、库存和高管薪酬。Whalen等（2012）、Rice和Weber（2012 ）以及Rice等（2014）发现，（5）（财务重述）是内部控制缺陷的重要指标，会导致不利的SOX 302和404鉴证以及潜在的安全缺陷。

10.4　使用R语言评估SOX在预测违规和识别控制缺陷方面的有效性

《萨班斯-奥克斯利法案》是对审计师和管理层在发现欺诈和外部威胁方面施加额外共同责任的正式尝试。自2002年《萨班斯-奥克斯利法案》颁布以来，SOX合规性一直存在争议。有人提出了以下问题：

（1）昂贵的SOX审查的有效性；

（2）SOX条款对公司安全漏洞、错误、欺诈和其他外部财务威胁的外部有效性等；

（3）SOX报告对投资者和其他利益相关者的有用性。

不幸的是，这些问题一直难以研究，因为外部违规、欺诈和其他犯罪在企业中被严重低估，导致数据集中的报告存在偏差，给进行对照研究带来了困难。

关于SOX审计有效性的争论一直在持续。企业高管、政治家和游说者认为2002年的《萨班斯-奥克斯利法案》是一项烦琐、成本高昂且无效的法规（Drawbaugh和Aubin，2012）。据估计，仅遵守第404节规定，每家公司每年的平均费用为170万美元，美国最高法院甚至提出SOX违反宪法的论点（de Mesa Graziano和Sinnett，2007）。

关于SOX实施所带来的市场和经济影响，一些出版物通过案例研究、辩论以及实证研究发表了意见。这些可见Bratton（2003）、Romano（2004）、Coates和John（2007）、Engel等（2007）以及Kang等（2010）的研究，但关于SOX实施是否提高了内部控制的安全性和完整性的证据是模棱两可的。

在实践中，AICPA和PCAOB关注的重点是审计师和管理层基于审计证据的“意见”。但它们不是导致现实世界损失的“事实”、“实际的现实世界结果”或“事件”。相比之下，有一些实质性事件——安全漏洞——是给公司造成损失的真实事件。在理想情况下，审计师的意见中应该包括预测此类不利事件发生的可能性。

我调查了SOX的有效性，为自动编码器构建R代码，从向SEC提交的SOX文件和Privacy Clearinghouse维护的安全漏洞报告中提取数据。Westland（2019）收集了SOX年度报告以及2005—2015年10年期间公开报告的安全漏洞。该数据集用于当前章节的代码中，由两组有交叉重叠的公司组成（见图10-1）。

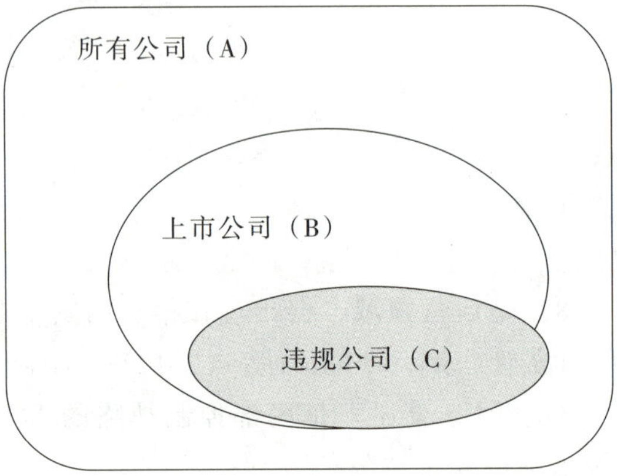

图10-1 SOX和违规数据集的重叠

（1）报告SOX评估的上市公司；

（2）报告存在安全漏洞的上市公司。

图10-1描绘了以下重叠的集合：A为所有美国公司，B为美国上市公司，C为报告安全漏洞的美国上市公司和私营公司。本节分析使用的数据集报告了2005—2015年间SOX评估的3 398家上市公司中213家公司的违规行为。分析限于图10-1中的子集，经历违约的上市公司通过删除那些没有SOX 404报告的违约公司来解决公司的问题。这将为面板回归生成一个概念模型，该表单代表来自Privacy Clearinghouse/Verizon数据集的安全漏洞分类和其他指标，也代表了来自Audit Analytics数据集的SOX 302和404报告的评价。数据集分为手动和自动控制系统。

在任何预测能力研究中，重要的是确保主要效应不是来自与SOX报告中的主要预测因素无关的混杂因素。图10-2显示了调查期间审计和非审计费用的趋势，其中不利的SOX报告显示费用急剧下降。审计费用似乎并未影响SOX报告的结果，而这正是独立审计师所希望的。审计师证明的SOX不利百分比从最初的16.9%迅速下降到目前的2%左右，这可能表明SOX 404审计程序（估计每年花费约200万美元）与公司内部审计师在其自我报告的 SOX 302 条款中提供的信息相比，并没有增加有关系统安全的重要信息。为了进行调查，我们测试了 SOX 404 条款中向管理层报告的 SOX 302 条款添加的新信息。这测试了引言中讨论的一些批评的真实性，即 SOX 404 条款成本高昂，但不提供 SOX 302 条款中尚不可获取的信息。

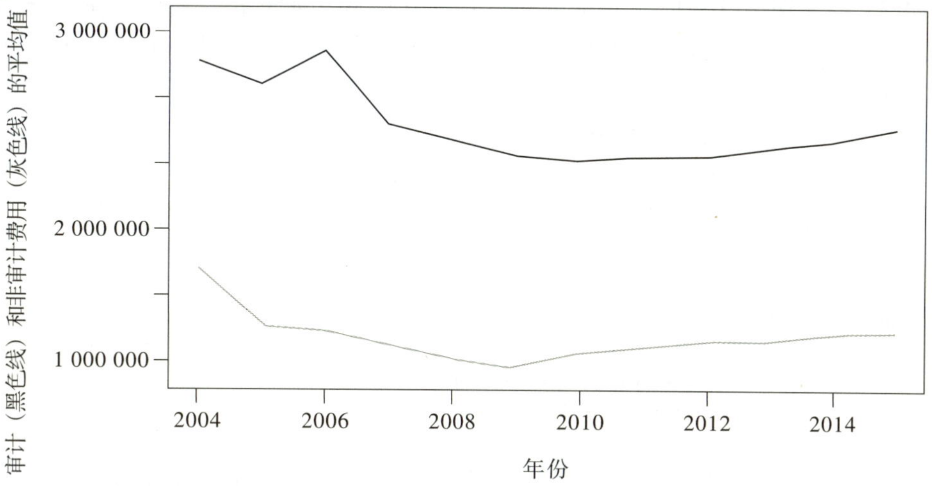

图10-2　SOX 审计费用

表 10-1 回顾了可能影响 SOX 审计结果的其他因素，发现公司资本化、销售额、收入或员工人数对 SOX 404 不利报告没有影响。

表10-1　SOX结果与主要公司统计数据

项目	资本化		销售额		收入		员工人数	
	系数	t	系数	t	系数	t	系数	t
Intercept	36 555	4.655	29 591	6.244	2 664.76	3.279	74.164	6.029
CARD	5 973	0.591	7 754	1.167	396.35	0.348	20.796	1.214
DISC	−10 479	−1.228	11 702	2.194	−72.33	−0.079	26.028	1.891
HACK	−14 291	−1.697	−11 826	−2.205	−1 432.22	−1.557	−11.49	−0.83
INSD	−6 047	−0.698	13 329	2.377	−661.13	−0.688	64.556	4.474
PHYS	−6 043	−0.576	4 949	0.714	−913.76	−0.769	−6.953	−0.39
PORT	13 050	1.582	12 670	2.475	162.26	0.185	32.534	2.459
STAT	−22 686	−2.298	7 116	1.045	−2 604.27	−2.23	−8.22	−0.473
UNKN	NA	NA	NA	NA	NA	NA	NA	NA
R^2	0.05429		0.04479		0.01104		0.04741	
F	10.43		10.74		2.556		11.28	

表10-2总结了从用于分析的SOX 302和404报告中提取的数据项。Westland（2019）收集了170 647份在纽约证券交易所或纳斯达克上市的美国公司的年度SOX 302以及SOX 404、SEC 10-K、10-KSB、10-Q、10-QSB、20-F和40-F文件，公司开始报告此数据的时间是2005年4月15日，但早在2002年就有公司提前申报。其中选择了从SOX活动期间开始的年度报告。这些报告包括外部审计的SOX信息404条款以及一组类似的管理层报告的SOX信息302条款。我们获得了Privacy Rights Clearing-house/Verizon汇编的自2005年以来报告的388起美国公司主要的安全漏洞，其中213起来源于184家纽约证券交易所和纳斯达克公司。

表10-2　SOX报告中的数据项

项目	描述	值
SOX 302 metrics:		
IS_EFFECTIVE（302）	Self-reported management assertion concerning whether internal controls are effective in the firm	0 = no 1 = yes
MATERIAL_WEAKNESS（302）	Self-reported management assertion concerning whether there exist material weaknesses in internal control systems in the company	0=controls are effective 1=there are material weaknesses in the firm's controls
SIG_DEFICIENCY（302）	Self-reported management assertion concerning whether there exist significant deficiencies in internal control systems in the company	0 = controls are effective 1 = there are deficiencies in the firm's controls
SOX 404 metrics:		
IC_OP_TYPE	Manual system or Automated computer system	0 = Manual 1 =Automated
AUDITOR_AGREES（404）	Auditors 'attestation' concerning management's SOX 404 assertions	0=disagree 1=agrees
COMBINED_IC_OP（404）	Combined opinion on the effectiveness of the firm's internal controls	0=controls are generally effective 1=there exists a significant control deficiency
IC_IS_EFFECTIVE（404）	Management asserts that internal controls are effective（Internal Control is Effective）	0 = no 1 = yes
AUDIT_FEE	Cost of SOX 404 audit	（numeric and monetary）

对于本章调查的问题，公司规模对SOX条款干扰效应的影响是不显著的。这并不意外，因为Ge等（2016）、Ashbaugh-Skaife等（2008）都没有在SOX 404披露中发现规模效应，尽管他们确实发现公司的复杂性导致了第404节下出现了一定数量的不利评价。为了评估SOX关于安全漏洞的鉴证中干扰效应大小的概率，我们对销售额、净收入、市值和员工人数等四个公司规模度量指标的违规情况进行了回归。表10-2总结了

结果，我们发现的唯一显著关系是，员工人数越多的公司内部人员违规行为越多。这似乎是规模更大、劳动更密集型运营的合乎逻辑的结果。其他财务指标仅与任何类型的安全漏洞弱相关。违规发生的微小差异取决于其他结构参数和拟合统计数据。公司规模对安全漏洞的发生率影响不大。

本节分析使用的数据集报告了2005—2015年间SOX评估的3 398家上市公司中的213家公司的违规行为。分析限于图10-1中的子集，经历违约的上市公司通过放弃未向SOX 404报告的违约公司来解决公司的问题。这将为面板回归生成一个概念模型，该表单为形成代表来自Privacy Clearinghouse/Verizon数据集的安全漏洞分类和其他指标的表格的面板回归生成了一个概念模型，也代表了来自Audit Analytics数据集的SOX 302和404报告的评价。数据集分为手动和自动控制系统。审计师证明的SOX不利百分比从最初的16.9%迅速下降到目前的2 %左右，这可能表明SOX 404审计程序（估计每年花费约200万美元）与公司内部审计师在其自我报告的SOX 302条款中提供的信息相比，并没有添加有关系统安全的显著重要信息。为了进行调查，我们测试了：SOX 404条款中向管理层报告的SOX 302条款添加的新信息。这测试了引言中讨论的一些批评的真实性，该测试的引言中讨论了一些批评的真实性，即SOX 404条款成本高昂，但不提供SOX 302条款中尚不可获取的信息。对于本章调查的研究问题，公司规模对SOX条款混淆干扰效应的影响是不显著的。这并不意外，因为Ge等（2016）、Ashbaugh-Skaife等（2008）都没有在SOX 404的披露中发现规模效应，尽管他们确实发现公司的复杂性导致了第404节下出现一定数量的不利证明。其他财务指标仅与任何类型的安全漏洞微弱相关。违规发生的微小差异取决于其他结构参数和拟合统计数据。公司规模对安全漏洞的发生率影响不大。

10.5 SOX-Privacy Clearinghouse数据集的探索性分析

在手动和自动系统的报告中，估计量表明，平均而言，公司在SOX 302报告中评估内部控制的有效性是SOX 404报告的6倍。所有变量的符号都在预期的方向上，没有证据表明向公司收取的任何费用影响了审计师的意见。最后一项测试特别重要，因为它验证了SOX审计师在实践中的独立性。尽管AICPA告诫审计师的举止和行为以保持独立的观点，但不能保证在实践中确实会发生这种情况。在我们对手动和自动系统的测试中，公司自我报告的重大缺陷与大约80个SOX 404控制负面评价相关，而自我报告的重要缺陷仅出现在大约1~2个SOX 404控制负面评价中。这表明管理层自我报告的重大缺陷是审计师发现控制问题的重要指标，而重要缺陷则不是（见表10-3）。

我使用一般线性模型测试了一组二项式模型logit和probit回归（见图10-3），但使用标准线性模型面板回归获得了更好的拟合。可能首选二项式模型的原因是为了避免样本量较小的估计量偏差，但当前章节的数据集足够大，使用概率模型或logit模型没有优势，线性模型面板回归方法将产生无偏估计量。所有模型的检验统计表明可能存在未观察到的个体效应，因此我们使用了固定效应面板回归。使用基于R语言的glm函数——一个logit模型拟合示例——出现在以下代码块中。

表10-3 **数据集内容和大小**

项目	项目数
SOX reports:	
NASDAQ firms	1 835
NYSE firms	1 563
Total Firms	3 398
SOX reports on automated systems	27 496
SOX reports on manual systems	31 441
Total SOX reports in NASDAQ & NYSE	58 937
Breach data:	
Payment card fraud （CARD） —Fraud involving debit and credit cards that is not accomplished via hacking. For example， skimming devices at point-of-service terminals	12
Unintended disclosure （DISC） —Sensitive information posted publicly on a website mishandled or sent to the wrong party via email fax or mail	70
Hacking or malware（HACK） —Electronic entry by an outside party malware and spyware	106
Insider （INSD） —Someone with legitimate access intentionally breaches information —such as an employee or contractor	51
Physical loss （PHYS） —Lost discarded or stolen non-electronic records such as paper documents	20
Portable device （PORT） —Lost discarded or stolen laptop PDA smartphone portable memory device CD hard drive data tape and so forth	103
Stationary device （STAT） —Lost discarded or stolen stationary electronic device such as a computer or server not designed for mobility	11
Unknown （UNKN）	15
Total number of breaches reported from 2005 to 2016	388
Total number of breaches applicable to NYSE and NASDAQ listed firms	213
Unique firms in breach dataset listed on NYSE and NASDAQ	184

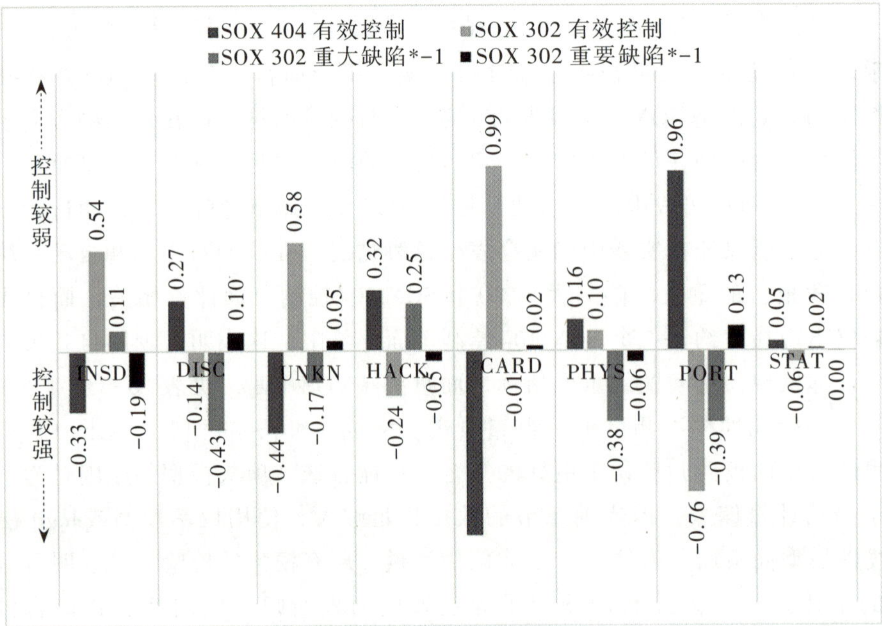

图10-3 自动控制和违规行为

```
library(readr)
library(tidyverse)

devtools::install_github("westland/auditanalytics")
library(auditanalytics)

sox_data <-
  read_csv((system.file("extdata", "innerjoinSOXBRCH.csv", package =
  "auditanalytics", mustWork = TRUE)),
           col_types = cols(X1 = col_skip())) %>%
  select(
    IC_IS_EFFECTIVE,
    MATERIAL_WEAKNESS,
    SIG_DEFICIENCY,
    AUDITOR_AGREES,
    CARD.x
    )

sox_card_logit <- glm(CARD.x~., family=binomial(link=logit), data=sox_data)
summary(sox_card_logit)
```

```
##
## Call:
## glm(formula = CARD.x ~ ., family = binomial(link = logit), data = sox_data)
##
## Deviance Residuals:
##     Min       1Q   Median       3Q      Max
## -0.2902  -0.2852  -0.2852  -0.2852   2.5389
##
## Coefficients:
##                     Estimate Std. Error z value Pr(>|z|)
## (Intercept)        -18.02457 3486.50314  -0.005    0.996
## IC_IS_EFFECTIVE     14.84236 3486.50314   0.004    0.997
## MATERIAL_WEAKNESS  -14.84236 3486.50314  -0.004    0.997
## SIG_DEFICIENCY     -17.39277 2348.41165  -0.007    0.994
## AUDITOR_AGREES       0.03591    0.60407   0.059    0.953
##
## (Dispersion parameter for binomial family taken to be 1)
##
##     Null deviance: 123.17  on 425  degrees of freedom
## Residual deviance: 117.39  on 421  degrees of freedom
##   (1086 observations deleted due to missingness)
## AIC: 127.39
##
## Number of Fisher Scoring iterations: 19
```

请注意，回归结果中“内部控制有效性”、“重大缺陷”和“重要缺陷”的系数符号是相反的，因为前者是关于控制有效性的陈述，而后者是关于控制无效的陈述。AIC值较小，表明使用logit模型拟合良好。

我们的结论是，SOX 404条款下审计师保持与公认审计标准（GAAS）要求一致的独立性。随着对规模和审计师独立性的潜在干扰因素的有效调查，我们可以继续测试我们的主要假设：SOX 404和302条款包含了关于真实世界未来发生的特定类型的安全漏洞的信息。

图10-3和图10-4分别显示了SOX评估在控制自动和手动系统中各种类型的安全漏洞方面的相对有效性。更仔细地观察这些影响，我们可以看到，SOX审计在预测各种类型的安全漏洞方面具有显著不同的有效性，但对于手动和自动化系统来说，结果非常相

似。对于黑客和恶意软件（HACK）、固定设备（STAT）以及原因未知的情况（UNKN），模型拟合度几乎为零，这表明当前无论是来自公司内部还是公司外部的SOX审计实践在控制这些威胁方面能提供的有用信息很少。非预期披露（DISC）和实物损失（PHYS）的估计量都很小，这也表明SOX审计对控制这类违规行为提供的有用信息很少。当SOX在识别未来的安全漏洞方面提供了显著的预测能力时，管理层（SOX 302）的评估通常比SOX 404审计提供的信息要少得多。这与我们在之前的测试中发现的不包括违规信息情况一致，也与Bedard等（2009）以及Bedard和Graham（2011）之前的研究一致，他们发现管理层在SOX302下自我评价报告所反映的内部控制有效性时过于自信。SOX 404对控制有效性的不利决定发生在100%的信用卡（card）数据泄露和大约33%的内部（INSD）数据泄露时。但SOX 404审计在88%的情况下给出了“有效”的控制决策，即便携式（PORT）设备存在受控违规情况。这表明员工正在通过使用便携式设备来破坏严格的内部控制，这些设备可以携带到公司的物理边界之外，相比直接受公司控制的设备，可更自由地使用。此外，SOX审计师似乎没有发现内部控制存在的这些问题。

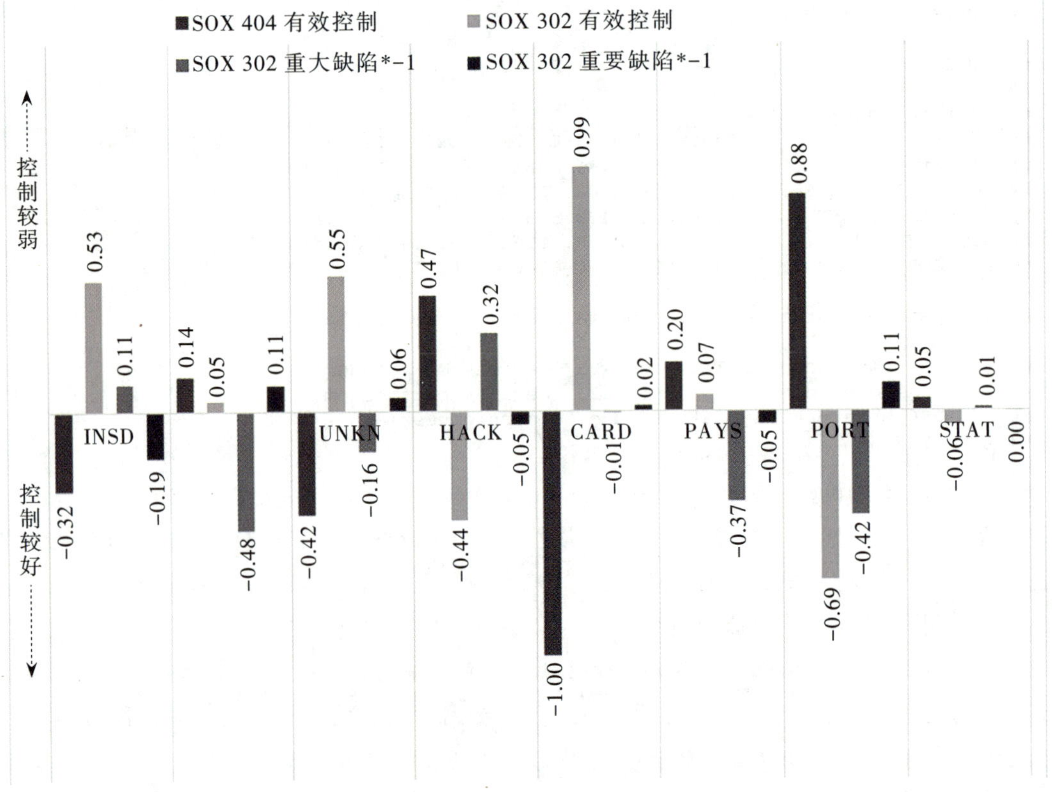

图10-4 手动控制和违规行为

10.6 使用自动编码器检测控制缺陷

自动编码器是自我监督的机器学习模型，其中生成的目标是未经修改的输入值。由于SOX违规数据集中只有一小部分交易代表了被审计公司的信用卡舞弊，因此我们存在一个高度不平衡的分类问题。传统的分类方法是一个糟糕的决策选择，因为数据集包含很少的舞弊样本。类似地，线性回归模型受到奇异设计矩阵的困扰，并且可能无法捕捉真实世界数据中的非线性关系，而且预测变量是多重共线性的，这就产生了奇点。

为了解决这些问题，我设计了一个用于降维的瓶颈自动编码器模型，以探索SOX特征空间，类似于主组件分析的使用。由于会计数据集的多重共线性，在多个层次上训练多个权重的机器学习方法可能会更有效地提取这些信息，从而生成一个单一的组件，该组件应该可以替代“控制缺陷”。自动编码器是一种神经网络，用于学习一组数据的表示（编码），通常是为了降维。为了使自动编码器工作良好，我们有一个强力的初始假设：正常公司的变量分布不同于具有控制缺陷的公司的变量分布。由于安全漏洞的分布应该与正常交易不同（因为它们的报告受到犯罪分子和受害公司的严重操纵），我们预计自动编码器在安全漏洞上比正常交易有更高的重构错误。这意味着我们可以使用重构错误作为一个量，表明客户端系统是否更容易受到安全破坏。我利用自动编码器的降维来探索数据集的特征空间（类似于我们使用主组件分析所能做的，如图10-5所示）。

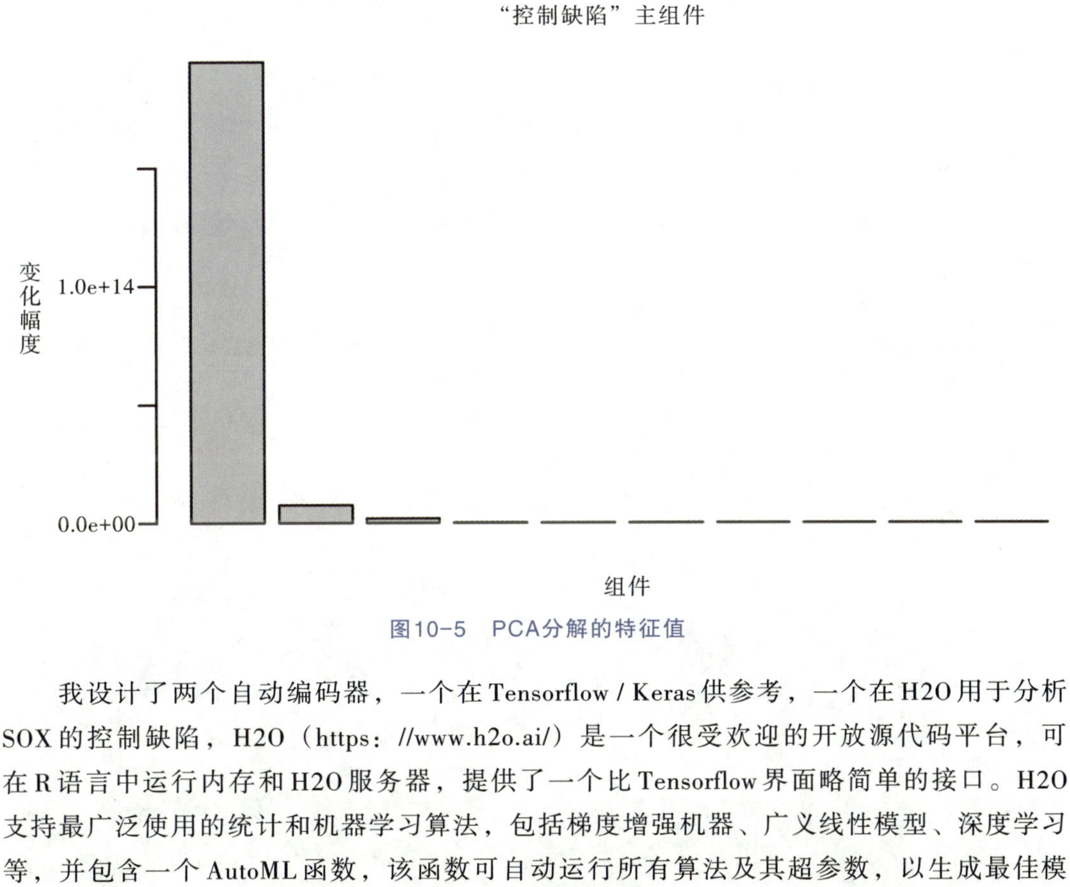

图10-5　PCA分解的特征值

我设计了两个自动编码器，一个在Tensorflow / Keras供参考，一个在H2O用于分析SOX的控制缺陷，H2O（https：//www.h2o.ai/）是一个很受欢迎的开放源代码平台，可在R语言中运行内存和H2O服务器，提供了一个比Tensorflow界面略简单的接口。H2O支持最广泛使用的统计和机器学习算法，包括梯度增强机器、广义线性模型、深度学习等，并包含一个AutoML函数，该函数可自动运行所有算法及其超参数，以生成最佳模型的排行榜。对于更大的模型，H2O4GPU在硬件平台上提供GPU加速机器学习，例如NVidia的GPUs。

与会计数据的典型情况一样，预测变量是多重共线性的，由于存在奇点，这给传统的回归方法带来了问题。图10-5的主组件粗略图（一种线性聚类算法）显示，大多数方差在第一个主组件上加权。这并不意味着数据不传递信息，只是这些信息包含了更复杂的多协变量非线性关系。正因为如此，在多个层次上训练多个权重的机器学习方法可能会更有效地提取这些信息。这个单独的组件很可能是“控制缺陷”的替代品，表明SOX报告和安全漏洞的发生之间存在协方差（否则，我们很可能会看到围绕两个大型主组件的集群）。

图10-5显示了组合的SOX和Privacy Clearinghouse信息的多重共线性——两个数据集中的大部分信息都可以在一个主组件中捕获。考虑到SOX报告控制缺陷，并且由于控制缺陷而发生安全漏洞，因此该主要组件是“控制缺陷”正式定义的有力替代项。

10.6.1 预处理

预处理将数据集分割为训练集和测试集，然后用min-max规范化这些数据（这样做是因为神经网络在输入值较小的情况下工作得更好）。基于日期变量，我们将使用2011年之前的结果进行训练，其余的用于测试。这是一种很好的实践，因为在使用模型时，我们希望根据以前发布的SOX报告预测未来的违规行为。

使用两个辅助函数对数据库进行规范化（即将值调整到相似尺度，从而帮助机器学习算法更快地收敛）。对于二进制［0，1］数据，它们并不是真正需要的，但如果您希望在其他数据上重新使用此代码，它们将非常有用。辅助函数包括：

（1）一个函数用于获取有关用于min-max缩放的数据集的描述性统计信息（对训练集和测试集使用相同的规范化常数）；

（2）一个函数用来执行min-max缩放。

```
library(tidyverse)
library(purrr)
library(keras)

devtools::install_github("westland/auditanalytics")
library(auditanalytics)


## function to get descriptive statistics

get_desc <- function(x) {
  map(x, ~list(
    min = min(.x),
    max = max(.x),
    mean = mean(.x),
    sd = sd(.x)
  ))
}

## function to normalize values

normalization_minmax <-
  function(x, desc) {
  map2_dfc(
    x,
```

```
    desc,
    ~(.x - .y$min)/(.y$max - .y$min))
}

## get data
sox <-
  read_csv(
    (system.file("extdata", "innerjoinSOXBRCH.csv", package = "auditanalytics",
      mustWork = TRUE)),
    col_types = cols(X1 = col_skip())
    ) %>%
  select(
    date,
    CARD.x,
    IS_EFFECTIVE,
    MATERIAL_WEAKNESS,
    SIG_DEFICIENCY,
    IC_OP_TYPE,
    AUDITOR_AGREES,
    COMBINED_IC_OP,
    IC_IS_EFFECTIVE,
    AUDIT_FEES
  )
sox[is.na(sox)] <- 0

## create normalized datasets for ML

desc <- sox %>% get_desc()

x_train <-
  sox %>%
  filter(date <= 2011) %>%
  normalization_minmax(desc)  %>%
  select(-c(date))

x_test <-
  sox %>%
  filter(date > 2011) %>%
  normalization_minmax(desc)  %>%
  select(-c(date))

y_train <-
  x_train[,"CARD.x"] %>%   ## CARD.x the fraud indicator
  as.matrix()

y_test <-
  x_test[,"CARD.x"] %>%
  as.matrix()

x_train <-
  x_train %>%
  select(-c(CARD.x)) %>%
  as.matrix()

x_test <-
  x_test %>%
  select(-c(CARD.x)) %>%
  as.matrix()
```

10.6.2 自动编码器的Tensorflow执行

下面是Tensorflow/Keras中的参考自动编码器。该模型收敛迅速且准确，表明SOX控制缺陷报告可以成功预测客户公司信用卡欺诈的脆弱性（见图10-6）。

```
## assure that the Keras API is available

library(keras)
install_keras()
```

```
##
## Installation complete.
```

```
## define the model in Keras,
## this is a symmetric autoencoder with 4 fully connected layers.


model <- keras_model_sequential()
model %>%
  layer_dense(units = 100, activation = "tanh", input_shape = ncol(x_train)) %>%
  layer_dense(units = 10, activation = "tanh") %>%
  layer_dense(units = 100, activation = "tanh") %>%
  layer_dense(units = ncol(x_train))

summary(model)
```

```
## Model: "sequential"
## ________________________________________________________________________________
## Layer (type)                    Output Shape                   Param #
## ================================================================================
## dense_3 (Dense)                 (None, 100)                    900
## ________________________________________________________________________________
## dense_2 (Dense)                 (None, 10)                     1010
## ________________________________________________________________________________
## dense_1 (Dense)                 (None, 100)                    1100
## ________________________________________________________________________________
## dense (Dense)                   (None, 8)                      808
## ================================================================================
## Total params: 3,818
## Trainable params: 3,818
## Non-trainable params: 0
## ________________________________________________________________________________
```

```
## the model is a binary classifier, so we use an entropy loss

model %>% compile(
  loss = "binary_crossentropy",
  optimizer = "adam",
  metrics= 'accuracy'
)

checkpoint <- callback_model_checkpoint(
  filepath = "model.hdf5",
  save_best_only = TRUE,
  period = 1,
  verbose = 1
)
```

```
## Warning in callback_model_checkpoint(filepath = "model.hdf5", save_best_only =
## TRUE, : The period argument is deprecated since TF v1.14 and will be ignored.
## Use save_freq instead.
```

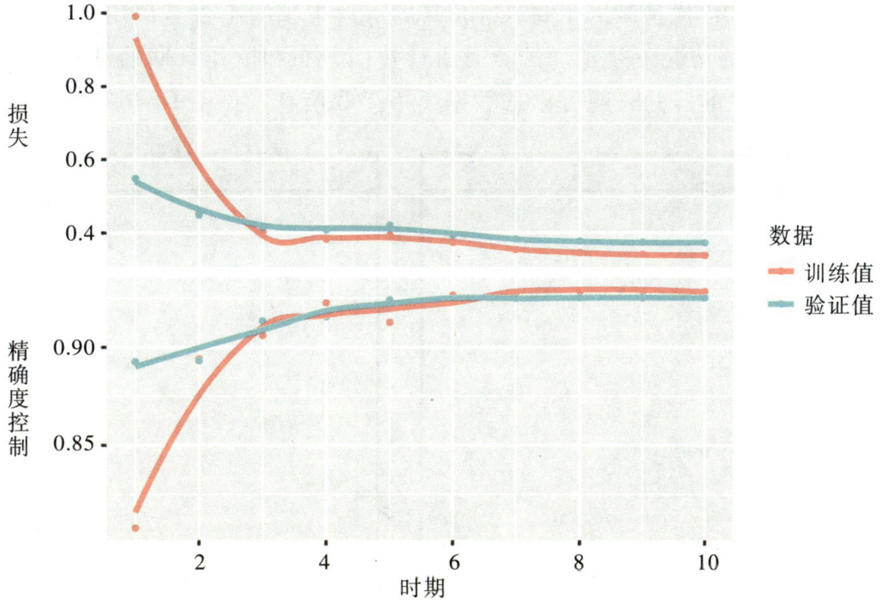

图10-6 具有四个全连接层的对称自编码器在SOX数据欺诈检测中的收敛性

```
early_stopping <- callback_early_stopping(patience = 5)

history <- model %>% fit(
  x = x_train[y_train == 0,],
  y = x_train[y_train == 0,],
  epochs = 10,
  batch_size = 32,
  validation_data = list(x_test[y_test == 0,], x_test[y_test == 0,]),
  callbacks = list(checkpoint  , early_stopping)
)

plot(history)
```

10.6.3 用于欺诈分析的自动编码器和异常检测的H2O执行

h2o包（https：//www.h2o.ai/）为H2O开源机器学习平台提供了R接口，支持梯度增强机器、广义线性模型、深度学习模型。它之所以流行要归因于AutoML，它通过算法和超参数生成最佳模型。它适用于广泛的大数据基础设施、Hadoop或Spark集群，可以直接从HDFS、Spark、S3、Azure Data Lake等各种数据源读取文件到其内存中的分布式key-value存储库中，且相对容易产品化。R语言还提供了一个GPU加速的H2O包（h2o4gpu包）。以下示例使用SOX数据将H2O应用于行业范围的安全评估。可以参考韦斯特兰（2020）的研究，找到一个更广泛地用于最佳拟合的随机网格超参数。SOX信用卡欺诈数据集在执行机器学习时需要特殊处理，因为它们是极其不平衡的。只有约3.44%的审计是针对经历过信用卡欺诈的公司进行的，证实了数据库高度不平衡。

```
cat("% of SOX reports where client had credit fraud during the year = "
   , 100*sum(sox$CARD.x)/length(sox$CARD.x), "% of audits")
```

```
## % of SOX reports where client had credit fraud during
   the year =  3.439153 % of audits
```

在这种情况下，最优预测因子将在 100% 的审计中预测不会有信用卡欺诈，并且该预测因子在96.56%的情况下是正确的。对审计费用分布和欺诈日期的进一步观察表明，欺诈的发生不是随机的，并表明可以从数据集中提取信息（见图10-7和图10-8）。

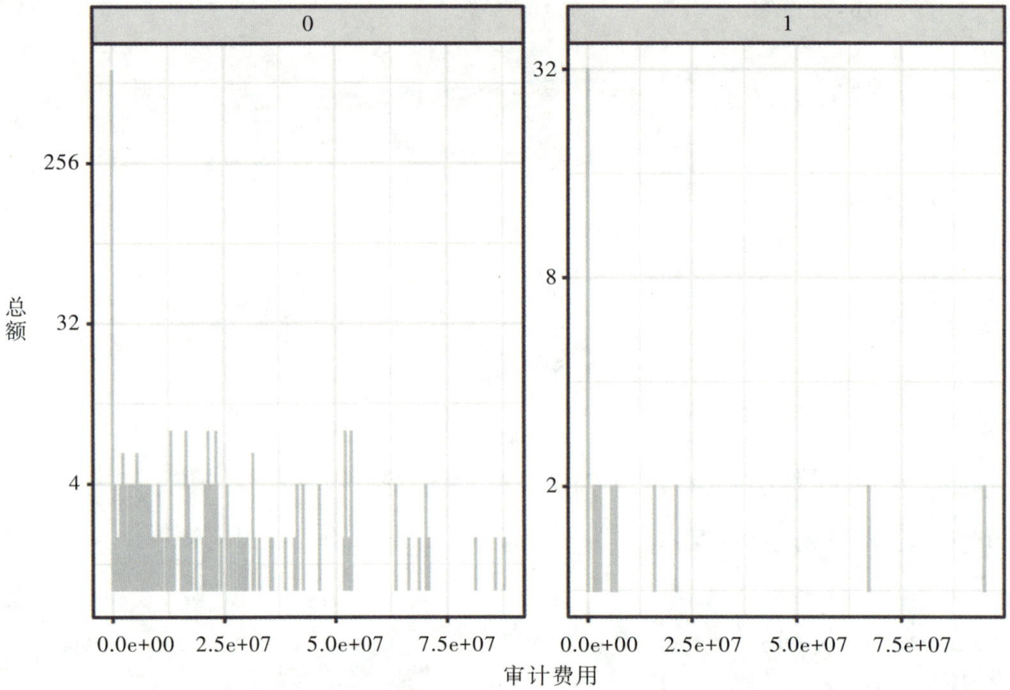

图10-7　计算欺诈和非欺诈案件与审计费用的概况

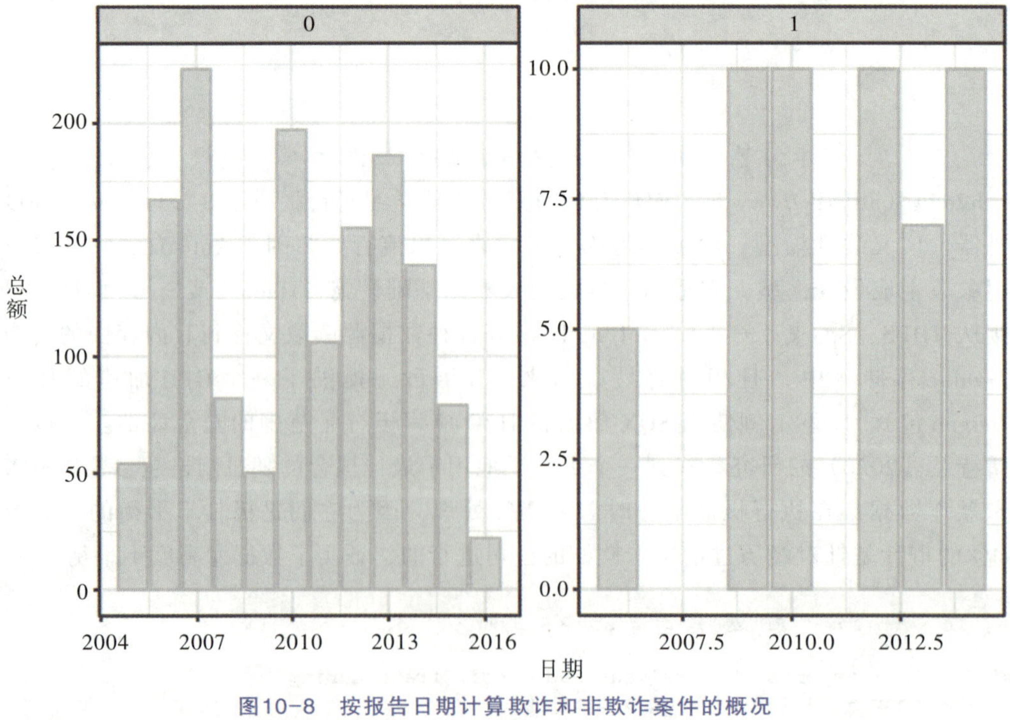

图10-8　按报告日期计算欺诈和非欺诈案件的概况

```
library(tidyverse)

sox %>%
  ggplot(aes(x = AUDIT_FEES)) +
    geom_bar(color = "grey", fill = "lightgrey") +
    theme_bw() +
    scale_y_continuous(trans='log2') +
    facet_wrap( ~ CARD.x, scales = "free", ncol = 2)

sox %>%
  ggplot(aes(x = date)) +
    geom_bar(color = "grey", fill = "lightgrey") +
    theme_bw() +
    facet_wrap( ~ CARD.x, scales = "free", ncol = 2)
```

有趣的是，信用卡欺诈交易在收取审计费用方面具有更大的可变性。这可能有许多原因，但它似乎也表明，在可能存在欺诈的情况下，对客户的控制可能存在更大的不确定性，因此有必要执行额外的审计程序。

在建模方面，我使用R语言的H2O包来实现，将数据集转换为H2O格式，将数据集拆分为训练集和测试集。

```
library(h2o)
```

```
##
## ----------------------------------------------------------------------
##
## Your next step is to start H2O:
##     > h2o.init()
##
## For H2O package documentation, ask for help:
##     > ??h2o
##
## After starting H2O, you can use the Web UI at http://localhost:54321
## For more information visit http://docs.h2o.ai
##
## ----------------------------------------------------------------------

##
## Attaching package: 'h2o'

## The following objects are masked from 'package:stats':
##
##     cor, sd, var

## The following objects are masked from 'package:base':
##
##     &&, %*%, %in%, ||, apply, as.factor, as.numeric, colnames,
##     colnames<-, ifelse, is.character, is.factor, is.numeric, log,
##     log10, log1p, log2, round, signif, trunc
```

```
h2o.init(nthreads = -1)
```

```
##
## H2O is not running yet, starting it now...
##
## Note:  In case of errors look at the following log files:
##     /tmp/Rtmpk1tm04/h2o_westland_started_from_r.out
##     /tmp/Rtmpk1tm04/h2o_westland_started_from_r.err
##
##
```

```
## Starting H2O JVM and connecting: . Connection successful!
##
## R is connected to the H2O cluster:
##     H2O cluster uptime:         1 seconds 179 milliseconds
##     H2O cluster timezone:       America/Chicago
##     H2O data parsing timezone:  UTC
##     H2O cluster version:        3.28.0.2
##     H2O cluster version age:    2 months and 10 days
##     H2O cluster name:           H2O_started_from_R_westland_cmp084
##     H2O cluster total nodes:    1
##     H2O cluster total memory:   29.97 GB
##     H2O cluster total cores:    20
##     H2O cluster allowed cores:  20
##     H2O cluster healthy:        TRUE
##     H2O Connection ip:          localhost
##     H2O Connection port:        54321
##     H2O Connection proxy:       NA
##     H2O Internal Security:      FALSE
##     H2O API Extensions:         Amazon S3, XGBoost, Algos, AutoML,
                                      Core V3, TargetEncoder, Core V4
##     R Version:                  R version 3.6.1 (2019-07-05)
```

```
creditcard_hf <- as.h2o(sox)
```

```
##   |                                                                      |
```

```
splits <- h2o.splitFrame(creditcard_hf,
                         ratios = c(0.30, 0.30),
                         seed = 123)

train_unsupervised  <- splits[[1]]
train_supervised  <- splits[[2]]
test <- splits[[3]]

response <- "CARD.x"
features <- setdiff(colnames(train_unsupervised), response)
```

在H2O中，我首先通过设置autoencoder=TRUE来训练一个无监督的自动编码器神经网络。与Tensorflow模型类似，我使用了一个瓶颈模型，将数据的维度降低到两个节点/维度。然后，autoencoder+会了解哪些信用卡交易是相似的，哪些交易存在离群值或异常值。自动编码器可能对异常值很敏感，因此可能容易过度拟合。

```
library(h2o)

model_nn <- h2o.deeplearning(x = features,
                             training_frame = train_unsupervised,
                             model_id = "model_nn",
                             autoencoder = TRUE,
                             reproducible = TRUE,
                             seed = 123,
                             hidden = c(10, 2, 10),
                             epochs = 100,
                             activation = "Tanh")
```

```
##   |                                                                      |
```

```
model_nn
```

```
## Model Details:
## ==============
##
```

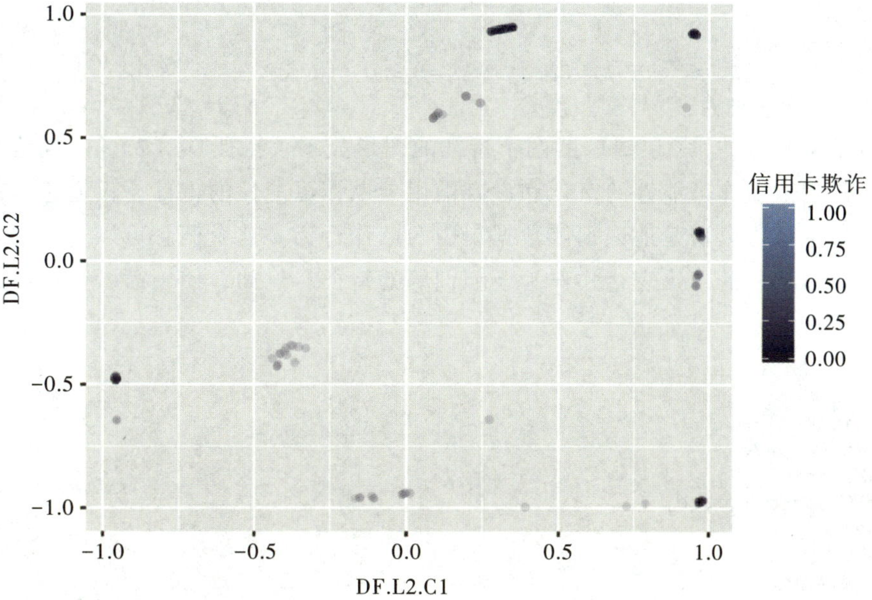

图10-9 利用SOX数据对欺诈案件进行自动编码器第2层检测

```
## H2OAutoEncoderModel: deeplearning
## Model ID:  model_nn
## Status of Neuron Layers: auto-encoder, gaussian distribution, Quadratic loss, 251
   weights/biases, 8.2 KB, 47,100 training samples, mini-batch size 1
##   layer units  type dropout       l1       l2 mean_rate rate_rms momentum
## 1     1     9 Input  0.00 %       NA       NA        NA       NA       NA
## 2     2    10  Tanh  0.00 % 0.000000 0.000000  0.019855 0.016872 0.000000
## 3     3     2  Tanh  0.00 % 0.000000 0.000000  0.006878 0.003528 0.000000
## 4     4    10  Tanh  0.00 % 0.000000 0.000000  0.003076 0.001672 0.000000
## 5     5     9  Tanh      NA 0.000000 0.000000  0.004410 0.003630 0.000000
##   mean_weight weight_rms mean_bias bias_rms
## 1          NA         NA        NA       NA
## 2    0.089231   0.398164  0.008491 0.157678
## 3   -0.046698   0.578193  0.252433 0.028225
## 4    0.062787   0.824127 -0.051472 0.199662
## 5    0.027984   0.399891  0.106388 0.141101
##
##
## H2OAutoEncoderMetrics: deeplearning
## ** Reported on training data. **
##
## Training Set Metrics:
## =====================
##
## MSE:  (Extract with `h2o.mse`) 0.0246203
## RMSE:  (Extract with `h2o.rmse`) 0.1569086
```

```
#Convert to autoencoded representation
test_autoenc <- h2o.predict(model_nn, test)
```

瓶颈自动编码器提供了中间层捕获特征的能力，类似于因子分析或PCA，但是特征不必是线性的，也不必坚持传统探索性统计的简单优化。我们可以用h2o.deepfeatures()函数提取隐藏的特征并绘制以显示输入数据的简化表达式（见图10-9）。

```
library(tidyverse)

train_features <- h2o.deepfeatures(
  model_nn,
  train_unsupervised,
  layer = 2
  ) %>%
  as.data.frame() %>%
  mutate(card_fraud = as.vector(train_unsupervised[, "CARD.x"]))
```

```
ggplot(
  train_features,
  aes(x = DF.L2.C1, y = DF.L2.C2, color = card_fraud)) +
  geom_point(alpha = 0.1)
```

从自动编码器的第2层提取的两个特征的图形显示了特征DF.L2.C1明确地将审计分为具有高信用卡欺诈可能性的审计和没有信用卡欺诈可能性的审计。仅通过自动编码器模型进行降维就可以清楚地识别该数据集中的欺诈行为。这个概念可以进一步发展，使用其中一个隐藏层的降维表达式作为模型训练的特征。例如，使用第一个或第三个隐藏层中的十个特征：

```
#  Take the third hidden layer

train_features <-
  h2o.deepfeatures(
    model_nn,
    train_unsupervised,
    layer = 3
    ) %>%
  as.data.frame() %>%
  mutate(card_fraud = as.factor(as.vector(train_unsupervised[, "CARD.x"]))) %>%
  as.h2o()
response="card_fraud"

features_dim <- setdiff(colnames(train_features), response)

model_nn_dim <- h2o.deeplearning(y = response,
                                 x = features_dim,
                                 training_frame =  train_features,
                                 reproducible = TRUE,
                                 balance_classes = TRUE,
                                 seed = 123,
                                 hidden = c(10, 2, 10),
                                 epochs = 100,
                                 activation = "Tanh")
```

```
h2o.saveModel(model_nn_dim, path="model_nn_dim", force = TRUE)
```

```
model_nn_dim
```

```
## Model Details:
## ==============
##
## H2OBinomialModel: deeplearning
## Model ID:  DeepLearning_model_R_1585689487935_1
## Status of Neuron Layers: predicting card_fraud, 2-class classification,
  bernoulli distribution, CrossEntropy loss, 184 weights/biases, 7.6 KB,
   11,856 training samples, mini-batch size 1
##   layer units    type dropout       l1       l2 mean_rate rate_rms momentum
## 1     1    10   Input  0.00 %       NA       NA        NA       NA       NA
## 2     2    10    Tanh  0.00 % 0.000000 0.000000  0.003902 0.003501 0.000000
## 3     3     2    Tanh  0.00 % 0.000000 0.000000  0.001949 0.000930 0.000000
## 4     4    10    Tanh  0.00 % 0.000000 0.000000  0.001565 0.000780 0.000000
## 5     5     2 Softmax      NA 0.000000 0.000000  0.006979 0.003106 0.000000
##   mean_weight weight_rms mean_bias bias_rms
## 1          NA         NA        NA       NA
## 2    0.034443   0.335956  0.005633 0.047992
## 3   -0.053079   0.416090 -0.051265 0.013347
## 4    0.024471   0.476211  0.014101 0.024998
```

```
## 5    0.158343   1.464484 -0.000000 0.051659
##
##
## H2OBinomialMetrics: deeplearning
## ** Reported on training data. **
## ** Metrics reported on full training frame **
##
## MSE:  0.4347381
## RMSE:  0.6593467
## LogLoss:  1.382748
## Mean Per-Class Error:  0.3541667
## AUC:  0.6549106
## AUCPR:  0.5983136
## Gini:  0.3098213
##
## Confusion Matrix (vertical: actual; across: predicted) for
                                                F1-optimal threshold:
##          0   1    Error      Rate
## 0      163 293 0.642544  =293/456
## 1       30 426 0.065789   =30/456
## Totals 193 719 0.354167  =323/912
##
## Maximum Metrics: Maximum metrics at their respective thresholds
##                         metric threshold      value idx
## 1                       max f1  0.047196   0.725106 155
## 2                       max f2  0.041725   0.859404 158
## 3                 max f0point5  0.047196   0.639256 155
## 4                 max accuracy  0.047196   0.645833 155
## 5                max precision  0.098203   0.857143  11
## 6                   max recall  0.041725   1.000000 158
## 7              max specificity  0.098220   0.997807   0
## 8             max absolute_mcc  0.047196   0.357033 155
## 9   max min_per_class_accuracy  0.054306   0.587719 150
## 10 max mean_per_class_accuracy  0.047196   0.645833 155
## 11                     max tns  0.098220 455.000000   0
## 12                     max fns  0.098220 456.000000   0
## 13                     max fps  0.000901 456.000000 205
## 14                     max tps  0.041725 456.000000 158
## 15                     max tnr  0.098220   0.997807   0
## 16                     max fnr  0.098220   1.000000   0
## 17                     max fpr  0.000901   1.000000 205
## 18                     max tpr  0.041725   1.000000 158
##
## Gains/Lift Table: Extract with 'h2o.gainsLift(<model>, <data>)'
        or 'h2o.gainsLift(<model>, valid=<T/F>, xval=<T/F>)'
```

探索该模型性能的一种方法是绘制“增益”图。给定百分比的增益是目标（如欺诈）累计数量与整个数据集中目标（如欺诈）总数的比率。下面是模型的增益图（见图10-10）。

```
library(tidyverse)
library(knitr)
library(kableExtra)
library(ggplot2)

## Gains/Lift Tables
```

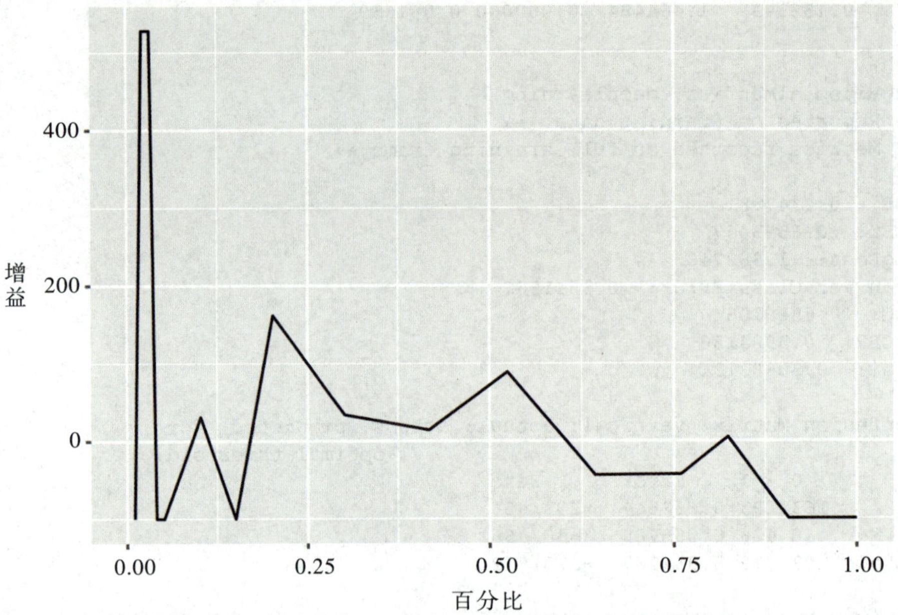

图10-10　利用SOX数据检测欺诈的自动编码器第3层增益图

```
gains <- h2o.gainsLift(model_nn_dim,train_features, valid=F, xval=F)


gains %>%
  ggplot(aes(y=gains$gain, x=gains$cumulative_data_fraction)) +
  geom_line() +
  xlab("percentile") + ylab("gain") +
  xlim(0,1)
```

```
# For measuring model performance on test data, we need to
# convert the test data to the same reduced dimensions as the # trainings data:


test_dim <- h2o.deepfeatures(model_nn, test, layer = 3)
```

```
h2o.predict(model_nn_dim, test_dim) %>%
  as.data.frame() %>%
  mutate(actual = as.vector(test[, "CARD.x"])) %>%
  group_by(actual, predict) %>%
  summarise(n = n()) %>%
  mutate(freq = n / sum(n))
```

```
## # A tibble: 4 x 4
## # Groups:   actual [2]
##   actual predict     n   freq
##    <int> <fct>   <int>  <dbl>
## 1      0 0         165 0.292
## 2      0 1         400 0.708
## 3      1 0           2 0.0909
## 4      1 1          20 0.909
```

这在识别欺诈案件方面看起来相当不错：91%的欺诈案件被识别出来！然而，许多非欺诈案件也被归类为欺诈案件。在实际的审计应用中，这不是一个好的模型，有必要进一步提高预测的敏感性和特异性。

10.6.4 异常检测

我们还可以使用 h2o.anomaly（）函数来询问测试数据中哪些实例被视为离群值或异常值。基于之前训练过的自动编码器模型，输入的数据将会被重建，对于每个实例，计算两个类型标识的实际值和重建值之间的均方误差（MSE）（见图 10-11）。

```
anomaly <- h2o.anomaly(model_nn, test) %>%
  as.data.frame() %>%
  tibble::rownames_to_column() %>%
  mutate(
    card_fraud =
      as.factor(
        as.vector(
          test[, "CARD.x"]
          )))


mean_mse <- anomaly %>%
  group_by(card_fraud) %>%
  summarise(mean = mean(Reconstruction.MSE))


## This, we can now plot:

ggplot(anomaly, aes(x = as.numeric(rowname), y = Reconstruction.MSE,
    color = as.factor(card_fraud))) +
  geom_point(alpha = 0.3) +
  geom_hline(data = mean_mse, aes(yintercept = mean, color = card_fraud)) +
  scale_color_brewer(palette = "Set1") +
  labs(x = "instance number",
       color = "card_fraud")
```

该图没有明确划分欺诈和非欺诈案例，但欺诈交易的平均 MSE 肯定高于常规交易。

现在，我们可以通过为我们认为的异常值应用 MSE 阈值来识别异常值实例。例如，我们可以说，我们认为每个实例的 MSE＞0.02（根据上面的图选择）是异常值/离群值。

```
anomaly <- anomaly %>%
  mutate(outlier = ifelse(Reconstruction.MSE > 0.02, "outlier", "no_outlier"))

anomaly %>%
  group_by(card_fraud, outlier) %>%
  summarise(n = n()) %>%
  mutate(freq = n / sum(n))
```

```
## # A tibble: 4 x 4
## # Groups:   card_fraud [2]
##   card_fraud outlier        n   freq
##   <fct>      <chr>      <int>  <dbl>
## 1 0          no_outlier   418 0.740
## 2 0          outlier      147 0.260
## 3 1          no_outlier    21 0.955
## 4 1          outlier        1 0.0455
```

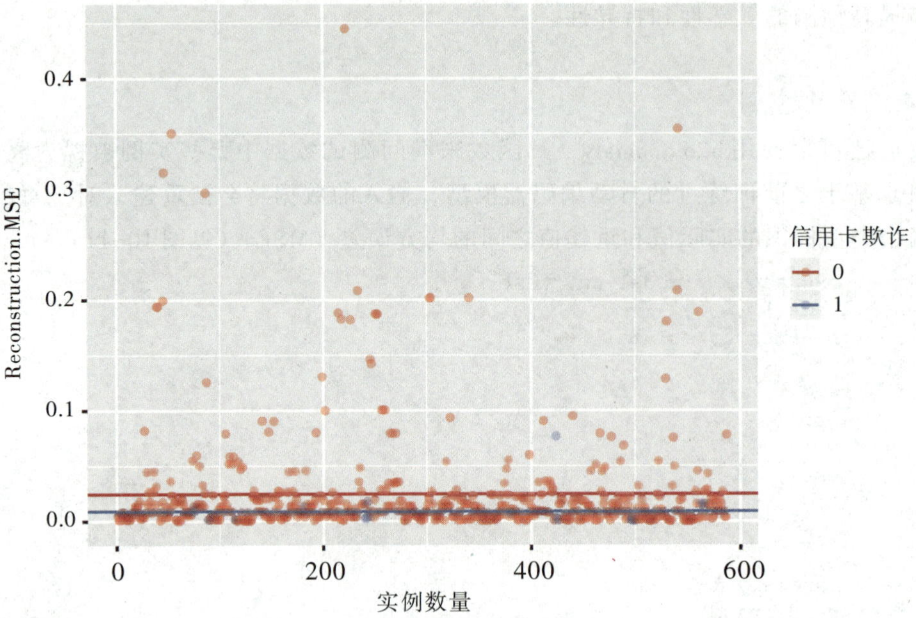

图10-11 用SOX数据检测欺诈的异常值和离群值

对于这个数据集，异常值检测也不足以正确地对欺诈性信用卡交易进行分类。这表明有必要进行进一步的分析。在本例中，我们将继续进行监督学习，尝试使用SOX数据预测信用卡欺诈。

10.6.5 预训练监督模型

在本节，自动编码器模型被用作预训练输入监督模型。该模型将使用来自自动编码器的权重进行模型拟合。

```
train_features <- h2o.deepfeatures(
  model_nn,
  train_unsupervised,
  layer = 2
  ) %>%
  as.data.frame() %>%
  mutate(card_fraud = as.vector(train_unsupervised[, "CARD.x"]))
```

```
response <- "CARD.x"

features <- setdiff(colnames(train_supervised), response)

model_nn_2 <- h2o.deeplearning(y = response,
                               x = features,
                               training_frame = train_supervised,
                               pretrained_autoencoder  = "model_nn",
                               reproducible = TRUE,
                               balance_classes = F,
                               ignore_const_cols = TRUE,
                               seed = 123,
                               hidden = c(10, 2, 10),
                               epochs = 100,
                               activation = "Tanh")
```

```r
model_nn_2
```

```
## Model Details:
## ==============
##
## H2ORegressionModel: deeplearning
## Model ID:  DeepLearning_model_R_1585689487935_17
## Status of Neuron Layers: predicting CARD.x, regression,
     gaussian distribution, Quadratic loss, 163 weights/biases,
        7.3 KB, 45,400 training samples, mini-batch size 1
##   layer units   type dropout       l1       l2 mean_rate rate_rms momentum
## 1     1     9  Input  0.00 %       NA       NA        NA       NA       NA
## 2     2    10   Tanh  0.00 % 0.000000 0.000000  0.006301 0.007721 0.000000
## 3     3     2   Tanh  0.00 % 0.000000 0.000000  0.002035 0.001171 0.000000
## 4     4    10   Tanh  0.00 % 0.000000 0.000000  0.002826 0.008509 0.000000
## 5     5     1 Linear      NA 0.000000 0.000000  0.000234 0.000109 0.000000
##   mean_weight weight_rms mean_bias bias_rms
## 1          NA         NA        NA       NA
## 2    0.090567   0.407879  0.031163 0.204913
## 3   -0.056527   0.640207  0.351327 0.060788
## 4    0.079290   0.937924 -0.047194 0.219902
## 5    0.109594   0.293195  0.009355 0.000000
##
##
## H2ORegressionMetrics: deeplearning
## ** Reported on training data. **
## ** Metrics reported on full training frame **
##
## MSE:  0.03092839
## RMSE:  0.1758647
## MAE:  0.06211831
## RMSLE:  0.1217686
## Mean Residual Deviance :  0.03092839
```

```r
pred <- as.data.frame(h2o.predict(object = model_nn_2, newdata = test)) %>%
  mutate(actual = as.vector(test[, "CARD.x"]))
```

```r
pred %>%
  group_by(actual, predict) %>%
  summarise(n = n()) %>%
  mutate(freq = n / sum(n))
```

```
## # A tibble: 258 x 4
## # Groups:   actual [2]
##    actual  predict     n    freq
##     <int>    <dbl> <int>   <dbl>
##  1      0 -0.0202      1 0.00177
##  2      0 -0.0201      1 0.00177
##  3      0 -0.0195      1 0.00177
##  4      0 -0.0154      2 0.00354
##  5      0 -0.0120      1 0.00177
##  6      0 -0.00903     1 0.00177
##  7      0 -0.00842     1 0.00177
##  8      0 -0.00832     4 0.00708
##  9      0 -0.00810     1 0.00177
## 10      0 -0.00611     1 0.00177
## # ... with 248 more rows
```

```r
summary(pred)
```

```
##     predict              actual
##  Min.   :-0.02016   Min.   :0.00000
##  1st Qu.: 0.02764   1st Qu.:0.00000
##  Median : 0.03781   Median :0.00000
##  Mean   : 0.03191   Mean   :0.03748
##  3rd Qu.: 0.04189   3rd Qu.:0.00000
##  Max.   : 0.08967   Max.   :1.00000
```

这显示了方法接近的前景（尽管该模型倾向于低估欺诈的预测值），表明值得进一步改进模型。例如，对超参数调整执行网格搜索，回到原始特征，选择不同的工程特征，并可能探索不同的算法。

10.6.6 在高度不平衡的数据上测量模型性能

由于对非欺诈案件的严重偏见，我们不能使用准确性或曲线下面积（AUC）等绩效指标，因为它们会根据大多数高百分比的正确分类给出过于乐观的结果。AUC的替代方法是使用精确-召回曲线或灵敏度（召回）-特异性曲线。计算和绘制这些指标，我们可以使用ROCR包。有不同的方法来计算曲线下的面积（例如，参见PRROC包的详细信息）。在接下来的分析中，我创建了一个简单的线积分函数来计算在y的对应值下x的每个连续点与两者之间的面积。

```
library(ROCR)
```

```
## Loading required package: gplots

##
## Attaching package: 'gplots'

## The following object is masked from 'package:stats':
##
##     lowess
```

```
line_integral <- function(x, y) {
  dx <- diff(x)
  end <- length(y)
  my <- (y[1:(end - 1)] + y[2:end]) / 2
  sum(dx * my)
}

str(pred)
```

```
## 'data.frame':    587 obs. of  2 variables:
##  $ predict: num  0.0206 0.0354 0.0444 0.0354 0.0378 ...
##  $ actual : int  0 0 0 0 0 0 0 0 0 0 ...
```

```
summary(pred)
```

```
##     predict              actual
##  Min.    :-0.02016   Min.   :0.00000
##  1st Qu.: 0.02764   1st Qu.:0.00000
##  Median : 0.03781   Median :0.00000
##  Mean   : 0.03191   Mean   :0.03748
##  3rd Qu.: 0.04189   3rd Qu.:0.00000
##  Max.   : 0.08967   Max.   :1.00000
```

```
prediction_obj <- prediction(pred$predict, pred$actual)


par(mfrow = c(1, 2))
par(mar = c(5.1,4.1,4.1,2.1))

# precision-recall curve
perf1 <- performance(prediction_obj, measure = "prec", x.measure = "rec")

x <- perf1@x.values[[1]]
y <- perf1@y.values[[1]]
y[1] <- 0
```

```
plot(perf1, main = paste("Area Under the\nPrecision-Recall Curve:
  \n", round(abs(line_integral(x,y)), digits = 3)))

# sensitivity-specificity curve
perf2 <- performance(prediction_obj, measure = "sens", x.measure = "spec")

x <- perf2@x.values[[1]]
y <- perf2@y.values[[1]]
y[1] <- 0

plot(perf2, main = paste("Area Under the\nSensitivity-Specificity Curve:\n
  ", round(abs(line_integral(x,y)), digits = 3)))
```

精确度是预测为欺诈且确实是欺诈的测试案例的比例（即真正的正向预测），而召回或敏感性是被识别为欺诈的欺诈案例的比例。特异性是被认定为非欺诈的非欺诈案例的比例（图10-12）。

精确度-召回曲线告诉我们正确的欺诈预测与被检测到的欺诈案例比例之间的关系（例如，所有或大多数欺诈案例都已被识别，但我们也有许多非欺诈案例被预测为欺诈，反之亦然）。因此，敏感性-特异性曲线告诉我们正确识别的两个标识类型之间的关系（例如，如果我们有100%正确分类的欺诈案例，我们就不会有正确分类的非欺诈案件，反之亦然）。

我们也可以稍微不同地看待这个问题，通过人工找出不同的预测阈值并计算有多少案例被正确地分类在这两个类别中：

```
thresholds <- seq(from = 0, to = 1, by = 0.1)
pred_thresholds <- data.frame(actual = pred$actual)

for (threshold in thresholds) {

  prediction <- ifelse(pred$predict > threshold, 1, 0)
  prediction_true <- ifelse(pred_thresholds$actual == prediction, TRUE, FALSE)
  pred_thresholds <- cbind(pred_thresholds, prediction_true)
```

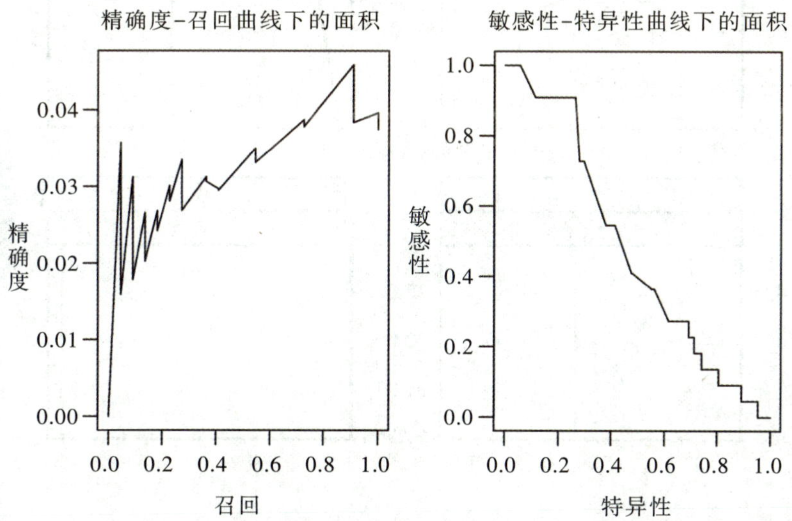

图10-12 使用SOX数据检测欺诈的精确度-召回曲线和敏感性-特异性曲线

```
}

colnames(pred_thresholds)[-1] <- thresholds
pred_thresholds %>%
  gather(x, y, 2:ncol(pred_thresholds)) %>%
  group_by(actual, x, y) %>%
  summarise(n = n()) %>%
  ggplot(aes(x = as.numeric(x), y = n, color = actual)) +
    geom_vline(xintercept = 0.6, alpha = 0.5) +
    geom_line() +
    geom_point(alpha = 0.5) +
    theme_bw() +
    facet_wrap(actual ~ y, scales = "free", ncol = 2) +
    labs(x = "prediction threshold",
         y = "number of instances")
```

```
## geom_path: Each group consists of only one observation. Do you need to adjust
## the group aesthetic?
```

图10-13告诉我们，当我们将预测阈值从默认值0.5提高到0.6时，我们可以增加正确分类的非欺诈案例的数量，而不会丢失正确分类的欺诈案例的数量。

```
pred %>%
  mutate(predict = ifelse(pred$predict > 0.6, 1, 0)) %>%
  group_by(actual, predict) %>%
  summarise(n = n()) %>%
  mutate(freq = n / sum(n))
```

```
## # A tibble: 2 x 4
## # Groups:   actual [2]
##   actual predict     n  freq
##    <int>   <dbl> <int> <dbl>
## 1      0       0   565     1
## 2      1       0    22     1
```

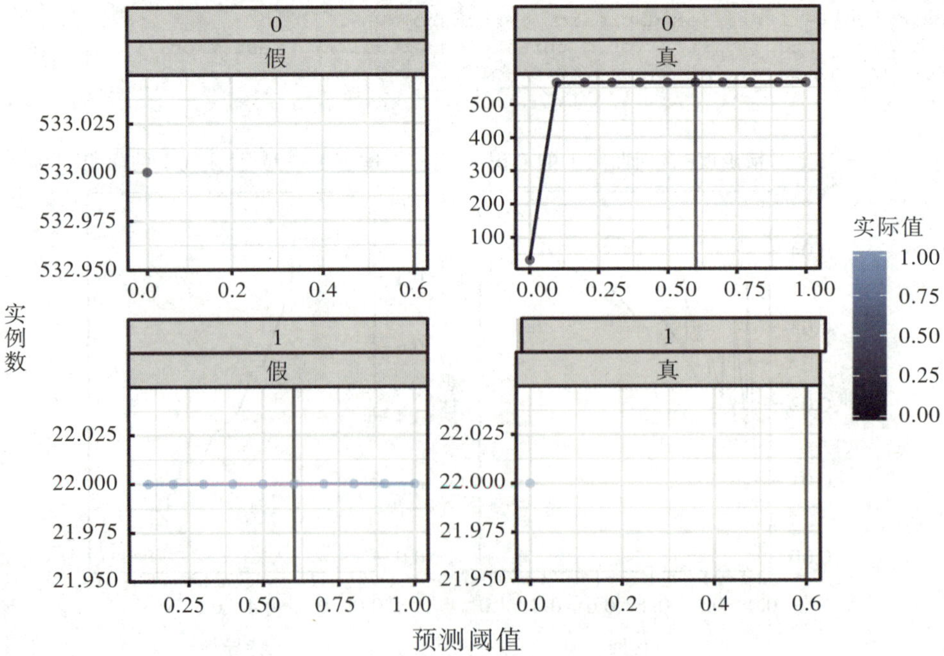

图10-13 使用SOX数据预测欺诈时搜索最佳预测截止值

我们的最终模型并没有比之前的模型有很大的改进，这表明在这一点上有更多的信息需要准确预测。尤其是审计师，应该能够获得比SOX中要求公开报告的更多的数据。可以想象，这可以与SOX数据合并，同时使用之前的分析在信用卡欺诈检测中提供额外的特异性和敏感性。

10.7 Fama-French风险度量和机器学习模型的网格搜索以补充信息

会计和财务数据本质上是非线性和多重共线性的，这意味着变量集合的交叉相关和行为会对预测产生重大影响。机器学习模型可以克服传统统计的常见问题，因为它们可以在更大的参数空间中寻找解决方案。解释有时可能更困难，但我们提供了一组“杠杆”指标来衡量输入的预测变量的影响，这些预测变量对特定因素在确定信用卡欺诈中的重要性进行排序。虽然这些不能以直接的因果方式来解释（预测变量和回归统计量可以使用），但它们确实表明了环境、管理政策和执行情况的变化将影响信用卡欺诈的发生。

本研究训练并交叉验证了以下算法（按以下顺序）：三个预先指定的XGBoost GBM（梯度增强机器）模型、一个固定的GLM网格模型、一个默认的随机森林（DRF）模型、五个事先指定的H2O GBM、一个近乎默认的深部神经网络（DNN）、一个极端随机森林（XRT）模型、一个XGBoost GBMs的随机网格、H2O GBMs的随机网格和深度神经网络（DNN）的随机网格模型。在此基础上，本研究训练了两个堆叠集成（Stacked Ensemble）模型，然后进行了全面的网格搜索，探索了每种算法的超参数，从而优化了F1分类统计量。

分类性能通常根据特异性-选择性或精度和召回性能进行排名。这些在二元分类中用于研究某些分类器（C）的输出结果。高精度意味着算法返回相关的结果比不相关的结果要多得多。高召回率意味着算法返回了大部分相关的结果。这些与敏感性-特异性框架有关。敏感度与召回率相同，衡量的是正确识别实际正向的比例。特异性衡量的是正确识别实际负向的比例。这四个指标都是根据“混淆矩阵”计算得出的，即表10-4所示的分类精度为2×2的矩阵。

表10-4　　干扰矩阵

	预测条件为正向	预测条件为负向
条件为正向	（TP） True positive	（FN） False negative （II类错误）
条件为负向	（FP） False positive （I类错误）	（TN） True negative

以分类器C为条件，计算这些：

- 精确度=$\frac{TP}{TP+FP}|C$
- 召回=敏感性 = $\frac{TN}{TP+FN}|C$

- 特异性=$\frac{TN}{TP+FN}|C$

用于精确度-召回或敏感性-特异性的受试者操作特征（ROC）曲线总结了分类器在C范围内的性能，有时绘制在二维图中。该曲线的积分介于0和1之间的值，称为曲线下面积（AUC），并将模型的性能总结为单个数字。

F1分数（精确度和敏感度的调和平均值）用于对我们的分类模型进行排名，以确定是否发生了信用卡欺诈，计算如下：

$$F1=\frac{2\cdot TP}{2\cdot TP+FP+FN}$$

表10-5提供了使用SOX-Privacy Clearinghouse（PCH）数据集对我们模型的排名。基于敏感性-特异性曲线下面积（AUC）的最佳性能模型是表10-6的第一行列出的梯度增强机器。该模型具有以下性能统计数据。

表10-5　　最佳性能模型统计

统计量	统计值
AUC（sensitivity-specificity）	0.9934046
AUC（precision-recall）	0.8603881
R-squared	0.7071069
RMSE	0.1042045
MSE	0.0108586
LogLoss	0.0404258
Mean/class error	0.0346702
Gini	0.9868093

表10-6　　用于测试的机器学习模型排名：SOX-PCH数据

模型	AUC	AUC.PR	RMSE	MSE	log.Loss.
GBM_grid__1_AutoML_20200305_144328_model_1	0.993	0.860	0.104	0.011	0.040
GBM_4_AutoML_20200305_144328	0.989	0.778	0.117	0.014	0.049
GBM_3_AutoML_20200305_144328	0.988	0.753	0.119	0.014	0.052
GBM_2_AutoML_20200305_144328	0.988	0.801	0.109	0.012	0.045
XGBoost_grid__1_AutoML_20200305_144328_model_6	0.988	0.774	0.120	0.014	0.052
GBM_1_AutoML_20200305_144328	0.987	0.806	0.108	0.012	0.053
GBM_grid__1_AutoML_20200305_144328_model_4	0.977	0.579	0.148	0.022	0.077
XGBoost_grid__1_AutoML_20200305_144328_model_3	0.975	0.530	0.162	0.026	0.094

续表

模型	AUC	AUC.PR	RMSE	MSE	log.Loss.
GBM_grid__1_AutoML_20200305_144328_model_3	0.973	0.815	0.117	0.014	0.053
DRF_1_AutoML_20200305_144328	0.961	0.731	0.126	0.016	0.070
GBM_5_AutoML_20200305_144328	0.956	0.653	0.137	0.019	0.066
StackedEnsemble_AllModels_AutoML_20200305_144328	0.953	0.781	0.125	0.016	0.068
StackedEnsemble_BestOfFamily_AutoML_20200305_144328	0.948	0.677	0.113	0.013	0.075
DeepLearning_grid__3_AutoML_20200305_144328_model_1	0.947	0.404	0.171	0.029	0.202
XRT_1_AutoML_20200305_144328	0.925	0.631	0.155	0.024	0.166
GBM_grid__1_AutoML_20200305_144328_model_2	0.914	0.443	0.186	0.035	0.141
DeepLearning_grid__1_AutoML_20200305_144328_model_1	0.909	0.438	0.174	0.030	0.213
DeepLearning_grid__2_AutoML_20200305_144328_model_1	0.903	0.442	0.165	0.027	0.220
XGBoost_3_AutoML_20200305_144328	0.891	0.208	0.183	0.034	0.129
XGBoost_grid__1_AutoML_20200305_144328_model_4	0.866	0.147	0.187	0.035	0.139
GLM_1_AutoML_20200305_144328	0.814	0.291	0.175	0.031	0.122
XGBoost_grid__1_AutoML_20200305_144328_model_2	0.741	0.078	0.191	0.037	0.154
XGBoost_1_AutoML_20200305_144328	0.703	0.066	0.192	0.037	0.159
XGBoost_grid__1_AutoML_20200305_144328_model_1	0.680	0.055	0.192	0.037	0.162
DeepLearning_1_AutoML_20200305_144328	0.673	0.143	0.186	0.034	0.153
XGBoost_2_AutoML_20200305_144328	0.621	0.050	0.192	0.037	0.162
XGBoost_grid__1_AutoML_20200305_144328_model_5	0.568	0.041	0.195	0.038	0.171

对于该模型，训练干扰矩阵如表 10-7 所示，验证如表 10-8 所示；垂直标识符代表实际结果（即响应 = 0/1），水平标识符表示 F1 最佳阈值处的预测结果（请参阅表 10-4，其中口头描述了每个单元格）。

表10-7　　最佳性能模型：干扰矩阵（训练）

	0	1	错误率	比率
0	371	3	0.008021	0.0080214
1	2	13	0.133333	0.1333333
总计	373	16	0.012853	0.0128535

表10-8　　最佳性能模型：混淆矩阵（验证）

	0	1	错误率	比率
0	372	2	0.005348	0.0053476
1	3	12	0.200000	0.2000000
总计	375	14	0.012853	0.0128535

验证后，I 类错误（从 0.008 下降到 0.005）与 II 类错误（从 0.13 上升到 0.20）略有折中。该训练矩阵和验证矩阵的接近程度证实了该模型是稳健的。此外，总体统计数据非常好，敏感性-特异性 AUC 为 99.3%，精确-召回 AUC 为 86%，基尼系数（即洛伦茨曲线的 AUC）为 98.7%。所有其他统计数据也很出色。

表 10-9 显示了每个预测变量在预测信用卡欺诈数据集时的杠杆作用。这是最重要的变量列表，经过重新调整和排序以反映变量的不同范围，并使它们具有可比性。大部分预测能力是公司特定的（正如预期的那样，因为控制缺陷在公司层面有所不同）。令人惊讶的是，基于费用的预测因子在预测信用卡欺诈方面比 SOX 测试的结果重要得多（SOX 测试在此模型中显示的预测能力很弱）。不幸的是，最重要的信息似乎是企业特定的，次要的预测因子只有企业特定效应的一半影响。最重要的非公司特定预测因素似乎是费用——这是一个预期的相关因素，因为存在内部控制问题的公司可能需要更多的审计，并且更容易受到安全漏洞的影响。作为适用于集合中所有公司的通用预测因子，审计费用信息与其说是可靠的预测因子，不如说是一个滞后指标。

表10-9　　可变杠杆，基于SOX-PCH 数据的最佳性能模型

变量	Relative.importance	Scaled.importance	比率
Firm Specific（ticker）	38.886452	1.000000	0.317913
AUDIT_RELATED_FEES	20.477877	0.526607	0.167415
TAX_FEES	17.072939	0.439046	0.139579
NON_AUDIT_FEES	15.740197	0.404773	0.128683
AUDIT_FEES	10.672934	0.274464	0.087256
BENEFITS_FEES	8.042397	0.206817	0.065750
Time-Specific（year）	4.881341	0.125528	0.039907
AUDITOR_AGREES	1.726176	0.044390	0.014112
COMBINED_IC_OP	1.254117	0.032251	0.010253
IS_EFFECTIVE	1.041654	0.026787	0.008516
SIG_DEFICIENCY	0.829417	0.021329	0.006781
IC_OP_TYPE	0.770081	0.019803	0.006296
MATERIAL_WEAKNESS	0.645898	0.016610	0.005280
IC_IS_EFFECTIVE	0.276247	0.007104	0.002258

10.8 Fama-French 风险因素

在资产定价和投资组合管理中，Fama-French 模型估计了各种风险因素的股票回报（Fama 和 French，1993）。

$$r=\alpha+R_f+\beta_{mkt}\cdot(R_m-R_f)+b_{smb}\cdot SMB+b_{hml}\cdot HML+\varepsilon$$

• r 为投资组合的预期收益率（RET）；

• α 是市场效应（alpha）；

• R_f 为无风险收益率；

• R_m 是市场投资组合收益率（coeff：b_mkt）；

• SMB 为"低（市值）减去高（市值）"（coeff：b_smb）；

• HML 是"高低（市净率）之差"（coeff：b_hml）；

• *ivol* 是推测的波动率，可以通过类似于期权的计算，从市场价格中推断出波动率并求解波动性输入值；

• *tvol* 是理论波动率，从类似于使用均方根公式的赫斯顿模型的期权定价计算中推断出来；

• ε 是具有某种假定分布的误差项（exret）；

• R^2 衡量回归的拟合度（R^2）。

Fama-French 模型使用了三个预测变量（在后来的工作中添加了另外两个）——（1）市场风险；（2）小公司的表现优于大公司；（3）高账面市值公司的表现优于低账面市值公司（Petkova，2006）。Fama 和 French 首先观察到，两类股票往往比整个市场表现更好：（1）小盘股；（2）高账面市值比股（B/P，习惯上称为价值股，与成长股形成对比）。然后，他们在 CAPM 中添加了两个因子，以反映投资组合对这两个因子的敞口（Fama 和 French，1993）。这些因素是通过由排名股票组成的投资组合和可用的历史市场数据计算得出的。

Fama-French 三因素模型解释了 90% 以上的多元化投资组合回报，而 CAPM 给出的平均回报率为 70%（样本内）。他们发现，小规模、价值因素、高账面市值比率和相关比率带来了正回报。通过检查 β 和规模，他们发现高回报、小规模和高 β 都是相关的。然后，他们控制规模，测试 β 的回报率，发现没有关系。假设股票首先按规模进行划分，那么 β 的预测能力就会消失。他们讨论了 β 是否可以被挽救，夏普-林特纳-布莱克模型是否因分析中的错误而复苏，并发现这不太可能（Fama 和 French，1992）。2015 年，Fama 和 French 扩展了模型，增加了盈利能力和投资两个因素，并进一步建议进行波动性度量。这些模型在预测美国市场回报方面表现良好，但在其他市场却不尽如人意。本项研究以美国为中心，Fama-French 指标具有相关性，我们采用了三因素模型，其中包含两个综合波动率指标——推断波动率和理论波动率。

正如我们之前所做的那样，我们按照以下顺序训练并交叉验证了算法：三个预先指定的 XGBoost GBM（梯度增强机器）模型、一个固定的 GLM 网格、一个默认的随机森林（DRF）模型、五个事先指定的 H2O GBM、一个近乎默认的深度神经网络、一个极端随机森林（XRT）模型、一个XGBoost GBMs的随机网格、H2O GBMs的随机网格，以及深度神经网络的随机网格。在此基础上，我们训练了两个堆叠集成模型。综合网格搜索了每种算法的超参数，优化了F1分类统计量。

根据F1分数（精确度和敏感度的调和平均值）对分类性能进行排名，以计算是否发生信用卡欺诈，计算公式为：

$$F1 = \frac{2 \cdot TP}{2 \cdot TP + FP + FN}$$

表10-10提供了我们的模型排名，使用先前的数据集添加了Fama-French风险因素。由于数据仅限于添加了Fama-French风险因素的上市公司，数据库中的公司总数减少到大约整个SOX-Privacy Clearinghouse数据集可用数量的一半。

表10-11显示了添加Fama-French风险因素的最佳模型的性能。在“训练过的”干扰矩阵中，预测是完美的（100%）（表10-12），并且在验证后只犯了一个错误（假负向）（表10-13）。训练结果和验证矩阵的接近程度证实了该模型是稳健的，并且在没有Fama-French风险因素的情况下对模型进行了改进。此外，总体统计数据非常好，敏感性-特异性AUC为99.8%（略有改进），精确度-召回AUC为76%（稍差），基尼系数（即洛伦茨曲线的AUC）为99.7%（略有改善）。所有其他统计数据都略有改善。

表10-10　被测试的机器学习模型：SOX-PCH + Fama-French风险因素

模型	AUC	AUC.PR	RMSE	MSE	log.Loss.
GBM_grid__1_AutoML_20200305_140929_model_1	0.999	0.763	0.091	0.008	0.029
GBM_1_AutoML_20200305_140929	0.994	0.506	0.084	0.007	0.045
GBM_grid__1_AutoML_20200305_140929_model_2	0.994	0.706	0.162	0.026	0.098
GBM_2_AutoML_20200305_140929	0.994	0.675	0.111	0.012	0.042
GBM_4_AutoML_20200305_140929	0.994	0.675	0.121	0.015	0.046
XGBoost_grid__1_AutoML_20200305_140929_model_5	0.993	0.694	0.103	0.011	0.045
GBM_3_AutoML_20200305_140929	0.991	0.685	0.124	0.015	0.049
XGBoost_grid__1_AutoML_20200305_140929_model_6	0.991	0.602	0.134	0.018	0.065
XGBoost_grid__1_AutoML_20200305_140929_model_2	0.991	0.649	0.129	0.017	0.069
GBM_grid__1_AutoML_20200305_140929_model_3	0.990	0.640	0.108	0.012	0.048
XRT_1_AutoML_20200305_140929	0.987	0.664	0.106	0.011	0.046
GBM_grid__1_AutoML_20200305_140929_model_4	0.982	0.555	0.133	0.018	0.069
XGBoost_3_AutoML_20200305_140929	0.980	0.581	0.167	0.028	0.107

续表

模型	AUC	AUC.PR	RMSE	MSE	log.Loss.
DRF_1_AutoML_20200305_140929	0.962	0.629	0.105	0.011	0.053
XGBoost_grid__1_AutoML_20200305_140929_model_1	0.956	0.395	0.174	0.030	0.125
GLM_1_AutoML_20200305_140929	0.952	0.489	0.134	0.018	0.074
XGBoost_grid__1_AutoML_20200305_140929_model_3	0.950	0.532	0.176	0.031	0.128
DeepLearning_grid__1_AutoML_20200305_140929_model_1	0.949	0.622	0.156	0.024	0.136
XGBoost_1_AutoML_20200305_140929	0.929	0.342	0.181	0.033	0.145
XGBoost_grid__1_AutoML_20200305_140929_model_7	0.923	0.571	0.179	0.032	0.138
StackedEnsemble_AllModels_AutoML_20200305_140929	0.855	0.608	0.117	0.014	0.065
StackedEnsemble_BestOfFamily_AutoML_20200305_140929	0.851	0.535	0.133	0.018	0.096
DeepLearning_grid__2_AutoML_20200305_140929_model_1	0.821	0.534	0.143	0.021	0.397
DeepLearning_grid__3_AutoML_20200305_140929_model_1	0.818	0.514	0.117	0.014	0.309
DeepLearning_1_AutoML_20200305_140929	0.713	0.060	0.174	0.030	0.139
XGBoost_grid__1_AutoML_20200305_140929_model_4	0.456	0.025	0.257	0.066	0.288
XGBoost_2_AutoML_20200305_140929	0.421	0.022	0.182	0.033	0.150

表10-11 最佳性能模型统计

统计指标	统计值
AUC（sensitivity-specificity）	0.9985816
AUC（precision-recall）	0.7633333
R-squared	0.7477957
RMSE	0.0913309
MSE	0.0083413
LogLoss	0.0293261
Mean/class error	0.0035461
Gini	0.9971631

表10-12　　最佳模型：干扰矩阵（训练）

	0	1	错误率	比率
0	141	0	0	0
1	0	5	0	0
总计	141	5	0	0

表10-13　　最佳模型：干扰矩阵（验证）

	0	1	错误率	比率
0	140	1	0.007092	0.0070922
1	0	5	0.000000	0.0000000
总计	140	6	0.006849	0.0068493

表10-14对信用卡欺诈最重要的预测因素进行了规模调整和排名，使它们具有可比性。这里的情况要好得多。第一个最具影响力的信息来自一个通用预测因子（即可以用于预测跨公司的信用卡欺诈）。在对信用卡欺诈的预测中，Fama-French风险因素发挥了最大的杠杆作用——*HML*的系数β_{hml}，即“高（账面市值比）减去低（账面市值比）”。回想一下，Fama和French认为有两种股票的表现往往好于整体市场：（1）小盘股；（2）高账面市值比的股票——通常被称为价值型股票。β系数与信用卡欺诈安全漏洞的发生呈正相关关系。第二个最具影响力的变量是报告年份，具有一定的重要性，为0.42。观察涉及信用卡欺诈（响应变量=“1”）的安全漏洞的分布与未检测到欺诈的年份（响应变量=“0”）之间的差异会有深刻的理解，其中在2008年金融危机爆发后的几年里欺诈率较高（图10-14）。报告年度的影响力仅为β_{hml}的42%，而Fama-French三因子模型R^2的影响力大致相同，约为41%。非审计费用（可能是面向信息系统的）为25%，一些预测因子约占β_{hml}影响的10%。这些预测因子在长期内可能是稳健的，也可能不是，因为它们的影响会被最有影响力的预测因子覆盖。

表10-14　最佳性能ML模型变量的重要性：SOX-PCH + Fama-French风险因素

变量	Relative_importance	Scaled_importance	百分率
b_hml	11.0175772	1.0000000	0.3133020
Time-specific（year）	4.6752753	0.4243470	0.1329487
R^2	4.5779834	0.4155163	0.1301821
NON_AUDIT_FEES	2.6473022	0.2402799	0.0752802
AUDIT_FEES	1.7185558	0.1559831	0.0488698
OTHER_FEES	1.6758081	0.1521031	0.0476542

续表

变量	Relative_importance	Scaled_importance	百分率
alpha	1.3958076	0.1266892	0.0396920
b_mkt	1.2839173	0.1165335	0.0365102
b_smb	1.2726192	0.1155081	0.0361889
AUDIT_RELATED_FEES	1.1642095	0.1056684	0.0331061
TAX_FEES	0.9182994	0.0833486	0.0261133
exret	0.8094989	0.0734734	0.0230194
AUDITOR_AGREES	0.6674294	0.0605786	0.0189794
tvol	0.4893094	0.0444117	0.0139143
ivol	0.4715100	0.0427962	0.0134081
COMBINED_IC_OP	0.2007296	0.0182190	0.0057081
IC_OP_TYPE	0.1744345	0.0158324	0.0049603
IC_IS_EFFECTIVE	0.0057306	0.0005201	0.0001630
IS_EFFECTIVE	0.0000030	0.0000003	0.0000001
SIG_DEFICIENCY	0.0000000	0.0000000	0.0000000
MATERIAL_WEAKNESS	0.0000000	0.0000000	0.0000000

Fama-French 三因素模型的β和R^2的高水平使人们相信，在分析审查和审计规划中，企业可以有效地将其用作通用预测因子，适用于一组中的所有企业，以评估它们可能遇到的潜在信用卡系统控制弱点。

可能更难以保证的是，在有或没有Fama-French风险因素的模型中，由审计师提出的四大SOX具体意见和签署的SOX报告的杠杆作用平平：

- 信息系统有效；
- 对信息系统的内部控制有效；
- 存在实质性漏洞；
- 存在重大缺陷。

在这两个模型中，这四个关键的审计和管理意见只占最重要预测因素的1%～2%。

可变杠杆可以被认为是一种相关性，但它是非线性的，并且它完全利用了数据集中的所有信息。杠杆也可能倾向于特定模型，因为机器学习模型更全面地从输入的数据中学习，并考虑线性模型忽略的非线性和协方差。我们的分析表明，这些变量为预测欺诈提供了相当多的信息——两个模型的AUC均约为100%，这两种模式都有可能改善公司内部、审计期间以及机构和银行层面的信用卡安全监控工作。

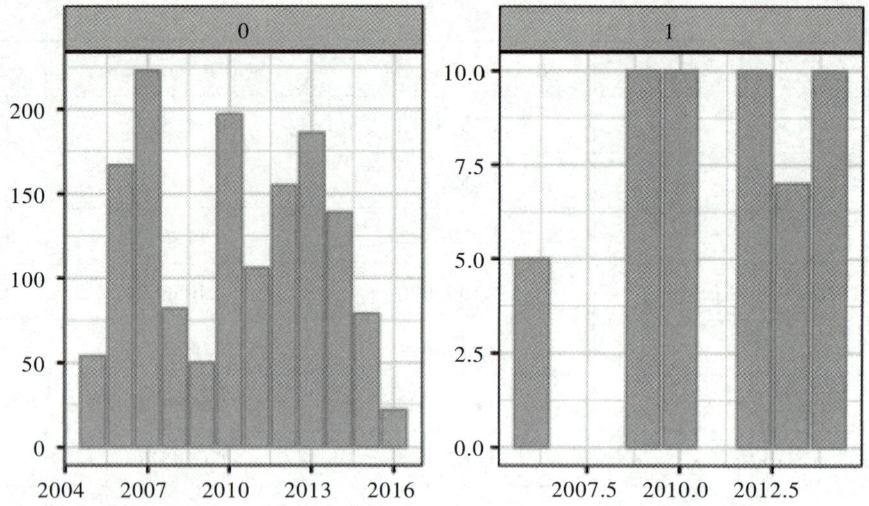

图10-14 信用卡欺诈安全漏洞的年度分布（0 = 无欺诈；1 = 欺诈）

10.8 关于萨班斯-奥克斯利报告的最后思考

因为我们的SOX和信用卡数据集是极度不平衡的，大多数观察结果都没有出现安全漏洞，所以我们的模型在确定没有漏洞这一方面可能会出错（管理层可能也会这样做）。在这种情况下，第I类错误的水平（当存在一个漏洞时，不正确地预测没有漏洞）：便携式设备泄露为6.8%，而信用卡泄露为4%，内部违规则为7.8%。如果有人认为5%的显著性（或p值）是一个良好决策的标准，那么这些预测在常用标准下并没有那么不准确。

但我们在这一领域面临的困境凸显了对更多数据的需求。SOX数据量现在相当可观，上市公司的报告期接近15年。然而，需要一个更大、更现代化的数据库来改进这个模型。如果我们相信（Menn，2012），我们的违规数据集的大小应该是现在的3~30倍——在1 000~10 000个违规报告之间。资金更充足、更努力地收集违规数据（目前的数据集违规大多是自我报告的）将极大地提高机器学习模型预测未来违规的能力。为了探索这一想法，我们在2010年而不是2013年进行了一个具有更大测试数据集的替代测试，将训练和测试分开，将48%的观察结果放在“测试”集中。尽管这在性能测量中发生了更多的违规事件，但结果并没有显著差异。对实际违约事件的准确预测可能需要更多的观察。

我们的案例研究和定性研究表明，检测系统漏洞的策略、方法和工具正在不断演变。例如，2016年，Shadow Brokers拍卖了NSA Equation Group的黑客工具后，据称发生了几起安全漏洞事件，如果没有NSA工具，这是不可能的（Burgess，2017）。因此，随着时间的推移，模型准确预测未来违约的能力可能会稳步下降。我们不知道这在多大程度上影响了当前的研究。尽管如此，在未来的研究中，通过更广泛的数据收集来检验这一假设也是很重要的。

本章回顾了萨班斯-奥克斯利报告的要求、实施和一些研究。SOX大部分审计工作与审计师对交易进行期中测试的工作是同时进行的。本章还探讨了SOX意见更有趣的潜力，即为审计师、客户、股东和管理层提供有用的信息，以便使用SOX指标识别、预测和应对现实世界的安全问题和损失。本章介绍的模型来源于韦斯特兰（2019）发表的诸多作品，读者可直接阅读这些文章以获得更多见解。此外，应注意的是，TensorFlow增加了对神经结构学习（NLS）的支持，该学习使用结构化信号训练神经网络，尤其适用于不平衡数据集。不过，在撰写本书时，NLS尚未被纳入TensorFlow的R-Keras API中。我们应该认真考虑NLS对于深度学习在审计方面的未来应用，以扩展这里用于预测交易总体中错误、遗漏和重复发生的方法。这里提供的代码块可以进行修改和扩展，以提高公司的安全性并改进总体控制水平。我希望本章中提出的观点只是从SOX报告中提取全部价值的一个开始。

10.9　参考文献

Ashbaugh-Skaife, Hollis, Daniel W. Collins, William R. Kinney Jr, and Ryan LaFond. 2008. The Effect of Sox Internal Control Deficiencies and Their Remediation on Accrual Quality. *The Accounting Review* 83 (1): 217-250.

Bedard, Jean C., and Lynford Graham. 2011. Detection and Severity Classifications of Sarbanes-Oxley Section 404 Internal Control Deficiencies. *The Accounting Review* 86 (3): 825-855.

Bedard, Jean C., Rani Hoitash, and Udi Hoitash. 2009. Evidence from the United States on the Effect of Auditor Involvement in Assessing Internal Control over Financial Reporting. *International Journal of Auditing* 13 (2): 105-125. Wiley Online Library.

Berger, Philip G., Feng Li, and MH Franco Wong. 2005. The Impact of Sarbanes-Oxley on Cross-Listed Companies. *Unpublished Paper.*

Bratton, William W. 2003. Enron, Sarbanes-Oxley and Accounting: Rules Versus Principles Versus Rents. *Vill.* L. Rev. 48: 1023. HeinOnline.

Burgess, Matt. 2017. Hacking the Hackers: Everything You Need to Know About Shadow Brokers' Attack on the NSA. *Wired.* https://www.wired.co.uk/article/nsa-hacking-tools-stolen-hackers.

Coates, I.V., and C. John. 2007. The Goals and Promise of the Sarbanes-Oxley Act. *Journal of Economic Perspectives* 21 (1): 91-116.

Drawbaugh, K., and D. Aubin. 2012. A decade on, is Sarbanes-Oxley working. Reuters, July 12

Engel, Ellen, Rachel M. Hayes, and Xue Wang. 2007. The Sarbanes-Oxley Act and Firms' Going-Private Decisions. *Journal of Accounting and Economics* 44 (1-2): 116-145. Elsevier.

de Mesa Graziano, Cheryl, and William M. Sinnett. "How low can Sarbanes-Oxley Section 404 costs go?", Financial Executive 23.6 (2007): 61-64.

Fama, Eugene F., and Kenneth R. French. 1992. The Cross-Section of Expected Stock Returns. *The Journal of Finance* 47 (2): 427-465.

——. 1993. Common risk factors in the returns on stocks and bonds. *Journal of financial economics* 33 (1): 3-56.

Feng, Mei, Chan Li, and Sarah McVay. 2009. Internal Control and Management Guidance. *Journal of Accounting and Economics* 48 (2-3): 190-209. Elsevier.

Feng, Mei, Chan Li, Sarah E. McVay, and Hollis Skaife. 2014. Does Ineffective Internal Control over Financial Reporting Affect a Firm's Operations? Evidence from Firms' Inventory Management. *The Accounting Review* 90 (2): 529-557. American Accounting Association.

Ge, W., A. Koester, and S. McVay. 2016. The Costs and Benefits of Section 404 (B) Exemption: Evidence from Small Firms' Internal Control Disclosures. *Available at SSRN.*

Hoitash, Udi, Rani Hoitash, and Jean C. Bedard. 2009. Corporate Governance and Internal Control over Financial Reporting: A Comparison of Regulatory Regimes. *The Accounting Review* 84 (3): 839-867.

Kang, Qiang, Qiao Liu, and Rong Qi. 2010. The Sarbanes-Oxley Act and Corporate Investment: A Structural Assessment. *Journal of Financial Economics* 96 (2): 291-305. Elsevier.

Lewis, James, and Stewart Baker. 2013. *The Economic Impact of Cybercrime and Cyber Espionage.* McAfee.

Lin, Shu, Mina Pizzini, Mark Vargus, and Indranil R. Bardhan. 2011. The Role of the Internal Audit Function in the Disclosure of Material Weaknesses. *The Accounting Review* 86 (1): 287-323.

Menn, J. (2012) Bank security: Thieves down the line, Financial Times, January 2, 2012, https://www.ft.com/content/951f0efe-2d60-11e1-b985-00144 feabdc0, downloaded August 24, 2020

Petkova, Ralitsa. 2006. Do the Fama-French Factors Proxy for Innovations in Predictive Variables? *The Journal of Finance* 61 (2): 581-612. Wiley Online Library.

Rice, Sarah C., and David P. Weber. 2012. How Effective is Internal Control Reporting Under Sox 404? Determinants of the (Non-) Disclosure of Existing Material Weaknesses. *Journal of Accounting Research* 50 (3): 811-843. Wiley Online Library.

Rice, Sarah C., David P. Weber, and Biyu Wu. 2014. Does Sox 404 have Teeth? Consequences of the Failure to Report Existing Internal Control Weaknesses.

The Accounting Review 90 (3): 1169-1200. American Accounting Association.

Romano, Roberta. 2004. The Sarbanes-Oxley Act and the Making of Quack Corporate Governance. *Yale LJ* 114: 1521. HeinOnline.

Westland, J. Christopher. 2019. The Information Content of Sarbanes-Oxley in Predicting Security Breaches. *Computers & Security*. https: //doi. org/10.1016/j.cose.2019.101687.

Westland, J. Christopher. 2020. Predicting Credit Card Fraud with Sarbanes-Oxley Assessments and Fama-French Risk Factors. *Intelligent Systems in Accounting, Finance and Management*. https: //doi.org/10.1002/isaf.1472. Wiley Online Library.

Whalen, D., M. Cheffers, and O. Usvyatsky. 2012. Financial Restatements: A Twelve Year Comparison. *Audit Analytics*.

第11章

区块链、网络犯罪和取证

11.1 用于保护交易的区块链

区块链的概念来自化名中本聪的人（其身份至今仍众说纷纭）在2008年发布的白皮书《比特币：一种点对点的电子现金系统》（Nakamoto等，2008）。本章提出了一种在区块链上运行的去中心化电子货币（比特币）。这个想法从这一点传播开来，并可以应用到许多其他领域——去中心化的、廉洁的货币交易数据库、合同以及不可被黑客攻击的投票机等。本节通过一个简单的R代码块序列介绍区块链的基础技术。

假设你的目标是以安全的方式存储一些数据。首先将数据存储在名为块的容器中。就比特币而言，每个区块都包含多个金融交易。当有新交易（或有新数据）时，将创建一个新区块，并与以前的区块组合形成一个链——区块链。

11.1.1 “区块”

```
block_example <- list(index = 1,
                      timestamp = "2020-01-01 00.00 CST",
                      data = "a transaction",
                      previous_hash = 0,
                      proof = 9,
                      new_hash = NULL)
```

在开始构建区块链之前（将不同的容器与数据链接在一起），您需要两个核心概念：哈希和工作量证明算法。

11.1.2 哈希

哈希函数是一个术语，泛指校验和、校验数字、指纹、有损压缩、随机化函数、纠错码和密码。真正的哈希函数用于索引哈希表以进行分散存储寻址，并且该术语也适用于安全性。虽然存储和安全的概念在某种程度上有重叠，但每一个概念都有自己的用途和要求，并且设计和优化方式也不同。更准确地说，它可以被称为指纹算法——将任意大的数据项（如计算机文件）映射到一个更短的位串（bit string，其指纹），以唯一地标识原始数据的过程。

由哈希函数生成的哈希值（或仅仅是哈希）将一个区块连接到链中的其他区块，从而有助于确保区块的完整性。哈希函数接受输入数据并返回唯一的加密输出值。哈希函数通过使用哈希算法（例如，SHA256）来保证区块链块的有效性。R digest包使用

"md5"、"sha-1"、"sha-256"、"crc32"、"xxhash"、"murmurhash" 和 "spookyhash" 算法实现了一个函数 "digest ()"，用于创建任意R对象的哈希值（digests）。它允许对R语言对象进行简单的比较，并在此处应用于保护区块链块。

```
library("digest")

# generate a unique hash value 'fingerprinting' the author's name
digest("j_christopher_westland" ,"sha256")
```

```
## [1] "1548f0f4ce0a02a03d8cde6034f89b5c88964217c84e813e241b0fc9f1cda608"
```

对于区块链，输入数据是哈希函数的块（索引、时间戳、数据），但也是前一个块的哈希值。这意味着只有当您知道前一个区块的哈希值时，您才能计算有效哈希值，该哈希值是使用之前的块的哈希值创建的，以此类推，从而形成区块链。这为您提供了一个不可变的顺序块链。如果之后更改了一个块，则必须再次计算顺序块的所有散列值。下面是一个执行程序。

```
#Function that creates a hashed "block"
hash_block <- function(block){
  block$new_hash <- digest(c(block$index,
                             block$timestamp,
                             block$data,
                             block$previous_hash), "sha256")
  return(block)
}
```

11.1.3 工作量证明（PoW）

在区块链中，存储大量信息的地方需要有更多区块。然而，尤其是加密货币需要控制新创建的区块的数量，否则，如果出现无限数量的硬币，加密货币就会失去价值。以比特币为例，它的最大存储量为2 100万。

区块链运作就像加密货币，因为每个被开采的比特币背后都有一个有价值的资产——生成哈希所需的工作。对于像比特币这样的加密货币来说，这可能是个问题，因为创建新区块的时间或多或少是恒定的（比特币大约需要10分钟）。因此，PoW的难度必须不断调整，以适应计算速度的提高和给定时间网络中矿工数量的变化。

因此，我们添加了一个所谓的PoW算法，这种算法控制创建新区块的难度。"证明"（Proof）是指计算机已经完成了一定数量的工作。在实践中，目标是创建一个难以创建但易于验证的项目。下面的代码块使用以下"任务"作为PoW：查找下一个可被99整除且可被最后一个块的证明数整除的数字。

```
### Simple Proof of Work Alogrithm
proof_of_work <- function(last_proof){

  proof <- last_proof + 1

  # Increment the proof number until a number is found that is divisible by
    99 and by the proof of the previous block
  while (!(proof %% 99 == 0 & proof %% last_proof == 0 )){
    proof <- proof + 1
  }
  return(proof)
}
```

对于像比特币或以太坊等这样的区块链来说，创建新区块的工作是由所谓的“矿工”完成的。当需要创建一个新的块时，计算问题就会被发送到网络。解决PoW问题的“矿工”首先创建新区块，并获得比特币奖励（这是新比特币实际被创建的方式）。这种寻找新的正确证明的“抽签”确保了创建新块的力量是去中心化的。挖掘新区块时，会将其发送给每个人，以便网络中的每个节点都有最新区块链的副本。网络中最长的区块链（“投入的工作最多”）是区块链的有效版本，这种想法被称为“去中心化共识”。

在比特币的例子中，PoW问题涉及寻找产生具有一定数量前导零的哈希的数字的问题。考虑到计算速度的提高和网络中矿工数量的变化，可以调整PoW的难度，使创建新区块的时间保持在10分钟左右。

11.1.4 向区块链添加交易（新区块）

区块链是使用加密技术（哈希）链接的交易记录（块）不断增加的列表。每个块包含前一个块的加密哈希、时间戳和交易数据（通常表示为Merkle树）。通过设计，区块链可以抵抗数据的修改，并提供一个开放的、分布式的账本，可以以可验证的、永久的方式有效地记录双方之间的交易。在加密货币和其他应用程序中，创建新块（例如创建新比特币）的成本很高，这一点很重要，这样货币就有了一定的价值。下面的代码块显示了如何使用哈希将块链接在一起，以及PoWs如何控制创建新块的成本。

```
#A function that takes the previous block and normally some data
 (in our case the data is a string indicating which block in the chain it is)
gen_new_block <- function(previous_block){

  #Proof-of-Work
  new_proof <- proof_of_work(previous_block$proof)

  #Create new Block
  new_block <- list(index = previous_block$index + 1,
                    timestamp = Sys.time(),
                    data = paste0("this is block ", previous_block$index +1),
                    previous_hash = previous_block$new_hash,
                    proof = new_proof)

  #Hash the new Block
  new_block_hashed <- hash_block(new_block)

  return(new_block_hashed)
}
```

区块链中的第一个块是所谓的起源块，不包含数据、用于证明的任意值以及以前的哈希（因为没有以前的块）。

```
# Define Genesis Block (index 1 and arbitrary previous hash)
block_genesis <-  list(index = 1,
                       timestamp = Sys.time(),
                       data = "Genesis Block",
                       previous_hash = "0",
                       proof = 1)
```

随着每笔新交易被处理，区块链通过添加新区块而扩展。

```
## Build the blockchain, starting with the Genesis
 block and then add a few blocks using a loop.
```

```
blockchain <- list(block_genesis)
previous_block <- blockchain[[1]]

proof <- NULL
  # How many blocks should we add to the chain after the genesis block
  num_of_blocks_to_add <- 10

  # Add blocks to the chain
  for (i in 1: num_of_blocks_to_add){
    block_to_add <- gen_new_block(previous_block)
    blockchain[i+1] <- list(block_to_add)
    previous_block <- block_to_add

    print(cat(paste0("Block ", block_to_add$index, " has been added", "\n",
                "\t", "Proof of Work: ", block_to_add$proof, "\n",
                "\t", "Hash Value: ", block_to_add$new_hash)))

    proof[i] <- block_to_add$proof

  }
```

```
## Block 2 has been added
##  Proof of Work: 99
##  Hash Value: a4b7d41b8cc1d122d94b9ff013c74d76adbb94c3c2c5d44f92cfcd52f620a6c0
                NULL
## Block 3 has been added
##  Proof of Work: 198
##  Hash Value: 4a0dfa4ecea2453df38c8bbd4ec6d8c1f77fbbefdc0664e5d0fad224d94fbd06
                NULL
## Block 4 has been added
##  Proof of Work: 396
##  Hash Value: 847818c59adda3984f52adc8c7a970e2f0ffc38f3181f999a877581c56df1355
                NULL
## Block 5 has been added
##  Proof of Work: 792
##  Hash Value: 668443d7a1426fd56d90c6240dd84845a22773e54543d76911817141fbadbbe0
                NULL
## Block 6 has been added
##  Proof of Work: 1584
##  Hash Value: 34afb388202c30bb85ac2273560a682cda026fccc4869aac58696ec226335298
                NULL
## Block 7 has been added
##  Proof of Work: 3168
##  Hash Value: 4d233f2b37b5fda06f1c017919c50de33ce1e193a66528660a529e4406b8bbc5
                NULL
## Block 8 has been added
##  Proof of Work: 6336
##  Hash Value: a394dd66a129b626ae55ac5dfca7c99a74f46567a89a14778f4b324880d201e0
                NULL
## Block 9 has been added
##  Proof of Work: 12672
##  Hash Value: ae65234c984f12d686627e972f6535271ff8c829a5dadb4848ab2ef8c36a016a
                NULL
## Block 10 has been added
##  Proof of Work: 25344
##  Hash Value: 259fb5ffebaaee4ceea96eeb2c9934265f8034e5fcddc8fd9d92e568898349d8
                NULL
## Block 11 has been added
##  Proof of Work: 50688
##  Hash Value: a9f642ea924f5e6b0350e654fdd1db87af65472f2dfeaca340a0ab94b9e7a15d
                NULL
```

This is how one block in the chain looks.

这是链中一个区块的样子。

```
blockchain[[10]]
```

```
## $index
## [1] 10
##
## $timestamp
## [1] "2019-12-15 11:38:19 MST"
##
## $data
## [1] "this is block 10"
##
## $previous_hash
## [1] "ae65234c984f12d686627e972f6535271ff8c829a5dadb4848ab2ef8c36a016a"
##
## $proof
## [1] 25344
##
## $new_hash
## [1] "259fb5ffebaaee4ceea96eeb2c9934265f8034e5fcddc8fd9d92e568898349d8"
```

请注意，生成新块的成本（“工作量证明”）呈指数增长（见图11–1）。

```
library(tidyverse)
```

```
proof_work <- data.frame(1:length(proof),proof)
colnames(proof_work)[1] <- "cycle"

ggplot(proof_work, aes(cycle, proof))+
  geom_line() +
  xlab("Block Number") +
  ylab("Cost of New Block Generation")
```

就是这样！阅读供应商和行业对区块链的炒作会让人们相信这项技术要复杂得多。事实上，执行市场和商业应用程序可能会涉及区块链，但基本概念易于实施且易于理解。

11.2 网络犯罪和取证

计算机犯罪的重要性促使了一些法律的通过来解决使用和滥用计算机技术中各种参数的问题，即网络犯罪。

（1）1986年的《电子通信隐私法》（对1968年《综合犯罪控制和安全街道法》第三章的修订）将政府对电话窃听的限制扩大到包括通过计算机传输电子数据，主要是为了防止政府未经授权访问私人电子通信工具。

（2）《计算机欺诈和滥用法》（对1984年《犯罪控制法》的修订）澄清了原法案中的一些规定，并将其他与计算机相关的行为定为犯罪，解决恶意代码的传播和阻断服务攻击，以及包括一项将贩运密码和类似物品定为犯罪的条款。该法案已多次修订——借助1989年、1994年、1996年、2001年的《美国爱国者法案》、2002年和2008年的《身份盗窃执行和归还法案》来修订。

（3）2002年的《联邦信息安全管理法案》承认信息安全对美国经济和国家安全利益的重要性。该法案要求每个联邦机构制定、记录和实施一项全机构范围的计划，为支持该机构运营和资产的信息及信息系统提供信息安全保障，包括由其他机构、承包商或其他来源提供或管理的信息和信息系统。它明确强调“基于风险的成本-效率安全政策”。

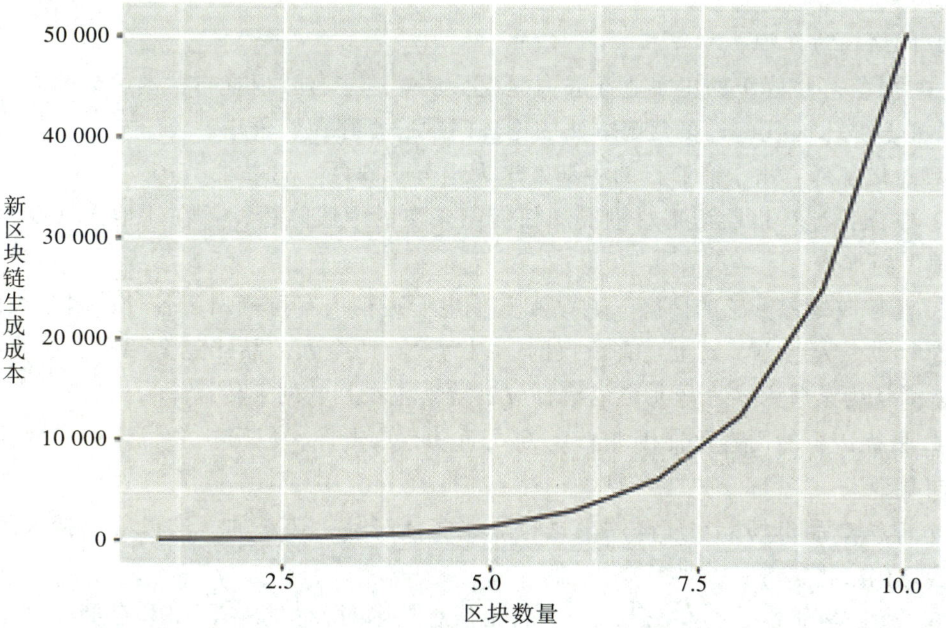

图11-1　添加到区块链的每个附加块的成本（工作量证明）

（4）在网络安全问题上，2010年的《网络安全法》使公共部门和私营部门之间建立了进一步合作，特别是那些拥有对国家安全利益至关重要的基础设施的私营实体。该法案最具争议的部分是授予总统“如果怀疑联邦政府或美国关键基础设施信息系统或网络通信受到损害，下令限制或关闭互联网”的权利。

（5）《国际网络犯罪报告和合作法案》确保政府让国会了解全球信息基础设施、网络犯罪和最终用户保护情况。

犯罪类型太多，无法一一列举，犯罪分子不断创新，创造出新的网络犯罪类别。然而，一般而言，网络犯罪可分为三类：（1）直接针对计算机的犯罪；（2）利用计算机网络或者设备促成的犯罪；（3）破坏计算环境的犯罪活动或大规模活动。计算机犯罪总是有回报的，而对犯罪分子的惩罚却很轻，因此犯罪分子每天都被诱惑想出新的技术。事实上，甚至还有一个计算机创新犯罪的名称——零日攻击，即利用了计算机应用程序中以前未知的漏洞。

以下尝试概述审计人员需要了解的主要网络犯罪类型。

（1）主要针对计算机网络或设备的犯罪。

① 计算机病毒。

② 阻断服务攻击。

③ 恶意软件（恶意代码）。

（2）使用计算机网络或设备推进其他目的的犯罪。

① 网络跟踪。

② 欺诈和身份盗用。

③ 信息战。

④ 网络钓鱼诈骗。

(3) 计算环境降级的犯罪业务或大规模活动。这些有时很难与营销区分开来，事实上，在信息技术时代，许多营销方法的伦理问题一直存在着争论。

① 垃圾邮件：出于商业目的主动发送大量电子邮件。

② 欺诈：计算机欺诈是对事实的任何不诚实的虚假陈述，旨在让他人做或不做会导致损失的事情。

③ 淫秽或令人反感的内容：网站和其他电子通信内容可能出于各种原因令人反感、涉及淫秽或令人恶心。这也是有争议的，因为没有两个人的品味完全相同。尽管如此，人们普遍认为某些内容，如儿童色情，应该被禁止在互联网上传播。

④ 骚扰：虽然内容可能因非特定方式而具有攻击性，但骚扰会将淫秽和贬损性评论指向某个人。

⑤ 非法产品市场：在互联网上进行非法实体交易是违法的。这可能包括毒品、色情内容、国家机密等。

⑥ 网络恐怖主义：网络恐怖分子利用信息技术对计算机、网络和存储在其中的信息发起的攻击来胁迫政府或组织推进其政治或社会目标。

⑦ 网络勒索：网络勒索是针对私营公司的网络恐怖主义，通常旨在获取经济利益。犯罪者通常使用分布式阻断服务攻击。

白领犯罪，更具体地说是涉及会计缺陷的犯罪，是由企业和政府专业人员出于经济动机犯下的非暴力罪行。在犯罪学中，它被定义为受人尊敬和具有较高社会地位的人在其履职过程中犯下的罪行。典型的白领犯罪包括计算机黑客攻击、通过阻断服务攻击挪用公款、计算机欺诈、身份盗用、贿赂、庞氏骗局、内幕交易、侵犯版权、洗钱、身份盗用和伪造。

在美国，对白领犯罪的判决可能包括监禁、罚款、赔偿、社区服务、没收非法所得、缓刑或其他替代惩罚。在杰弗里·斯基林（Jeffrey Skilling）和安然丑闻之后，这些惩罚变得更加严厉，当时通过了2002年《萨班斯-奥克斯利法案》，定义了新的犯罪并增加了对邮件和电汇欺诈等犯罪的处罚。当涉及违反信任的部分时，加拿大等国家认为当事方之间的关系是事关判决的一个重要特征。

平均而言，白领犯罪的付出和回报都很可观。随着业务从实物资产转向信息资产，收益潜力稳步增加。这助长了白领犯罪的气焰。白领犯罪的量刑悬殊是一个重大问题。据估计，只有不到1%的白领罪犯被监禁，甚至可能不到10%的人被发现（尽管这些数字很难核实）。

正如银行抢劫犯威利·萨顿在被问及为什么要抢劫银行时所说的那样，“因为那里有钱”。萨顿擅长抢劫银行，对此他毫不掩饰。他通常带枪，要么是手枪，要么是汤普森冲锋枪，“你不能靠魅力和个性抢银行”。金钱不再以物理形式存在，而是以比特币和字节的形式存在于越来越多的远程服务器和复杂网络中。

计算机取证是取证科学的一个分支，涉及在计算机和数字存储介质中发现法律证据。计算机取证也称为数字取证。计算机取证的目标是解释数字工件的当前状态。术语数字工件可以包括计算机系统、存储介质（如硬盘或CD-ROM）、电子文档（如电子邮件消息或JPEG图像），甚至是在计算机网络上移动的数据包序列。解释可以像“这里有什么信息”一样简单明了，也可以具体到“造成当前情况的事件顺序是什么”在法律案件中，计算机取证技术经常用于分析属于被告（刑事案件）或诉讼当事人（民事案件）的计算机系统：

（1）在发生硬件或软件故障时恢复数据。

（2）分析入侵后的计算机系统，如确定攻击者如何获得访问权限以及攻击者做了什么。

（3）收集针对组织希望解雇的员工的证据。

（4）获取有关计算机系统如何工作以进行调试、性能优化或逆向工程的信息。

下面四项原则规定了遵守维护数字证据完整性的要求：

原则1：执法机构或其代理人采取的任何行动都不应更改计算机存储介质上保存的数据，这些数据随后可能会在法庭上被采信。

原则2：在特殊情况下，如果一个人发现有必要访问存储介质上计算机所保存的原始数据，此人必须有能力这样做并能够提供证据解释其行为的相关性和影响。

原则3：应创建和保存适用于基于计算机电子证据的所有过程的审计跟踪或其他记录。独立的第三方应该能够检查这些过程并获得相同的结果。

原则4：负责调查的人（案件官员）对确保遵守法律和这些原则负有全面责任。

计算机取证有五个基本步骤：

（1）准备（研究者，而不是数据）。

（2）收集（数据）。

（3）检查。

（4）分析。

（5）报告。

计算机取证软件用于保护证据并生成经过验证的法庭报告。可以从计算机、手机、数码相机、硬盘、CD-ROM、USB等存储设备中收集数字证据。不明显的来源包括数字温度计的设置、汽车内的黑匣子、RFID标签和网页（必须保留，因为它们可能会发生变化）。处理计算机证据时必须特别小心：大多数数字信息很容易更改，并且一旦更改，除非已采取其他措施，否则通常无法检测到（或将数据恢复到其原始状态）。

重要的是，在构建IT取证案件时，应维护证据的保管链，记录所做的一切。在调查中，如果数字证据所有者未同意对其媒体进行检查（如在某些刑事案件中），必须特别注意以确保取证专家具有扣押、复制和检查数据的合法权力。

创建原始证据介质的精确副本的过程称为“成像”。使用独立的硬盘复制器或软件映像工具，如EnCase或FTK Imager，可以完全复制整个存储介质。为硬盘驱动器的用户可访问区域的每个部分制作比特流副本，这些区域可以物理存储数据，而不是复制文件系统，这通常在扇区层面完成。然后将原始驱动器介质移动到安全存储区以防止篡改。在静态数据的成像期间，通常使用写保护设备或应用程序来防止在图像采集过程中向证据介质引入更改。哈希校验对于将在法庭上呈现的证据至关重要。

IT取证市场有两大竞争对手——Guidance Software（EnCase）和AccessData（FTK）。这些公司通过销售、认证计划和法律咨询服务获取收入。它们承诺使用其工具收集的证据具有安全性，这为不太成熟的竞争对手设置了进入壁垒。这些辅助服务尤其重要，因为成像和哈希的基本任务可以通过免费或低成本的实用程序来完成。

AccessData Forensic Toolkit或FTK是一种计算机取证软件，可扫描硬盘以寻找证据。例如，它可以定位已删除的电子邮件并扫描磁盘中的文本字符串，以将其用作密码字典来破解加密技术。该工具包还包括一个名为FTK Imager的独立磁盘映像程序。它将硬盘的图像保存在一个文件或稍后可能重建的段落中。它计算MD5哈希值，并在关闭文件之前确认数据的完整性。结果是DD原始图像。

Guidance Software的EnCase是一套数字取证产品，专为取证、网络安全和电子发现用途而设计。该公司还提供EnCase培训和认证。EnCase包含用于数字取证过程多个领域的工具：采集、分析和报告。该软件还包括一个名为EnScript的脚本工具，其中包含用于与证据交互的各种API。

无论援引什么法律，原告和被告都需要建立法律案件。这涉及保护证据，在计算机犯罪的情况下，证据几乎总是某种计算机文件。该证据一旦获得，就需要与法庭辩论案件的一个或多个方面联系起来。由于数据的短暂性，犯罪现场的保护可能涉及专门的技能，以及为取证工作设计的软件，以便证据在法庭上被采信。

11.3 取证分析：本福德定律

1881年，西蒙·纽科姆（Simon Newcomb）在《美国数学杂志》上发表了一篇两页长的文章，第一次提到本福德定律。纽科姆解释说，他发现有效数字定律的契机是观察到一本对数书的页面在开始的几页是最脏的，而随着阅读这本书的进展而变得越来越干净。半个世纪后，弗兰克·本福德（Frank Benford）在他的同名著作《本福德定律》中推广了纽科姆分布的变体，此前他花了数年时间验证了在不同数据集中的这种关系，这些数据集包括原子量、棒球统计数据、《读者文摘》的数字数据以及河流区域（见图11-2）。

哈尔·瓦里安（Varian，1972）建议使用本福德定律来检测为支持公共规划决策而提交的社会经济数据清单中可能存在的欺诈行为。他基于一个合理的假设，即编造数字的人倾向于相当均匀地分布他们的数字，根据本福德定律，将数据中的第一个数字频率分布与预期分布进行简单比较，应该会显示任何异常结果。在美国，基于本福德定律的证据在联邦、州和地方各级的刑事案件中都是合法可接受的。本福德分析随后被广泛应用于各个领域。

大多数人都有先入为主的随机性观念，这些观念通常与真正的随机性有很大不同。

这种先入为主的结果是人类产生表面上“随机”序列的系统性偏见。这是本福德分析推断交易数据集存在欺诈性或其他人为操作的理由。人类在评估概率方面显得笨拙的一个例子是，在随机选择的23人小组中，至少有两个人生日在同一天的概率大于50%——这让许多人感到惊讶。或者一个更严重的工作场所的例子可能涉及药物测试中的“假阳性”。假设一名员工是从大量人群中随机选择的，其中1%是吸毒者，并且药物测试的可靠性为98%（即吸毒者测试呈阳性的概率为0.98，不使用药物的人测试呈阴性的概率为0.98）。如果测试结果为阳性，那么接受测试的员工是非吸毒者的可能性是吸毒者的两倍多——同样，大多数人会觉得这令人惊讶。

根据本福德定律可得出结论，在大量交易（超过10 000笔）中，第一位数字通常是1。第一位数字是2的频率较低，更不频繁的是3。一般来说，一个数字的最高有效位等于$d_1 \in$［1，2，…，9］的概率是Pr（d_1）$=\log_{10}$（$1+1/d_1$）。

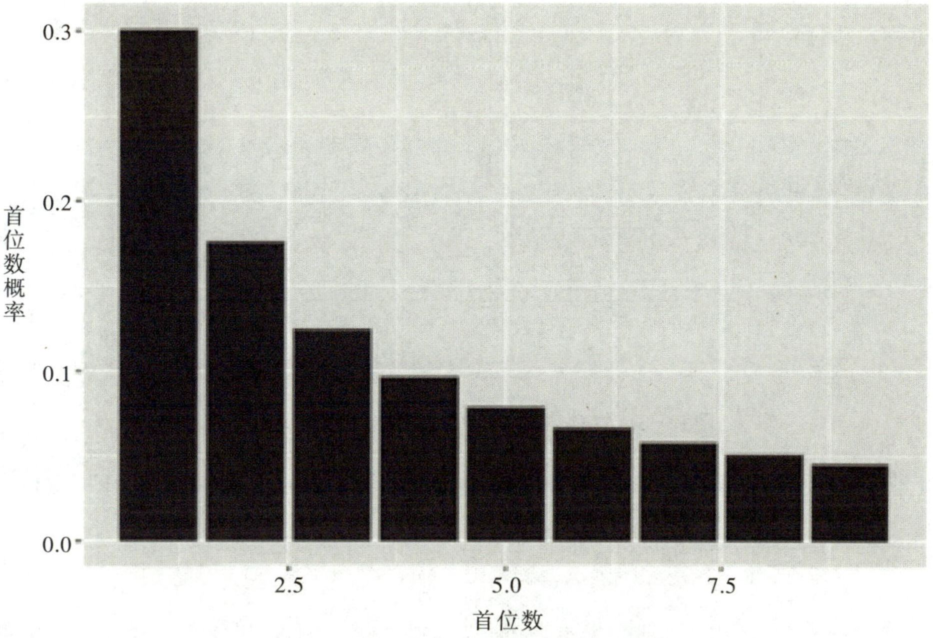

图11-2　本福德定律预测的发生概率

```
library(tidyverse)
prd1 <- data.frame("digit"=1:9, "Pr_digit"=log10(1+(1/{1:9})))

ggplot(prd1, aes(digit, Pr_digit)) +
  geom_bar(stat="identity") +
  xlab("Leading digit") +
  ylab("Probability of leading digit")
```

分析第一位或第二位数字的频率分布可以检测数据中的异常模式，并识别可能存在的欺诈行为。可以使用更集中的测试来检查前两位数、前三位数字等的频率分布。一些审计软件程序可用于确定第一位数字、前两位数字和第二位数字的频率分布。

这个“定律”适用于各种各样的数据集，包括电费单、街道地址、股票价格、人口数量、死亡率、河流长度、物理和数学常数，以及幂定律描述的过程（在自然界中很常见）。当数值分布在多个数量级上时，它往往最准确。但并非所有数据都会像本福德定律预测的那样分布。有时，某些数字出现的频率比预期的要高，这是有道理的。例如，如果一家公司通过快递发送大量信件，并且发送一个低于一磅的包裹的费用是标准费率（6.12美元），那么第一个数字（6）或前两个数字（61）出现的频率可能比本福德定律预测的要高。

本福德定律只能应用于分布在多个数量级上的数据。一般来说，如果有任何截止值排除了高于最大值或低于最小值的部分基础数据，则该定律将不适用。因此，跨越几个数量级的真实世界分布会相当平滑（例如，定居点的人口，前提是没有下限），很可能会满足本福德定律，达到非常好的近似值。同时，仅覆盖一个或两个数量级（例如，成年人的身高或智商分数）的分布不太可能满足本福德定律（见图11-3）。

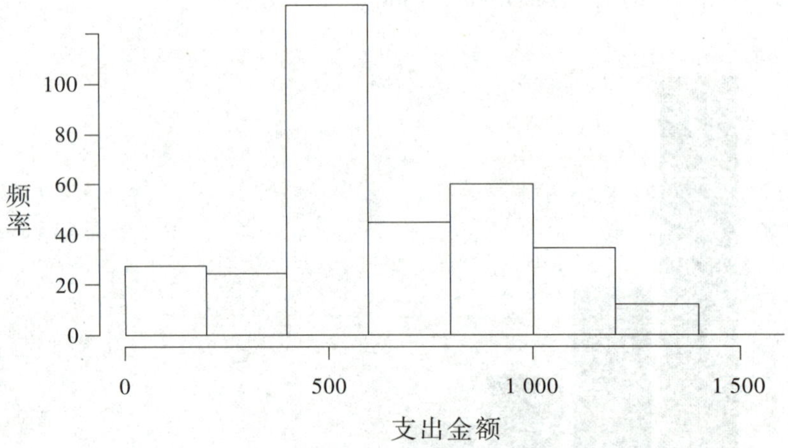

图11-3　本福德分析支出交易文件的概况（一）

以下代码块将本福德定律应用于分析本书最后一章中生成的“支出”文件（见图11-4）。

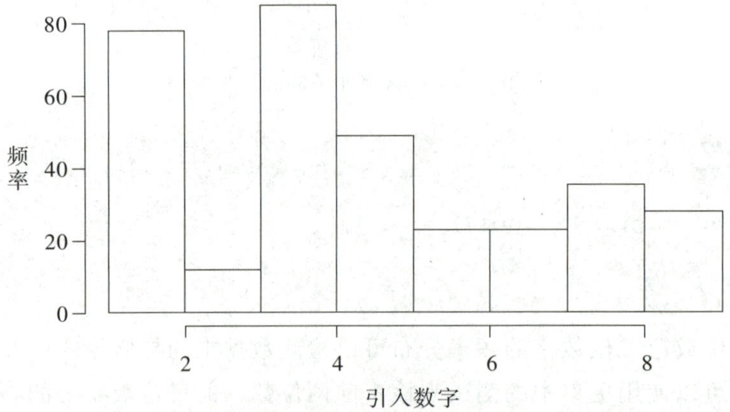

图11-4　本福德分析支出交易文件的概况（二）

```
library(tidyverse)
library(benford.analysis)

devtools::install_github("westland/auditanalytics")
library(auditanalytics)

# Read the employee expenditures file

expenditures <-
  read.csv((system.file("extdata",  "expenditures.csv", package =
    "auditanalytics", mustWork = TRUE)),
 na.strings="0", stringsAsFactors=FALSE)

hist(expenditures$amount)
```

```
lead_digit <- extract.digits(expenditures$amount, number.of.digits=1)
lead_digit <- lead_digit[,2]

hist(lead_digit, breaks=9)
```

```
ben <- benford(expenditures$amount, number.of.digits=2)

plot(ben)
```

这个分析的结果显示，数字49在数据中出现的频率比预期的要高（见图11-5）。

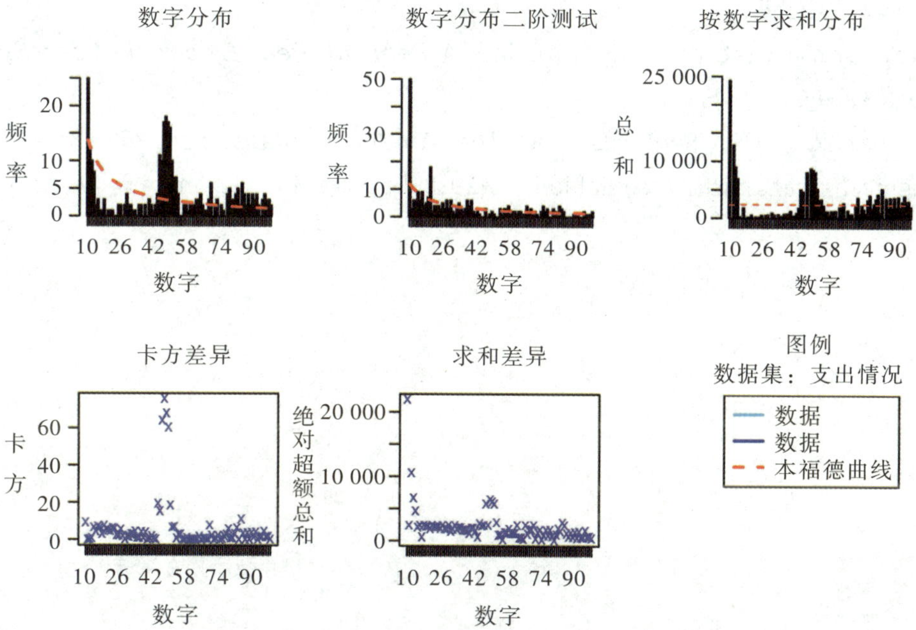

图11-5　本福德分析支出交易文件的概要

```
library(tidyverse)
library(benford.analysis)

lead_digit <- extract.digits(expenditures$amount, number.of.digits=2)
employee_check <- cbind(expenditures,lead_digit)

employee_check[employee_check$data.digits ==49,] %>%
  arrange(employee_no) %>%
  select(employee_no, date, amount)
```

```
##    employee_no       date   amount
## 1      Emp0003 2019-05-25 495.0000
## 2      Emp0004 2019-05-19 491.0000
## 3      Emp0004 2019-05-24 499.0000
## 4      Emp0004 2019-07-18 496.0000
## 5      Emp0005 2019-09-01 499.0000
## 6      Emp0005 2019-11-23 499.8130
## 7      Emp0006 2019-05-17 498.0000
## 8      Emp0006 2019-05-31 495.0000
## 9      Emp0006 2019-07-27 498.0000
## 10     Emp0007 2019-05-13 495.0000
## 11     Emp0007 2019-06-15 497.0000
## 12     Emp0007 2019-08-28 496.0000
## 13     Emp0009 2019-07-14 491.0000
## 14     Emp0009 2019-08-21 493.0000
## 15     Emp0013 2019-07-31 496.0000
## 16     Emp0014 2019-06-11 492.0000
## 17     Emp0015 2019-04-24 497.9936
```

将所有合同中前两位数为49的员工进行分类，确定了几名员工提交了过多的499美元费用报告（也许是为了避免法规要求的购买额超过500美元需要主管签字）。然后，审计人员可以使用这些信息对可能滥用公司控制系统的行为进行进一步调查。

11.4 参考文献

Nakamoto, Satoshi, et al. 2008. Bitcoin: *A Peer-to-Peer Electronic Cash System*. White Paper.

Varian, Hal R. 1972. Benfords Law. *The American Statistician* 26 (3): 65-66. American Statistical Association: 1429 Duke Street, Alexandria, VA 22314.

第12章

特殊业务：预测与估值

12.1 担保和估值的特殊业务

审计师对客户的财务状况了如指掌。因此，客户可能要求他们评估新的或现有投资的价值。本章回顾为客户进行成功担保和评估的因素。

金融市场和消费市场一样具有挑战性，但方式不同。传统上，财务分析在试图预测未来收益的过程中，会参考过去，为某一特定企业寻找先例。在过去的20年中，人们在对新企业的估值和融资方面取得了巨大的进步。金融市场提供了越来越多、越来越复杂的投资组合，这些投资产品能自动出售，交易延迟以毫秒为单位。投资估值的方法也越来越复杂。利用已公布的信息进行线性外推，通过计算机电子表格计算投资风险的时代早已过去，取而代之的是更加复杂的数学和计算密集型方法。仅用一章的篇幅对这些方法进行回顾是不够的，也是非常肤浅的。

12.1.1 估值在市场中的作用

在企业的“报告-控制”周期中，财务分析和财务报告发挥了至关重要的作用。一个公司或项目通过多个方面实现绩效，如利润、竞争定位、劳动力实力等。但这些方面中只有少数能够吸引管理层的持续关注，而具有控制权的特定利益相关者关注得更少。例如，上市公司的普通股股东每年都会收到经审计的年度财务报告，以及未经审计的季度财务报告。这些旨在为他们提供信息，以便做出是否购买、继续持有股票或从公司撤资的决定。股票买卖是股东唯一可以做出的决定，除非他们拥有足够的股份来影响管理层。吸引股东注意力的特定金融“统计数据”是股票价格，它被认为与收益、资产和其他报告的指标相关（奇怪的是，在互联网繁荣时期，这种相关性通常是负的）。时间扮演着重要的角色，因为股东们的目标是未来收益最大化，即关注每年股价上涨的百分比。

这些都表明，在实践中，识别能够满足利益相关者决策的相关财务信息并不是一项简单的任务。仅针对股票买卖这一简单任务的财务报告内容广泛且成本高昂。公司管理运营涉及更为复杂和微妙的决策，需要先进的管理会计和预算会计模型以及大量的主观管理“判断”。

在持续经营的企业中，财务报告很复杂。而在新企业中，它变得更加复杂，因为这样的企业没有持续运营，没有市场渠道，也没有先例来指导决策者。与现有的产品和服务相比，对财务信息的需求更大。

在推广任何新的或无经验的企业时，也许最困难的事情是提供一个令人信服的说辞，用以说明企业的价值。不幸的是，这件事情毫无选择，原因在于，你希望有人投资你的想法，而他们需要知道他们将在哪里赚到钱，他们的投资回报率又是多少。

12.1.2 高科技与高风险

越来越多的科技公司登上大公司的榜单。即使是传统上属于重资产的行业，如汽车、航空航天和化工，科技也在企业中扮演着越来越重要的角色。有几个因素使评估一家新的或无经验的企业价值变得复杂，特别是当这种价值严重依赖于新的和未经验证的技术时。

首先，根据定义，任何新的或无经验企业都是新的，因此没有生产或营销历史来指导分析。如果有，它将是不完整的，并且只有很少的数据点。

其次，对新的或无经验的企业而言，其风险可能比传统企业高几个数量级，同时回报也可以相应地高出几个数量级。标准财务分析方法倾向于报告一个企业或资产的单一"价值"数字，例如说该企业价值1 000万美元。但是，当以前从未尝试过这样的想法和业务时，高风险产生了计算每个潜在结果方案的特定价值的需求，如最优情况、最差情况、营销失败的情况等。最后，新企业及其商业模式的实际驱动因素往往是财务报表中从未出现过的东西，如网络外部效应的大小、技术性能提高的速度、品牌的吸引力。仅出于这一原因，像eBay这样具有前瞻性思维的公司，目前其财务报表的很大一部分都在揭示决定其公司业绩的非财务指标。

评估新企业的价值需要相关数据以及准确的评估价值模型。由于通常由非财务因素驱动新的或无经验的企业，例如上市时间、设计质量等，因此获取非公共领域的数据（例如，经审计的财务报表中的数据）可能成本高昂且容易出错。根据定义，"新的或无经验的企业"的商业模式在某种程度上是新的，它们不能依赖过去的关系和动态来预测未来的收益流。

评估新的或无经验的企业及其商业模式的价值，需要新的商业情报和数据挖掘来源来获取相关数据。评估还要求更复杂的预测方法，其复杂性是传统投资估值所没有的。以下各节简要介绍如何为新的或无经验企业价值评估识别和获取相关数据，以及预测方法的目标和报告要求，以支持创新者竞争风险投资。最后，我们讨论新的或无经验的企业的估值要求与现有的估值方法和非标准方法（如品牌资产估值和无形资产会计）进行比较。

IBM冒险的历史可以让我们更深入地了解新项目的风险和回报。可以说，历史上最激进的金融冒险最初被视为一种技术反常行为。1964年4月7日，IBM宣布推出S/360系列计算机，这使整个行业发生了革命性的变化，该系列计算机成为公司会计的支柱。当时，IBM的S/360生产厂成为美国历史上最大的私人工厂，IBM投资50亿美元新建了五座工厂，增加了6万名员工。在随后的10年中，公司会计部门的结构也发生了重大变化。在10年内，西尔斯、福特、通用、杜邦和其他大型企业会计部门，从容纳数百名职员的大“牛棚”，缩减到只有原来数量10%~20%员工的小隔间。而那些留下来的人都致力于维护IBM计算机会计系统。

在许多方面，20世纪60年代IBM的会计革命可以与1930—1932年大萧条开始时的一场类似赌博相媲美。当时IBM继续全力生产，并花费100万美元建立了第一个企业研究实验室。当时，IBM估计只有5%的商业会计功能实现机械化。IBM迅速推出了405型字母记账机、600系列打孔卡片机以及专为银行业设计的机器系统。大萧条期间的持续生产确保了只有IBM有能力处理20世纪30年代中期出现的社会保障会计所需的大量数据。

12.2 战略驱动和业绩指标

战略驱动因素是管理层用来指导运营的“控制杠杆”。由于实际的战略驱动因素可能不能直接观察到（例如，客户满意度只能间接观察到），因此它们是通过与战略驱动因素一起移动的，可观察到的有时是以综合的价值指标来衡量的。例如，当你买一台电脑时，你无法保证它百分百地执行特定的计算任务。但是一个综合的工作负载数据——测量CPU、内存和编译器的综合性能——可以帮助您选择合适的价格性能包。

12.2.1 公司业绩

当问及企业高管决策最重要的目标应该是什么时，他们很少说利润。市场可能需要更短的产品周期，技术领先需要新的专利，股东们关心股价。盈利能力并不是大多数高管优先考虑的问题。仅此一点就应该提醒人们，商业模式的价值不仅仅与利润相关。

商业模式是价值分析的基本单位，一种商业模式有一组估值。对于任何新的或无经验的企业，可能有几种商业模式。出于价值评估的目的，我们可以忽略更大的战略复杂性，这些复杂性促使选择这种特定的商业模式，并只考虑价值产生，战略驱动因素——在商业模式中被积极管理的特定功能——负责创造价值。为了估值，商业模式简化为：

$$Value_t = f_t(strategy\_drivers)$$

消费者市场和资本市场都有各自独特的价值指标，用于评估某一特定投资主张的可取性和价值。无法衡量就无法管理，一个成功的商业模式最终取决于它在某种“业绩指标”上的表现。所选择的业绩指标将反映我们进入某一特定业务的目标，这促使我们从一开始就进行研发。例如，在线拍卖软件的价值很可能取决于它能够开发的在线社区的规模。邮购分销渠道的价值可以通过其能够占领的市场百分比来衡量。这两种价值衡量标准都是非财务指标，但它们最终有基于业务模型的成本-收益结构的财务含义。管理层往往会认为这些非财务指标是他们投资的主要目标。

12.2.2 投资回报率（ROI）指标

有价值的财务数字被经常遇到，我们在这里对它们进行回顾。主要的财务指标是投资回报率（ROI）：

$$ROI = \frac{value_t - value_{t-1}}{value_{t-1}}$$

有几个因素会影响投资者对预期收益率的评估，这是他们愿意投资的最低投资回报率。投资者是消费者的一个类型，但他们不是为立即收到的终值 v（产品或服务）支付价格 p，而是为获得明年的回报（1+i）×p 承诺支付价格 p。如果 v 值不够高，消费者就不会进行交易。如果 i 不够高（需要高于预期回报率），则投资者不会签订投资合约。投资者和消费者之间的一个显著区别是，消费者的交易有可能立即结束，而投资者的钱在一年内可能会经历很多事情。

12.2.3 利润指标

投资回报率的核心是利润。利润在市场经济中起着至关重要的作用，在市场经济中，企业被认为是以利润最大化的模式从事生产经营。高利润是一个信号，表明消费者希望获得更多的行业产出。从长远来看，高利润激励企业扩大产量，并促使更多企业进入该行业。对于一家效率高于平均水平的企业来说，利润代表着对更高效率的回报。与此对应，较低的利润或出现亏损是一个信号，表明消费者对商品需求减少和/或生产效率低下。利润为社会资源重新分配提供了关键信号，反映出技术变革、流动性和客户需求的变化。

会计利润是指企业的收入减去企业的显性成本或会计成本。显性成本是企业购买或租赁生产所需投入的实际现金支出。这些支出包括雇用劳动力的工资、借款利息、土地和建筑物的租金以及原材料支出。经济学家将其扩展为“经济利润”，即公司收入减去显性成本和隐性成本。隐性成本——包括机会成本——是指企业在其自身生产过程中拥有和使用的投入价值。

12.2.4 销售收入绩效指标

经济学家威廉·鲍莫尔（William Baumol）指出，为了满足股东的要求，现代公司的经理们在获得足够高的回报率后，会寻求销售最大化。鲍莫尔认为，只有当企业可能在材料供应方面获得更好的成交量，在借贷方面获得更低的利率，在消费者、员工和供应商中有更好的形象时，才可能会感到更有保障。他还指出，一些研究表明，高管薪酬与销售之间存在着很强的相关性，但销售与利润之间却没有相关性（这一点很有争议，因为其他研究发现了相反的情况）。因此，他表示至少一些企业，尤其是那些处于寡头垄断市场的企业，会寻求销售增长而非盈利。

12.2.5 机会成本

机会成本包括企业家为他人以类似的身份工作（比如，作为另一家企业的经理）所能获得的工资，以及该企业用其资本、土地和其他财产对外投资所能获得的回报。企业在其生产过程中所拥有和使用的投入对企业来说并不是免费的，即使企业使用这些投入没有发生任何实际或显性支出。为了做出正确的投资决策，必须使用经济利润，而不是会计利润。

与以往相比，账面价值和会计利润、资产估值之间的相关性降低了，尤其是信息资产。因此，分析师们采用了一系列不同的替代方案。通常，对于哪种方法最好，几乎没有一致意见，人们要求分析师说明其采用方案的理由。此外，不同行业的自然利润率也存在显著差异。事实上，尽管有无数令人头痛的问题，一个新的或无经验企业的最大吸引力是利润远远高于平均水平。钢铁、纺织和铁路等行业的企业，无论是绝对利润还是相对于制药、办公设备和其他高科技行业企业的利润，通常都非常低。有几种理论试图解释这些差异。由于各种原因，不同企业对利润采用适当的衡量方法评估的结果各不相同。在风险较高的领域，企业需要从经济利润中获得额外回报，这样才能进入并留在风险高于平均水平的领域（如石油勘探行业）。同样，股票的预期回报必须高于债券，因为前者的风险更大。

另有一种经济理论认为，利润是长期均衡的摩擦或扰动的结果。也就是说，在长期的完全竞争均衡中，企业往往只能从投资中获得正常回报（经风险调整）或零（经济）利润。然而，在任何时候，企业都不可能处于长期均衡状态，而是可能会盈利或亏损。例如，在20世纪70年代早期的能源危机时期，生产绝缘材料的企业需求急剧增加，取得了巨额利润。20世纪80年代中期，随着石油价格急剧下跌，许多企业开始亏损。当一个行业在短期内获得利润时，更多的企业会被吸引进来；从行业的长远来看，超额利润会趋向于零，导致企业只能赚取正常的投资回报。

在其他情况下，垄断企业通过限制产量、制定比完全竞争下更高的价格来获得利润。由于进入该行业受到限制，这些企业甚至可以在长期内持续赚取利润。垄断力量可能来自企业拥有并控制商品生产所需原材料的全部供应来源，也可能来自大规模生产的经济性、专利所有权或政府限制竞争这些方面。

新企业利润理论假设（经济）利润是成功引入新的或尚未测试的风险的回报。事实上，美国专利制度旨在保护成功创新者的利润——至少暂时是为了鼓励新企业的流动。不可避免的是，当其他企业模仿新企业时，创新者的利润会减少并最终消失。利润管理效率理论建立在这样一个观察结果之上，即如果一般企业（根据定义）在长期投资中只获得正常回报，效率高于平均水平的企业将获得超出正常水平的经济利润。

12.3 估值模型

对一个新企业进行风险投资的价值在于其未来，以及该企业管理层执行的商业计划。因此，潜在投资者和债权人要求对该新企业进行估值，以合理地说明其产生未来价值的能力。

估值战略模型有两个部分：一部分是引人注目的叙述情节，讲述新企业将如何、为什么以及何时产生现金；还有一部分是预测模型，将其与数字联系起来。战略模型是商业模型的延伸。它只关注价值创造的主要驱动因素（而商业模型可能更加复杂和微妙，同时也关注技术、社会和市场问题）。

估值战略模型由三个子模型组成：

（1）基于我们对先前行为（或类似公司先前行为）的了解的行为模型；

（2）预测模型，该模型以实物期权的形式为新企业项目规划未来情景；

（3）贴现模型，表明我们对货币时间价值的态度。

在这种结构中，预测模型列出了对新企业研发和市场进入的计划，行为模型确保对需求和成本做出现实假设，贴现模型描述了将如何积极要求投资获得回报。

最后一个是传统现金流量分析中经常忽略的贴现模型。经验法则使用无风险利率。然而，在风险投资中，风险和焦虑都可能嵌入贴现模型中，风险投资的最低回报率通常为40%~70%。在实践中，经理们的行为似乎就在要求比“无风险利率”高得多的贴现率。因此，我们要求在处理高风险、不确定的高科技的新企业时，提前明确关于贴现的假设（Diamond，1991；Conner et al.，1996）。

12.3.1 行为（历史）模型

任何为创新产品或服务融资的宣传都将围绕一个问题——投资者去哪里赚钱？风险资本家、银行、股东、家庭或任何被要求向新企业投资的人都关心其未来如何产生资金，以及他们将从投资中赚取多少资金。行为模型讲述了一个事实，它将新企业最重要的运营和业务特征、未来的资金产生联系起来。如果不能明确表达这种联系，投资者就不太可能对新的企业产生兴趣。技术的进步，特别是过去十年来互联网的迅猛发展，使得新企业的可用战略有了大幅扩展。同样重要的是，在推动价值方面，“理念”比“事物”更重要。

在构建行为模型时，我们的问题是要弄清楚，A能对B的未来价值产生多大影响，A是操纵特定可控战略驱动因素的历史结果，而B是特定战略。基于外生战略驱动因素预测，该战略本身将是可控战略驱动因素值的给定配置。因此，假设这些战略驱动因素在过去产生了特定的结果，我们可以计算一组系数，并通过设置驱动因素的特定值来预测未来的价值。但系数的精度（风险或可变性的反面）仅与历史观测A中的信息一样好。这就是香农信息的作用所在。它可以预测我们的历史观察数据集（通常是一组财务报表加上一组非财务数据）有多好。

香农信息衡量的是行为模型提供的有关战略模型产生的价值的信息量。这提供了对战略有效性的一般度量。最终“可实现”的有效性将因行业而异，具体取决于这些行业的风险。

一般来说，最小可实现风险的度量和信息的度量是负相关的。

12.3.2 数据：交易流时间序列

R系统包含大量的时间序列标准和包。这会使时间序列的操作变得混乱。如何解决各种问题可能超出了本书的范围，但是审计师应该知道，有许多方法可用于预测和分析事件和交易流的时间序列。下面的代码块提供了使用基本R时间序列类ts和操作该类数据的包进行预测的示例。使用tsbox、ts_regular、forcast包用于ARIMA预测进行一次正则化时间序列（填写缺失的日期）操作。以下代码块从上一章代码生成的2019年模拟数据中读取赊销和收款数据，并将其转换为ts类，用于ARIMA预测2020年现金和收款交易流。然后通过这些差异预测应收账款余额的变化（见图12-1、图12-2和图12-3）。

```
library(lubridate)
library(tidyverse)
library(readr)
library(tsbox)

devtools::install_github("westland/auditanalytics")
library(auditanalytics)

credit_sales <-
  read_csv((system.file("extdata",  "real_world_credit_sales.csv", package =
  "auditanalytics", mustWork = TRUE)),  col_types = cols(X1 = col_skip())) %>%
  mutate(sales_amount = sales_count * sales_unit_price) %>%
  select(
    sales_date = invoice_date,
    sales_amount,
    collection_date,
    collection_amount
  )


ggplot(credit_sales) +
  geom_line(aes(x=sales_date, y=sales_amount, color="red"))+
  geom_line(aes(x=collection_date, y=collection_amount, color="blue"))

sales <-
  credit_sales[,1:2] %>%
  group_by(sales_date) %>%
  summarize(sales_amount = sum(sales_amount, na.rm = TRUE)) %>%
  arrange(sales_date)

sales_st <- sales[1,1]
sales_end <- sales[nrow(sales),1]

sales <- tsbox::ts_regular(sales)
## set dates with no sales to zero with tsbox package
sales$sales_amount[is.na(sales$sales_amount)] <- 0
## set dates with NA to zero
sales <- as.ts(sales)

collections <-
  credit_sales[,3:4] %>%
  group_by(collection_date) %>%
  summarize(collection_amount = sum(collection_amount, na.rm = TRUE)) %>%
  arrange(collection_date)

collections_st <- collections[1,1]
collections_end <- collections[nrow(sales),1]

collections <-
  ts_regular(collections)
## set dates with no sales to zero
collections$collection_amount[
  is.na(collections$collection_amount)] <- 0
## set dates with NA to zero
collections <- as.ts(collections)
```

12.3.3 数据集中有多少信息？

会计和大多数其他财务信息往往是高度多重共线性的，这意味着附加的资产负债表或损益表账户中包含的数据通常不会提供有关业务的太多新信息。首先，出现这个问题是因为复式记账系统，它在两个不同的账户（一个借方和一个贷方）中复制完全相同的日记账信息。其次，它的出现是因为不同的会计分录会在交易周期的不同时间反映同一笔交易。例如，采购将为应付账款、现金支付以及库存增加和减少创建日记账分录——所有这些都用于同一交易，但在其生命周期的不同时间。因此，来自公司财务数据集的一组固定大小的数据项的实际信息内容可能在公司之间甚至在时间段之间有很大差异。能够测量为预测而收集的数据中的实际信息量，为收集降低风险所需的额外数据提供了指导，并确保现有数据集足以满足手头的财务分析。由于多重共线性，财务分析师不断质疑他们的数据集中实际有多少信息。然而，测量信息内容在实践中是难以捉摸的。

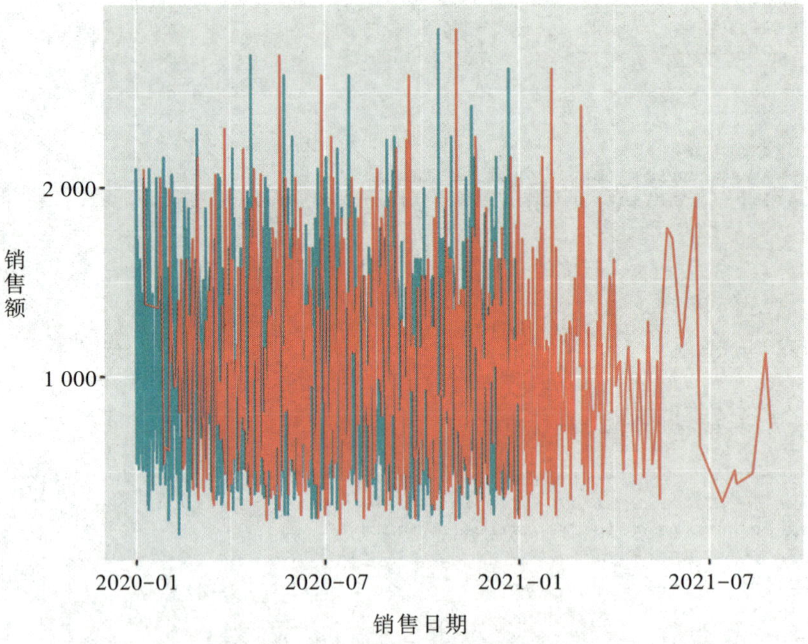

图12-1 销售额（红色）和收款（蓝色）时间序列

在20世纪30年代中期，克劳德·香农建立了信息论，他的许多贡献包括博彩和计算机国际象棋的一些较为成功的早期算法，以及任何数据收集中信息量的形式化。基于要通信的每个源符号的概率质量函数，下面给出了以比特（每个符号）为单位的香农熵H：

$$H = -\sum_i p_i \log^2(p_i)H = -\sum_i p_i \log_2(p_i)$$

其中，p_i是源符号的第i个可能值出现的概率。香农信息度量概率密度之间的“距离”，还有两个密度之间距离的其他度量，也被称为“信息”度量。例如，Fisher、Wooters、Renyi、Tsallis、Hellinger和Kullback-Leibler，仅举几例。

12.3.4　预测模型

forecasting（预测）是根据过去和现在的数据对未来做出预测的过程，最常见的是采用趋势分析。举一个常见的例子，估计在某个特定的未来日期里利息的变化。而prediction（预测）是一个类似但更普遍的术语。两者都可以指采用时间序列、横截面或纵向数据的正式统计方法，或者也可以指不太正式的判断方法。两者在不同应用领域的用法可能有所不同。例如，在水文地理学中，“forecast”和“forecasting”这两个术语有时用于估计未来特定时间的值，而“prediction”一词则用于更一般的估计，如长期内洪水发生的次数。

风险和不确定性是forecasting和prediction的核心。通常认为，标明预测的不确定性程度是一个很好的做法。无论如何，为使预测尽可能准确，数据必须是最新的。在某些情况下，用于预测（predict）感兴趣变量的数据本身就是预测（forecast）。

物理学家尼尔斯·波尔（Nils Bohr）曾开玩笑说：“预测（prediction）是非常困难的，尤其是关于未来时。”几乎所有估值尝试都需要依赖于对未来的一些猜测，因此，这是非常困难的。即使是主要关注跟踪历史交易的财务会计，也需要对资产的未来寿命进行预测，以便计算折旧。

好的预测需要做出有根据的猜测。好的预测符合四个标准：

（1）非任意性。预测方法为数据、模型驱动因素、假设和猜想确定明确的目标，而这些目标在分析中是被一贯遵从的。我们可以通过使用标准的正规方法来减少偏见，这种方法促发了好的研究的四个特点：①解释观察到的现象，并解释原因；②与已有知识相一致；③可被访问相同数据的其他团队验证；④当数据可用时，促进更深入的讨论、调查和修订。

（2）总体性。预测应该容易被其他人理解，并且其假设被清楚陈述，以确保其他人可以复制结论。

（3）可靠性。可以依靠预测做出决策，可靠性不仅意味着财务报告特定程度的准确性，而且还意味着通过离散统计数据（例如，用于衡量报告值可靠性的方差或标准差）来衡量报告的可靠性，从而清楚地了解所报告数据的准确性。

（4）一致且稳健。在缺乏基本信息的情况下，预测不会改变。稳健的方法将限制并确保使用类似数据的不同分析师做出类似的估值，或者在估值不同的情况下，能够清楚地解释导致这种差异的假设。

这种估值分析在财务分析中很常见。这种表示法被称为实物期权问题的二项式方差格表示法（binomial variance lattice representation），问题是如何找到管理层实物期权的价值。在金融期权分析中，有多种计算期权价值的方法和途径，包括闭合方程，如布莱克-斯科尔斯模型及其修正、蒙特卡罗路径依赖模拟方法、晶格、方差缩减等其他数值技术，以及偏微分方程（其中布莱克-斯科尔斯模型只是一种解决方案）。二项式格易于实现和解释。在极限情况下，使用二项式格获得的结果往往接近于从封闭形式解得到的结果。

在置信限（延伸至未来的两条线）之间可能值的扩展范围称为“价值锥”，描述了管理层为推进新企业而设计的特定业务模式的风险轮廓。价值锥反映出我们行为模型中对未来可变性的预测。总的来说，它之所以扩大，是因为我们的预测错误会在未来进一步增多。任何对次年产生价值的错误估计都将导致错误地预测业务模式的发展路径，反过来，这种错误预测将在随后几年产生更大的预测误差。产生预测错误是因为：（1）我们无法完全控制价值创造的驱动因素；（2）我们对影响交易成功的外部事件认识不全面。

行为模型概括了类似公司的情况、行业的“最佳实践”和前几年的结果，被应用于开发预测模型。在下面的代码块中，假设行为模型提出了一个基于霍尔特线性方法的ARIMA时间序列模型，该方法具有附加误差。ARIMA的三个组成部分（p、d、q）为：

（1）AR顺序，通常用于最小化Akaike信息。

（2）差分程度。差分是一种应用于时间序列数据的变换，以使其平稳。平稳时间序列的性质不取决于观察到该序列的时间。

（3）移动平均序列。

```
library(forecast)

# fit an ARIMA (p, d, q)  model
# order is the non-seasonal
#part of the ARIMA model:
#the three components (p, d, q) are
#the AR order, the degree of differencing, and the MA order.
# p is the order of the autoregressive part and
# q is the order of the moving average part.

# Holt's linear method with additive errors,
#or double exponential smoothing
fit <- arima(sales[,2], order=c(0,2,2))

# predictive accuracy, show the first few values
head(accuracy(fit))
```

```
##                    ME    RMSE      MAE  MPE MAPE      MASE         ACF1
## Training set 55.4876 1695.92 1348.372 -Inf  Inf 0.7076188 -0.001585686
```

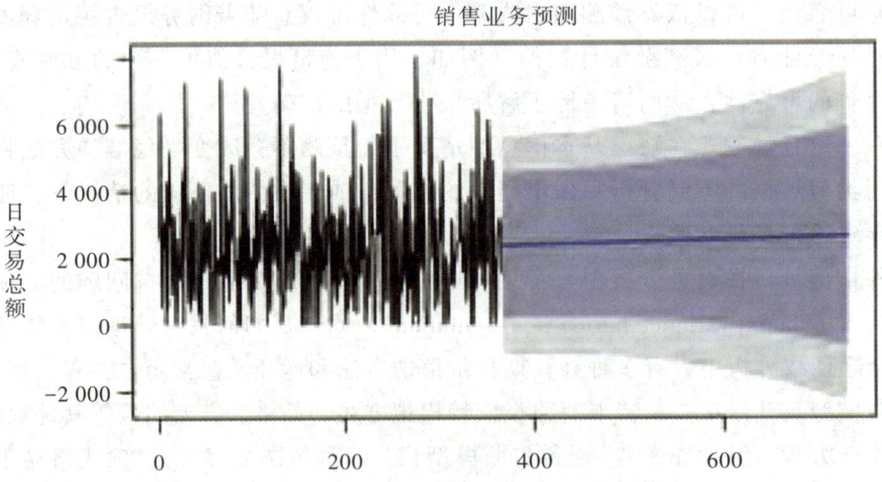

图12-2 预测未来的销售业务流

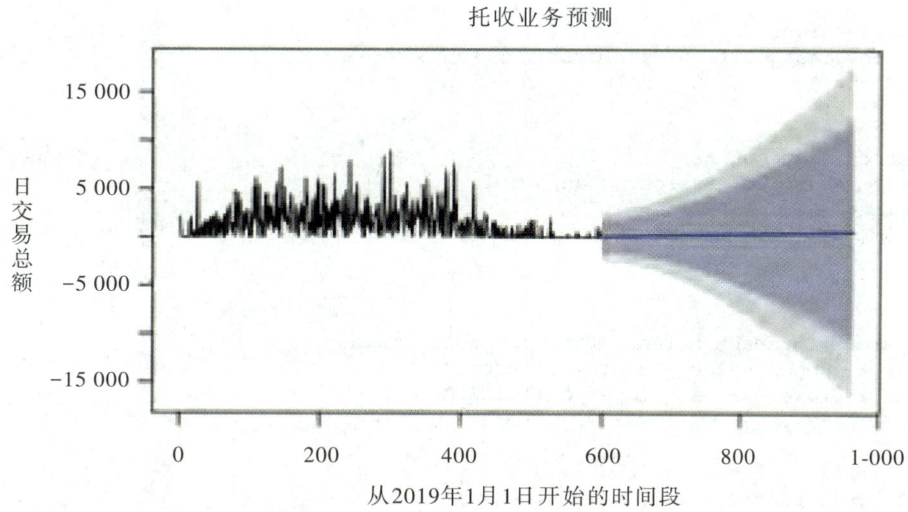

图12-3 预测未来的托收业务流

```
# predict next year's observations
f_cast <- forecast(fit, 365)
plot(f_cast,
  main="ARIMA(0,2,2) Forecasts for Sales Transactions",
  xlab="Time Period (Days) starting 2019-1-1",
  ylab="Daily Transaction Total"
    )
```

```
forecast_sales <-
  arima(sales[,2], order=c(0,2,2)) %>%
  forecast(365)

upper_sales <-
  as.ts(forecast_sales$upper[,2] ) %>%
      window(366, 365*2) %>%
      sum()


lower_sales <-
  as.ts(forecast_sales$lower[,2]  ) %>%
      window(366, 365*2) %>%
      sum()


forecast_sales <-
  as.ts(forecast_sales$mean ) %>%
      window(366, 365*2) %>%
      sum()




forecast_collections <-
  arima(collections[,2], order=c(0,2,2)) %>%
  forecast(365)

upper_collections <-
  as.ts(forecast_collections$upper[,2] ) %>%
      window(366, 365*2) %>%
      sum()
```

```
lower_collections <-
  as.ts(forecast_collections$lower[,2] ) %>%
      window(366, 365*2) %>%
      sum()

forecast_collections <-
  as.ts(forecast_collections$mean ) %>%
      window(366, 365*2) %>%
      sum()



change_ar <- forecast_sales - forecast_collections
upper_ar <- upper_sales - upper_collections
lower_ar <- lower_sales - lower_collections

cat(
  "\n\n The Expected 2020 Sales = $",
  prettyNum(forecast_sales, big.mark=","))
```

```
##
##
##  The Expected 2020 Sales = $ 912,686.1
```

```
cat(
  "\n The Expected 2020 Collections = $",
  prettyNum(forecast_collections, big.mark=","))
```

```
##
##  The Expected 2020 Collections = $ 23,726.63
```

```
cat(
  "\n The Expected 2020 Change in Accounts Receivable Balance = $",
  prettyNum(change_ar, big.mark=","))
```

```
##
##  The Expected 2020 Change in Accounts Receivable Balance = $ 888,959.5
```

```
cat(
  "\n 2020 AR Change : 95% Upper Bound = $",
  prettyNum(upper_ar, big.mark=","),
  " &  95% Lower Bound = $",
  prettyNum(lower_ar, big.mark=","))
```

```
##
##  2020 AR Change : 95% Upper Bound = $ 1,815,473  &  95% Lower Bound = $ -37,553.94
```

之前的计算估计了从2020年年初到年底应收账款价值的预期增长，其价值范围在置信区间内。允许对托收进行负面预测，这是反常的。在这种相当粗糙的分析中，预测被低估或者是不合时宜或错误的。审计师需要进一步调查托收交易流，以进行更可靠的预测。

12.3.5 贴现模型

先前的预测模型生成价值流的估计值和置信区间。为了获得企业的现值（或者更准确地说，现值的一对置信区间），有必要将未来值折现到当前值。这是通过按一个折现因子$\frac{1}{(1+r)^t}$将未来期间t生成的所有未来值相加来实现的。其中，每个期间的贴现率r

可以被视为：

（1）衡量管理层焦躁程度的指标——他们希望以多快的速度收回投资；

（2）作为机会成本——衡量投资这个项目而放弃的其他投资机会的潜在回报。

无论从哪个角度来看，决定合适的折现率都是困难的。金融学中有大量的文献涉及折现率的选择。本章不再进行详细的回顾，但我们将在此简要介绍一些更重要的注意事项。

历史价值可以在公司的财务报告中找到，外部基准可以来自国库券利率或其他政府债务利率。历史贴现率只是为当前特定业务模式的贴现率或管理目标的选择提供了一个基准。股票融资的贴现率更难评估，但在惯例上使用资本资产定价模型或其变体，即套利定价模型，根据与市场的历史相关性来计算收益率。

其他方法倾向于试图量化管理层的“焦躁”，可能还有一些风险规避措施，然后将它们植入用于评估商业模式的贴现率中。例如，风险资本家可能会对新成立的公司提出一个任意的比率，每年可能高达40%~60%。这一高利率既反映了对快速收回投资的渴望，也反映了初创企业失败的高风险。有证据表明，管理者可能会鉴于不同原因对公司内部投资使用类似的高利率。在内部投资中，通常会定期（例如，在每年制定预算）对提议的项目进行排序，并确定从固定规模的基金中取出多少分配给该项目。所有被考虑的项目都需要提供高于某些“最低回报率”（通常设定为外部投资所提供的回报）的投资回报率。但由于预算规模固定，投资者只会选择回报率最高的项目，因此实际实施的项目回报率可能会非常高，超过40%。另一个偏见来自向上流动的管理者，他们可能认为自己在某个部门的职位任职时间很短，会在这段时间内寻求最大的项目回报，因此他们会倾向于选择能够产生大量短期现金流的项目，而不是具有长期战略重要性的项目。在所有这些情况下，如果新企业发展新的业务，管理层很可能会估算一个相对较高的折现率来评估其现值——通常高于每年40%。

12.3.6 期末红利

任何习惯于进行传统贴现现金流分析的人都很熟悉该分析中的“期末红利”。折现现金流分析通常假设一个预测期，在该预测期之后，预测被认为非常容易出错或是投机性的，而且不可能有用。因此，超出这一范围的投机行为被停止，取而代之的是期末红利，它反映的不是现金支付，而是对市场价值的估计。期末红利要么是可支付永续年金的价值，要么是某种市盈率。然而无论如何计算，只要未来期限足够长，终值仅占总现值的一小部分（尽管这一假设在互联网繁荣时期已经被滥用）。早在20世纪60年代，这种方法就在一篇流行的金融文章中得到推广，并被称为戈登增长模型（Gordon，1962）。由于高风险、短产品周期和要求快速回报，在分析新企业时，期末红利的假设通常是不相关的。所有这些都会加深管理层的“焦躁感”，从而提高新的风险投资商业模式所需的最低预期回报率。高贴现率将超出预测期后产生的价值降低到可忽略不计的程度。因此，对于大多数新项目，无须计算期末红利。

12.3.7 生成当前估值

一旦要素被组合起来进行估值，就可以预测未来现金流，然后按照选定的折现率贴现回“现值”。使用标准净现值公式：

$$NP\ V = cf_0 + \sum_{k=1}^{n} \frac{cf_k}{(1+i)_k}$$

```
daily_discount <- .1/365 # 10% annual rate
NPV <- 0
for(i in 1:length(forecast_sales)) NPV <-
  NPV +
  as.numeric(forecast_sales[i]/
             ((daily_discount+1)^(i)))


cat(
  "\n\n The Jan. 1, 2020 NPV of the forecasted sales transactions for 2020 = $",
  prettyNum(NPV, big.mark=","))
```

```
##
##
##  The Jan. 1, 2020 NPV of the forecasted sales transactions for 2020 = $ 912,436.1
```

12.4 其他估值方法

12.4.1 实物期权

实物期权假设未来业绩不会像银行抵押贷款合同等传统投资那样，由一系列平稳的未来现金流产生。相反，现金流将取决于未来事件或管理决策，这些事件或决策可能发生，也可能不发生，且时间和金额不确定。如果构建得当，实物期权模型可以帮助我们做出明智的决策，包括投资金额、投资时间以及整个项目的预期回报或损失。

新企业在三个方面有别于传统的投资：（1）技术开发和营销都需要密集、适应性强的管理；（2）没有可以让人了解新企业价值的投资业绩；（3）新企业的潜在价值取决于无法预见的未来事件和管理决策。这为新企业商业化设置了障碍，会使资源规划和投资变得极其困难。新企业的风险是固有的风险，增加的风险可以用高回报来补偿。研究表明，平均而言其收益大约是传统产品和服务的三到四倍，而“爆款产品”则更高。

成功的创新者在调整其执行方式以成功推出其产品或服务时尽量减少支出，这与投资者通过股票期权管理风险和支出的方式大致相同。期权允许你选择签订合同，在未来某个时间段内以特定价格销售或购买。如果合同在未来日期盈利，则执行期权；如果不盈利，就不执行。投资者需要为期权合约的签订承担一笔小额现金成本。同样，成功的创新者很少在支出可以延迟或避免的情况下付款。公司内外的创新者所面临的问题是相似的，他们被期望在高风险投资中获得最大回报，并倾向于少花钱来实现这一点。公司担心机会成本（从投资资金的其他更有利可图的用途中损失的收入）。银行、风险资本家和股票投资者担心他们投资的回报。

通过实物期权，双方都可以认识到一个新企业的上升潜力，同时保护自己免受新企业所带来的固有的更高的损失风险。通常，实物期权方法是由公司和投资者自己的部分（即总投资的一部分）推行的，这些部分在特定的里程碑之后提供——如概念的证明。如果一项投资产生的信息证明了该机会的可行性，那么与之前未进行的投资相比，您可以更加自信地继续进行进一步的投资。因为只有当你进行投资时，才能通过投资期权获得洞察力和经验，因此从期权投资中学习可以让你比竞争对手更拥有优势，因为竞争对手没有同样的经历，所以他们不会了解这些知识。

行为模型建立了管理层可用于影响未来公司价值创造的“控制杠杆”。但未来将受到管理层实施的实际计划的极大推动。在几乎每一个由新企业发起的新产品生产或变革中，管理层都面临着一系列场景，每个场景都要求在构建业务模型时做出独特的响应。

12.4.2 场景分析和决策树

实物期权方法假设已经做出关键的管理决策，不确定的事项随后展开——无论是奖励还是惩罚。实物期权决策树假设经理做出决策，然后找出发生了什么。当经理在做出决策之前发现发生了什么（或者至少猜测可能发生什么）时，这就失败了。在这种情况下，场景分析和决策树更适合处理不确定性的任务。有许多易于使用的程序支持使用场景分析和决策树方法进行评估。

12.4.3 蒙特卡罗模拟

当决策树变得特别复杂时，可能会发展成包含选项和决策的复杂网络，简单的决策树软件可能会达到它的极限。在任何程度上逼近业务中的真实结构和交易流的混合随机变量数学方法，即使不是不可能，也难以在实践中使用。因此，分析师可能会选择使用蒙特卡罗模拟来进行复杂的预测，其中涉及多个随机变量的相互作用。然而，这些单独变量中的每一个都可能成为错误的主要来源。它们的组合效果很容易使整个模拟不堪承受。

在对账户余额、会计差错和会计交易的统计方面，存在大量的经验证据，表明这些都是右偏和高峰度的。会计差错的总额和差额既不是固定不变的，也不是表现良好的。偏离和峰度误差之间的相互作用往往会增加不确定性。虽然蒙特卡罗模拟在理论上可以解决数学上不易处理的预测问题，但在实践中却失败了，因为错误淹没了任何有效的预测。模拟的预测误差通常比现金流或收入流的预测误差大几个数量级，使得这些预测对估值毫无用处。在这种情况下，估值对新数据变得高度敏感，即使收入或投资交易发生微小变化，估值也会发生数百个百分点的变化。

12.5 进一步研究

前面所述只是勾勒出在一个新企业商业化过程中，构建任何商业模式的可信估值必须采取的方法，只涉及最简单的计算。金融文献内容广泛、成熟、计算复杂。本章中介绍的所有方法都可以通过应用现有技术进行扩展，并使其技术上更加准确。对这些技术（每天都有新技术出现在学术期刊上）的研究本身就设有一个学位，远远超出了学术研究的范围。但是基本的方法，是根据对新企业的商业化过程中有用信息的特性和可用性量身定制的，正如您在本章中所学习的一样。

12.6 参考文献

Conner, Kathleen R., and Coimbatore K. Prahalad. 1996. A Resource-Based Theory of the Firm: Knowledge Versus Opportunism. *Organization Science* 7 (5): 477-501. INFORMS.

Diamond, DouglasW. 1991. Monitoring and Reputation: The Choice Between Bank Loans and Directly Placed Debt. *Journal of Political Economy* 99 (4): 689-721. The University of Chicago Press.

Gordon, Myron J. 1962. *The Investment, Financing, and Valuation of the Corporation.* Homewood, IL: RD Irwin.

第13章

用于审计组织的模拟交易

13.1 “测试组”及其后代

在IBM 360会计系统（IBM的广告强调其360度全方位服务）出现的早期，交易被输入到具有80列霍勒瑞斯卡片的卡片组中。审计师通过阅读一组已知交易（即“测试组”）并将其与客户自动化系统生成的会计报告进行比较，来测试自动化控制情况。在那段时间里，这被称为“围绕计算机审计”。审计师将其与“通过计算机审计”进行对比，后者通过内部计算机操作跟踪交易处理情况，以验证控制是否正常运行。很难相信任何审计预算都能在审计师追踪交易的代码过程中幸存下来，但这似乎是那个时期的一部分。

尽管在电脑博物馆或易趣“古董”列表外很少看到霍勒瑞斯卡片，但测试客户机的自动“黑匣子”（对代码的访问受时间、精力或所有权限制的系统）的概念仍然存在。模拟允许审计师将已知的交易输入值与计算的输出结果进行比较。现代计算系统依赖于专有代码，而它们是系统托管在服务器和云平台上的，所有权也由客户机以外的人拥有。会计交易模拟根据已知分布和错误发生情况，为“黑匣子”的审计测试提供了有用的工具。本章详细介绍了根据已知分布和错误特征创建模拟会计交易的方法。

13.2 服务组织审计

在后大型机时代，测试服务组织、云计算的共享和专有第三方平台给审计人员带来了重大挑战。《鉴证业务准则声明第18号》（SSAE 18）是一套审计准则和准则使用指南，由美国注册会计师协会审计准则委员会发布，旨在重新定义和更新服务公司关于合规控制的报告方式。它取代了SSAE 16和《审计准则声明第70号》。审计师可以使用交易模拟来满足SSAE 18和《萨班斯-奥克斯利法案》的要求（第404节），以显示内部控制的有效性，包括财务报告。SSAE 18要求客户和服务组织实施正式的“第三方供应商管理计划”以及正式的“年度风险评估”流程。风险评估也可以作为审计师将来可能创建的任何风险评估矩阵（第5章“分析复核：技术分析”）的重要资源。

SSAE 18审计生成两份审计组织控制（SOC）报告。报告SSAE 18 SOC 1侧重于可能影响客户财务报告内部控制（ICFR）的服务提供商的流程和控制。该检查有助于确保第三方供应商负责这些控制的系统和人员的工作方式不会对其客户的ICFR产生不利影响。SOC 2是一份单独的报告，重点关注服务提供商与系统的安全性、可用性、处理完整性、机密性和隐私。它确保数据在存储和传输过程中的私密和安全，并且可随时访问。SOC 1和SOC 2报告有两种形式：Ⅰ型和Ⅱ型。Ⅰ类报告评估在特定时间点是否有适当的控制措施。Ⅱ类报告在一段时间内完成，验证控制的运行效率和有效性。

13.3 会计循环、审计任务和审计数据的生成

会计循环（也称为交易周期或交易处理子系统）是我们在财务会计处理中用于区分和集成处理交易的最基本方式。它们为设计高效和有效审计计划的组织原则发挥着重要作用。审计活动将围绕相关交易组进行分组，因为错误、数据定位和审计的许多其他方面可能会进行类似的分组。会计循环始于会计人员根据原始凭证处理交易，结束于编制财务报告和结清临时账户，并准备进入下一个新循环。会计循环的真正实施因公司特定系统和业务类型而异。然而，总的来说，会计师接受五个典型的会计循环。下面列出了这些交易以及这些循环中最重要的交易。

（1）销售（收入）循环：面向客户的活动，带来收入。

① 销售订单

② 现金收入

（2）采购（库存、转换或生产）循环：提供公司产品的活动，产生销售商品的成本。

① 购买

② 库存补充

③ 生产和成本核算

（3）支出循环：产生酌量性（固定）成本的支持活动。

① 应付账款支出

② 薪金/人力资源

（4）资金循环：资本获取和偿还活动，以及其他有确保经营不中断的可用现金的活动

① 借款/还款

② 发行金融工具

③ 红利

④ 现金管理

（5）固定资产循环：长期投资和折旧。

① 动产

② 财产

③ 土地

④ 折旧

13.4 用于审计程序A/B测试的销售和采购循环数据库的生成

在许多情况下，为审计测试以及课堂示例和训练生成模拟会计数据集非常有用。在

这里我构建了一个通用数据集模拟器，它假设电子商务零售商买卖SKUs（库存单位，即库存类型的标识符）。本章剩余部分介绍了一组R代码，用于生成一组来自销售和采购周期的一组模拟交易，以及相关财务报告（见图13-1）。这段代码只是我们可能感兴趣的某个审计假设系统的特定子集的一个示例。当然，审计师会希望创建自己的代码以实现特定的目标。但这里介绍的方法将作为一个粗糙的样板提供创建模拟会计交易示例，它有三个用途：

（1）对于审计公司，测试公司内竞争性审计程序的权力和有效性（例如，所选程序的A/B测试）。

（2）对于教师来说，该代码可用于为测试和训练设置独特的数据集。

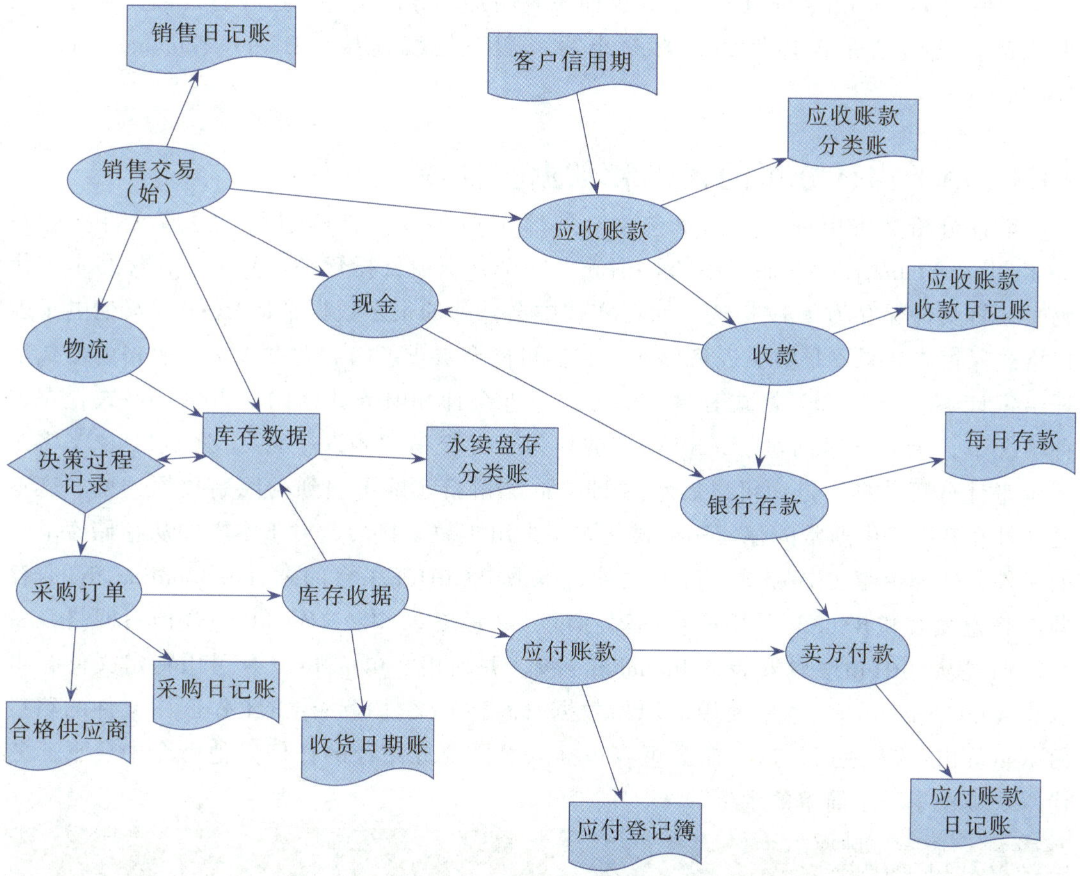

图13-1　模拟中销售和采购周期活动流程图

（3）对于监管机构而言，模拟数据可用于评估新监管规则的财务影响。审查、修改和编写代码以模拟真实会计事务的过程为我们提供了深入了解会计数据真实世界属性的场景。编写真实模拟程序的人员将更深入地了解真实世界的控制流程，这些流程是《内部控制审查》和《萨班斯-奥克斯利法案》第302节和第404节报告的重点。随后的代码只是提示性的，但足以用于课堂或其他目的。在这里我们邀请读者修改和扩展所提供的模型，以创建更加细致的模拟。

13.5 建立模拟

在循环中，这两个会计循环（销售和收款循环以及采购和付款循环）生成了审计中分析的大多数交易。这些循环为销售收入、销售商品成本、现金、存货、应收账款和营运资本做出了重大贡献。除了少数例外，我们所有的代码都使用R-base命令。例外情况是Dirk Eddelbuettel的“随机”软件包；Hadley Wickham的“tidyverse”和“plyr”软件包；Vitalie Spinu的日期-时间格式和算术“lubridate”软件包。尽管它们在随后的代码中使用最少，但它们是数据科学中广泛使用的四个包。读者应该熟悉这些软件包，因为它们使会计数据的分析和操作变得简单可靠。

我使用了““file$variable”格式，而不是附加和分离文件，这在有许多文件时会减少混乱。变量名是描述性的，都是小写，用下划线连接，Hadley Wickham称之为“snake_case”。

13.6 用于审计分析的代码和数据存储库

审计分析文本中许多代码块包含对外部.CSV格式文件的引用。这些文件托管在westland/audit analytics存储库中的GitHub（一个开源项目托管平台）上。在编写本书代码时，将文件保存为.CSV格式，而在实践中会计师的很多数据都以Excel或其他电子表格格式保存。如果不是数据表格形式，它们可能会被重新格式化并以电子表格的形式呈现给审计师。因为.CSV格式有自己的方式，即会计和财务数据的“天然”格式，在这种情况下，最后一章创建了.CSV格式的模拟会计交易“测试平台”。通过以.CSV格式展示审计分析数据，进而可以展示示例、加载/解析实践中遇到的原始数据类型。这不是文件在R语言中通常的存储和格式化方式。出于教学目的，对于本书中从存储库下载的文件，选择保留.CSV格式。除此之外，本书中GitHub平台的westland/auditanalytics存储库将遵循R和RStudio采用的存储库标准，并最终以CRAN库（R综合档案网络）发布。通过从GitHub平台安装auditanalytics包，并使用system.file（）引用特定文件，可以将Audit Analytics文本中使用的原始数据（.CSV）文件提供给R工作区。文件的路径由system.file（）返回，这一命令可以被插入至需要此路径的任何其他命令中。下面的代码块提供了一个简单的示例。

```
devtools::install_github("westland/auditanalytics")
library(auditanalytics)

fyear_end_ar_ledger <- read.csv(
system.file("extdata", "fyear_end_ar_ledger.csv", package = "auditanalytics", mustWork = TRUE))

head(fyear_end_ar_ledger)

##   X customer_no invoice_no amount shipper_no shipper_date
## 1        1  c00005      i00147      462        s00136       2020-03-01
## 2        2  c00007      i00302      504        s00313       2020-05-02
## 3        3  c00004      i00334      1122       s00318       2020-05-03
## 4        4  c00010      i00348      1292       s00345       2020-05-13
## 5        5  c00005      i00437      756        s00437       2020-06-15
## 6        6  c00005      i00461      1470       s00481       2020-07-01
```

13.7　生成模拟数据时使用的假设

在生成会计交易模拟数据时，做出以下假设。会计循环中的单据更新项目都有：标识符、日期、存货项目数、单位价值。

实体

- 现有库存股
- 客户
- 供应商
- 银行

与实体关联的项目

（1）销售循环（按销售价格计算的金额）

- 销售
- 销售和退货
- 运输
- 现金收据（现金销售）
- 应收账款（赊销）
- 托收（赊销）
- 存款（银行）

（2）采购循环（更新已销售库存，按成本计算的金额）

- 存货
- 采购订单
- 应付账款
- 接受者（用于订购库存）
- 支付（用于支付到期应付账款）

（3）报告

- 资产负债表
- 损益表
- 营运资本变动表
- 留存收益变动表

假设全年买方或卖方市场均无通货膨胀。同时假设文档未分组，而是一个之前的交易（如销售）触发一个且仅一个后续交易。

13.7.1　文档生成

会计交易信息是高度多重线性的，因为许多日记账记录是由其他交易触发的。此处用影响图（图13-2）模拟总结了子系统，该图显示了触发交易的级联。

```
library(DiagrammeR)


grViz("
digraph boxes_and_circles {

  # a 'graph' statement
  graph [overlap = true, fontsize = 10]

  #  'node' statements
  node [shape = box,
        fontname = Helvetica]
  Sales; AR; Collections; Bank; Inventory; PO; AP; Receivers; Disbursements; Expenses

  # 'edge' statements

 Sales -> AR
 AR -> Collections
 Sales -> Bank
 Collections -> Bank
 Sales -> Inventory
 Inventory -> PO
```

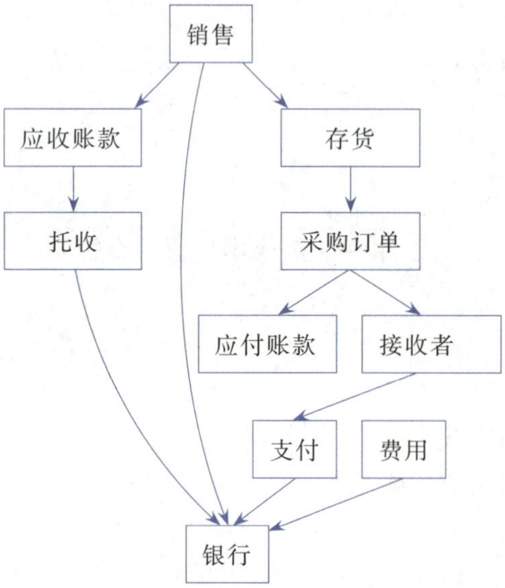

图13-2　显示触发业务级联的影响图

```
 PO -> AP
 PO -> Receivers
 Receivers -> Disbursements
 Disbursements ->  Bank
 Expenses ->  Bank

}
")
```

交易按以下顺序生成（ {} 中的项目表示从其他文档传输数据）：

- sale_trigger event = {perpetual_count = perpetual_count - sale_count}
- inventory_reorder trigger event = {inventory/perpetual_count< reorder_count}
- inventory sku, unit_cost, unit sales price, count_beginning, reorder_count {= constant * sqrt(annual_sales)}
- sale invoice_no, invoice_date, sku, sale_count, sale_unit_price, sale_extended cash_or_ar, sale_return, perpetual_count {updated on sale_trigger}, cash_receipt {sale sub-classification}
- account_receivable {sale sub-classification}

- sale_return {sale sub-classification}
- shipment shipper_no, customer_no, invoice_no, shipper_date = {invoice_date + delay}
- collection receipt_no, receipt_amount = {sale_amount * unit_price}, receipt_date = {invoice_date + delay} or {invoice_date} for cash
- deposit deposit_no, deposit_amount = {sale_amount * unit_price}, deposit_date = {receipt_date + delay}
- purchase_order po_number, po_date, unit cost, reorder_amount (created on inventory_reorder trigger)
- receipt receiver_no, receiver_count, reorder_amount, receiver_date = {po_date + delay}
- account_payable ap_no, receiver_no, unit cost, reorder_count, ap_date = {receiver_date}
- disbursement disb_no, disb_amount, disb_date = {receiver_date + delay}

13.7.2 文档生成策略

（1）模拟创建两个主要文件，表示触发事件级联的开始：①销售和库存减少文件，②采购和库存补充文件。最后一步将生成客户文件。

（2）金额（价格、成本、数量）将使用泊松随机数生成器生成（正整数）。

（3）延迟将使用指数随机数生成器生成（正实数）。

（4）分类器将使用伯努利随机数生成器生成（0/1）。

（5）标识符将由按日期排序的序列号生成，带有事务类型前缀。例如，s000123表示一笔销售，前缀为“s”。

13.8 统计假设和会计交易的分布

当人们希望从一组数据中推断出结论——即审计目标时，都事先假定数据遵循某种概率分布。为特定情况或账户选择正确的分布是从数据中进行有效推断的最重要的方面之一，并预示着审计有效率、有效果。

除了选择正确的分布外，审计师还需要确定收集样本的数据量，以平衡错误决策的成本和审计成本。审计中数据收集和处理的成本高昂，单个抽样交易的审计成本可能高达数百或数千美元。审计的总成本对概率分布、样本量、推断方法和决策模型的正确选择极为敏感。对方法选择漫不经心或过分依赖个人推断，将推高审计成本并有可能增加错误审计意见。

样本量的确定是统计学中最令人困惑的领域之一。在理想情况下，我们不会“提前”选择样本量，而是会继续采样，直到达到特定目标（例如，直到我们确定系统处于或失去控制），这称为“最佳停止”，通常用于实验室和工厂取样。我们需要一个“一次性”样本，需要知道估计的参数的分布，这通常是不可能做到的，但并不妨碍我们去尝试。

许多审计师认为可以简单地假设客户事务是正态分布的，也许他们调用但实际并不理解中心极限定理。在审计中，这通常是一个非常糟糕的假设，因为所有已审计的分布都应该在零处进行审查，并且通常是右偏的和高峰态的。发现交易分布是多模式的也不少见（Westland，2017）。此外，属性将具有离散分布的特征，通常具有一组有限的“有效”值。因此，审计师在确定样本量时不能主观假设“一刀切”。这里需要考虑三个因素：

（1）影响大小。对于属性错误率，这是“可容忍误差”；对于价值估算，这是分配给账户的重要性水平，也是“可容忍误差”。

（2）总体分布和参数。通常安全的假设是属性误差或金额误差为泊松分布。当交易是泊松分布且交易是独立的时候，交易之间的等待时间通常假定为指数分布。交易和财务账户的合规性错误和实质性错误是相对罕见的事件，如果不是，财务报表将无法使用，审计范围将无法管理（有时在财务欺诈案件中会出现这种情况）。稀有事件定律支持货币余额的泊松分布假设和时滞的指数分布假设。例如，客户支付应收账款的时间。泊松分布有时也被称为小概率法则（以Ladislaus Bortkiewicz 1896年的一本书的名字命名），它是指一个很少发生，但有很多机会发生的事件发生次数的概率分布。大量的研究支持泊松过程产生会计误差分布的假设（Ball & Watts，2012；Fienberg，Neter & Leitch，1977；Garstka，1977；Greene，1994；Keenan & Kotula，2004；Repin，Sauter & Smolianski，2004）。

（3）可信度。例如，样本中观察到的错误率会导致我们改变审计决定，或投资者改变其投资决定。审计测试的权力和意义决定了我们对“可信度”的正式定义。这里的计算样本量类似于标准的单变量计算，但使用了针对该问题定制的方差公式（Cochran，1977；Kish，1955；Lohr，1999；Snedecor & Cochran，1989；Westland & See-to，2007）。

13.9 模拟的一般参数

基于我们先前的假设，我们首先设置模拟范围的参数。这些将包括交易量、按销售价值计算的成本加成、客户数量、库存项目等。以下代码中的任何参数以及某些其他参数都可以根据用户自己的需要进行自定义。

```
##############################################################################
##
## 1 - Simulation-wide parameters and general use functions
##
##############################################################################

## clear workspace (recommended)

rm(list=ls())

##
##  your seed number is the starting point used in the
##  generation of a sequence of random numbers
##  assuring that you will obtain the same
##  accounting datasets (given the same seed number)
##  when you rerun the code
##

set.seed(123456)  ## setting the seed assures that we can recreate the dataset by rerunning the code

#
#  Fiscal year beginning and end dates
#

fyear_begin <- paste0(format(Sys.Date(), '%Y'), '-01-01')  # date can be hard-coded if needed
fyear_end <- paste0(format(Sys.Date(), '%Y'), '-12-31')

#
# Inventory related parameters
#
no_of_sku <- 10      ## number of stock-keeping-units (sku), i.e., distinct inventory items
lngth_of_sku <- 5    ## number of alphanumeric characters in sku identifier
avg_cost <- 1000     ## ave. cost of sku from vendor
avg_markup <- 200    ## ave. markup of sales_price sku from vendor
avg_count <- 300     ## ave. number of items of sku
#
# Sales related Parameters
#
no_of_cust = 10      ## number of customer for sales
no_of_sales = 1000       ## number of sales transactions
avg_count_sold = 15      ## average number of items sold per transaction
```

```
#
#  Shipping and A/R collection related parameters
#  Starting balances have a date field of "1900-01-01" to avoid non-date contents
#
days_to_ship <- 10                ## average of 10 days to ship
days_to_collect_ar <- 60          ## average of 60 days to collect on A/R,
percent_ar_unpaid <- .02          ## 2% of AR are never paid (in default)
ar_in_default_cutoff <- 500       ## over 499 days late is in default
#
#  Purchase related parameters
#
days_to_receive_inventory <- 15  # average of 15 days to receive ordered inventory
ap_record_created_delay <- 1     # account payable record created 1 day after receiver of inventory
ap_disbursement_delay <- 75        # account payable payment disbursement on average 75 days after receiver of inventory
#
##
## random dates
##

starting_inventory_budget <- 1000 # the approximate $ inventory on hand at the start of the simulation


rdate <- function(x,
                  min = paste0(format(Sys.Date(), '%Y'), '-01-01'),
                  max = paste0(format(Sys.Date(), '%Y'), '-12-31'),
                  sort = TRUE) {
    dates <- sample(seq(as.Date(min), as.Date(max), by = "day"), x, replace = TRUE)
    if (sort == TRUE) {
        sort(dates)
    } else {
        dates
    }
}
```

最后一个函数有助于生成模拟的实际日期和时间间隔。

13.10　销货日记账

假设我们有存货要出售，我们的交易记录从客户提取存货以换取现金或产生支付义务时开始（应收账款）。单个销售交易记录在销货日记账中。在过去，“日记账”是实体账簿，记录交易的原始发生情况，以及对交易性质的特别说明；“分类账”是用于跟踪库存和其他库存项目的实体账簿。现在，记录是数值型的，并且描述性字段是预先严格定义的。

以下代码从向客户的销售中生成原始交易，并产生与该特定销售交易相关的后续事件（如收款）。

```
################################################
# 2 - Populate the Sales Journal file
################################################


library(tidyverse)
library(lubridate)
library(random)

#
#   Create a sales_journal and then populate it
#   Sales prefix = "i"; invoice_no is sequenced by date)
#   order by invoice date (use lubridate and plyr)
#

invoice_no <- seq(from = 1, to = no_of_sales)
invoice_no <- sprintf("i%05d", invoice_no)

invoice_date <- ymd(rdate(no_of_sales, min = fyear_begin, max =  fyear_end))
```

```
sales_journal <-
  data.frame(invoice_no,invoice_date) %>%
    arrange(invoice_date)

#
#  create customers and tie them to sales
#

customer_string <- seq(from = 1, to = no_of_cust)
customer_string <- sprintf("c%05d", customer_string)
customer_no = sample(customer_string, no_of_sales, replace = T, prob=runif(no_of_cust,0,1))
sales_journal = data.frame(customer_no, sales_journal)

#
#  create skus and their vendors
#

sku <- randomStrings(n=no_of_sku, len=lngth_of_sku, digits=F, upperalpha=TRUE,
                     loweralpha=F, unique=TRUE, check=TRUE)
vendor_string <- seq(from = 1, to = no_of_sku / 3)
vendor_string <- sprintf("v%05d", vendor_string)
vendor_no = sample(vendor_string, no_of_sku, replace = T, prob=runif(no_of_sku/3,0,1))
sku = data.frame(vendor_no, sku) %>%
  rename(sku = V1)


sales_count <- rpois(no_of_sales,avg_count_sold)
sku_of_sale <- sample(sku$sku, no_of_sales, replace=TRUE)  ## sku from 1.1
sales_return <-  rbinom(no_of_sales, 1, .05)    ## 1 if there was a return on this sale
cash_not_ar <- rbinom(no_of_sales, 1, .2)    ## 1 is a cash sale (20%), 0 is credit (80%)

unit_cost <- rpois(nrow(sku), 30)
sales_unit_price <-  unit_cost * ceiling(abs(rnorm(nrow(sku), 2, 1)))

#
#  Write sales_journal
#

sales_journal <- do.call(
    cbind.data.frame,
    list(sales_journal,
        sku_of_sale,
        sales_count,
        cash_not_ar,
        sales_return,
        unit_cost,
        sales_unit_price
        )
)


colnames(sales_journal) <-
  c("customer_no",
    "invoice_no",
    "invoice_date",
    "sku",
    "sales_count",
    "cash_not_ar",
    "sales_return",
    "unit_cost",
    "sales_unit_price")
#############################################################
# 3 - Add inventory and other information to Sales Journal
##      shipments & collections,
##      which are defined by unique IDs and date delays
##      2% of AR are never paid (in default)
#############################################################
```

```
library(lubridate)

sales_journal$sales_extended <- sales_journal$sales_count * sales_journal$sales_unit_price

shipper_date  <-  invoice_date + round(rexp(no_of_sales,1/days_to_ship),0)


collection_amount <- sales_journal$sales_extended    ## set amount for cash sales
collection_date <- sales_journal$invoice_date    ## set date for cash sales
for(i in 1:no_of_sales) {
    if(cash_not_ar[i] == 0) {  ## collect only on credit sales
        if(rbinom(1, 1, percent_ar_unpaid) == 1) {collection_date[i] <- shipper_date[i] + ar_in_default_cutoff}
        ## 1 is a default  (percent_ar_unpaid %)
        collection_date[i] <- shipper_date[i] + round(rexp(1,1/days_to_collect_ar),0)
        collection_amount[i] <- sales_journal$sales_extended[i]
    }}


#
##    collection_no prefix = "r";  is sequenced by date)
#     (lubridate and plyr)
#

sales_journal$collection_amount <- sales_journal$collection_amount <- as.numeric(collection_amount)
sales_journal$collection_date <- sales_journal$collection_date <- ymd(collection_date)
sales_journal <- arrange(sales_journal, collection_date)
sales_journal$collection_no <- sprintf("r%05d", seq(from = 1, to = no_of_sales))

sales_journal <- arrange(sales_journal, invoice_date)
sales_journal <- arrange(sales_journal, invoice_date)
sales_journal$collection_no <- sales_journal$collection_no

#
##    shipper_no prefix = "s";  is sequenced by date)
#     (use lubridate and plyr)
#
sales_journal$shipper_date <- ymd(shipper_date)
sales_journal <- arrange(sales_journal, shipper_date)
sales_journal$shipper_no <- sprintf("s%05d", seq(from = 1, to = no_of_sales))


sales_journal <- arrange(sales_journal, invoice_date)
sales_journal <- arrange(sales_journal, invoice_date)
sales_journal$shipper_no <- sales_journal$shipper_no
sales_journal$shipper_date <- sales_journal$shipper_date


collections <- sales_journal %>%
  select(customer_no,
         invoice_date,
         invoice_no,
         sales_extended,
         collection_amount,
         collection_date,
         collection_no,
         cash_not_ar,
         sku)

collections <- split(collections, cash_not_ar)$'0'    ## credit only


shipments_journal <-
  sales_journal %>%
  select(shipper_no, date=shipper_date, customer_no, sku, invoice_no, invoice_date, quantity = sales_count)
```

13.11 现金和银行存款

现金销售和应收账款收款产生的现金将存入银行。存货采购和其他支出将使用银行存款。在此代码中，我们假设每天都进行存款。

```
##############################################################
# 4 - Generate daily bank deposit records
##
##############################################################

library(tidyverse)

##
## Daily deposits
##

deposit_daily <-
  sales_journal %>%
  group_by(invoice_date) %>%
  summarize(deposit_amount = sum(sales_extended)) %>%
  as.data.frame()

deposit_no <- sprintf("d%05d", seq(from = 1, to = nrow(deposit_daily)))
deposit_daily <-
  cbind(deposit_daily, deposit_no) %>%
  rename(deposit_date = invoice_date)
```

13.12 存货和用于补充库存的采购订单

在售出足够的存货后，需要补充存货。实际上，任何特定的库存单位（SKU）的库存水平都受到监控，当库存低于某一点时生成采购订单。在这段代码中，我们使用标准的经济订单数量模型来确定何时触发采购订单。采购订单将发送给供应商，供应商在一定的“交付周期”后将存货交付给客户。交付记录作为“收据”，是确认收货及应付账款的凭证。

生成器函数允许您以一种快速、简单且干净的方式公布一个行为类似于迭代器的函数。迭代器是可以对其进行迭代（循环）的对象，它用于抽象数据容器，使其行为类似于可编辑对象。简单地说，生成器是一个返回对象（迭代器）的函数，我们可以对其进行迭代（一次迭代一个值）。

生成器函数是一种特殊类型的函数，您可以反复调用它以获得一系列值。通常，生成器需要维护内部状态，因此它们通常通过调用另一个返回生成器函数的函数来构造（然后使用返回生成器的函数的环境来跟踪状态）。例如，以下 sequence_generator () 函数返回一个生成无限数字序列的生成器函数：

```
sequence_generator <- function(start) {
value <- start - 1
function() {
value <<- value + 1
value
}
}
> gen <- sequence_generator(10)
> gen()  # 10
> gen()  # 11
```

生成器函数可以通过返回值NULL来表示完成。生成器的当前状态是在函数外部定义的值变量。请注意，superassignment（《-）运算符用于从函数中更新此状态。

我的模拟将使用固定的50个单位的订单数量和固定的50个单位的再订购点来生成采购订单。更复杂的方法是使用经济订单数量（EOQ）来设置采购订单的规模。这可以通过R的plyr包实现，如下所示。

```
##############################################################
# 5 - Generate inventory EOQs (economic order quantities)
##
##############################################################

library(plyr)
library(kableExtra)

###
## EOQ = sqrt(2SD / H) where S = Setup costs, D = Demand rate, H = Holding costs
##    so reorder_count should be proportional to sqrt(D)
###

reorder <-
  ddply(sales_journal, .(sku), summarize,
        reorder=round((sum(sales_count))^.5,0))

kable(reorder, caption = "Economic Order Quantities for Each SKU") %>%
  kable_styling(bootstrap_options = "striped")
```

13.13　存货

销售和采购循环代表消耗和补充库存的活动。因此，我们模拟的起点是存货——它的标识符、供应商、定价等。

```
reorder_stock_level <- 50
  reorder_count <-  100

############################################
# 6- Generate the Inventory (by SKU) file
############################################

library(lubridate)
library(tidyverse)

##  GENERATOR FUNCTIONS FOR THE SEQUENTIAL TRANSACTION NUMBERING
#
##   Purchase order prefix = "p";
##   voucher_no prefix = "ap";
##   disbursement_no prefix = "dis";
##   receiver_no prefix = "rec";
#

po_no_generator <- function(){
  i <- 0
  function(){
    i <<- i + 1
    sprintf("p%05d", i)
  }
}
new_po <- po_no_generator()

rec_no_generator <- function(){
```

```
  i <- 0
  function(){
    i <<- i + 1
    sprintf("rec%05d", i)
  }
}
new_rec <- rec_no_generator()

ap_no_generator <- function(){
  i <- 0
  function(){
    i <<- i + 1
    sprintf("ap%05d", i)
  }
}
new_ap <- ap_no_generator()

disb_no_generator <- function(){
  i <- 0
  function(){
    i <<- i + 1
    sprintf("dis%05d", i)
  }
}
new_disb <- disb_no_generator()

## compute the starting inventory for each stock-keeping unit (sku)
ave_starting_inventory <- 100

fyear_begin_inventory_ledger <-
  sales_journal %>%
  as.data.frame() %>%
  group_by(sku) %>%
  slice(1) %>%
  select(sku, unit_cost, sales_unit_price) %>%
  as.data.frame() %>%
  mutate(stock_on_hand = ave_starting_inventory + floor(rnorm(no_of_sku,0,10)),
         invoice_no=0,
         invoice_date=as_date("1900-01-01"),
         sales_count=0,
         sales_return=0
  )
```

```
########################################
##
##  Create the purchase journal
##   based on the reorder_stock_level &
##   reorder_count for each sku inventory
##
########################################

sku_stock <-
  fyear_begin_inventory_ledger %>%
  select(sku, stock_on_hand)

reorder_stock_level <- 50
  reorder_count <-  100


for(i in 1:nrow(sales_journal)){
  for(j in 1:nrow(sku_stock))
  if(sku_stock$sku[j] == sales_journal$sku[i]){

    sales_journal$running[i] <-
      sku_stock$stock_on_hand[j] -
      sales_journal$sales_count[i] +
```

```
          sales_journal$sales_return[i]

    sku_stock$stock_on_hand[j] <-
      ifelse(sales_journal$running[i] < reorder_stock_level,
      sales_journal$running[i] + reorder_count,
      sales_journal$running[i])

    sales_journal$po_count[i] <-
      ifelse(sales_journal$running[i] < reorder_stock_level,
             reorder_count,
             0)
    sales_journal$po_no[i]   <-
      ifelse(sales_journal$running[i] < reorder_stock_level,
             new_po(),
             0)
    sales_journal$receiver_no[i]      <-
      ifelse(sales_journal$running[i] < reorder_stock_level,
             new_rec(),
             0)

    sales_journal$ap_no[i]      <-
      ifelse(sales_journal$running[i] < reorder_stock_level,
             new_ap(),
             0)
    sales_journal$disbursement_no[i]     <-
      ifelse(sales_journal$running[i] < reorder_stock_level,
             new_disb(),
             0)

    ## note that ifelse fails to parse dates, and
    ## I use a difference approach for the dates that doesn't use 'if'
    ## rather it prunes out the non-PO rows to create the purchase journal


    ## Also note that I am updating inventory on the po_date, but the correct
    ## date will be the receiver_date.  This will create inventory count (cutoff)
    ## discrepancies; the number of these can be modulated
    ## by changing the days_to_receive_inventory parameter at the beginning of the code

   sales_journal$receiver_date[i]  <-
      sales_journal$invoice_date[i] +  round(rexp(1,1/days_to_receive_inventory))

   sales_journal$po_date[i]  <-
       sales_journal$invoice_date[i]

   sales_journal$ap_date[i]  <-
             sales_journal$receiver_date[i]   + ap_record_created_delay

   sales_journal$disbursement_date[i]     <-
             sales_journal$receiver_date[i]   + round(rexp(1,1/75),0)


  }
}

 sales_journal$receiver_date  <-  as_date(sales_journal$receiver_date)
 sales_journal$po_date <-  as_date(sales_journal$po_date)
 sales_journal$ap_date <-  as_date(sales_journal$ap_date)
 sales_journal$disbursement_date <- as_date(sales_journal$disbursement_date)

#################################################
##
##   Create the various purchase related journals
##
#################################################
```

```
purchase_journal <-
   sales_journal %>%
   filter(po_count != 0) %>%
   select(sku, po_count, unit_cost,
          po_no, po_date,
          receiver_no, receiver_date,
          ap_no, ap_date,
          disbursement_no, disbursement_date)


perpetual_inventory_ledger <-
   sales_journal %>%
   arrange(sku,invoice_date) %>%
   select(sku, date = invoice_date, stock_on_hand = running)


sales_journal <- sales_journal[,1:15]


receiver_journal <-
   purchase_journal %>%
   select(receiver_no, receiver_date,
          sku, unit_cost, received = po_count, po_no, po_date)


ap_ledger <-
   purchase_journal %>%
   mutate(extended_cost = po_count * unit_cost) %>%
   select(ap_no, ap_date, sku, no_units_ordered = po_count, extended_cost,
          receiver_no, receiver_date)


disbursement_journal <-
   purchase_journal %>%
   select(disbursement_no, disbursement_date, sku,
          no_units_ordered = po_count,
          unit_cost,ap_no,ap_date)


purchase_journal <-
  purchase_journal %>%
   select(po_no, po_date,sku, po_count, unit_cost)



###########################################################################
## Cost of Goods Sold
##  After sales, the most significant account on the income statement is

## cost of goods sold (essentially sales restated
## at their procurement / manufacturing cost).
###########################################################################


daily_sales_cgs_margin <-
  sales_journal %>%
  group_by(invoice_date) %>%
  mutate(cgs = sum(sales_count * unit_cost),
         gross_margin = sum((sales_unit_price - unit_cost) * sales_count)
  )%>%
  summarize(total_sales = sum(sales_extended),
            cgs=sum(cgs),
            gross_margin = sum(gross_margin),
            date = first(invoice_date)) %>%
  ungroup() %>%
  as.data.frame() %>%
  select(date , total_sales, cgs, gross_margin)
```

13.14　永续盘存、应付账款和其他与存货相关的账户

在20世纪70年代会计电算化之前，大多数存货跟踪都是通过定期盘点进行的。库存单位SKU子集的周期盘点将更新库存分类账。定期盘点存在两个重大问题：

（1）由于交易和实际余额之间的脱节，缺货和过时很常见；

（2）盗窃和短缺难以控制。

电算化使永久（即最新）库存余额成为可能，同时降低了与盘点相关的人工成本。到了20世纪90年代，大多数公司都依赖永续盘存制。审计的很大一部分工作是验证永续盘存余额的准确性。

先前的代码块用于计算存货再订购点，以及响应销售需求的关联账户。在这里提供一个代码块来分解会计系统中出现的单独会计文档。采购订单将发送给供应商，供应商在一定的“交付周期”后将存货交付给客户。交付记录作为“收据”，是确认收货方及应付账款的凭证。“凭证”一词是指整个19世纪和20世纪使用的旧纸质系统，其中包括采购订单、收款人、借项备忘录、付款等文书，它们装订在一起并归档。目前仍然可以在数字会计系统中找到这个术语。

13.15　客户信贷限额和未付应收账款

（金融机构）通常会严密监控向客户提供的信贷金额，以降低未支付应收账款的风险。不付款的风险和对特定客户的信贷限额建议可从邓白氏（Dun & Bradstreet）等服务公司获得。通常，它们会根据客户在公司的付款历史以及外部风险评估，为客户设定信用额度。

```
#################################################################################
## 7 -  customers' credit limits
## cr limit proportional to 10 x {annual sales | sku} / {time_to_pay} + {random}
## we would like to have some customers exceeding their credit limit
#################################################################################

library(tidyverse)
library(lubridate)
library(kableExtra)

cr_limit <-
  sales_journal %>%
  group_by(customer_no) %>%
  mutate(ann_sales = sum(sales_extended),
         time_to_pay = mean(as.numeric(collection_date - invoice_date)),
         credit_limit = 10 * round(ann_sales / time_to_pay, digits=-2)) %>%
  slice(1) %>%
  select(customer_no, credit_limit)



kable(cr_limit, caption = "Customer Credit Limits") %>%
  kable_styling(bootstrap_options = "striped")
```

13.16 应收账款

假定业务今年才刚刚开始。如果我们假设期初应收账款余额，还需要生成上一年的一组销售数据，包括发货和收款，毫无疑问，这将增加复杂性。这可以留给感兴趣的读者作为练习。赊销产生应收账款，这些应收账款最终可能（也可能不）被收回，但有时由于各种原因未付。应收账款的确认和无法收回的应收账款的评估被认为是审计中最重要的两项任务。

```
##########################################################################
#  8 - accounts receivable (updated daily)
##  follows the pattern to compute daily perpetual ar
##  you will need this for the tests of whether customers exceed credit limits
##########################################################################

library(tidyverse)
library(lubridate)

real_world_credit_sales <-
  credit_sales_journal <-
  sales_journal[,1:15] %>%
  filter(cash_not_ar == 0)    ## credit only

real_world_cash_sales <-
  cash_sales_journal <-
  sales_journal[,1:15] %>%
  filter(cash_not_ar == 1)      ## cash only


## put daily AR, plus an aging ...

fyear_dates <-  data.frame(f_date=seq(as.Date(fyear_begin), as.Date(fyear_end), "day"))
# sales_journal <-  full_join(sales_journal,fyear_dates, by=c("invoice_date"="f_date") )

#%>%  full_join(fyear_dates, by=c("date"="f_date"))

daily_cum_ar_balance <-
  sales_journal %>%
  filter(cash_not_ar == 0) %>%     ## credit sales only
  arrange(invoice_date) %>%
  group_by(invoice_date) %>%
  summarize(sales_sum = sum(sales_extended))%>%
  ungroup(invoice_date) %>%
  right_join(fyear_dates, by=c("invoice_date"="f_date"))

daily_cum_ar_balance[is.na(daily_cum_ar_balance)] <- 0

daily_cum_ar_balance <-
  daily_cum_ar_balance %>%
  mutate(ar_cum = cumsum(sales_sum))  %>%
  select(date=invoice_date, ar_cum) %>%
  arrange(date)

#daily_cum_ar_balance[is.na(daily_cum_ar_balance)] <- 0

daily_cum_collections <-
  sales_journal %>%
  filter(cash_not_ar == 0) %>%     ## credit sales only
```

```
  arrange(collection_date) %>%
  group_by(collection_date) %>%
  summarize(collect_sum = sum(collection_amount)) %>%
  ungroup(collection_date) %>%
  right_join(fyear_dates, by=c("collection_date"="f_date"))

daily_cum_collections[is.na(daily_cum_collections)] <- 0

daily_cum_collections <-
  daily_cum_collections %>%
  as.data.frame() %>%
  filter(collection_date <= fyear_end) %>%
  mutate(collect_cum = cumsum(collect_sum))  %>%
  select(date = collection_date, collect_cum) %>%
  arrange(date)

daily_ar_balance <- inner_join(daily_cum_ar_balance, daily_cum_collections, "date")

daily_ar_balance <-
  daily_ar_balance %>%
  mutate(ar_balance = ar_cum - collect_cum) %>%
  select(date,ar_cum , collect_cum, ar_balance) %>%
  arrange(date)
```

13.17 应收账款账龄

应收账款账龄可以由客户自动编制，如下所示。或者，审计师也可以根据工作文件进行编制，就像在实质性测试期间所做的那样。应收账款账龄为修改坏账准备中的金额提供了依据。一般来说，对于账户中一定时间内未偿还和未付款的账户的可收回性存在“经验法则”，这将因客户而异。正如“实质性测试”一章中所述，可以使用时间序列预测为无法收回的估计账户和备抵账户建立更正式的基础。在本章中，只需指明账龄，它是计算坏账准备金传统方法的基础。

```
################################################################################
#  9 - accounts receivable  aging
##
################################################################################


library(tidyverse)
library(lubridate)
library(kableExtra)

## create age breaks at <45 days; 45 - 120 days; >120 days

i_date <- yday(ymd(as_date(sales_journal$invoice_date)))
ye_date <- yday(ymd(as_date(fyear_end)))

age_ar <-
  sales_journal %>%
  filter(cash_not_ar == 0) %>%
  filter(collection_date > fyear_end) %>%
  mutate(i_date <- yday(ymd(as_date(invoice_date))),
         ye_date <- yday(ymd(as_date(fyear_end))),
         age =ye_date - i_date,
         age_lt_45 = ifelse(age<45, sales_extended, 0),
         age_45_120 = ifelse(age<=120 & age>=45,sales_extended,0),
```

```
        age_gt_120 = ifelse(age>120,sales_extended,0)    ## redundant but easier to read
        ) %>%
  select(customer_no, invoice_no, age, sales_extended,age_lt_45, age_45_120, age_gt_120)

## aging by customer

  customer_age_ar <-
  age_ar %>%
  group_by(customer_no) %>%
  summarize(total = sum(sales_extended),
            lt_45 = sum(age_lt_45),
            between_45_120 = sum(age_45_120),
            gt_120 = sum(age_gt_120)
  ) %>%
  select(customer_no, total,lt_45, between_45_120, gt_120)


knitr::kable(customer_age_ar, caption = "Customer A/R Aging") %>%
  kable_styling(bootstrap_options = "striped")


## aging of all A/R

  age_ar <-
  age_ar %>%
  summarize(total = sum(sales_extended),
            lt_45 = sum(age_lt_45),
            between_45_120 = sum(age_45_120),
            gt_120 = sum(age_gt_120)
  ) %>%
  select(total,lt_45, between_45_120, gt_120)

knitr::kable(age_ar, caption = "A/R Aging") %>%
  kable_styling(bootstrap_options = "striped")
```

13.18 员工支出

费用文件与其他任何内容都不相关。欺诈测试（本福德测试）变得十分有趣。

```
##########################################################################
## 10 - Employee expenditures
##########################################################################



no_exp_records <- floor(no_of_sales/3)
exp_string <- seq(1, no_exp_records)
exp_string <- sprintf("E%05d", exp_string)

exp_date <- rdate(no_exp_records, min = fyear_begin, max =  fyear_end)

## create some odd behavior for the Benford test

exp_set_1 <- runif(no_exp_records/3, 1, 1000)
exp_set_2 <- rpois(no_exp_records/3, 490)
exp_set_3 <- abs(rnorm(no_exp_records/3,900,200))

no_emp_records <- floor(no_exp_records/20)
emp_string <- seq(1, no_emp_records)
emp_string <- sprintf("Emp%04d", emp_string)

emp_string <- sample(
  emp_string,
```

```
  no_exp_records,
  replace = T,
  prob=runif(no_emp_records,0,1))

expenditures <- data.frame("exp_no"=exp_string ,
                         "employee_no"=emp_string ,
                         "date"= exp_date,
                         "amount"= c(exp_set_1,exp_set_2,exp_set_3)
                         )
```

13.19 交易中的遗漏、重复和货币错误

在内部控制的中期测试中，对交易的遗漏和重复的测试是标准的。上一批“真实”的应收账款和库存记录已完成，但在本节中，我们删除并复制交易，以模拟客户会计系统中的控制失效。

```
########################################################################
## 11 - Omitted, Duplicate and In-Error Records
## (errors are called "taintings"" in the monetary unit sampling vernacular)
########################################################################


# set.seed(123456)
library(tidyverse)

## create the real world transaction journals

credit_sales_journal <-
  sales_journal[,1:15] %>%
  filter(cash_not_ar == 0) %>%
## collections

real_world_collections <- collections

## omitted  records

omit_row <- rbinom(nrow(real_world_collections),1,.05)

test <- cbind(real_world_collections,omit_row)
test1 <- split(test,omit_row, drop=F)
real_world_collections_new <- test1$`0`

n <- nrow(test1$`1`)
cat("\n\n # omitted collections = ",n )


## duplicated records

dup_row <- rbinom(nrow(real_world_collections_new),1,.05)

test <- cbind(real_world_collections_new,dup_row)
test1 <- split(test,dup_row, drop=F)
real_world_collections_new <- rbind(test, test1$`1`)
real_world_collections_new$dup_row = NULL

n <- nrow(test1$`1`)
cat("\n\n # duplicated collections = ",n )

## 'taint' 5% the values in monetary fields

real_world_collections_new$taint_ed <-
    rbinom(nrow(real_world_collections_new),1,.05)   ## 5%

real_world_collections_new$taint_ing <-
    rexp(nrow(real_world_collections_new),.5)-.5    ## exponential -50%-inf% taint

split_cash <-
  split(real_world_collections_new,
```

```
      real_world_collections_new$taint_ed)

split_cash$`1`$sales_extended <-
  split_cash$`1`$sales_extended * split_cash$`1`$taint_ing

collections <-rbind(split_cash$`1`,split_cash$`0`)

n <- nrow(split_cash$`1`)
cat("\n\n # tainted collections = ",n, "\n\n" )

## AR

## Sales-inv for the AR records


real_world_sales_journal <- sales_journal

## omitted  records

omit_row <- rbinom(nrow(real_world_sales_journal),1,.05)

  select(customer_no,
         invoice_no,
         invoice_date,
         sku,
         sales_count,
         sales_return,
         unit_cost,
         sales_unit_price,
         collection_no,
         collection_date,
         collection_amount,
         shipper_no,
         shipper_date
         )

real_world_credit_sales <- credit_sales_journal


## omitted  records

omit_row <- as.data.frame(rbinom(nrow(real_world_credit_sales),1,.05))
colnames(omit_row) = "omitted"

test <- cbind(real_world_credit_sales,omit_row)
test1 <- split(test,omit_row)
real_world_credit_sales_new <- test1$`0`

n <- nrow(test1$`1`)
cat("\n\n # omitted credit sales = ",n )


## duplicated records

dup_row <- as.data.frame(rbinom(nrow(real_world_credit_sales_new),1,.05))
colnames(dup_row) = "duplicated"


test <- cbind(real_world_credit_sales_new,dup_row)
test1 <- split(test,dup_row)
real_world_credit_sales_new <- rbind(test, test1$`1`)
real_world_credit_sales_new$dup_row = NULL

n <- nrow(test1$`1`)
cat("\n\n # duplicated credit sales = ",n )

## 'taint' 5% the values in monetary fields

real_world_credit_sales_new$taint_ed <-
    rbinom(nrow(real_world_credit_sales_new),1,.05)   ## 5%


real_world_credit_sales_new$taint_ing <-
  (real_world_credit_sales_new$sales_count / mean(real_world_credit_sales_new$sales_count)) *
    abs(rnorm(nrow(real_world_credit_sales_new),.5, .5))
```

```
n <- nrow(real_world_credit_sales_new)
cat("\n\n # omitted credit sales = ",n )

## Cash sales - Note that these share the invoice number sequence with credit sales

cash_sales_journal <-

  sales_journal[,1:15] %>%
  filter(cash_not_ar == 1) %>%
  select(customer_no,
         invoice_no,
         invoice_date,
         sku,
         sales_count,
         sales_return,
         unit_cost,
         sales_unit_price,
         collection_no,
         collection_date,
         collection_amount,
         shipper_no,
         shipper_date
         )

real_world_cash_sales <- cash_sales_journal



## omitted  records


omit_row <- as.data.frame(rbinom(nrow(real_world_cash_sales),1,.05))
colnames(omit_row) = "omitted"

test <- cbind(real_world_cash_sales,omit_row)
test1 <- split(test,omit_row)
real_world_cash_sales_new <- test1$`0`

n <- nrow(test1$`1`)
cat("\n\n # omitted cash sales = ",n )


## duplicated records

dup_row <- as.data.frame(rbinom(nrow(real_world_cash_sales_new),1,.05))
colnames(dup_row) = "duplicated"

test <- cbind(real_world_cash_sales_new,dup_row)
test1 <- split(test,dup_row)
n <- nrow(test1$`1`)
cat("\n\n # duplicated cash sales = ",n )

real_world_cash_sales_new <- rbind(test, test1$`1`)

n <- nrow(test1$`1`)
cat("\n\n # duplicated cash sales = ",n )

## 'taint' 5% the values in monetary fields

real_world_cash_sales_new$taint_ed <-
    rbinom(nrow(real_world_cash_sales_new),1,.05)   ## 5%

real_world_cash_sales_new$taint_ing <-
  (real_world_cash_sales_new$sales_count / mean(real_world_cash_sales_new$sales_count)) *
    abs(rnorm(nrow(real_world_cash_sales_new),.5, .5))

n <- nrow(real_world_cash_sales_new)
cat("\n\n # tainted cash sales = ",n, "\n\n" )
```

```
test <- cbind(real_world_sales_journal,omit_row)
test1 <- split(test,omit_row, drop=F)
real_world_sales_journal_new <- test1$`0`

n <- nrow(test1$`1`)
cat("\n\n # omitted s_i   = ",n )

## duplicated records

dup_row <- rbinom(nrow(real_world_sales_journal_new),1,.05)

test <- cbind(real_world_sales_journal_new,dup_row)
test1 <- split(test,dup_row, drop=F)
real_world_sales_journal_new <- rbind(test, test1$`1`)
real_world_sales_journal_new$dup_row = NULL

n <- nrow(test1$`1`)
cat("\n\n # duplicated s_i   = ",n )

## 'taint' 5% the values in monetary fields

real_world_sales_journal_new$taint_ed <-
    rbinom(nrow(real_world_sales_journal_new),1,.05)  ## 5%

real_world_sales_journal_new$taint_ing <-
    rexp(nrow(real_world_sales_journal_new),.5)-.5   ## exponential -50%-inf% taint

split_cash <-
  split(real_world_sales_journal_new,
        real_world_sales_journal_new$taint_ed)

split_cash$`1`$sales_extended <-
  split_cash$`1`$sales_extended * split_cash$`1`$taint_ing

sales_journal <-rbind(split_cash$`1`,split_cash$`0`)

n <- nrow(split_cash$`1`)
cat("\n\n # tainted   s_i = ",n, "\n\n" )

sales_journal <- real_world_sales_journal_new


## Inventory
## generate omitted inv'y records

real_world_po_journal <- purchase_journal

## omitted  records

omit_row <- rbinom(nrow(real_world_po_journal),1,.05)

test <- cbind(real_world_po_journal,omit_row)
test1 <- split(test,omit_row, drop=F)
real_world_po_journal_new <- test1$`0`

n <- nrow(test1$`1`)
cat("\n\n # omitted  po_inv = ",n )
## duplicated records

dup_row <- rbinom(nrow(real_world_po_journal_new),1,.05)

test <- cbind(real_world_po_journal_new,dup_row)
test1 <- split(test,dup_row, drop=F)
real_world_po_journal_new <- rbind(test, test1$`1`)
real_world_po_journal_new$dup_row = NULL

n <- nrow(test1$`1`)
cat("\n\n # duplicated  po_inv = ",n )

purchase_journal <- real_world_po_journal_new
```

13.20　审计任务：存货和应收账款

销售和采购周期中的两项主要审计任务是：

（1）通过联系客户和第三方确认应收账款；

（2）盘点实物库存，这是通过在年末（12月31日）进行的一次性实物盘点进行的。

在这两种情况下，都会生成所有“真实世界”记录的完整数据集，假设审计师将对客户记录的交易进行抽样，并通过确认或计算获得这些“真实世界”值。这需要对客户记录进行采样，以选择要确认的交易子集，或一组要计算的库存单位SKU，然后将样本与这些“真实世界”值连接起来，以模拟已经完成的审计工作。

```
#########################################################################
##
## 12 -  Simulation of completed audit work on Physical Inventory Counts
##
#########################################################################


library(tidyverse)
library(lubridate)

perpetual_inventory_ledger$date <- as_date(perpetual_inventory_ledger$date)

working_perpetual <-      ## get the unit_cost from the purchase journal
  left_join(perpetual_inventory_ledger, purchase_journal[,1:5], by=c("sku")) %>%
  group_by(sku) %>%
  arrange(date) %>%
  filter(date<=fyear_end)

real_world_ye_inventory  <-
year_end_inventory <-
  working_perpetual %>%
  as.data.frame() %>%
  filter(date<=fyear_end)%>%
  group_by(sku) %>%
  arrange(date) %>%
  slice(n()) %>%
  ungroup %>%
  select(last_transaction_date=date, sku, ye_stock_on_hand=po_count, unit_cost)

real_world_ye_inventory$count_exception  <-
  real_world_ye_inventory$exception <-
  real_world_ye_inventory$count_exception  <-
  rbinom(nrow(real_world_ye_inventory),1,.1)  # 10% error rate

exception <- c("Obsolete_markdown" ,
               "Damaged",
               "Misclassified",
               "Refurbished_discount",
               "Open_box")

real_world_ye_inventory$actual_unit_market <- real_world_ye_inventory$unit_cost
real_world_ye_inventory$exception <- "No exception, count is accurate"

for(i in 1:nrow(real_world_ye_inventory)){
```

```
if(real_world_ye_inventory$count_exception[i] == 1) {

real_world_ye_inventory$actual_unit_market[i] <-
  real_world_ye_inventory$unit_cost[i] *
  (1 - runif(1,0,1))

real_world_ye_inventory$exception[i] <- sample(exception,
                                                size = 1,
                                                replace=T)
}
}

real_world_ye_inventory <- as.data.frame(real_world_ye_inventory)
```

13.21 应收账款确认

```
##########################################################################
## 13 -  Simulation of completed audit work on
##  Accounts Receivable Confirmations
##########################################################################

library(tidyverse)

library(tidyverse)
library(lubridate)


fyear_end_ar_ledger <-
  sales_journal %>%
  filter(cash_not_ar == 0) %>%
  filter(collection_date > fyear_end) %>%
  select(customer_no, invoice_no, amount = sales_extended,shipper_no, shipper_date)



neg_confirms <-
  c("No Response",
              "Unable to confirm balance",
              "Customer will not pay shipping" ,
              "Customer rejects charge",
              "Customer claims to have returned the goods",
              "Customer cannot pay",
              "Customer claims fraction of the amount charged")


real_world_fyear_end_ar_ledger <- fyear_end_ar_ledger
real_world_fyear_end_ar_ledger$confirm_exception <- rbinom(nrow(fyear_end_ar_ledger),1,.1)  # 10% error rate
real_world_fyear_end_ar_ledger$confirm_response <-  "Confirmed, Balance OK"
real_world_fyear_end_ar_ledger$confirm_pct <-  1

for(i in 1:nrow(fyear_end_ar_ledger)){

if(real_world_fyear_end_ar_ledger$confirm_exception[i] == 1) {

real_world_fyear_end_ar_ledger$confirm_response[i] <-
    sample(neg_confirms, size = 1, replace=T)

real_world_fyear_end_ar_ledger$confirm_pct[i] <-
  runif(1,.5,.99)
}
}

real_world_fyear_end_ar_ledger <- as.data.frame(real_world_fyear_end_ar_ledger)
```

13.22 审计用会计档案

前面的代码生成了一组文件，其中包含模拟销售和采购周期的交易、触发器和后续事件的完整记录。这些在现实世界中不会以这种形式出现。相反，审计师在客户现场发现的会计报表将以不同的方式组织。下面的代码将我们之前生成的数据重新组织为审计中发现的典型文件。这些文件将写入.CSV文件。

```
##################################################################################
##
## 14 - separate po_inv and sales_journal files into component ledgers and journals
##      write these into CSV files in the 'audit_files' directory
##
##########################################################

library(tidyverse)

## Set the directory for the new files (modify the path as needed)
default_dir <- "/home/westland/audit_analytics_book/audit_simulated_files/"

if (file.exists(default_dir)){
    setwd(default_dir)
} else {
    dir.create(default_dir)
    setwd(default_dir)
}

# sales

write.csv(real_world_cash_sales, "real_world_cash_sales.csv")
write.csv(real_world_credit_sales, "real_world_credit_sales.csv")
write.csv(sales_journal[,1:15],"sales_journal.csv")

write.csv(real_world_collections[,1:9], "real_world_collections.csv")
write.csv(collections[,1:9], "collections_journal.csv")
write.csv(deposit_daily, "deposit_daily.csv")

write.csv(fyear_end_ar_ledger,"fyear_end_ar_ledger.csv")
write.csv(real_world_fyear_end_ar_ledger,"real_world_fyear_end_ar_ledger.csv")
write.csv(daily_ar_balance,"daily_ar_balance.csv")


cr_limit %>%
  as.data.frame() %>%
write.csv("customer_credit_limits.csv")

write.csv(shipments_journal, "shipments_journal.csv")

# expenses

write.csv(expenditures, "expenditures.csv")

# inventory

write.csv(fyear_begin_inventory_ledger[,1:4], "fyear_begin_inventory_ledger.csv")
write.csv(real_world_ye_inventory, "real_world_ye_inventory.csv")
write.csv(perpetual_inventory_ledger, "perpetual_inventory_ledger")

# purchases

write.csv(purchase_journal[,1:5], "purchase_journal.csv")
write.csv(ap_ledger, "ap_ledger.csv")
write.csv(receiver_journal, "receiver_journal.csv")
write.csv(disbursement_journal, "disbursement_journal.csv")



##################################################################################
##
##     END OF PROGRAM CODE
##
##################################################################################
```

13.23 模拟会计业务的审计

一旦审计师使用之前的代码生成了数据集，就可以将这些数据集输入现有的会计软件和平台进行测试。显然，在审计测试期间，这些系统需要“沙盒”（即与关键系统资源和软件隔离）。有效使用模拟交易需要对可能发生的风险和故障进行一些预测。当交易符合正式的预期参数时，计算机系统最可靠。这是因为这些系统的程序员根据系统的正式定义和预期输入做了规范。他们会使用异常和错误来测试内部控制子系统，防止或检测与正式规范的差异。由于纠错是一个非常容易出错的过程，每次错误纠正都会产生两个或多个错误，因此重复测试控制系统的能力是有好处的。

13.24 参考文献

Ball, Ray, and Ross Watts. 1972. Some Time Series Properties of Accounting Income. *The Journal of Finance* 27 (3): 663-681.

Cochran, William G. 1977. The Estimation of Sample Size. *Sampling Techniques* 3: 72-90.

Fienberg, Stephen E., John Neter, and Robert A. Leitch. 1977. Estimating the Total Overstatement Error in Accounting Populations. *Journal of the American Statistical Association* 72 (358): 295-302.

Garstka, Stanley J. 1977. Models for Computing Upper Error Limits in Dollar-Unit Sampling. *Journal of Accounting Research* 179-192.

Greene, William H. 1994. Accounting for Excess Zeros and Sample Selection in Poisson and Negative Binomial Regression Models.

Keenan, Michael R., and Paul G. Kotula. 2004. Accounting for Poisson Noise in the Multivariate Analysis of Tof-Sims Spectrum Images. *Surface and Interface Analysis: An International Journal Devoted to the Development and Application of Techniques for the Analysis of Surfaces, Interfaces and Thin Films* 36 (3): 203-212.

Kish, Leslie. 1995. *Survey Sampling*, Vol. 60. New York: Wiley-Interscience.

Lohr, Sharon L. 1999. *Sampling*: Design and Analysis. Brooks.

Repin, Sergey, Stefan Sauter, and Anton Smolianski. 2004. A Posteriori Error Estimation for the Poisson Equation with Mixed Dirichlet/Neumann Boundary Conditions. *Journal of Computational and Applied Mathematics* 164: 601-612.

Snedecor, George W., and Witiiam G. Cochran. 1989. *Statistical Methods*, 8th ed. Ames: Iowa State University Press Iowa 54: 71-82.

Westland, J.C. 2017. An Empirical Investigation of Analytical Procedures Using Mixture Distributions. *Intelligent Systems in Accounting, Finance and Management* 24 (4): 111-124.

Westland, J. Christopher, and Eric Wing Kuen See-To. 2007. The Short-Run Price-Performance Dynamics of Microcomputer Technologies. *Research Policy* 36 (5): 591-604.